Heinz Klippert

Planspiele

Spielvorlagen zum sozialen, politischen und methodischen Lernen in Gruppen

Beltz Verlag · Weinheim und Basel

Heinz Klippert, Jg. 1948, Dr. rer. pol., Diplom-Ökonom, Lehrerausbildung und Lehrertätigkeit, seit 1977 Dozent für ökonomische und politische Bildung am Lehrerfortbildungsinstitut der evangelischen Kirchen in Rheinland-Pfalz mit Sitz in Landau. Zahlreiche Veröffentlichungen zur Didaktik und Methodik des wirtschafts- und sozialkundlichen Unterrichts sowie zum Methodentraining und Kommunikationstraining mit Schülern.

Lektorat: Peter E. Kalb

Herstellung: Klaus Kaltenberg
Satz: Satz- und Reprotechnik GmbH, Hemsbach
Druck: Druckhaus Beltz, Hemsbach
Umschlaggestaltung: Federico Luci, Köln
Umschlagabbildung: Heinz Kähne, Boppard
Printed in Germany

ISBN 3-407-62335-6

Inhaltsverzeichnis

Vorwort

Das Buch ist entstanden auf dem Hintergrund langjähriger Experimente und Erfahrungen mit Rollen- und Planspielen in der schulischen und außerschulischen Bildungsarbeit sowie in der Lehreraus- und -fortbildung. Angeboten und durchgeführt habe ich die in diesem Buch dokumentierten Planspiele ab Klasse 8 aufwärts, und zwar am Anfang vorrangig im Rahmen der politischen und ökonomischen Bildung mit dem Ziel, die fachlichen Klärungsprozesse der Schüler/innen zu intensivieren und die Dynamik des politisch-ökonomischen Geschehens exemplarisch erfahrbar und erlebbar zu machen. Dieser Anspruch bleibt zwar richtig und wichtig, da der Mangel an aktiv-kreativen Methoden in der politisch-ökonomischen Bildung – wie in anderen Fächern auch – nach wie vor eklatant ist. Nur ist diese fachspezifische Zu- und Einordnung des Planspiels viel zu eng und einseitig, denn im Rahmen von Planspielen wird de fakto sehr viel mehr als nur Fachliches gelernt (vgl. Abschnitt »Was Planspiele im Unterricht leisten können«, S. 30ff.). Diese »Erkenntnis« war der eigentliche Anstoß, in Anknüpfung an das 1984 bei Beltz erschienene Buch »Wirtschaft und Politik erleben« einen praxisnahen Planspiele-Reader zu schreiben, der eine Vielzahl erprobter Anregungen und Spielvorlagen zum sozialen, politischen und methodischen Lernen in Gruppen enthält.

Für meine Töchter

Wer gelernt hat,
selbständig zu planen
und seine Arbeit zu organisieren,
Informationen zu beschaffen
und gekonnt zu exzerpieren.

Wer gelernt hat,
in der Gruppe zu arbeiten
und sensibel zu kooperieren,
Kritik zu üben
und andere zu integrieren.

Wer gelernt hat,
Diskussionen zu führen
und offen seine Meinung zu sagen,
geschickt zu verhandeln
und Verantwortung zu tragen.

Wer gelernt hat,
konstruktiv zu denken
und Probleme zu beheben,
Fantasie zu entwickeln
und nach Neuem zu streben.

Wer all dies gelernt hat,
der hat was erworben,
was im Leben gebraucht wird,
nicht nur heute – auch morgen!

Planspiele sind nämlich nicht nur Instrumente zur effektiveren und realitätsgerechteren Vermittlung inhaltlich-fachlicher Kenntnisse und Erkenntnisse, sondern sie geben den Schüler/innen auch und zugleich Gelegenheit zum breitgefächerten Methodenlernen sowie zum Einüben grundlegender sozialer und kommunikativer Kompetenzen. Diese Integration von fachlichem, methodischem, sozialem, kommunikativem und affektivem Lernen macht Planspiele zu einem geradezu idealen Instrument moderner Bildungsarbeit. Denn gefordert werden heute von seiten der Bildungspolitik wie von seiten der Wirtschaft immer stärker offene, handlungsorientierte Lehr-/Lernverfahren, die Fach-, Methoden-, Sozial- und Kommunikationskompetenz möglichst gleichzeitig und gleichrangig fördern.

Mit anderen Worten: Die einseitige Vermittlung von Fachwissen mit Hilfe rezeptiver, lehrerzentrierter Methoden wird mehr und mehr in Frage gestellt und reicht längst nicht mehr aus, die Schüler/innen angemessen aufs spätere Leben vorzubereiten. Nötig sind vielmehr verstärkt solche Lernarrangements, die den Schüler/innen Raum für selbstgesteuertes, kreatives, experimentelles Arbeiten und Lernen in Gruppen geben. Planspiele gehören zu diesen Lernarrangements.

So gesehen ist klar, daß die dokumentierten Planspiele nicht allein im Politik- und/oder Ökonomieunterricht ihren Platz haben, wenngleich sie diesem Lernfeld inhaltlich überwiegend zuzurechnen sind, sondern sie können genausogut im Deutschunterricht oder in Fächern wie Religion, Ethik, Erdkunde oder Biologie eingesetzt werden. Und natürlich eignen sie sich bestens für fächerübergreifende Vorhaben, wie sie in den letzten Jahren zunehmend propagiert werden. Vorhaben also, in deren Zentrum die Vermittlung grundlegender Methoden und Techniken des selbständigen Arbeitens, Kommunizierens und Kooperierens steht. Derartige »Schlüsselqualifikationen« sind in der Vergangenheit leider nur zu oft sträflich vernachlässigt worden, so daß sich die vielbeklagte Unselbständigkeit, Spracharmut und

Teamunfähigkeit vieler Schüler/innen ausbreiten konnte. Diesen Defiziten konsequent entgegenzuwirken ist ein Anspruch, der mit den Planspielen in diesem Buch verfolgt wird. In diesem Sinne knüpft der vorliegende Praxisband an die beiden Trainingshandbücher »Methodentraining mit Schülern« und »Kommunikationstraining mit Schülern« an, die ich 1994 und 1995 im Beltz Verlag veröffentlicht habe und die ebenfalls dem Lernziel *Selbständigkeit* verpflichtet sind.

Gewiß, die dokumentierten Planspiele sind nicht immer ganz reibungslos im Unterricht umzusetzen, da unter Umständen Stunden zusammengelegt, Stühle und Tische umgestellt, relativ umfangreiche Materialien kopiert und/oder fächerübergreifende Abläufe abgestimmt werden müssen. Nach den bisherigen Erfahrungen läßt sich jedoch sagen, daß die dokumentierten Planspiele mit ein wenig gutem Willen recht problemlos zu realisieren sind. Näheres zur Organisation und zum Ablauf der vorliegenden Spielarrangements findet sich im Abschnitt »Konzeption und Durchführung von Planspielen« (S. 20ff.). Natürlich ist die Lehrerrolle im Rahmen der Planspiele eine andere als im herkömmlichen direktiven Unterricht. Und natürlich gehört zu jedem Planspiel auch ein Stück Improvisation auf Schüler- wie auf Lehrerseite. Aber das ist ja gerade das Reizvolle an derartigen Lernarrangements, daß eben nicht einfach nur ein detailliert festgelegtes Lehrprogramm abgespult wird. Daß das jeweilige Planspiel andererseits nicht über Gebühr aus dem Ruder läuft, dafür sorgen die vorliegenden Spielmaterialien und -regeln (Arbeitskarten, Rollenkarten, Infosets etc.). Nur Mut also! Die Schüler/innen werden die Planspielabläufe ganz sicher zu schätzen wissen; und sie werden dabei ohne jeden Zweifel eine ganze Menge lernen: Fachliches, Methodisches, Teamfähigkeit, Kommunikationsvermögen, Kreativität, Verhandlungsgeschick, Selbständigkeit, Selbstvertrauen.

Dank sagen möchte ich all jenen Lehrkräften und Schüler/innen, die an der Erprobung der vorliegenden Planspiele beteiligt waren und mit ihren Rückmeldungen dazu beigetragen haben, daß die Planspiele zunehmend verfeinert und praxisgerecht ausgearbeitet werden konnten. Es war gelegentlich ein mühsames Geschäft, das sich rückblickend jedoch gelohnt hat.

Danken möchte ich ferner meiner Frau Doris, die meine Publikationsarbeit mit viel Geduld, Anteilnahme und pädagogischem Wohlwollen begleitet. Ohne ihre Unterstützung wäre diese Arbeit gewiß sehr viel schwieriger und belastender.

Landau *Heinz Klippert*

Einleitung

Planspiele sind in unseren Schulen bislang wenig verbreitet. Das liegt erstens an den fehlenden Spielvorlagen, zweitens am einseitig stofforientierten Lehr-/Lernverständnis vieler Lehrkräfte, drittens an den traditionell eher dürftigen Gestaltungsspielräumen in der Schule und viertens an der fehlenden Spielpraxis und -erfahrung der meisten Lehrer/innen. Letzteres läßt sich mit diesem Lehrerhandbuch nur sehr begrenzt kompensieren. Aber in den drei ersten Punkten sollte das vorliegende Buch Mutmacher und Praxishilfe zugleich sein. Mutmacher insofern, als die pädagogischen Gestaltungsspielräume der Lehrkräfte in den letzten Jahren unverkennbar größer geworden sind. Ein Umstand, der vielerorts allerdings noch viel zuwenig wahrgenommen und genutzt wird. Plädiert wird seit geraumer Zeit ganz offiziell für mehr Freiarbeit und offenen Unterricht, für mehr Projektarbeit und fächerübergreifenden Unterricht, für mehr Projekttage und Projektwochen, für mehr Methodenschulung und soziales Lernen. Bildungspolitische Erklärungen und Richtlinien weisen diese Optionen genauso aus wie die meisten aktuellen Verlautbarungen der Wirtschaft – insbesondere der Großindustrie.

Die Voraussetzungen für die Durchführung einschlägiger Planspiele waren daher noch nie so günstig wie heute. Warum also nicht z.B. einen Projekttag für ein Planspiel reservieren?! Warum nicht ein Planspiel in eine Projektwoche oder in einen Landschulheimaufenthalt integrieren?! Warum nicht ein fächerübergreifendes Vorhaben z.B. in Deutsch, Sozialkunde und Ethik oder in Deutsch und Arbeitslehre als Planspiel anlegen?! Pädagogische Maßnahmen dieser und anderer Art sind nicht nur legal; sie sind sogar zwingend erforderlich, wenn – wie gefordert – eine möglichst breite Begabungsförderung erreicht werden soll. Und selbstverständlich können die hier vorgestellten Planspiele auch so sequentiert werden, daß sie sich in den normalen Fachunterricht einbinden lassen. Notwendig ist dabei allerdings die Verfügbarkeit gelegentlicher Doppelstunden oder – wenn möglich – eines Dreistundenblocks, was unter Umständen durch eine gezielte Stundenzusammenlegung gewährleistet werden muß. Die nötigen Gestaltungsspielräume sind in unseren Schulen also durchaus vorhanden. Sie müssen nur genutzt werden.

Durch die Anregungen und Praxishilfen in diesem Buch soll ganz praxisnah inspiriert und Mut gemacht werden, Planspiele konsequenter und häufiger einzusetzen als bisher. Die breitgefächerten Lernchancen, die mit der Durchführung von Planspielen einhergehen, signalisieren sehr deutlich, daß im Rahmen von Planspielen nicht weniger, sondern unter dem Strich in aller Regel erheblich mehr gelernt wird als im herkömmlichen direktiv-rezeptiven Unterricht (vgl. die ausführliche Lernzieldarstellung in Abschnitt »Was Planspiele im Unterricht leisten können«, S. 30ff.). Das gilt vor allem in methodischer, kommunikativer und sozialer Hinsicht. Angesichts der wachsenden Bedeutung, die diesen Lernebenen in Beruf und Gesellschaft zukommt, sollten sich die traditionellen Ängste und Befürchtungen eigentlich verlieren, daß im Rahmen von Planspielen vielleicht zuwenig gelernt und zuviel gespielt werde. Spielen und Lernen sind keine Gegensätze, sondern sie sind komplementäre Ebenen eines zeitgemäßen Bildungsbegriffs. Das müssen viele Pädagogen und Curriculumentwickler nur noch erkennen und akzeptieren lernen.

Zeitgemäße Bildung ist mehr als Stoffvermittlung und rezeptiver Wissenserwerb – kein Zweifel! Bildung – wie sie hier verstanden wird – zielt auch und zugleich auf Selbständigkeit und Selbstverantwortung, auf Methodenbeherrschung und Kreativität, auf Kommunikationsfähigkeit und soziale Kompetenz in einem sehr weiten Sinne des Wortes. Von daher müssen verstärkt Lehr-/Lernsituationen arrangiert werden, die den Schüler/innen Gelegenheit geben, derartige Fähigkeiten und Fertigkeiten auszubilden. Die erwähnte Öffnung des Unterrichts, wie sie seit einigen Jahren gefordert wird, spiegelt dieses Bildungs- und Qualifikationsverständnis. »Öffnung« heißt dabei allerdings keineswegs nur Öffnung schulischer Lernprozesse zur Nachbarschaft und zur Projektarbeit hin, sondern meint auch und vor allem die Schaffung von Räumen für eigenverantwortliches Arbeiten und Lernen der Schüler/innen in Einzel-, Partner- oder Gruppenarbeit.

Die grafische Darstellung »Eigenverantwortliches Arbeiten und Lernen« (S. 10) macht überblickshaft deutlich, was mit diesem Ansatz gemeint

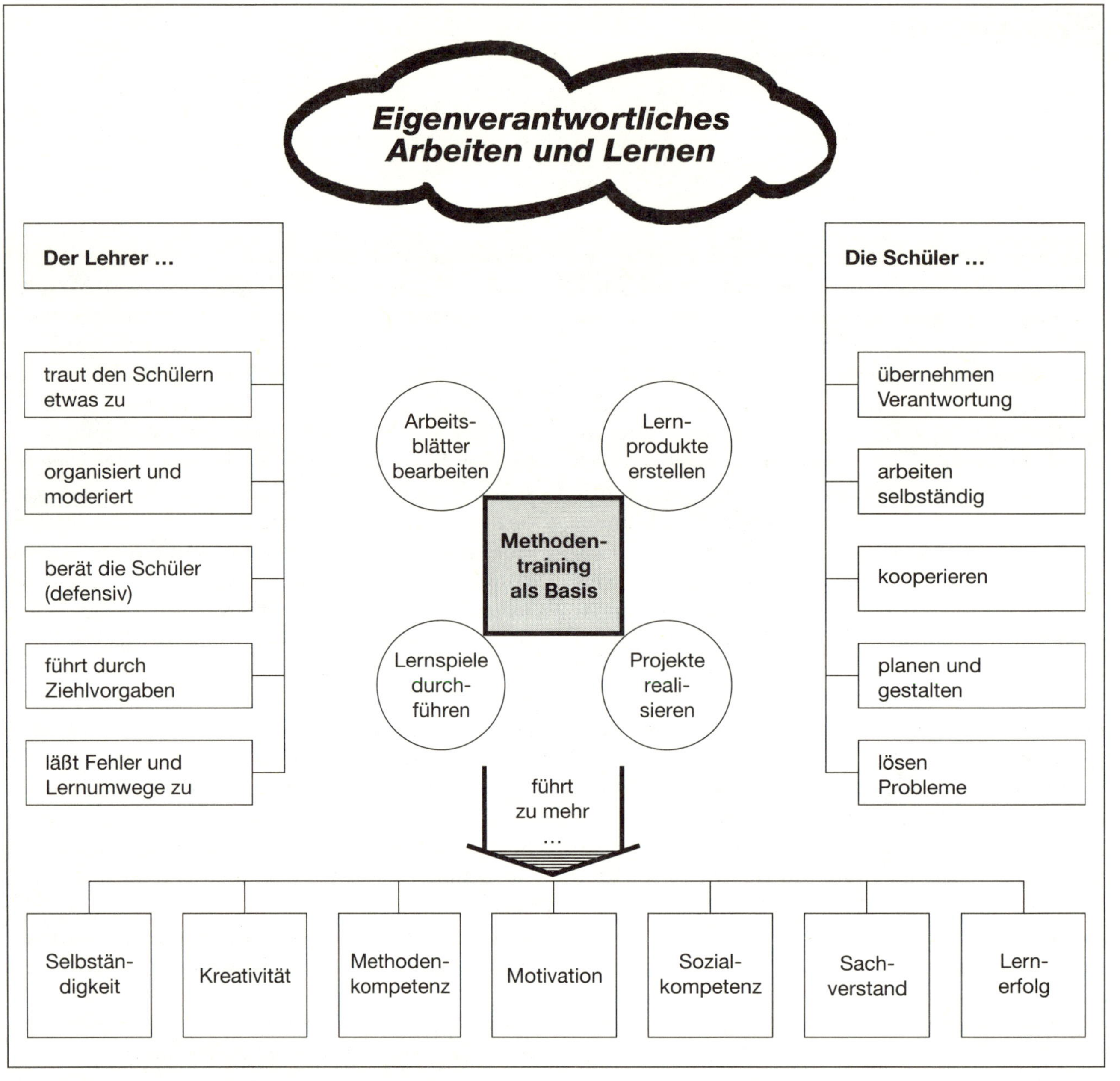

ist. Die Palette des eigenverantwortlichen Arbeitens und Lernens der Schüler/innen reicht danach vom Bearbeiten themenzentrierter Arbeitsblätter über das Erstellen einschlägiger Lernprodukte (Plakate, Texte, Tabellen etc.) und das Realisieren kleinerer oder größerer (Forschungs-)Projekte bis hin zur Durchführung ausgewählter Planspiele, Rollenspiele und sonstiger Lernspiele zum jeweiligen Thema des Unterrichts. Entscheidendes Merkmal dieser Unterrichtsarbeit ist also, daß die Schüler/innen in hohem Maße eigenständig und eigenverantwortlich arbeiten, kommunizieren, kooperieren, planen, organisieren, disponieren, reflektieren und dabei natürlich auch höchst intensiv fachlich lernen. Letzteres deshalb, weil die angedeuteten Lernaktivitäten erwiesenermaßen ein ebenso vielschichtiges wie eingängiges Verarbeiten und Begreifen des jeweiligen Lernstoffes gewährleisten (vgl. u.a. Aebli, Piaget, Bruner, Leontjew).

Was aus dieser Grafik weiterhin hervorgeht, ist die veränderte Lehrerrolle, die mit der anvisierten Lernorganisation verbunden ist. Denn wenn die Schüler/innen eigenständig und eigenverantwortlich lernen sollen, dann müssen die zuständigen Lehrkräfte zu dieser Art des Selbstmanagements ermutigen und entsprechende »Lerninseln« eröffnen, die von den Schüler/innen in Einzel-, Partner- oder Gruppenarbeit auszugestalten sind. Egal, ob Arbeitsblätter zu bearbeiten, einschlägige Lernprodukte zu erstellen, Projektarbeiten zu erledigen oder Planspiele und sonstige Lernspiele durchzuführen sind – stets müssen die betreffenden Lehrkräfte entsprechende Einstellungen und Führungsstile zeigen. Sie müssen den Schüler/innen etwas zutrauen und ihnen Raum zum experimentellen Arbeiten lassen. Sie müssen geeignete Lern- bzw. Arbeitsinseln organisieren, ohne die Schüler/innen über Gebühr zu reglementieren und zu kontrollieren. Geführt wird – wie die Grafik zeigt – primär durch Rahmenvorgaben und weniger durch Detailanweisungen und Detailkontrollen. Der Lehrer berät, aber er berät nur defensiv, damit die Schüler/innen ihre vorhandenen Lern- und Problemlösungspotentiale möglichst ausgeprägt mobilisieren können. Fehler und Lernumwege sind prinzipiell zulässig, weil andernfalls offenes, schülerzentriertes Arbeiten und Lernen nicht machbar ist. Dieses »trial and error« gilt nicht zuletzt für die hier zur Debatte stehenden Planspiele.

Kennzeichnend für das Planspiel ist die Symbiose von Spielen und Lernen, von Improvisation und Konstruktion, von Spaß und Ernst, von Simulation und disziplinierter Sachauseinandersetzung. Planspiele sind Modelle und nicht die Realität. Sie eröffnen vereinfachte Zugänge zur Realität – spielerische Zugänge. Zugänge, die gleichwohl nicht mit dem freien kindlichen Spiel verwechselt werden dürfen, wie es auf dem Pausenhof oder im Freizeitbereich vorherrscht. Planspiele sind fach- und sachbezogene Entscheidungs-, Kommunikations- und Interaktionsspiele, die von ihren Zielen und ihrem Verlauf her deutlich reglementiert und vorgebahnt sind. Allerdings sind die »Bahnen« bei weitem nicht so eng determiniert wie im traditionellen lehrerzentrierten Unterricht. Planspiele – wie sie hier verstanden werden – lassen den Schüler/innen stets gewisse Freiheiten und Gestaltungsspielräume, die kreatives und interaktives Arbeiten und Lernen herausfordern – und gerade deshalb Spaß machen und einen wohltuenden spielerischen Anstrich erhalten. Gleichzeitig sind sie jedoch immer auch ernsthafte und äußerst vielschichtige Lernarrangements mit hoher Lernwirksamkeit. *Lern*-Spiele eben!

Die vorliegenden Planspiele wurden in den Klassen 8 aufwärts erprobt und haben sich sowohl in den verschiedensten Schularten als auch in der Erwachsenenbildung bestens bewährt. Interessant dabei war, daß die Erwachsenen (meist Lehrer/innen) zwar in aller Regel mit mehr fachlicher Akribie und Kompetenz agierten und interagierten als die Schüler/innen. Gleichwohl waren die Schüler/innen nie wirklich überfordert, sondern haben stets mit viel Engagement und Gewinn agiert. Gewiß, sie sind hier und dort oberflächlicher vorgegangen und haben die eine oder andere fachliche Unsicherheit einfach überspielt, aber so etwas muß in Kauf genommen werden, wenn der Unterricht geöffnet wird. Andererseits haben die Schüler/innen mit bemerkenswerter Konzentration und Ernsthaftigkeit gelesen und markiert, exzerpiert und diskutiert, argumentiert und verhandelt, geplant und organisiert, agiert und reagiert, Briefe geschrieben und Plakate/Flugblätter gestaltet. Kurzum: Sie haben in eigener Regie ausgesprochen facettenreich gearbeitet und gelernt. Sie haben Ausdauer bewiesen und die relativ umfangreichen Spielmaterialien nach und nach durchgearbeitet, ausgewertet und in sinnvoll erscheinende Spielhandlungen umgesetzt. Natürlich hat es bei dem einen oder anderen Schüler auch mal eine Durststrecke gegeben, was bei einem fünf- bis sechsstündigen anspruchsvollen Lernprozeß jedoch ganz normal ist. Die Gruppendynamik während der Spiele sowie die vergleichsweise reizvollen Lernaktivitäten haben indes nie ernsthafte Motivationsprobleme aufkommen lassen (vgl. dazu auch die Abschnitte »Lernen einmal anders«, S. 14ff., und »Die Akteure des Planspiels«, S. 27ff.).

Die dokumentierten Spielarrangements sind – wie angedeutet – aus didaktisch-pädagogischen Gründen gegenüber der Realität deutlich vereinfacht und verfremdet worden, damit sie unter schulischen Bedingungen überhaupt umgesetzt werden können. Zwar stehen hinter den Planspielen durchweg reale Geschehnisse und Probleme, die seinerzeit auch den Anstoß zur Spielentwicklung gegeben haben. Wegen der zeitlichen und intellektuellen Restriktionen in der Schule war es jedoch unumgänglich zu simplifizieren. Und diese Simplifizierung wiederum machte es notwendig, auf authentische Namen und Bezeichnungen (Firmenbezeichnungen, Länderbezeichnungen etc.) zu verzichten. Die aufgeführten statistischen und sonstigen Daten sind indes reale oder zumindest realitätsnahe Daten. Diese partielle Verfremdung hat andererseits den Vorteil, daß die Spielmaterialien nicht veralten und daher nahezu unbegrenzt im Unterricht eingesetzt werden können. Das erhöht den »Gebrauchswert« des Buches, ohne daß es die Lerneffekte der Schüler/innen nennenswert schmälert.

Zum Aufbau des Buches: In Teil I wird die Planspielmethode zunächst in knapper Form erläutert und begründet. Das beginnt mit einigen Impressionen aus der Unterrichtspraxis, die zeigen, wie lebendig und vielschichtig die Schüler/innen im Rahmen von Planspielen lernen. In Abschnitt 2 wird alsdann die Organisation und Durchführung von Planspielen näher erläutert sowie die Spielkompetenz der Schüler/innen eingehender gewürdigt. Im 3. Abschnitt werden sodann die Lernchancen und Lernziele detaillierter entfaltet und begründet, die für das Planspiel kennzeichnend sind. Und im vierten Abschnitt schließlich wird nochmal kurz in Erinnerung gerufen, daß die im vorliegenden Buch dokumentierten Planspiele keineswegs nur in den gesellschaftskundlichen Lernfeldern ihren Platz haben, sondern auch und besonders im Fach Deutsch eingesetzt werden können sowie überall dort, wo fächerübergreifender Unterricht angesagt ist.

Teil II ist der eigentliche Kern des Buches. Auf rund 160 Druckseiten werden insgesamt zehn komplette Planspiele mit allen zugehörigen Spielmaterialien und methodischen Anleitungen dokumentiert, die für die unterrichtliche Umsetzung benötigt werden. Interessierte Lehrkräfte brauchen von daher nur zuzugreifen. Die vorliegenden Materialien dürfen für den *eigenen* Unterricht selbstverständlich kopiert werden. Inhaltlich verteilen sich die zehn Planspiele auf vier zentrale Themen- bzw. Problemfelder, die in der Schule allesamt zur Behandlung anstehen. Diskutiert und verhandelt werden erstens kommunalpolitische, zweitens ökologische, drittens innerbetriebliche und viertens entwicklungspolitische Probleme und Entscheidungsfragen. Sie stehen in Fächern wie Sozialkunde, Wirtschaftslehre, Biologie, Geografie und Ethik/Religion ohnehin zur Behandlung an; sie können ohne weiteres aber auch im Deutschunterricht und/oder im Klassenlehrerunterricht angesiedelt werden, da hier die kommunikativen und sozialen Lernziele seit eh und je einen gewissen Schwerpunkt bilden und Planspiele in dieser Hinsicht ganz gewiß eine Menge zu bieten haben.

I. Planspiele im Unterricht – ein chancenreiches Unterfangen

1. Lernen einmal anders – einige Vorbemerkungen

Daß sich der Unterricht verändern muß, wenn sich die Lebenswelt der Schüler/innen, ihre Lerndispositionen und -erwartungen sowie die von außen an die Schule gerichteten Qualifikationsanforderungen verändern, das ist unmittelbar evident. Mit dem in der Einleitung formulierten Plädoyer für mehr eigenverantwortliches Arbeiten und Lernen im Unterricht ist diesem Grundgedanken bereits Rechnung getragen worden. In den beiden nachfolgenden Abschnitten wird diese Option weitergehend begründet sowie durch einige Impressionen aus dem Planspielalltag in der Schule exemplarisch konkretisiert.

Warum neue Lernformen wichtig sind

Man kann über den tradierten lehrerzentrierten Unterricht mit seiner einseitigen Stofforientierung und seiner Überbetonung direktiv-rezeptiver Lernformen denken wie man will. Er wird sicherlich auch in Zukunft seinen Platz in der Schule haben, da die Lernzeit bekanntlich knapp ist und die Schüler/innen ganz gewiß nicht alles von Grund auf selbst erarbeiten können. Aber er verliert ganz unstrittig an Bedeutung und an Akzeptanz und bedarf von daher dringlich der verstärkten Ergänzung und Substitution durch neue Lehr-/Lernformen im Sinne des schüleraktiven, entdeckenden, kreativen und kooperativen Lernens, dem nicht zuletzt das Planspiel Raum gibt. Nicht, daß diese Lehr-/Lernformen im strengen Sinne des Wortes wirklich neu sind. In der pädagogischen Literatur werden sie größtenteils schon seit langem gewürdigt und auch propagiert. Woran es bislang jedoch mangelt, das ist ihre praktische Umsetzung im Unterricht. In dieser Hinsicht kann und muß noch vieles getan werden, wenn eine zeitgemäße Bildungsarbeit sichergestellt werden soll.

Daß es um die Zeitgemäßheit des tradierten Unterrichts nicht gerade zum besten bestellt ist, läßt sich aus zwei Blickwinkeln begründen: zum einen von den Schüler/innen her, deren Lerndispositionen und Lernbedürfnisse sich in den letzten Jahrzehnten entscheidend gewandelt haben, zum zweiten vom gesellschaftlichen Qualifikationsbedarf her, der sich im postindustriellen Zeitalter ebenfalls gravierend verändert hat und die Schule vor deutlich neue Aufgaben stellt. Zunächst zur Schülerperspektive: Wie mittlerweile jedermann weiß, ist die heutige Schülergeneration in starkem Maße geprägt durch das Fernsehen und andere audiovisuelle Medien, die eines gemeinsam haben: Sie drängen die Schüler/innen in die Passivität und befriedigen zugleich in ausgeprägter Weise deren Animations- und Berieselungserwartungen. Attraktive Rezeptionsangebote im Sinne faszinierenden Entertainments strömen von daher geradezu inflationär auf die Schüler/innen ein und führen dazu, daß die mit diesen Medienkindern befaßten Lehrkräfte einen zunehmend schweren Stand haben, wenn sie den Lernstoff im Stile von »Entertainern« darzubieten versuchen. Die Rezep-

Lehrer müssen umdenken – einige Anstöße

- Die heutigen Schüler/innen sind nicht schlechter als früher; sie sind nur anders!
- Viele Schüler/innen sind von Hause aus über Gebühr verwöhnt und überbehütet; die Folge ist eine geradezu chronische Hilflosigkeit und Bequemlichkeit.
- Die stoffbezogene Rezeptionsbereitschaft und -fähigkeit vieler Schüler/innen hat unter dem Einfluß des alltäglichen Medienkonsums erheblich abgenommen.
- Von daher sind die tradierten direktiven/darbietenden Methoden mehr und mehr in Frage gestellt. Der Lehrer als »Entertainer« hat einen zunehmend schweren Stand!
- Dies auch deshalb, weil 90 Prozent unserer Mittelstufenschüler/innen vorrangig praktisch-anschauliche Lerner sind; sie brauchen zum erfolgreichen Lernen die praktische Lerntätigkeit!
- Oder mit den Worten von Diesterweg: »Was der Schüler sich nicht selbst erwirkt oder erarbeitet hat, das ist er nicht und das hat er nicht!«
- So gesehen ist Bildung mehr als rezeptives Auswendiglernen und opportunistische Paukerei. Bildung zielt auf Persönlichkeitsentwicklung in einem sehr weiten Sinn des Wortes: auf Selbständigkeit, Kreativität, soziale Sensibilität und anderes mehr!
- Deshalb: Wir müssen den Schüler/innen mehr zutrauen und zumuten! Wir müssen sie in puncto Selbständigkeit, Kreativität, Kommunikation und Teamarbeit verstärkt fordern und fördern. Denn sie können mehr, als sie uns im alltäglichen Schulbetrieb zeigen!

Lernbedürfnisse von Schüler/innen – Befragungsergebnisse

- Das Bedürfnis nach lebensnaher Auseinandersetzung mit existentiell bedeutsamen Themen bzw. Problemkreisen (Umweltschutz, Friedenssicherung, Neue Technologien, Arbeitslosigkeit etc.)
- Das Bedürfnis nach aktivem, selbständigem, kreativem, erfahrungsbetontem Lernen, das Spaß macht und Erfolgserlebnisse vermittelt (Rollenspiele, Planspiele, Erkundungen, kreative Medienarbeit etc.)
- Das Bedürfnis nach Kommunikation und sonstigen sozialen Kontakten (Gespräche, Gruppenarbeit, Interaktionsspiele etc.) sowie nach vertrauensfördernden, überschaubaren Lerngruppen und Lernorten, die Atmosphäre und Sicherheit vermitteln und dazu beitragen, daß »man« sich wohlfühlt (angenehme Sitzordnung, Raumgestaltung, Arbeitsatmosphäre etc.)

(Vgl. auch Klippert 1994, S. 11.)

tionsbereitschaft und die Rezeptionsfähigkeit der Schüler/innen haben unter dem Einfluß des alltäglichen Medienkonsums entscheidend abgenommen (vgl. dazu auch die Übersicht »Lehrer müssen umdenken«, S. 14). Kein Wunder auch bei einer durchschnittlichen Verweildauer vor dem Bildschirm von zwei und mehr Stunden täglich. Verstärkt wird diese Passivierung und Verwöhnung der besagten »Medienkinder« durch eine mehr oder weniger ausgeprägte Förderung von Bequemlichkeit, Verantwortungslosigkeit und Konsumismus in vielen Elternhäusern (Stichwort: overprotected child).

Dies alles hat natürlich Folgen für die Unterrichtsgestaltung. Denn wenn die Rezeptionsbedürfnisse der Schüler/innen außerschulisch stark abgedeckt werden und innerschulisch zu derart hohen Erwartungen führen, daß die meisten Lehrkräfte beinahe zwangsläufig dahinter zurückbleiben müssen, dann muß eben nach anderen Lehr-/Lernverfahren gesucht werden, die geeignet sind, die Schüler/innen aus ihrer verbreiteten Lethargie herauszureißen und zu engagiertem und wirksamem Lernen zu veranlassen. Und Möglichkeiten dazu gibt es durchaus (vgl. die Übersicht »Lernbedürfnisse von Schüler/innen« auf dieser Seite). Das aber heißt: Statt des direktiv-rezeptiven Lehrens muß stärker das aktive, kreative und kooperative Arbeiten und Lernen im Unterricht betont werden. Denn in dieser Hinsicht verfügen die Schüler/innen nach wie vor über recht ausgeprägte Lernbedürfnisse, wie verschiedene Schülerbefragungen des Verfassers in der Vergangenheit gezeigt haben (vgl. Klippert 1994, S. 11) – Lernbedürfnisse, die im traditionellen Unterricht viel zuwenig genutzt werden.

Der zweite Begründungsstrang, der für die Revision des tradierten Lehr-/Lernstils sowie für den verstärkten Einsatz bewährter Planspiele spricht, leitet sich her von den spezifischen Qualifikationsanforderungen, wie sie für die moderne Industriegesellschaft typisch sind. Da steht zum einen unverändert die Forderung im Raum, im Dienste des demokratischen Gemeinwesens auf Selbst- und Mitbestimmung, auf Demokratiefähigkeit und politische Partizipation zu setzen und die Schüler/innen entsprechend zu fordern und zu fördern – eine Forderung, die durch die direktiv-rezeptive Ausrichtung des tradierten Unterrichts schon immer konterkariert wurde. Ein Unterricht, in dem der Lehrer belehrt, dirigiert und in sonstiger Weise dominiert, muß zwangsläufig dazu führen, daß die Schüler/innen relativ passiv und unmündig bleiben. Wer diesem Dilemma entgehen will, der muß zwingend Lehr-/Lernverfahren forcieren, die auf Schülerseite demokratiespezifische Handlungsweisen in Gang setzen. Dieses »learning by doing« gilt selbstverständlich auch für die Vermittlung der von der Wirtschaft geforderten sozialen, methodischen und persönlichen Kompetenzen, wie sie im Berufsalltag immer stärker benötigt werden (vgl. dazu S. 30f.). Denn Methodenkompetenz kann man nun einmal nur entwickeln, wenn man methodisch selbständig arbeitet und experimentiert. Und Sozialkompetenz kann nur derjenige kultivieren, der in puncto Teamarbeit, Kommunikation und Kooperation gefordert und gefördert wird. Und persönlichkeitsbildende Qualifikationen wie Verantwortungsbewußtsein, Eigeninitiative und Selbstvertrauen schließlich stehen und fallen natürlich ebenfalls mit der aktiven Erprobung und Bewährung. So gesehen sind aktiv-kreative Lernverfahren wie das Planspiel nicht nur zeitgemäß und richtungweisend, sondern es ist auch dringend an der Zeit, daß sie verstärkt in die praktische Unterrichtsarbeit einfließen. Das vorliegende Buch leistet einen Beitrag dazu.

Einige Impressionen aus dem Planspielalltag

Planspiele ermöglichen ebenso vielseitiges wie lebendiges Lernen. Das ist in der Einleitung bereits angedeutet worden. Und das wird auch durch die beiden nachfolgenden Erfahrungsskizzen anschaulich belegt. Planspiele fördern die Motivation der Schüler/innen, steigern die Lernintensität und tragen nicht zuletzt dazu bei, daß die vielbeklagten Lern- und Konzentrationsprobleme auf Schülerseite deutlich geringer werden. Planspiele sind zwar kein pädagogisches »Allheilmittel«, wohl aber ein recht probates Instrument zur Bekämpfung des verbreiteten Lehr-/Lernfrusts auf Schüler- wie auf Lehrerseite. Das machen die beiden nachfolgenden Beispiele deutlich.

Beispiel 1

In der 12. Klasse eines Landauer Gymnasiums wird sichtlich konzentriert und engagiert gearbeitet und diskutiert. Im Mittelpunkt des Lerngeschehens steht das Planspiel »Umweltverschmutzung in Talstadt« (abgedruckt auf den Seiten 95ff.). Bei diesem Ökologie-Planspiel geht es darum, daß zwei ortsansässige Betriebe in fragwürdiger Weise Luft und Gewässer verschmutzen, was wiederum den Stadtrat von Talstadt, das Amt für Umweltschutz sowie zwei örtliche Interessengruppen – den Anglerclub und den Fremdenverkehrsverein – auf den Plan ruft. Die Schüler/innen arbeiten entsprechend dieser Grundkonstellation in sechs Gruppen – locker, aber doch zielstrebig und konzentriert. Sie verfolgen unterschiedliche Interessen und Strategien, um die angedeutete Problemsituation zu bereinigen. Dabei stehen ihnen als Arbeitsgrundlage die folgenden Materialien zur Verfügung: erstens eine knappe Beschreibung der in Talstadt vorherrschenden Problemsituation (Fallstudie), zweitens eine mehrseitige Info-Zeitung mit korrespondierenden Informationsmaterialien, drittens eine Arbeitskarte mit Erläuterungen und Anregungen zum Spielablauf, viertens spezifische Rollenkarten mit vertiefenden Informationen zu den sechs genannten Rollen, fünftens Ereigniskarten als Impulskarten für die Hand des Lehrers/der Lehrerin sowie sechstens einschlägige Arbeitsmittel wie Lexika, Farbstifte, Lineale, Plakate und Tapetenrollen. Viel Material, gewiß. Aber die Gruppen arbeiten sich sukzessive hinein, werden durch Nachfragen verunsichert, lesen nach, diskutieren und verschaffen sich im Verlauf des Planspiels, das sich über zwei Wochen und insgesamt sechs Unterrichtsstunden erstreckt, einen bemerkenswerten Durchblick – fachlich wie methodisch.

Es ist das erste Planspiel, das der 12er-Kurs im Rahmen seiner Schullaufbahn durchführt. Das erleichtert die Arbeit ganz gewiß nicht. Und dennoch sind die Schüler/innen nach einer eher verhaltenen Anfangsphase, in der sie von den vielen Materialien und der ungewohnen Arbeitsorganisation zunächst etwas »erschlagen« werden, sehr bald in ihre Rollen geschlüpft und sondieren mit viel Engagement ihre potentiellen Handlungs- und Einflußmöglichkeiten. Sie lesen und diskutieren, schreiben Briefe und protokollieren, nehmen mündliche Verhandlungen auf und taktieren, erstellen Flugblätter und gestalten Protestplakate. Interessant ist zudem, daß das Planspiel nicht auf den Klassenraum beschränkt bleibt. Der Anglerclub und der Fremdenverkehrsverein kommen nach geraumer Zeit auf die Idee, Unterschriften auf dem Schulhof zu sammeln, um ihren Forderungen gegenüber dem Stadtrat und den beiden Betrieben mehr Nachdruck zu verleihen. Andere Schüler bzw. Gruppen treffen sich nachmittags oder in Freistunden, sichten Fachbücher und Lexika und erstellen anschauliche Wandzeitungen mit wichtigen Argumenten und Informationen. Dieses ungewohnte Engagement der Schüler/innen – der Kurs war ansonsten als ziemlich »lahm« verrufen – wird schließlich sogar Gesprächsgegenstand im Lehrerzimmer. Einige Lehrkräfte zeigen sich leicht irritiert, andere sind schlicht neugierig geworden, was denn diese veränderte Lernhaltung im 12er-Kurs auslöst. Die daran sich anschließenden Gespräche und Hospitationen sind ein durchaus positiver Nebeneffekt. Eine interessante Erfahrung am Ende des Spiels: Zur abschließenden Konferenzphase erscheinen einige Schüler/innen völlig unerwartet in ausgesprochen symbolträchtiger Verkleidung: Die Firmenchefs in dunklen Anzügen, der Bürgermeister mit Schlips und Kragen, der Leiter des Amtes für Umweltschutz im weißen Chemikerkittel. Vielleicht mag mancher derartige Verkleidungsaktionen ausgewachsener Oberstufenschüler belächeln. Offenbar spiegeln sie jedoch das Bedürfnis vieler Schüler/innen nach sinnlichem, aktionsorientiertem Lernen wider – einem Lernen, das sich wegen seines »Erlebnischarakters« nicht zuletzt tief ins Gedächtnis eingräbt und relativ langfristiges fachliches Lernen und Behalten gewährleistet.

Beispiel 2

Eine zweite Erfahrungsskizze betrifft das Planspiel »Konflikt in der Metallfabrik« (abgedruckt auf den Seiten 141ff.). Durchgeführt wird dieses Planspiel in einer 8. Klasse einer rheinland-pfälzischen Hauptschule. Thematisch geht es dabei um den Problemkomplex »Mitbestimmung / Arbeitsschutz / Arbeitsrecht« – ein Lernfeld, das die Schüler/innen gewiß nicht von den Sitzen reißt. Und dennoch ist auch hier der Lerneifer bemerkenswert groß. Der Grund dafür ist ganz offenbar die lebendige, vielseitige Arbeit sowohl in der Sache wie im Team. Anders als gemeinhin üblich werden die Schüler/innen nicht via Folie, Tafelbild, Lehrbuch oder Lehrervortrag rezeptiv informiert und instruiert, sondern sie erhalten

Gelegenheit, sich in ebenso aktiver wie kreativer Weise mit dem besagten Problemfeld vertraut zu machen. Natürlich haben nicht alle Schüler/innen gleich den großen Durchblick. Dazu sind die zu Beginn eingegebenen Spielunterlagen und -regeln einfach zu umfangreich. Aber sie tasten sich voran, vergewissern sich in ihrer jeweiligen Gruppe und entwickeln nach geraumer Zeit eine erstaunliche »Arbeitswut« und Souveräntität. Die Rollen, in denen sie agieren, sind erstens der Betriebsrat, zweitens die Betriebsleitung, drittens die Vertrauensleute aus der Gießerei, viertens die Vertrauensleute der Abteilung »Ofenbau« und fünftens die mit Überwachungsaufgaben betraute Berufsgenossenschaft. Alle diese Gruppen sind von dem Konflikt in der Gießerei unmittelbar oder mittelbar tangiert und versuchen sich möglichst erfolgreich aus der »Affäre« zu ziehen.

Offenbar sorgt die Perspektive, alsbald spielerisch agieren zu können, dafür, daß sich die Schüler/innen nach einer kurzen Phase der Irritation und der Orientierung recht bereitwillig auf die Lektüre und Auswertung der vorliegenden Materialien einlassen. Zwar muß von Lehrerseite des öfteren klärend und beratend eingegriffen werden; gleichwohl halten sich die fachlichen Probleme und Blockaden im üblichen Rahmen. Wesentlich günstiger steht es hingegen um die Lernmotivation und die Arbeitsdisziplin der Schüler/innen. Das bestätigen sehr nachdrücklich die beiden Lehrkräfte, die die Achtkläßler ansonsten unterrichten. Offenbar wirkt es auf die Schüler/innen motivierend, die engen Fesseln des üblichen Unterrichts einmal los zu sein und mehr Gestaltungsfreiheit und Aktionsspielraum zu besitzen. Die Bilanz der beiden Lehrkräfte am Ende des Planspiels: Die Schüler/innen hätten verhältnismäßig wenig Mühe gehabt, in die vorgegebenen Rollen hineinzuwachsen (mit Ausnahme der ungünstig zusammengesetzten Betriebsleitung). Ihre Aktionen und Interaktionen seien sehr engagiert und zielstrebig verlaufen. Ihre Arbeitshaltung sei gut und ihre Diskussionsbeteiligung relativ breit gefächert gewesen. Nicht zuletzt sei es im Zuge des Planspiels gelungen, einige Außenseiter der Klasse aus ihrer Reserve zu locken und zum konstruktiven Mitmachen zu bewegen, was für die sozialen Lernchancen des Planspiels spricht. Und die Schülersicht? »Ja, wenn der Wirtschaftsunterricht öfter so wäre«, so der Tenor in der Klasse, »dann könnte er direkt Spaß machen.« Einer der Schüler meint kurz und bündig: »Es geht nicht so trocken zu, was ich gut finde.« Ein zweiter ergänzt: »Dadurch, daß es locker gestaltet war, hat's mehr Spaß gemacht.« Und eine Schülerin bringt es schließlich auf den Punkt: »Man lernt einfach, indem man etwas tut.« Richtig!

Fazit

Diese ausgesprochen positive Bilanz soll freilich nicht den Eindruck erwecken, daß Planspiele immer glatt und problemlos verlaufen und die Schüler/innen stets spielend damit zurechtkommen. Natürlich kann es hier und dort auch mal haken. Und natürlich tun sich manche Schüler/innen mit den vielfältigen Anforderungen und Aktivitäten auch schon mal schwer. Aber das hat nie zu wirklich gravierenden Schwierigkeiten geführt. Im Gegenteil: Die vielfältigen Lernanreize und Lernaktivitäten, die mit dem Planspiel einhergehen, sorgen nach aller Erfahrung sehr wirkungsvoll dafür, daß sich etwaige Lern- und Motivationsprobleme sukzessive verflüchtigen und die Lernerfolge in einem deutlich über das Normalmaß hinausgehenden Umfang einstellen. So gesehen sind Planspiele ganz gewiß lohnende Unterfangen. Ja mehr noch: sie gehören in aller Regel zu den »Highlights« im Unterrichtsalltag von Schüler/innen wie Lehrer/innen.

Ein Planspiel läuft an: Die Gruppenmitglieder lesen die Materialien, unterstreichen, exzerpieren …

Eine halbe Stunde später: In den Gruppen wird die Sachlage diskutiert und das weitere Vorgehen geplant.

Eine weitere Stunde später: Die Interaktion hat begonnen. Ein Brief wird abgeschickt.

Nach zwei weiteren Stunden: Die Verhandlungen laufen auf vollen Touren. Gleich beginnt die Konferenz.

2. Konzeption und Durchführung von Planspielen

Mit der Planspielmethode verbinden viele Pädagogen die Vorstellung, daß es sich hierbei ganz vorrangig um anspruchsvolle Strategiespiele hochrangiger Wirtschafts- und Militärexperten handele, die für die Schule kaum etwas hergäben. Diese Sichtweise ist richtig und falsch zugleich. Richtig daran ist, daß Planspiele ursprünglich für die Aus- und Fortbildung von Offizieren und Managern entwickelt wurden. Falsch ist diese Einschätzung jedoch insofern, als Planspiele natürlich auch mit ganz anderer Ausrichtung und in sehr viel einfacherer Form aufbereitet und selbstverständlich auch im schulischen Bereich eingesetzt werden können. Denn die im Planspiel vermittelten Fähigkeiten und Fertigkeiten (vgl. den Abschnitt »Was Planspiele im Unterricht leisten können«, S. 30ff.) werden letztlich überall benötigt – gerade heute. Planen und Entscheiden, Disponieren und Organisieren, Kommunizieren und Zusammenarbeiten, Argumentieren und Verhandeln, Probleme analysieren und Probleme lösen – derartige Qualifikationen müssen auch und verstärkt in der Schule vermittelt werden. Planspiele sind Übungsfelder, die in dieser Hinsicht eine ganze Menge hergeben.

Präzisierung des Planspielbegriffs

Die Planspiele in diesem Buch haben selbstverständlich wenig zu tun mit den angesprochenen rechentechnisch perfektionierten Unternehmensplanspielen oder den computergestützten Kriegsspielen der Militärs. Kennzeichnend für das Planspiel – wie es hier verstanden wird – ist zunächst eine relativ offene politische oder ökonomische Problemsituation, die pädagogisch-didaktisch vereinfacht ist und nach einer irgendwie gearteten Lösung verlangt. Beteiligt an den korrespondierenden Problemlösungsbemühungen sind unterschiedliche Interessengruppen mit differierenden Strategien (vgl. die Übersicht »Lehrer müssen umdenken«, S. 14), die von entsprechenden Schülergruppen repräsentiert und spielerisch in Szene gesetzt werden. So gesehen handelt es sich bei den hier zur Debatte stehenden Planspielen um »Schulspiele«; um Spiele also, die durchweg ohne Computer und komplizierten Rechen- und Datenaufwand realisierbar sind; um Spiele, die in besonderer Weise das planerisch-strategische, das kommunikativ-interaktive sowie das kreativ-spielerische Arbeiten und Lernen betonen. Die hier anvisierten Planspiele sind in erster Linie Interaktions- und Verhandlungsspiele, ohne überzogene Reglementierungen. In ihrem Zentrum stehen solche Momente wie Improvisation, Kreativität, Kontroversität, Flexibilität, Spontaneität und nicht zuletzt auch ernsthaftes fachbezogenes Lernen. Interagiert und verhandelt wird wohlgemerkt nicht nur auf schriftlichem/brieflichem Wege, wie das die Protagonisten der Planspielmethode vielfach fordern, sondern auch und zugleich direkt und spontan durch Gespräche und mündliche Verhandlungen. Dieses pädagogische Zugeständnis begünstigt die Motivation und die Lerneffizienz der Schüler/innen.

Heckhausen nennt als Merkmale erfolgversprechender (Lern-)Spiele u.a. deren Offenheit und deren relativ undifferenzierte Ziel- und Zeitstruktur, deren Überraschungsgehalt, Verwickeltheit und Unberechenbarkeit sowie deren Realitätsbezug im Sinne des Erlebens einer spielerisch aufbereiteten »Quasi-Realität« (vgl. Heckhausen, 1978, S. 140ff.). »Quasi-Realität« meint hierbei im Unterschied zum sogenannten »Ernst des Lebens« das Sich-Hineinversetzen in eine mehr oder weniger fiktive/modellhafte Wirklichkeit, die von den Schüler/innen hypothetisch nachgeschaffen/abgebildet und womöglich auch verzerrt in Szene gesetzt wird. Gleichwohl wird bei alledem ernsthaft und realitätsbezogen gespielt und gelernt. Realitätsbezug, handelndes Tätigsein, Offenheit, Ungewißheit/Konflikt sowie die Als-Ob-Simulation tatsächlicher oder potentieller Geschehnisse sind also zentrale Merkmale der hier zur Debatte stehenden Lernspiele bzw. Planspiele.

Planspiele, die in den Sekundarstufen I und II eine Chance haben wollen, müssen erfahrungsgemäß relativ schlicht und überschaubar konzipiert sein. Das gilt sowohl für die zu bearbeitenden Materialien als auch für die spielimmanenten Operationen und Aufgaben der Schüler/innen. Und das gilt natürlich auch für das zeitliche Setting des jeweiligen Planspiels, da die zeitlichen Restriktionen in der Schule bekanntlich recht ausgeprägt sind. Die im

Aufriß eines Öko-Planspiels

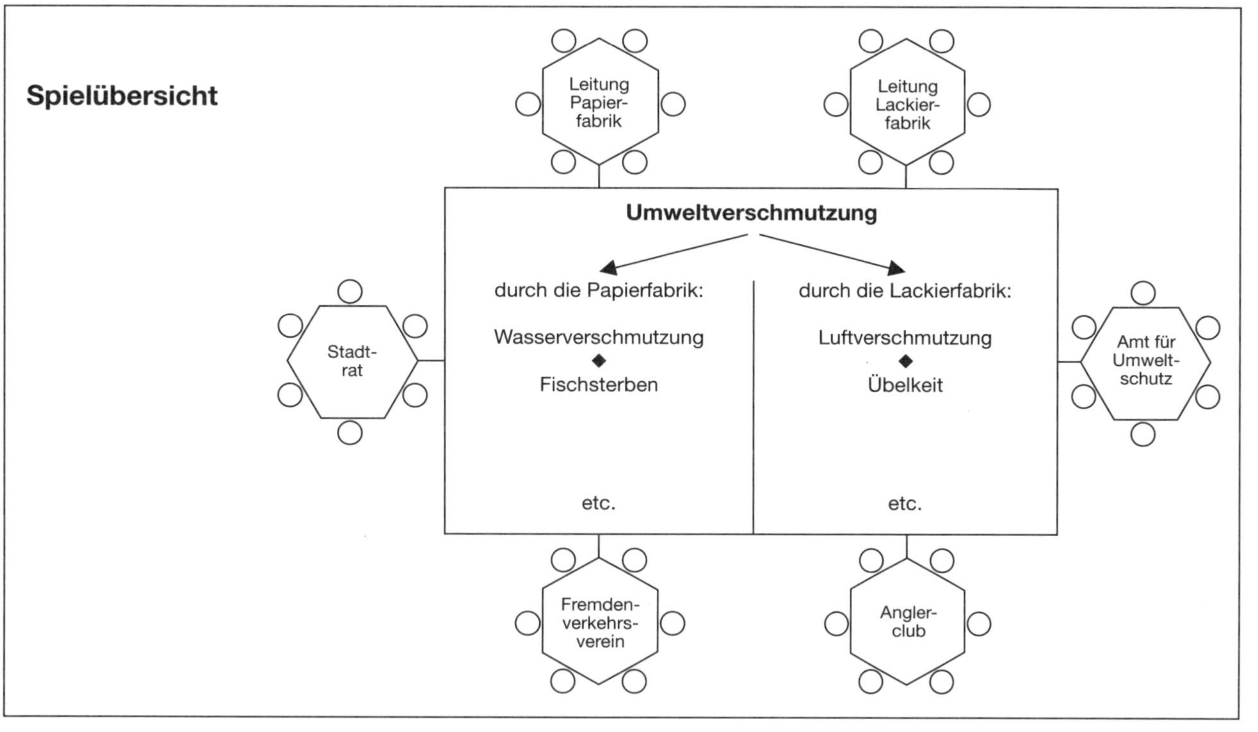

Spielunterlagen

1. Beschreibung der Problemsituation in der Gemeinde Talstadt (Fallstudie)
2. Arbeitskarte: Überblick über die einzelnen Spieletappen (für alle Gruppen gleich)
3. Rollenkarten: Spezifische Hinweise zu den einzelnen Rollen (für alle Gruppen verschieden)
4. Informationszeitung: Vertiefende Sach- und Fachinformationen
   M 1: Die wirtschaftliche Situation der beiden Betriebe
   M 2: Gutachten des TÜV zur Umweltbelastung
   M 3: Abwasserreinigung bei der Papierfabrik
   M 4: Luftreinhaltung bei der Lackierfabrik
   M 5: Zeitungsberichte zu Talstadts Umweltproblemen
   M 6: Die wirtschaftliche und finanzielle Lage der Stadt
   M 7: Die verschiedenen Gütestufen bei Fließgewässern
   M 8: Informationen des Umweltbundesamtes
   M 9: Auszüge aus verschiedenen Umweltgesetzen
5. Ereigniskarten: Impulskarten für die Hand des Lehrers (für den gelegentlichen Einsatz)
6. Arbeitsformulare: Protokollbogen und Briefformulare (s. S. 42–44)

vorliegenden Buch dokumentierten Planspiele tragen diesem »Vereinfachungsgebot« Rechnung. Dazu nur drei Eckpunkte:

a) Der Zeitbedarf je Planspiel beträgt »nur« 5–6 Unterrichtsstunden, die bei Bedarf zudem sequentiert und auf mehrere Schultage verteilt werden können,
b) die Spielmaterialien sind inhaltlich und umfangmäßig auf das Niveau der anvisierten Schüler/innen ab Klasse 8 aufwärts abgestimmt, sowie
c) die Spielhandlungen sind relativ wenig formalisiert und reglementiert, damit die Kreativität und Aktivität der Schüler/innen nicht vorschnell gebremst wird.

Gleichzeitig sind die vorliegenden Spielunterlagen jedoch so konzipiert worden, daß die Schüler/innen weder fachlich noch methodisch ins »Uferlose« abgleiten können. Eine mehrseitige Info-Zeitung mit themen- bzw. problemzentrierten Sachinformationen sorgt für die nötige fachliche Fundierung. Und die den einzelnen Schülergruppen zur Verfügung stehenden Rollenkarten und Arbeitskarten gewährleisten eine relativ zielgerichtete, realitätsnahe Arbeitsweise – eine Arbeitsweise, die dennoch genügend Raum für kreative Einfälle und fachlich-strategische Improvisation läßt.

Im Mittelpunkt der vorliegenden Planspiele stehen – wie angedeutet – ausgewählte politisch-ökonomische Problemkreise wie Umweltverschmutzung, Arbeitslosigkeit, Rationalisierung, Arbeitsschutz, Stadtentwicklung, Asylfragen und Entwicklungspolitik. Diese Problemkreise werden didaktisch reduziert und so aufbereitet, daß konkrete, überschaubare und möglichst aktuelle Einzelprobleme zur Verhandlung anstehen. Beispiele dazu sind im vorliegenden Buch u.a. der Bau eines Kohlekraftwerks in Iksstadt, die Luft- und Gewässerverschmutzung in Talstadt, der innerbetriebliche Konflikt in der Gießerei Sommer KG, die Kontroverse um die Roboter der Agro-KG oder die entwicklungspolitische Kontroverse in Translawi. Wie sich aus der obengenannten Übersicht ersehen läßt, rankt sich um jedes Problem herum ein ganzes Geflecht von Interessengruppen, die mehr oder weniger konvergente oder divergente Problemlösungsstrategien verfolgen. Jede Interessengruppe/Rolle wird mit durchschnittlich 4 bis 6 Schüler/innen besetzt, die sich wahlweise zuordnen und ihre Rolle möglichst erfolgreich zu spielen versuchen. Dazu müssen sie lesen und markieren, exzerpieren und diskutieren, verhandeln und taktieren, zuhören und argumentieren, zusammenarbeiten und Kompromisse suchen. Die im Zentrum dieses Planspielgeschehens stehenden Probleme sind in aller Regel auch Konflikte. Von daher sprechen manche Vertreter der Planspielmethode auch davon, daß das eigentlich konstitutive Merkmal des Planspiels der Konflikt sei. So schreibt etwa Dorothea Freudenreich: »Planspiele als Lernmedien nehmen Konflikte zum Anlaß, die auf die Alltagswirklichkeit bezogen sind. Die Konfliktsituationen können Rekonstruktionen von Erfahrungen sein, sie können aber auch konstruiert werden, um Zusammenhänge deutlich werden zu lassen« (Freudenreich 1979, S. 36). Gieseckes Sicht ist eine ähnliche, wenn er zur Kennzeichnung der Planspielmethode anführt: »Gegenstand des Planspiels ist ... ein tatsächlicher oder fingierter objektiver Konflikt, der durch die Interaktion von Gruppen zu einer Lösung bzw. Entscheidung gebracht werden soll« (Giesecke 1975, S. 82). Problem oder Konflikt? Letztlich umreißen beide Begriffe lernwirksame Spannungsfelder, die diskursive und konstruktive Lernprozesse auf Schülerseite auslösen. Und das ist die Hauptsache!

Begriffliche Überschneidungen gibt es auch an anderen Stellen: Da ist z.B. die Rede von Planspielen, Rollenspielen, Entscheidungsspielen oder Simulationsspielen, ohne daß eine klare Trennschärfe zu erkennen ist. Und in der Tat: Alle diese Begriffe haben einiges gemeinsam: So sind Planspiele vom Grundsatz her natürlich immer auch Simulationsspiele, denn im Mittelpunkt des Spielgeschehens steht die modellhafte Simulation politisch-ökonomischer Entscheidungsaktivitäten. Und selbstverständlich sind Planspiele auch Entscheidungsspiele, da es stets darum geht, Entscheidungen irgendwelcher Art anzubahnen und zu treffen. Die Entscheidungsphase im engeren Sinne ist indes lediglich eine Teilphase des Planspiels (vgl. die Übersicht »Phasen des Planspiels«, S. 23).

Planspiele sind in gewisser Weise aber auch Rollenspiele, denn diejenigen, die planen und verhandeln, spielen Rollen. Während beim klassischen Rollenspiel jedoch ausschließlich Einzelpersonen agieren und interagieren (Vater, Mutter, Kind, Ausbilder, Jugendvertreter etc.), sind es im Planspiel vorrangig Gruppen, Gremien oder sonstige Instanzen wie etwa Betriebsrat, Unternehmensleitung, Gewerbeaufsichtsamt, Stadtrat, Ministerium, Bürgerinitiative und anderes mehr. Man kann das Planspiel von daher auch als »institutionales Rollenspiel« bezeichnen – im Gegensatz zum »individualisierten Rollenspiel« im engeren Sinne. Als weiteres Unterscheidungsmerkmal ist anzuführen, daß im Rollenspiel in aller Regel einfach strukturierte Alltagsprobleme (Familienprobleme, persönliche Probleme o.ä.) the-

Phasen des Planspiels		
Anregungsphase	**Suchphase**	**Entscheidungsphase**
Bewußtmachung des jeweiligen Problems/Konflikts	Suche nach geeigneten Problemlösungsstrategien/-alternativen	Beurteilung der eruierten Problemlösungsalternativen
Erarbeitung einschlägiger Sach- und Fachinformationen	Konsultation anderer Spielgruppen/ Suche nach »Koalitionspartnern«	Entscheidung für eine zu verfolgende Problemlösungsstrategie
Klärung der eigenen Interessen und Zielsetzungen	Aufnahme von Verhandlungen mit ausgewählten Spielgruppen	Abschließende Konferenz mit dem Ziel der Kompromißfindung

matisiert werden, wohingegen im Mittelpunkt des Planspiels im allgemeinen komplexere und häufig auch schülerfernere Themen stehen, die gleichwohl lernrelevant sind und von den geltenden Curricula her legitimiert werden können.
Wie die im vorliegenden Buch dokumentierten Planspiele ablaufen, zeigt die Übersicht auf Seite 24. Am Anfang steht – wie erwähnt – ein bestimmtes politisch-ökonomisches Problem, das der Reflexion, Diskussion, Verhandlung und Lösung bedarf. Die Planung der Problemlösung beginnt damit, daß sich die jeweiligen Spielgruppen über die betreffende Problemsituation informieren, die Problemstellung präzisieren sowie die eigenen Interessen und Zielsetzungen abklären. Darauf aufbauend wird alsdann nach alternativen Handlungs- bzw. Problemlösungsstrategien gesucht. Da die einzelnen Spielgruppen mehr oder weniger stark miteinander konkurrieren und über unterschiedliche Informationen und Vorstellungen verfügen, sind gezielte Informationsgespräche und Verhandlungen vonnöten, die der wechselseitigen Information und Standpunktklärung dienen. Den Abschluß bildet schließlich die Entscheidungsphase im engeren Sinne, d.h., die einzelnen Spielgruppen entscheiden sich zunächst hinsichtlich der eigenen Option/en und ringen anschließend mit den anderen Gruppen in einer Konferenz darum, wie die verschiedenen Interessen und Ziele womöglich unter einen Hut zu bringen sind. Freilich, ein Konsens muß keineswegs am Ende stehen und läßt sich in der zur Verfügung stehenden Unterrichtszeit in aller Regel auch nicht wirklich erzielen. Er wird jedoch grundsätzlich angestrebt.

Die Spielmaterialien, die den Schüler/innen im Rahmen ihres Problemlösungsprozesses bereitgestellt werden, lassen sich überblickshaft aus der Übersicht »Spielunterlagen« (S. 21) ersehen. Da ist zunächst die »Fallstudie«, die einen gerafften Überblick über die betreffende Problemsituation gibt und die davon tangierten Interessengruppen (Spielgruppen) kenntlich macht. Da ist zweitens die relativ umfangreiche »Info-Zeitung« (M1 – MX) mit vertiefenden Sach- und Fachinformationen zum jeweiligen Problemkreis. Und da sind drittens die den Spielverlauf reglementierenden Spielanweisungen für die einzelnen Gruppen – bestehend einmal aus verschiedenen Rollenkarten, zum anderen aus einer Arbeitskarte, die für alle Spielgruppen gleich ist und die einzelnen Planspieletappen grob umreißt. Hinzu kommen viertens in aller Regel spezifische Ereigniskarten, die von Lehrerseite bei Bedarf als Impulskarten eingesetzt werden können, um dem Spiel neuen Schwung zu geben und einzelne Spielgruppen zu neuen Überlegungen und Aktivitäten zu veranlassen. Und hinzu kommen fünftens diverse Arbeitsmittel wie Briefpapier/Briefvordrucke, Farbstifte, Plakate, Tapetenrollen und andere Arbeitsutensilien mehr. Zugegeben, dies alles bereitzustellen und zu kopieren bedeutet für die verantwortlichen Lehrkräfte einen nicht unerheblichen Arbeitsaufwand. Die Tatsache jedoch, daß damit 5 bis 6 Unterrichtsstunden vorbereitet werden, relativiert diesen Aufwand ganz entscheidend, zumal die Spielvorlagen ja komplett vorliegen und nicht erst mühsam entwickelt werden müssen.

Die einzelnen Phasen des Planspiels

Der Planspielprozeß läßt sich in insgesamt sieben mehr oder weniger zeitintensive Spielphasen untergliedern, die im folgenden etwas eingehender beschrieben werden sollen. Der übliche Zeitbedarf für ein Planspiel: 5 bis 6 Unterrichtsstunden. Unterteilbar ist dieses Zeitkontingent u.a. in einen 2-Stunden-Block (Spieleinführung, Information, Meinungsbildung) und einen 3-Stunden-Block (Verhandlungen, Konferenz, kurzes Feedback). Allerdings können in der Anfangsphase oder in der Endphase des Planspiels auch separate Einzelstunden plaziert werden, wenngleich zwei- oder mehrstündige Blöcke den nicht zu unterschätzenden Vorteil haben, daß der Arbeits- und Interaktionsprozeß der Schüler/innen relativ intensiv in Gang kommt.

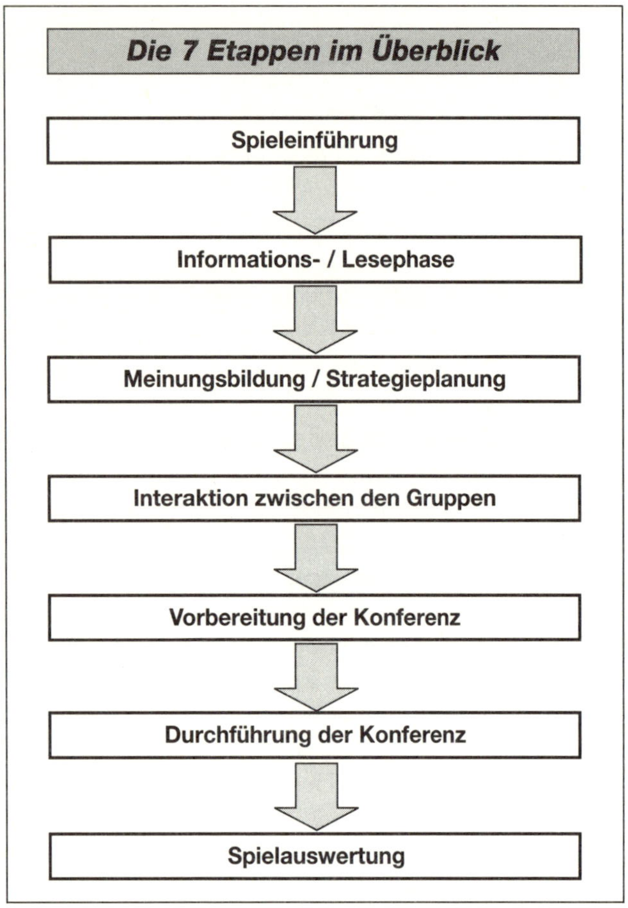

Zu den angedeuteten Spielphasen im einzelnen:

Spieleinführung

Die jeweilige Lehrkraft stellt das Planspiel vor, macht eventuell eine erläuternde Tafelskizze, gibt einen Überblick über die Spielmaterialien und die später zu besetzenden Rollen und teilt dann zunächst die Fallstudie/Problemskizze aus. Die Schüler/innen überfliegen die Problembeschreibung und verschaffen sich so eine erste Orientierung. Etwaige Verständnisfragen werden nötigenfalls von Lehrerseite beantwortet. Dann werden die betreffenden Spielgruppen (Interessengruppen) gebildet. Hierbei kann sowohl nach dem Meldeverfahren als auch nach dem Losverfahren vorgegangen werden. Die Crux des Meldeverfahrens ist, daß sich die Präferenzen der Schüler/innen unter Umständen sehr ungleich verteilen, so daß zeitraubende Umverteilungsbemühungen notwendig sind. Hinzu kommt, daß sich bei diesem Verfahren erfahrungsgemäß die leistungs- und argumentationsstärksten Schüler und Schülerinnen zusammenfinden, wodurch ein Spielungleichgewicht entsteht, das den Spielverlauf und die Spielergebnisse erheblich verzerren kann. Direkte Interventionen und Umbesetzungen des Lehrers/der Lehrerin könnten dieses Dilemma zwar ein Stück weit beheben, haben aber den Nachteil, daß sie bei den betroffenen Schüler/innen vielfach Unmut und Frustrationen hervorrufen, die das weitere Spielgeschehen ernsthaft beeinträchtigen können. Von daher ist es erfahrungsgemäß besser, die Gruppenbildung nach dem Los- bzw. Zufallsverfahren zu regeln. Das sorgt für die nötige Begabungsvielfalt in den einzelnen Spielgruppen und läßt sich in aller Regel rasch und ohne ernsthafte Reibungsverluste über die Bühne bringen. Daß die Schüler/innen dabei nicht unbedingt ihre »Wunschrolle« bekommen, ist insofern kein größeres Problem, als letztlich jede Rolle und jede Perspektive lernrelevant ist und nach den bisherigen Erfahrungen auch durchaus mit Gewinn und Engagement ausgefüllt werden kann.

Informations-/Lesephase

Nach der Spieleinführung und Gruppenbildung werden die nötigen Gruppentische gestellt und durch gut lesbare Rollenschilder kenntlich gemacht. Die Gruppenmitglieder finden sich an ihren Tischen ein und erhalten nun zunächst die Arbeitskarte, anhand deren sie sich über die einzelnen Spielphasen informieren sowie darüber verständigen, welche Arbeiten und Handlungsmöglichkeiten anstehen. Die Arbeitskarten sind – wie erwähnt – für alle Gruppen gleich. Alsdann werden die einzelnen Rollenkarten ausgeteilt, die für alle Gruppen unterschiedlich sind und rollenspezifische Informationen und Anregungen enthalten. Die Schüler/innen überfliegen auch dieses Medium und besprechen/klären auftretende Fragen in der Gruppe und/oder mit Hilfe des Lehrers/der Lehrerin. Daran anschließend erhalten die Schüler/innen die mehrseitige, geheftete Info-Zeitung mit vertiefenden Sach- und Fachinformationen zur jeweiligen Problemsituation. Diese Info-Zeitung wird in Stillarbeit überflogen und unter besonderer Beachtung der eigenen Rolle ausgewertet, d.h., wichtig erscheinende Informationen werden markiert und/oder gezielt herausgeschrieben. Etwaige Verständnisfragen werden möglichst in der Gruppe geklärt. Dazu sollten nach Möglichkeit einschlägige Lexika und Fachbücher zur Verfügung stehen.

Meinungsbildung/Strategieplanung

Auf der Basis der gesammelten Informationen gehen die einzelnen Spielgruppen nunmehr daran, ihre Ausgangssituation genauer zu analysieren sowie zu überlegen, was sie zur Durchsetzung ihrer rollenspezifischen Ziele und Aufgaben unternehmen wollen bzw. können. Sie diskutieren ihre potentiellen Handlungsalternativen; sie lesen den einen oder anderen Punkt in den Unterlagen nötigenfalls nochmal nach, um in der Sache hinreichend durchzublicken. Und sie verständigen sich schließlich auf ein taktisch-strategisches Vorgehen, das ihnen erfolgversprechend erscheint. Die wichtigsten Vorsätze und Eckdaten werden protokollartig festgehalten. Der/die Lehrer/in ist in dieser Phase Beobachter/in und Berater/in und hilft überall dort, wo es nötig ist.

Interaktion zwischen den Gruppen

Diese Spielphase ist mit rund 2 Unterrichtsstunden nicht nur die ausgedehnteste; sie wird von den Schüler/innen erfahrungsgemäß auch am intensivsten und engagiertesten wahrgenommen. Denn in dieser Phase geht im wahrsten Sinne des Wortes die Post ab. Da werden Briefe und Anfragen verfaßt und zugestellt; da werden Gespräche und Verhandlungen geführt. Die einzelnen Spielgruppen informieren sich, entsenden Delegationen und beantworten ankommende Anfragen. Sie agieren und reagieren; sie taktieren und diskutieren; sie verhandeln und schmieden womöglich erfolgversprechende Koalitionen mit gleichgesinnten Gruppen. Hierbei empfiehlt sich aus zeitökonomischen Gründen ein arbeitsteiliges Vorgehen in dem Sinne, daß kleinere Delegationen (Zweierteams) gebildet werden, damit in der zur Verfügung stehenden Zeit möglichst viele Kontakte geknüpft und Verhandlungen geführt werden können. Die Interaktion der Gruppen kann wohlgemerkt sowohl in schriftlicher/brieflicher als auch in unmittelbar mündlicher Form erfolgen – letzteres begünstigt die Spontaneität und Motivation der Schüler/innen. Zusätzlich angekurbelt wird das Interaktionsgeschehen bei Bedarf durch ausgewählte Ereigniskarten, die von Lehrerseite eingebracht werden können, sofern solche für das jeweilige Planspiel vorliegen.

Vorbereitung der Konferenz

Abgeschlossen wird die skizzierte Interaktionsphase mit einer kurzen Besinnungs- und Bilanzierungsphase von ca. 15 Minuten, die den Gruppenmitgliedern Gelegenheit gibt, die anschließende Konferenz sachlich wie methodisch vorzubereiten. Bilanziert werden zum einen die bis dato erzielten Verhandlungsergebnisse. Bilanziert wird zum anderen aber auch, welche Position in der bevorstehenden Konferenz vertreten und welche Argumente und taktischen Schachzüge in der Hinterhand behalten werden sollen. Bestimmt werden des weiteren die Gruppensprecher/innen, die zu Beginn der Konferenz die obligaten Eingangsstatements der einzelnen Interessengruppen vortragen. Inhalt und Aufbau dieser Stellungnahmen werden in grober Zügen schriftlich fixiert und innerhalb der jeweiligen Gruppe möglichst einvernehmlich abgestimmt. Zu guter Letzt wird die bestehende Gruppensitzordnung so umgestellt, daß eine passable Konferenzsitzordnung mit einem großen Karree entsteht, das gewährleistet, daß sich alle Schüler/innen gut sehen können.

Durchführung der Konferenz

An der anschließenden Konferenz nehmen alle Gruppenmitglieder teil. Sie sitzen nach Gruppen getrennt im Karree und haben jeweils ihr Rollenschild vor sich, damit sie von den anderen Gruppenmitgliedern besser identifiziert werden können. Eröffnet wird die Konferenz in aller Regel durch die verantwortliche Lehrkraft, die in einer plausiblen Nebenrolle in das Spielgeschehen eintritt (z.B. als Oberbürgermeister, als Umweltminister oder als Seniorchef eines Betriebes) und die Konferenzleitung übernimmt. In höheren Klassen kann die Konferenzleitung unter Umständen auch von einem kompetenten Spielteilnehmer wahrgenommen werden. Der Konferenzleiter begrüßt die Gäste, umreißt den Konferenzablauf und sorgt durch die ganze Inszenierung dafür, daß sich die Schüler/innen möglichst wie in einer wirklichen Konferenz fühlen. Dann werden die einzelnen Gruppensprecher aufgefordert, ihre Eingangsstatements vorzutragen, d.h., die erzielten Verhandlungsergebnisse vorzustellen sowie die eigene/n Problemlösungsoption/en offenzulegen. Rückfragen und »Zwischenrufe« zum jeweiligen Statement sind grundsätzlich möglich; eine nähere Diskussion der vorgetragenen Gesichtspunkte und Vorschläge erfolgt hingegen erst, nachdem alle Stellungnahmen vorgetragen wurden. Die Diskussionsleitung in dieser Phase liegt in aller Regel beim Lehrer/bei der Lehrerin, damit eine möglichst straffe Aussprache und Kompromißfindung gewährleistet ist (das Zeitbudget für die Konferenz liegt im allgemeinen bei ca. 30 Minuten). Allerdings muß es keineswegs immer zu einem tragfähigen Kompromiß kommen. Vielmehr zeigt die Erfahrung, daß auch am Ende des Interaktionsprozesses noch manche Frage offen ist und die vertretenen Standpunkte oft nicht befriedigend zur Deckung gebracht worden sind. Deshalb wird die Konferenz nach Ablauf der Zeitvorgabe gegebenenfalls einfach abgebrochen und die Klärung der verbleibenden Restfragen pro forma an irgendwelche fiktiven Ausschüsse überwiesen oder aber eine Vertagung der Konferenz in Aussicht gestellt. Ansonsten sind die bestehenden Zeitlimits nicht einzuhalten.

Spielauswertung

Die Spielauswertung dient der zusammenfassenden Rekapitulation, Kritik und Bewertung des Spielverlaufs und der erzielten Spielergebnisse. Gestartet wird diese Bilanzrunde in aller Regel mit einem spontanen Feedback der Schüler/innen, das z.B. mit dem Impuls eingeleitet werden kann: »Wie habt ihr das Planspiel erlebt? Was hat euch gefallen? Was hat euch gestört bzw. Schwierigkeiten bereitet?« Die Schüler/innen sitzen im (Stuhl-)Kreis und äußern ihre Beobachtungen, Erfahrungen und Empfindungen frei und unzensiert. Ein Feedbackzwang besteht indes nicht. Die vorgetragenen Positiva und/oder Negativa können stichwortartig an der Tafel festgehalten werden. Im Anschluß an diese spontanen Rückmeldungen werden der Spielverlauf und die Spielergebnisse näher unter die Lupe genommen. Die einzelnen »Spielzüge«, die während der Interaktionsphase angefallen sind, können gezielt rekonstruiert und eventuell auch auf einer großen Wandzeitung im Stile eines Soziogramms visualisiert werden. Auf jeden Fall ist es wichtig, daß das methodische Vorgehen und das Kommunikations- und Teamverhalten der Schüler/innen eingehender analysiert und problematisiert werden. Diese Methodenreflexion ist ein zentraler Bestandteil der Spielauswertung und -nachbereitung. Darüber hinaus ist es natürlich ebenso unerläßlich, daß fachlich-sachliche Defizite und Unklarheiten, die während des Spiels aufgetreten sind, vom Lehrer gezielt aufgegriffen und via Lehrervortrag und/oder Bearbeitung einschlägiger Medien/Materialien ausgeräumt werden. Diese vertiefende Informations- und Klärungsarbeit ist allerdings nicht mehr dem Planspiel im engeren Sinne zuzurechnen.

Das räumlich-zeitliche Setting

Die Rahmenbedingungen in vielen Schulen sind bekanntlich alles andere als optimal. Da dominiert nach wie vor der 45-Minuten-Takt; die Klassenräume sind vielfach relativ klein und mit Tischen und Stühlen in frontaler Anordnung so zugestellt, daß für die betreffenden Lehrer/innen und Schüler/innen nur wenig Manövrierspielraum bleibt. Diese und manche andere Umstände machen es in der Praxis gewiß nicht leicht, Planspiele häufiger ein- und umzusetzen. Doch was läuft in unseren Schulen schon leicht und problemlos? Der gängige Frontalunterricht ganz gewiß auch nicht, denn er trägt weder den Interessen, Begabungen und Aktivitätsbedürfnissen der Schüler/innen hinreichend Rechnung, noch fördert er ihre methodischen, sozialen, kommunikativen und kreativen Kompetenzen in dem Maße, wie das in einer modernen Demokratie und in einer sich rasch wandelnden Hochtechnologiegesellschaft notwendig ist (vgl. dazu auch den Abschnitt »Was Planspiele im Unterricht leisten können«, S. 30ff.).

Von daher ist Improvisation gefragt – im Unterricht ebenso wie beim Ausgestalten der Räumlichkeiten und der Stundentafeln, damit offene, handlungsorientierte Lernformen wie das Planspiel verstärkt und erfolgreich in der Schule praktiziert werden können. Zunächst zur Stundentafel: Wie an anderer Stelle bereits angedeutet, sind Planspiele selbstverständlich nicht durchzuführen, wenn ausschließlich Einzelstunden zur Verfügung stehen. Dann wäre der Spielverlauf zu sehr zerrissen. Zwingend nötig sind vielmehr gelegentliche Doppelstunden oder gar größere Zeitblöcke. Das liegt schlicht an der Grundkonzeption der hier zur Debatte stehenden Planspiele sowie daran, daß der Umfang und der Schwierigkeitsgrad der thematisierten politisch-ökonomischen Problemkreise relativ groß ist. Das benötigte Zeitbudget pro Planspiel beträgt in aller Regel fünf bis sechs Unterrichtsstunden als Minimum. Wie aber ist dieser Zeitrahmen in Einklang zu bringen mit den gängigen Stundentafeln? Prinzipiell gibt es drei Wege. Der erste: Man spricht sich als verantwortliche Lehrkraft mit den betreffenden Kolleg/innen und/oder der Schulleitung bezüglich der Zusammenlegung von Stunden ab, um so das jeweilige Planspiel möglichst in einem Rutsch durchführen zu können. Derartige fächerübergreifende Vorhaben werden mittlerweile erheblich häufiger und selbstverständlicher praktiziert als noch vor einigen Jahren, da offenes, fächerübergreifendes Lehren und Lernen inzwischen als ausgesprochen wichtig und unterstützenswert gilt. Die zweite Möglichkeit ist die, das jeweilige Planspiel zum Gegenstand eines offiziellen Projekttages zu machen oder aber in eine thematisch passende Projektwoche bzw. in einen auf soziales Lernen ausgerichteten Landschulheimaufenthalt zu integrieren. Vom Organisatorischen her ist das natürlich die unkomplizierteste Variante. Die dritte Möglichkeit: Das betreffende Planspiel wird so sequentiert, daß es sich auf mehrere Schultage verteilen läßt. Diese Sequentierung kann z.B. wie folgt aussehen: In einer ersten Einzelstunde werden der Spielaufbau grob vorgestellt, die Fallstudie gelesen, die Gruppenbildung vorgenommen sowie das restliche Spielmaterial ausgeteilt und von den Schüler/innen soweit wie möglich gelesen. Was nicht geschafft wird, ist zu Hause als vorbereitende Hausaufgabe durchzuarbeiten. Dann folgt am nächsten oder übernächsten Tag eine zusammenhängende Doppelstunde, in deren erstem Teil die Schüler/innen ihre gruppeninterne Meinungsbildung und Strategieplanung betreiben, während sie im zweiten Teil dieser Doppelstunde mit den anstehenden Informationsgesprächen und Verhandlungen beginnen. Die erzielten Verhandlungsergebnisse werden knapp protokolliert. Wiederum ein oder zwei Tage später wird dieser erste Teil der Interaktionsphase auf der Basis der vorliegenden Protokollnotizen aufgefrischt und gezielt fortgeführt. Diese zweite Interaktionsphase dauert etwa eine Unterrichtsstunde und mündet direkt ein in die abschließende Konferenz (Dauer: ca. 30 Minuten), die mit einem kurzen Feedback zum Spielverlauf zu Ende geht. Günstiger ist es jedoch, wenn diese letztere Doppelstunde auf einen Dreistundenblock ausgedehnt wird, da dann nicht nur für die Konferenzvorbereitung und -durchführung, sondern auch für die Spielauswertung mehr Luft bleibt. Das Plus der zuletzt skizzierten Sequentierungsvariante ist, daß die Schüler/innen zum einen nicht zu lange an einem Stück gefordert werden und zum anderen zwischen den einzelnen Spieletappen überdies Zeit und Gelegenheit haben, gezielte Schritte zur »Optimierung« des Spielverlaufs zu unternehmen (Unterschriften sammeln, Experten befragen, Fachbücher exzerpieren, Info-Plakate erstellen, Verkleidungsutensilien besorgen etc.). Negativ ist andererseits der Umstand, daß der Spielprozeß mehrfach unterbrochen wird, was der Lerneffizienz der Schüler/innen sicherlich abträglich ist – ein Umstand, der in Projekttagen oder sonstigen fächerübergreifenden Lerninseln natürlich sehr viel weniger zutage tritt.

Zum räumlichen Setting: Trotz der räumlichen Enge in vielen Klassenzimmern ist auf jeden Fall zu versuchen, eine flexible Sitzordnung zu realisieren. Das heißt: Während der ersten fünf Spielphasen (vgl. die Übersicht auf S. 24) ist sicherzustellen, daß die Schüler/innen an Gruppentischen sitzen. Damit die an diesen Tischen geführten Verhandlungen nicht gleich öffentlich werden, ist zudem darauf zu achten, daß die einzelnen Spielgruppen nicht zu dicht aufeinanderhocken. Von daher ist es unter Umständen sinnvoll, den Flur vor dem Klassenraum oder irgendwelche Nebenräume mitzubenutzen oder aber auch die eine oder andere Gruppe – bei schönem Wetter – im Freien tagen zu lassen. Nötig ist unter diesen Vorzeichen allerdings, daß durch große Rollenschilder sowie gezielte Wegweiser kenntlich gemacht wird, wo welche Spielgruppe zu finden ist. Eine andere Möglichkeit: Das gesamte Planspiel wird z.B. in die Bibliothek, die Aula, den Filmsaal oder in einen anderen größeren Raum verlegt, der rechtzeitig reserviert wird. Ein solcher Umzug bietet sich vor allem dann an, wenn für das Planspiel der gesamte Schulvormittag en bloc zur Verfügung steht. Für diesen Fall kann u.U. auch der örtliche Jugendtreff, das Dorfgemeinschaftshaus oder eine nahe gelegene Tagungsstätte genutzt werden. Je größer der Raum, um so besser ist es auf jeden Fall für die Spielorganisation. Das gilt nicht zuletzt auch für die abschließende Konferenzphase, in der als Sitzordnung ein großes Karree angebracht ist, damit sich die Schüler/innen wechselseitig sehen und ansprechen können. In der Feedbackphase ganz am Ende reicht hingegen auch ein einfacher Stuhl- oder Sitzkreis ohne Tische. Wie gesagt: Improvisation ist unumgänglich. Letzteres gilt auch und zugleich für das Anbringen der von den Schüler/innen erstellten Informations- und/oder Demonstrationsplakate im Klassenraum. Mobile Pinnwände sind erfahrungsgemäß natürlich am besten. Wenn diese jedoch nicht zur Verfügung stehen – und das gilt für die meisten Schulen –, dann müssen die besagten Plakate eben mit Tesakrepp an die Tafel oder an geeignete Seitenwände des Klassenraumes geheftet werden. Wie auch immer improvisiert wird, wichtig ist nur, daß das Ambiente und die Sitzordnung einigermaßen stimmen. Denn wenn die Schüler/innen sich wohlfühlen und durch die kommunikations-, interaktions- und motivationsfördernden Rahmenbedingungen im Klassenraum zusätzlich stimuliert werden, dann ist das für alle Beteiligten nur wohltuend.

Die Akteure des Planspiels

Akteure sind nicht nur die Schüler/innen, sondern auch die jeweilige Lehrkraft. Letztere ist zunächst natürlich Spielorganisator/in und Spielleiter/in. Ihre Aufgabe besteht in erster Linie darin, sich vorab in das jeweilige Spielarrangement einzuarbeiten, die nötigen Spielmaterialien (verschiedenfarbig) zu kopieren und zu heften, die Schüler/innen zu Spielbeginn mit den wichtigsten Modalitäten des betreffenden Planspiels bekannt zu machen sowie die Spieler bzw. die Spielgruppen während des Spielverlaufs zurückhaltend zu beraten und nötigenfalls mit weiteren Spielimpulsen (Ereigniskarten) zu konfrontieren. Die Zeit für die Einarbeitung in ein Planspiel sollte dabei nicht unterschätzt werden, vor allem dann nicht, wenn man als Lehrer/in noch kaum Erfahrungen mit dieser Methode hat. Wie bei jedem neuen Unterrichtsverfahren, so wächst jedoch auch beim Planspiel die Kompetenz und Routine in dem Maße, wie Erfahrungen gesammelt werden. Deshalb kann die Devise grundsätzlich nur lauten: Anfangen – ausprobieren – Sicherheit gewinnen – Routine bilden.

Wichtig ist nur, daß man als Lehrer/in hinter der spielerischen Art des Lernens steht, daß man die relative Offenheit des Spielverlaufs sowie den gelegentlichen Dillentantismus der Schüler/innen akzeptiert und daß man die Geduld und den Mut aufbringt, die Schüler/innen an der langen Leine laufen zu lassen, ohne ihnen ständig mit irgendwelchen Direktiven oder Ratschlägen im Nacken zu sitzen. An dieser pädagogischen Toleranz mangelt es vielfach noch sehr, obgleich sich in den letzten Jahren unter dem Einfluß der Debatte über offenen Unterricht und handlungsorientiertes Lernen einiges getan hat. Das Lehr-/Lernverständnis vieler Lehrkräfte beginnt sich deutlich zu wandeln – und das ist gut so! Denn der Einsatz eines Planspiels oder die Durchführung eines Projekts fällt um so leichter, je mehr Zutrauen zur Selbstlernkompetenz der Schüler/innen man hat und je ausgeprägter die entsprechenden Erfahrungen sind. Kompetenz wächst nun einmal – auf Lehrer- wie auf Schülerseite – mit dem Umfang der praktischen Spielerfahrungen. Und Spielerfahrungen gewinnt letztlich nur der, der Planspiele durchführt und sich dabei immer auch als Lernenden und Mitspielenden begreift. Von daher sind die kleinen Nebenrollen, die die jeweilige Lehrkraft u.a. in der abschließenden Konferenzphase übernimmt (vgl. S. 25), mehr als nur eine Geste den Schüler/innen gegenüber. Sie sind auch und zugleich ein kleines Lernfeld für Lehrer/innen zur Erlangung der nötigen Sensibilität und Affinität in bezug auf Lernspiele bzw. Planspiele. Dabei sollten die betreffenden Lehrkräfte keine Scheu haben, bei passender Gelegenheit auch einfache Requisiten wie Schlips, Brille, Konferenzglocke oder ähnliches mehr zu benutzen. Das signalisiert nicht nur den eigenen Spielplan, sondern unterstreicht auch und zugleich, daß das spielerische Element von Lehrerseite ernst genommen wird. Für viele Schüler/innen ist dies ein wichtiges Stück Ermutigung. Insgesamt ist das Mitspielen der Lehrkräfte jedoch keinesfalls die Regel, sondern eher die Ausnahme. Im Zentrum der Lehrertätigkeit stehen vielmehr die erwähnten Leitungs-, Organisations- und Beratungsaufgaben während des Planspiels.

Zur Spielkompetenz der Schüler/innen: Viele Lehrkräfte haben erfahrungsgemäß Angst davor, die Schüler/innen würden durch die Komplexität und die Materialfülle der Planspiele womöglich überfordert. Diese Befürchtung ist berechtigt und unberechtigt zugleich. Berechtigt ist sie insofern, als die Schüler/innen mit derart komplexen Lernarrangements und Lernanforderungen in der Regel wenig vertraut sind und deshalb zunächst einmal irritiert und zurückhaltend reagieren, wenn die relativ umfangreichen Informationen und Materialien präsentiert werden. Unberechtigt ist diese Befürchtung jedoch deshalb, weil die Schüler/innen aufgrund der Perspektive, schon bald spielerisch aktiv werden zu können, ihren »Anfangsschock« erfahrungsgemäß sehr schnell überwinden und sich schon bald mit bemerkenswerter Motivation und Konzentration daranbegeben, die vorliegenden Materialien durchzulesen sowie das herauszufiltern, was für die eigene Rolle wichtig erscheint. Dabei gehen sie zwar in aller Regel wesentlich oberflächlicher und sprunghafter vor als Erwachsene und tendieren zudem vorschnell dazu, in der Gruppe zu diskutieren und irgendwelche »Schachzüge« zu planen. Daraus jedoch auf Überforderung zu schließen wäre gewiß falsch. Denn zu den Eigenheiten des Planspiels gehört es, daß die Erarbeitung und Durchdringung der vorliegenden Spielmaterialien nicht gleich im ersten Durchgang erfolgt, sondern im Rahmen eines mehrstündigen Arbeitsprozesses, der den Schüler/innen Gelegenheit gibt, sich sukzessive zu einem hinreichenden Text- und Rollenverständnis vorzutasten, bei Bedarf zurückzublättern und nachzulesen sowie im Gespräch mit den Mitschülern all das zu klären, was noch unklar, strittig oder sonstwie fragwürdig ist. Dabei muß allerdings darauf geachtet werden, daß die Schüler/innen nicht nur agieren und interagieren, sondern immer wieder auch lesen und sich sachlich vergewissern. Durch entsprechende Zeitvorgaben und Interventionen seitens der Spielleitung läßt sich dieses sicherstellen.

Zuversicht ist aber nicht nur in puncto Sach- und Fachkompetenz der Schüler/innen angezeigt, sondern auch in bezug auf ihre Rollenkompetenz, wenn es etwa darum geht, in die Rolle eines Stadtrats, eines Betriebsrats, einer Firmenleitung, einer Bürgerinitiative oder eines Ministeriums hineinzuschlüpfen. Allerdings darf man nicht erwarten, daß die Schüler/innen diese ihnen doch relativ fernstehenden Rollen in jeder Hinsicht realistisch spielen können. Dazu fehlen ihnen einfach die nötigen Detailkenntnisse und Erfahrungen. Planspiele sind Simulationsspiele! Sie verlangen von den Schüler/innen, daß diese das jeweilige Planspielszenarium ausdeuten und ausgestalten. Sie verlangen hypothetisches Denken und Handeln. Sie verlangen Improvisation und Vereinfachung. Sie verlangen realitätsbezogene, aber eben nicht in jeder Hinsicht realistische Planungs-, Verhandlungs- und Entscheidungsprozesse. Die Schüler/innen sollen sich in ihre jeweilige Rolle möglichst ernsthaft hineinversetzen und aus dieser Perspektive heraus die anstehende Problemsituation reflektieren und möglichst plausibel zu lösen versuchen – nicht mehr, aber auch nicht weniger. Und das können die Schüler/innen nach den bisher vorliegenden Erfahrungen durchaus.

Sie mögen hier oder dort Fehleinschätzungen produzieren, fragwürdige Argumente vorbringen oder realitätsferne Übereinkünfte treffen. Aber genau das ist ja der Zündstoff, von dem die anschließende fachliche Nachbereitung des Planspiels profitieren kann. »Fehler« müssen grundsätzlich zulässig sein; andernfalls wird die vielzitierte Öffnung von Unterricht zu einer Farce. Wie derartige »Fehler« aussehen können, zeigen ansatzweise die folgenden Unterrichtsbeobachtungen. Erprobt wird das Planspiel »Kohlekraftwerk und/oder Umweltschutz« (abgedruckt auf den Seiten 110ff.). Schon bald wird deutlich, daß einige Schüler/innen recht unrealistische bzw. überzogene Erwartungen an ihre Rolle knüpfen. Letzteres gilt z.B. für die Mitglieder der Bürgerinitiative, die sich völlig übersteigerte Einflußchancen ausrechnen, später jedoch von zwei mächtigeren Gruppen, nämlich der Elektrizitäts-AG und dem Wirtschaftsministerium, in ihre Schranken verwiesen werden. Das führt vorübergehend zu Frustrationserscheinungen, die in der abschließenden Feedbackrunde allerdings weitgehend abgeklungen sind. »Gestunken hat's uns schon«, so einer der Bürgerinitiativler, »daß wir sowenig Gehör bei den anderen Gruppen fanden und die maßgeblichen Entscheidungen ziemlich an uns vorbei getroffen wurden; aber das ist wohl die Realität.« Übereinstimmendes Fazit am Schluß: »Im Grunde genommen haben wir über die Bürgerinitiative durch das Planspiel mehr gelernt als durch viele ausgeklügelte Arbeitsmaterialien und Diskussionen vorher« (Schüler einer 12. Klasse eines rheinland-pfälzischen Gymnasiums). Offenbar können also auch Frustrationen und »Fehler« in hohem Maße lernrelevant sein. Die Hauptsache ist, die Schüler/innen setzen sich im Rahmen des jeweiligen Planspiels mit den betreffenden Rollen materialgestützt auseinander, entwickeln Zugänge und Vorstellungen, erfahren die Dynamik des politisch-ökonomischen Geschehens und werden sensibel für solche Momente wie Macht und Interesse, Strategie und Taktik. Die Schüler/innen sind nach den bisherigen Erfahrungen sehr wohl in der Lage, diesen Anforderungen und Zielen gerecht zu werden sowie die zugewiesenen Rollen in vertretbarer und gewinnbringender Weise auszufüllen.

3. Was Planspiele im Unterricht leisten können

Die Vielfalt der Lern- und Leistungsebenen, die im Planspiel angesprochen werden, ist in den vorangehenden Abschnitten bereits schlaglichtartig angedeutet worden. Detailliertere Erläuterungen und Begründungen sollen im weiteren folgen. Im Vordergrund stehen dabei ganz vorrangig pädagogische Erwägungen und Zielklärungen. Die berufs- bzw. ausbildungsspezifische Sichtweise tritt demgegenüber deutlich zurück, ist jedoch ebenfalls ein ausgesprochen wichtiger Begründungsstrang, wenn es darum geht, den Einsatz von Planspielen zu legitimieren. Denn gefordert wird von seiten der Wirtschaft in den letzten Jahren immer stärker die Vermittlung solcher »Schlüsselqualifikationen« wie Selbständigkeit, Verantwortungsbereitschaft, Kreativität, Flexibilität, Teamfähigkeit, Methodenbeherrschung und Kommunikationsfähigkeit (vgl. das nachfolgende Schaubild). Wer also beruflichen Erfolg haben will, der kann sich nicht länger auf seinen fachlichen Lern- und Kenntnisbeständen im engeren Sinne ausruhen, sondern muß auch und zugleich darauf bedacht sein, eine möglichst breite Palette an Kompetenzen im methodischen, im sozialen, im kommunikativen und im affektiven Bereich zu erwerben. Diese »extrafunktionalen Qualifikationen« werden im Rahmen von Planspielen ganz fraglos in großer Breite gepflegt und vermittelt. Das werden die weiteren Ausführungen in diesem Abschnitt noch eingehender zeigen.

Interessant an dieser Sichtweise und Erwartung der Wirtschaft ist jedoch noch etwas anderes: die Tatsache nämlich, daß die propagierten Qualifizierungsziele in ganz bemerkenswertem Umfang in Einklang stehen mit den auf Mündigkeit und Per-

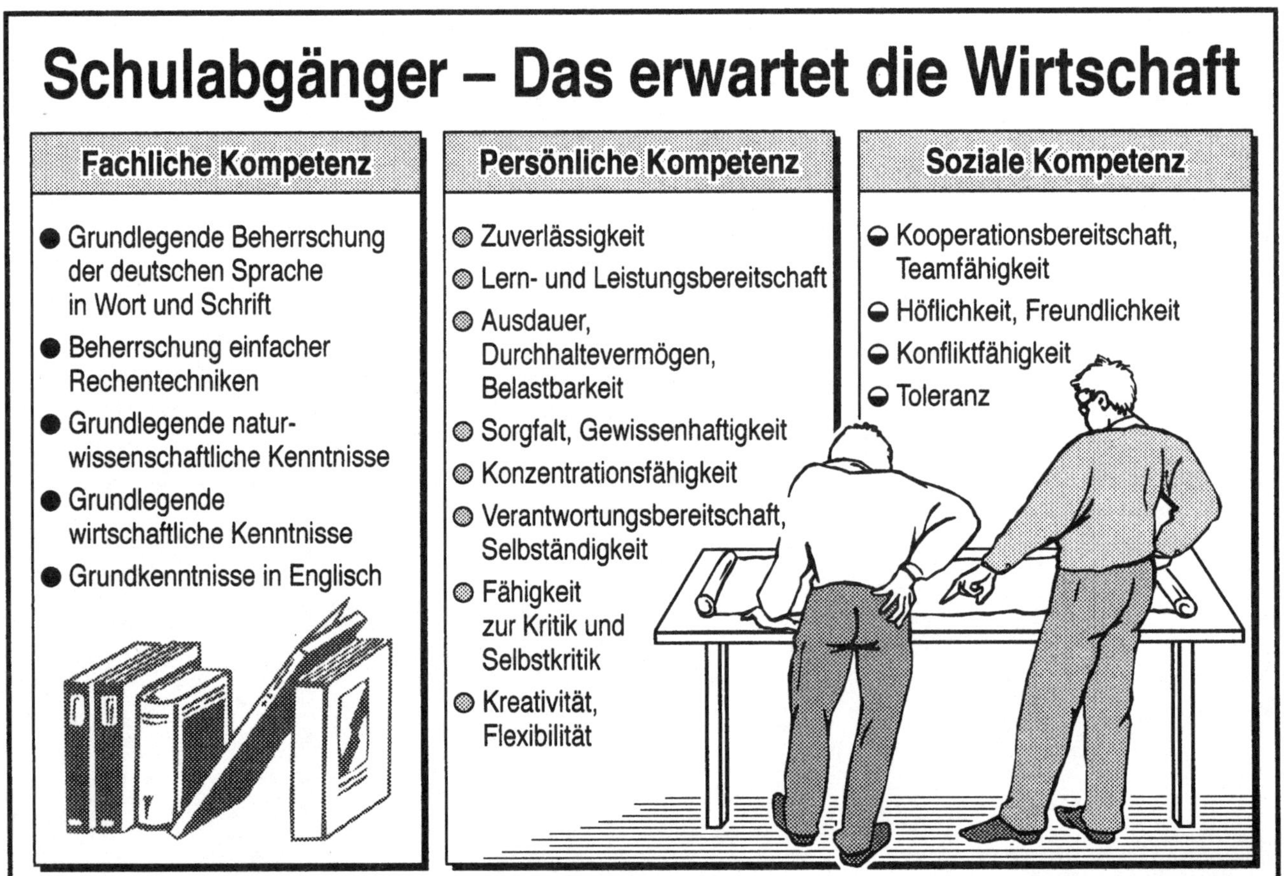

Quellen: Westdeutscher Handwerkskammertag, IHKs in NRW 95 05 128 ©imu sönlichkeitsentwicklung zielenden Optionen und Konzepten der Schulpädagogik. Gewiß, die Groß- und Mittelbetriebe, die die angesprochenen »Schlüsselqualifikationen« besonders vehement einfordern, haben ganz vorrangig funktionale Interessen und Motive, wenn sie für eine zeitgemäße Erweiterung des Bildungsbegriffs plädieren. Das ändert jedoch nichts daran, daß die Vermittlung der besagten »Schlüsselqualifikationen« de facto auch und zugleich der Persönlichkeitsentwicklung im besten pädagogischen Sinne zugute kommt, indem nämlich die potentiellen Begabungen der Schüler/innen vergleichsweise breit gefördert werden. So gesehen tragen Planspiele ganz unstrittig dazu bei, daß eine möglichst ganzheitliche und vielseitige Qualifizierung erfolgt, die den Schüler/innen sowohl im späteren Beruf als auch in den anderen gesellschaftlichen Lebensbereichen zugute kommt (Stichwort: Demokratiefähigkeit). Denn wer gelernt hat, im Rahmen von Planspielen zu kooperieren und zu kommunizieren, zu planen und zu organisieren, zu argumentieren und zu kritisieren, zu exzerpieren und zu disponieren, kreativ zu sein und Probleme zu lösen – der wird davon ganz gewiß nicht nur in seinem späteren Berufsleben profitieren! Das verdeutlichen nicht zuletzt die nachfolgenden pädagogischen und lernpsychologischen Erwägungen und Befunde.

Förderung der Motivation

Ein ganz wichtiges Plus des Planspiels ist seine motivationsfördernde Wirkung, die es auf Schülerseite entfaltet. Die Motivation der Schüler/innen ist nämlich in hohem Maße davon abhängig, ob und inwieweit sie aktiv werden können und möglichst greifbare Erfolgserlebnisse erzielen. Der amerikanische Lernpsychologe Jerome S. Bruner spricht diesbezüglich von Kompetenzmotivation bzw. von Erfolgsmotivation. Gemeint ist damit die Motivation der Schüler/innen, die aus ihrem Gefühl und ihrer Gewißheit gespeist wird: »Das kann ich! Ich hab's schon mal gemacht! Ich weiß, wie's geht!« Diese positive, motivationsfördernde Selbsteinschätzung hat freilich zur Voraussetzung, daß entsprechende Erfahrungen vorliegen. Mutmachende Erfahrungen sammeln kann letztlich jedoch nur derjenige, der aktiv tätig wird. Oder andersherum ausgedrückt: Wer aktiv lernt, der entdeckt für sich schon bald praktikable Wege und persönliche Kompetenzen und gewinnt auf diese Weise selbstverständlich auch an Selbstvertrauen und persönlicher Zuversicht. Genau dieses aber ist die Quelle einer tragfähigen Motivation. Das gilt insbesondere für die Gruppe der praktisch-anschaulichen Lerner, die sich an unseren Schulen sehr zahlreich finden. Geschätzt wird, daß ca. 90 Prozent der Schülerpopulation vorrangig praktisch-anschaulich begabt sind und entsprechende Lernangebote brauchen. Für diese Gruppe ist das tätige Lernen eine ganz entscheidende Voraussetzung dafür, daß sich der nötige Lernerfolg sowie – darauf aufbauend – die korrespondierende Motivation einstellen. So gesehen kommt das aktive und interaktive Lernen, wie es im Rahmen von Planspielen vorherrscht, der ganz großen Mehrzahl der Schüler/innen entscheidend entgegen. Hinzu kommt indes noch ein weiterer Gesichtspunkt: nämlich die stimulierende Wirkung erfolgreich gelöster Probleme, wie sie im Planspiel anstehen. Dazu schreibt J. S. Bruner: »... durch das Üben des Problemlösens und dadurch, daß man sich um Entdeckung bemüht, (kann man) die heuristischen Methoden der Entdeckung lernen; je mehr man geübt ist, um so eher wird man das Gelernte zu einem Problemlösungs- oder Fragestil verallgemeinern können, der sich auf jede oder fast jede angetroffene Aufgabenart anwenden läßt« (Bruner 1981, S. 26). Planspiele fördern also sowohl die Problemlösungskompetenz der Schüler/innen als auch ihre darauf aufbauende Kompetenzmotivation. Und sie machen natürlich auch ganz einfach Spaß, bescheren Überraschungen, sorgen für eine gewisse Spannung, lösen Konkurrenzverhalten aus und bieten in ungewohntem Umfang Raum für kreatives, lebendiges Lernen. Das aber motiviert bekanntlich sehr direkt und sehr nachhaltig – nicht nur Schüler/innen, sondern auch Erwachsene.

Effektive Stoffvermittlung

Planspiele begünstigen freilich nicht nur die Motivation der Schüler/innen, sondern sie fördern auch und zugleich ein äußerst vielseitiges und wirksames Lernen. Das gilt nicht zuletzt für die inhaltlich-fachliche Ebene. Der im Rahmen eines Planspiels erarbeitete Lernstoff bleibt erwiesenermaßen recht langfristig im Gedächtnis haften. Dafür gibt es mehrere Gründe, die hier nur angedeutet werden sollen. Erstens sorgt die aktive Auseinandersetzung mit dem jeweiligen Lernstoff dafür, daß dieser von den Schüler/innen sukzessive erschlossen, verarbeitet und diskursiv gefestigt wird, was die Speicherkraft des Gedächtnisses entscheidend stützt. Zweitens reduziert das Planspiel die Komplexität des anstehenden Themas, so daß ein überschaubarer, realtitätsnaher »Kern« entsteht, der sich leichter einprägen läßt. Diesen Effekt der didaktischen Reduktion unterstreichen zahlreiche lernpsychologische und lerntheoretische

Studien (vgl. Bruner 1981, S. 28). Grundsätzlich gilt: Je übersichtlicher und anschaulicher ein Stoffgebiet aufbereitet wird, desto wirksamer lassen sich die betreffenden Informationen im Gedächtnis verankern und strukturieren. Der dritte Grund schließlich hängt mit der immensen Einprägsamkeit affektiv besetzter Erlebnissituationen zusammen, wie sie für das Planspiel typisch sind. Derartige Erlebnissituationen lassen auf Schülerseite ein breites Konglomerat an Eindrücken, szenischen Bildern und Empfindungen entstehen, die das Gedächtnis nachhaltig stützen und die spätere Reproduzierbarkeit der jeweiligen Spielinhalte und Spielergebnisse ganz wesentlich begünstigen. Dazu Frederic Vester: »Bei Dingen, die wir selbst intensiv erleben, genügt oft eine einmalige Aufnahme zur permanenten Speicherung, das heißt, wir können uns ein Leben lang daran erinnern« (Vester 1978, S. 68). Bestätigt wird dieser Befund u.a. durch die Ergebnisse einiger Lernkontrollen, die der Verfasser längere Zeit nach Durchführung einzelner Planspiele vorgenommen hat. Dabei zeigte sich, daß die betreffenden Schüler/innen ein bis zwei Jahre nach Abschluß des jeweiligen Planspiels noch recht differenzierte Angaben zum Spielgegenstand, zum Spielverlauf und selbst zu den einzelnen Lernergebnissen machen konnten. Die verantwortlichen Lehrkräfte waren selbst überrascht, was ihre Schüler/innen – in einem Fall in Testform, in den beiden anderen Fällen im Rahmen offener Gesprächsrunden – noch alles rekapitulieren konnten. Natürlich fielen den Schüler/innen in den letztgenannten Gesprächsrunden zuerst die Rollen, die Konfliktsituationen und die mit Spaß oder Ärger verbundenen Spielaktivitäten ein; aber mit einer gewissen Verzögerung kamen sie an erstaunlich viele fachliche Sachverhalte und Grundinformationen heran, die ohne das Spielgeschehen wahrscheinlich längst verschüttgegangen wären. Das bestätigt einmal mehr, daß das vielschichtige sinnliche und aktionsorientierte Lernen, wie es in Planspielen vorherrscht, zu einer recht nachhaltigen Verankerung des Gelernten im Gedächtnis beiträgt, auch wenn dieser Effekt natürlich geringer wird, wenn Planspiele im Unterricht des öfteren eingesetzt werden und deshalb ihre gedächtnisfördernde Exklusivität verlieren.

Praktisches Methodentraining

Planspiele zeichnen sich des weiteren dadurch aus, daß die Schüler/innen in hohem Maße selbständig und selbstgesteuert arbeiten und lernen. Das beginnt bei der selektiven Informationsverarbeitung und reicht über das Planen und Disponieren in der jeweiligen Spielgruppe bis hin zum mehr oder weniger planvollen Vorgehen in der Interaktions- und Konferenzphase. Dieses eigenverantwortliche Arbeiten bewirkt, daß die Schüler/innen elementare Methoden des selbständigen Arbeitens überlegen, anwenden und bewußt festigen. Ferner machen sie sich mit der Planspielmethode als solcher vertraut. So gesehen sind Planspiele ohne jeden Zweifel praktisches Methodentraining. Das gilt sowohl im Blick auf diverse Kommunikations- und Kooperationsmethoden als auch in bezug auf grundlegende Lern- und Arbeitstechniken (vgl. die Tabelle »Methodenlernen als Aufgabe der Schule«, S. 33). Da die erstgenannten Methoden im nächsten Abschnitt separat thematisiert und gewürdigt werden, sei hier nur auf das eingegangen, was die Schüler/innen im Rahmen des Planspiels in puncto Arbeitsmethodik üben und lernen können.

In Anlehnung an die nachfolgende Tabelle lassen sich diesbezüglich die folgenden Lernmethoden und Lernchancen benennen: Zum einen erhalten die Schüler/innen einen Überblick über die Planspielmethode als solche, d.h., sie erfahren im Wege des »learning by doing« – gestützt auf die obligatorische »Arbeitskarte« –, wie ein Planspiel aufgebaut ist und wie es abläuft. Dieses Kennenlernen der Makromethode »Planspiel« ist jedoch nur das eine. Das andere sind die vielen kleinen Arbeitstechniken, die im Spielverlauf aufgefrischt und/oder versuchsweise eingeübt werden. Das beginnt beim Markieren und Exzerpieren der vorliegenden Materialien und reicht über das gezielte Nachschlagen und Protokollieren relevanter Informationen bzw. Verhandlungsergebnisse bis hin zum Briefeschreiben sowie zum Gestalten von Flugblättern, Plakaten und Wandzeitungen. Diese und andere Arbeitstechniken können in der Schule gar nicht oft genug geübt werden, denn sie sind gleichsam das A und O der vielzitierten Methodenkompetenz, auf die es in der postindustriellen Gesellschaft immer stärker ankommt. Von daher sind Planspiele ganz gewiß wichtige Übungsfelder zur Förderung der intendierten Methodenbeherrschung. Nur: Das versuchsweise Anwenden der besagten Arbeitstechniken setzt voraus, daß die Schüler/innen mit diesen Techniken einigermaßen vertraut sind. Da dieses häufig aber nicht hinreichend gewährleistet ist, sind methodische Anregungen und Tips des Spielleiters in aller Regel unumgänglich – in der Oberstufe erfahrungsgemäß zwar weniger als in der Mittelstufe, aber auch dort besteht zumeist beträchtlicher Klärungsbedarf (vgl. Klippert 1995). Von daher ist das Planspiel für Lehrer/innen wie Schüler/innen ein wichtiger Anlaß, um methodische

Methodenlernen als Aufgabe der Schule		
Durchspielen zentraler Makromethoden zur allgemeinen Orientierung	**Einüben elementarer Lern- und Arbeitstechniken**	**Einüben grundlegender Kommunikations- und Kooperationsmethoden**
Planspiel	Rasches lesen	Freie Rede
Rollenspiel	Markieren	Vortrag
Fallstudie/Fallanalyse	Exzerpieren	Plädoyer
Problembearbeitung	Strukturieren	Befragung
Projektmethode	Visualisieren	Interview
Leittextmethode	Nachschlagen	Arbeitsgespräch
Metaplanmethode	Notizen machen	Diskussion
Sozialstudie	Bericht schreiben	Verhandlungsführung
Hearing/Debatte	Protokollieren	Gesprächsleitung
Referat/Vortrag	Gliedern/Ordnen	Brainstorming
Facharbeit	Zitieren	Feedback
Hörspielproduktion	Kartei anlegen	Blitzlicht
Filmproduktion	Heftgestaltung	Telefonieren
Klassenarbeit vorbereiten	Briefgestaltung	Aktives Zuhören
Arbeiten mit Lernkartei	Ausschneiden//Kleben/Abheften	Konfliktmanagement
etc.	etc.	etc.

☛ Vgl. dazu die beiden Trainingshandbücher des Verfassers zu den Arbeitsfeldern »Methodentraining« und »Kommunikationstraining«, die eine große Vielzahl erprobter Übungsarrangements und Übungsmaterialien enthalten, mit deren Hilfe sich die Methodenkompetenz der Schüler/innen gezielt fördern läßt (vgl. Klippert 1995 sowie Klippert 1996). Ein weiteres Trainingshandbuch zur »Teamentwicklung im Klassenraum« ist zur Zeit in Vorbereitung und wird voraussichtlich 1997 im Beltz Verlag erscheinen.

Fragen und Vorgehensweisen anwendungsbezogen zu reflektieren und das vorhandene Methodenrepertoire ganz praktisch weiterzuentwickeln.

Sozial-kommunikatives Lernen

Selbstverständlich bietet das Planspiel den Schüler/innen auch reichlich Gelegenheit, sich in puncto Argumentation, Kommunikation, Interaktion und Teamarbeit zu üben. Das ist in den vorangehenden Abschnitten dieses Buches bereits angedeutet worden. Planspiele basieren auf Gruppenarbeit, d.h., die betreffenden Rollen werden von unterschiedlichen Schülergruppen übernommen und im regen Miteinander ausgefüllt und ausgestaltet. Dieses Miteinander betrifft zunächst einmal die gruppeninternen Diskussionen, Abstimmungen und Klärungen, wie sie in der Phase der Meinungs- und Strategiebildung im ersten Drittel des jeweiligen Planspiels nötig sind (vgl. das Phasenschema auf S. 24). Da wird z.B. gefragt und geantwortet, zugehört und argumentiert, diskutiert und debattiert, vermittelt und Toleranz gezeigt. Denn Kontroversen und Dissonanzen gibt es natürlich nicht nur im Verhältnis der Interessengruppen zueinander, sondern auch innerhalb der einzelnen Spielgruppen. So gesehen ist Gruppenarbeit ganz gewiß ein soziales Lernfeld. Das Besondere am Planspiel ist neben der ausgeprägten Gruppenarbeit allerdings noch etwas anderes, nämlich die ebenso intensive wie vielschichtige Interaktion und Disputation zwischen den verschiedenen Spielgruppen. Denn derartige selbstgesteuerte Interaktionen sind im gängigen Unterricht die große Ausnahme und eröffnen damit eine eher brachliegende Dimension des sozialen Lernens. Eine Dimension, die gekennzeichnet ist durch Konflikt und Kontroversität, durch Konkurrenz und Rivalität, durch Aktion und Reaktion, durch taktische Manöver und intensive Verhandlungen, durch offene Dispute und die Suche nach einem tragfähigen Konsens. Wer wollte bestreiten, daß ein derartiges Interaktionsgeschehen lernrelevant wie lebensrelevant ist?! Verhandlungsführung muß schließlich ebenso gelernt werden wie das Aushalten und Austragen spannungsgeladener Dispute und Kontroversen. Soziales Lernen kann nun einmal nicht hinreichend in einem auf Konsens und Harmonie programmierten Gruppengeschehen vonstatten gehen. Wer Teamfähigkeit anstrebt, der muß auch für Dissens, Konflikt und Kontroversität sorgen, denn erst in einem konfliktträchtigen Sozialmilieu erweist sich, wie gut oder schlecht es um die soziale Sensibilität, Durchsetzungsfähigkeit und Konsensfähigkeit der Schüler/innen tatsächlich bestellt ist. Durchsetzungsfähigkeit meint hierbei indes nicht etwa asoziales Dominanzverhalten oder rigide Interessendurchsetzung, sondern zielt auf eine sensible, aber durchaus hartnäckige Verfolgung eigener Vorstellungen und Optionen, die im gruppeninternen Diskurs als wichtig und vertretbar erkannt wurden. Selbstverständlich können sich diese Ziele und Optionen im Laufe des Verhandlungsprozesses verändern. Jedoch gleich klein beizugeben und es etwaigen Kontrahenten immer gleich recht zu machen, das ist weder eine vernünftige Lebensmaxime noch ein geeignetes Verhaltensmuster für die Demokratie. Vielmehr verlangen Demokratiefähigkeit und demokratisches Lernen auch und nicht zuletzt die Bereitschaft und Fähigkeit der Schüler/innen zum Disput und zur Debatte, zur engagierten Interessenvertretung und zur geschickten Verhandlungsführung. Das Planspiel bietet für all dieses ein bewährtes Übungsfeld.

Förderung der Verantwortungsbereitschaft

Durch die vielfältigen aktiven und interaktiven Lernhandlungen, die die Schüler/innen im Rahmen von Planspielen vollziehen, lernen sie gleich in zweierlei Hinsicht Verantwortung zu übernehmen. Sie üben sich einmal in puncto Selbstverantwortung, indem sie eigenständig arbeiten, markieren, exzerpieren etc.; und sie übernehmen zum zweiten ein Stück Mitverantwortung in ihrer jeweiligen Spielgruppe. Voraussetzung für diese ausgeprägte Verantwortungsübernahme durch die Schüler/innen ist allerdings, daß der zuständige Spielleiter wirklich zurücktritt, seine Hilfen und Beratungsleistungen ausgesprochen defensiv erbringt und die Schüler/innen auf diese Weise konsequent ermutigt, ja im besten pädagogischen Sinne zwingt, sich selbst »durchzuwursteln« und die anstehenden Aktionen und Interaktionen eigenverantwortlich zu organisieren (vgl. dazu auch die entsprechende Abbildung auf S. 10). Denn Selbst- und Mitverantwortung lernt man nicht, wenn andere Autoritäten allseits Verantwortung übernehmen, Entscheidungen treffen, Vorgaben machen und letztlich nur den Nachvollzug bzw. die gehorsame Erfüllung der erteilten Vorgaben verlangen. Leider stehen viele Lehrkräfte genau in dieser Gefahr, den Schüler/innen – aus edlen Motiven – zuviel Verantwortung und zuviel Arbeit abzunehmen. Da wird vielfach zu eng geführt, instruiert, beraten, geholfen, belehrt und korrigiert, mit der Folge, daß für das eigenverantwortliche Arbeiten und Lernen der Schüler/innen zuwenig Raum bleibt. Zuwenig Raum zumindest, wenn der Anspruch darauf zielt, die Schüler/innen zur engagierten Übernahme von Selbst- und Mitverantwortung zu ermutigen und zu befähigen.

Selbst- und Mitverantwortung lernt man nicht abstrakt, sondern nur, indem man sie praktiziert. Im Rahmen des Planspiels haben die Schüler/innen reichlich Gelegenheit dazu. Das beginnt mit dem selbständigen Erarbeiten und Exzerpieren der vorliegenden Informationsmaterialien und reicht über das eigenverantwortliche Agieren und Interagieren in der jeweiligen Spielgruppe bis hin zur Verantwortungsübernahme im Rahmen der anstehenden Verhandlungen sowie in der abschließenden Konferenz. Da ist prinzipiell niemand – zumindest kein Lehrer –, der den Schüler/innen die korrespondierenden Planungen, Entscheidungen und sonstigen Dispositionen abnimmt. Zwar gibt es erfahrungsgemäß immer wieder einzelne Schüler/innen, die in ihren Spielgruppen über Gebühr dominieren und dadurch in fragwürdiger Weise Verantwortung absorbieren. Das ist jedoch im Vergleich zur »amtlichen Autorität« der Lehrkräfte ganz gewiß das kleinere Übel. Außerdem: Überzogenes Dominanzverhalten von Schüler/innen sollte zu gegebener Zeit in der betreffenden Spielgruppe thematisiert und korrigiert werden. Der Anstoß dazu kann selbstverständlich von Lehrerseite kommen.

Wie auch immer: Wichtig ist, daß den Schüler/innen im Lernprozeß ein möglichst hohes Maß an Selbst- und Mitverantwortung abverlangt wird, damit sie ihre Bereitschaft und Fähigkeit zur Verantwortungsübernahme sukzessive entwickeln und im Wege des »learning by doing« festigen können. Das Planspiel ist in dieser Hinsicht ein wirksames Übungsfeld. Die Schüler/innen sind verantwortlich für die Zeitplanung wie für die Arbeitsorganisation, für die Materialauswertung wie für die Strategieplanung, für die Zusammenarbeit in der Gruppe wie für das Gestalten und Abwickeln der Verhandlungen, für das Abfassen von Protokollen wie für das Erstellen von Plakaten und Wandzeitungen. Dieser keineswegs vollständige Katalog der von den Schüler/innen zu übernehmenden Verantwortlichkeiten macht deutlich, wie sehr im Rahmen von Planspielen Selbst- und Mitverantwortung geübt und gelernt werden kann.

Politisch-strategisches Lernen

Eine letzte Lernebene, die hier angesprochen werden soll, betrifft die politischen Verhandlungs- und Durchsetzungsstrategien, die die Schüler/innen im Rahmen von Planspielen üben können. Natürlich haben sie grundsätzlich nicht die Kompetenz, die im Spielverlauf entwickelten Problemlösungsoptionen in der Realität umzusetzen. Denn Planspiele – wie sie hier vorgestellt werden – sind nun einmal Simulationsspiele; Lernspiele also, die den Schüler/innen Raum geben zum hypothetischen Denken, Planen und Entscheiden, nicht aber zur faktischen Durchsetzung der abgeleiteten Problemlösungsstrategien im »wirklichen Leben« berechtigen. Zwar ist es durchaus möglich, auch echte Entscheidungsprobleme aus dem schulischen oder kommunalen Kontext, von denen die Schüler/innen direkt betroffen sind, in den Unterricht hineinzunehmen, näher zu thematisieren, zu verhandeln und die gewonnenen Problemlösungsvorstellungen realiter zu verfolgen und soweit wie möglich durchzusetzen. Doch derartige Vorhaben sind stets abhängig von der spezifischen Problemlage innerhalb oder außerhalb der jeweiligen Schule und können daher nicht über dieses Buch eingefädelt werden. Gleichwohl ist auch das »Als-Ob-Lernen« im Rahmen der hier zur Debatte stehenden Planspiele in ganz ernsthafter Weise politisch-strategisches Lernen. Und zwar insofern, als die Schüler/innen innerhalb des vorgegebenen Modellrahmens realitätsbezogene Problemlösungsstrategien entwickeln und verhandeln können und müssen.

Wie im Abschnitt »Präzisierung des Planspielbegriffs« (S. 20ff.) ausführlicher dargelegt, stehen im Mittelpunkt der hier dokumentierten Planspiele ausgewählte politisch-ökonomische Problemkreise wie Umweltschutz, Arbeitsrecht, kommunale Probleme oder auch entwicklungspolitische Problemstellungen, mit denen sich die Schüler/innen in kritisch-konstruktiver Weise auseinandersetzen. »Kritisch« heißt hierbei, daß sie das eine oder andere problematisieren, hinterfragen, debattieren oder in sonstiger Weise kritisch Stellung beziehen. Und »konstruktiv« bedeutet, daß sie immer auch nach vertretbaren Problemlösungen suchen und um praktikable Kompromisse ringen. So gesehen geht es in allen Planspielen um problemlösendes Denken und Argumentieren, Diskutieren und Konzipieren, Verhandeln und Inspirieren. Dieser problemzentrierte Diskurs und Arbeitsprozeß ist ganz gewiß ein wichtiger Beitrag zur Ausbildung politisch-strategischer Sensibilität und Kompetenz auf seiten der Schüler/innen. Beides wird nämlich in der modernen Demokratie dringlich benötigt und in der alltäglichen Interaktion innerhalb wie außerhalb der Schule kaum weniger gebraucht. Auch das spricht für das Planspiel als eine ausgesprochen zeitgemäße Lehr-/Lernform.

Die Schüler/innen üben sich im Rahmen des Planspiels darin, zu verhandeln und zu taktieren, zu argumentieren und zu überzeugen, zu informieren und zu korrespondieren, Pläne zu schmieden und spezifische Interessen zu verfolgen, in Gremien zu arbeiten und eine Konferenz zu bestreiten. Dies alles ist ganz unstrittig politisch-strategisches Lernen – ein Lernen, das den Schüler/innen im politischen Alltag wie in ihrer beruflichen und privaten Lebenswelt fraglos zugute kommt.

Eine Demokratie, die auf die Partizipation ihrer Bürger setzt, ist schließlich darauf angewiesen, daß diese möglichst früh in die Modalitäten und Schwierigkeiten demokratischer Planungs- und Entscheidungsprozesse eingeweiht und mit entsprechenden Handlungskompetenzen ausgestattet werden. Diese Klärungs- und Qualifizierungsarbeit wird durch die vorliegenden Planspiele ganz gezielt ermöglicht und unterstützt.

4. Planspiele sind vielfältig einsetzbar!

Die in diesem Buch dokumentierten Planspiele sind keineswegs nur etwas für den Politik- bzw. Gemeinschaftskundeunterricht. Im Gegenteil: Sie sind von ihrer inhaltlichen Ausrichtung her ebenfalls problemlos in den Religions- und/oder Ethikunterricht zu integrieren. Und sie korrespondieren natürlich auch mit anderen Fächern. Die Spiele zum Lernfeld »Interessenvertretung im Betrieb« (S. 121ff.) können zum Beispiel bestens in Wirtschafts- und Arbeitslehre, die Spiele zum Lernfeld »Umweltschmutz und Umweltschutz« (S. 77ff.) im Fach Biologie und die Spiele zum Lernfeld »Dritte Welt – Entwicklungspolitik« (S. 167ff.) im Geografieunterricht eingesetzt werden. Doch diese fachspezifische Zu- und Einordnung ist weder zwingend, noch ist sie die sinnvollste Lösung, da die genannten Fächer von den Stundentafeln her in den meisten Bundesländern auf 1 bis 2 Wochenstunden ausgelegt sind, wobei verstreut liegende Einzelstunden die Regel sind. Von daher sind die dokumentierten Planspiele nur schwer zu realisieren, wenn sie ausschließlich einem der genannten Fächer zugerechnet werden. Denn unter diesen Umständen wird der Planspielprozeß so sehr zerhackt, daß sowohl die Motivation als auch die Lernintensität der Spielakteure beeinträchtigt werden.

Deshalb sind fächerübergreifende Lösungen wichtig und naheliegend, zumal fachliches Lernen – wie es hier verstanden wird – deutlich über die Vermittlung von Sachkompetenz hinausgeht (vgl. die nachfolgende Abbildung »Erweiterter Lernbegriff«). Die erste Variante des fächerübergreifenden Ansatzes: Der Klassenlehrer unterrichtet in seiner Klasse mehrere Fächer und reserviert diese flexibel für das Planspiel, und zwar so, daß die nötigen Blockstunden entstehen und das Planspiel in maximal einer Woche abgeschlossen ist. Diese Variante hat den Vorteil, daß sie keine mühsamen Abstimmungsprozesse mit Kolleg/innen und/oder mit der Schulleitung erforderlich macht. Die zweite Möglichkeit besteht darin, in Kooperation mit interessierten Kolleg/innen, die in der betreffenden Klasse andere Fächer unterrichten, das jeweilige Planspiel durchzuführen, wobei entweder der Spielleiter wechselt, was einigen Abstimmungsaufwand nach sich zieht, oder aber für den exklusiv unterrichten-

Erweiterter Lernbegriff

Inhaltlich-fachliches Lernen	Methodisch-strategisches Lernen	Sozial-kommunikatives Lernen	Affektives Lernen
■ Wissen (Fakten, Regeln, Begriffe, Definitionen ...)	■ Exzerpieren	■ Zuhören	■ Selbstvertrauen entwickeln
■ Verstehen (Phänomene, Argumente, Erklärungen ...)	■ Nachschlagen	■ Begründen	■ Spaß an einer Methode haben
■ Erkennen (Zusammenhänge erkennen ...)	■ Strukturieren	■ Argumentieren	■ Identifikation und Engagement entwickeln
■ Urteilen (Thesen, Themen, Maßnahmen ... beurteilen)	■ Organisieren	■ Fragen	■ Werthaltungen aufbauen
	■ Planen	■ Diskutieren	
	■ Entscheiden	■ Kooperieren	
	■ Gestalten	■ Integrieren	
	■ Ordnung halten	■ Gespräche leiten	
	■ Visualisieren	■ Präsentieren	
etc.	etc.	etc.	etc.

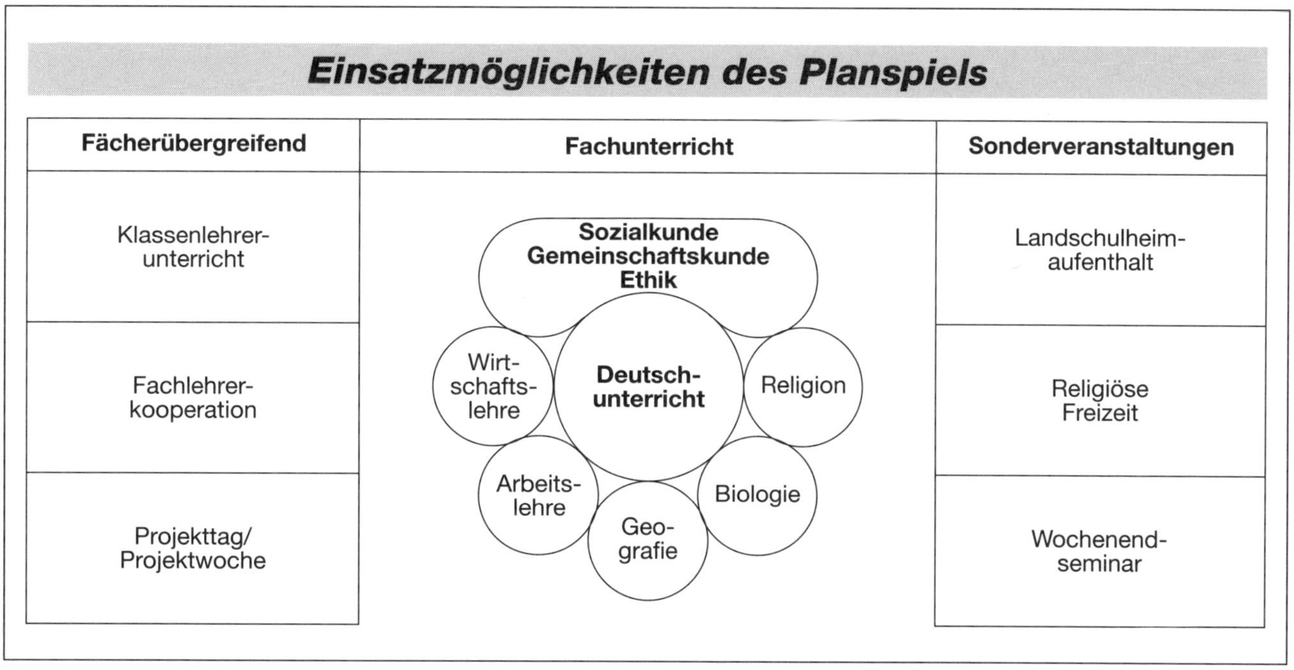

den Spielleiter gegebenenfalls Vertretungsunterricht organisiert werden muß.

Diese Komplikationen entfallen natürlich immer dann, wenn zur Durchführung des betreffenden Planspiels ein ganzer Projekttag zur Verfügung steht oder aber das Spiel in eine thematisch passende Projektwoche integriert werden kann. Angesichts der starken Aufwertung, die die Projektarbeit in den letzten Jahren erfahren hat, sind diese Möglichkeiten heute sehr viel ausgeprägter gegeben als in der Vergangenheit. Sie müssen nur konsequent genutzt werden, was vielerorts jedoch noch viel zuwenig geschieht. Gute Erfahrungen wurden im Rahmen der Spielerprobung ferner mit Planspielen gemacht, die in Landschulheimaufenthalte oder in religiöse Freizeiten eingebettet waren. Dafür wurde – nach Absprache mit den Schüler/innen – zumeist ein ganzer Tag reserviert. Die lebendige Arbeitsweise und die ausgeprägten Interaktionen während des Planspiels ließen die Schüler/innen in aller Regel sehr schnell vergessen, daß hier vermeintliche »Freizeit« geopfert wurde. Außerdem: Soziales und kommunikatives Lernen ist erklärtes Ziel von Landschulheimaufenthalten oder sonstigen Schülerfreizeiten. Planspiele sind in dieser Hinsicht – wie dargelegt – ergiebige Lernfelder.

Besonders prädestiniert für die Durchführung von Planspielen ist von daher auch der Deutschunterricht. Einmal, weil er in aller Regel mit einem relativ hohen Stundenkontingent pro Woche »gesegnet« ist und zumeist auch Doppelstunden aufweist. Zum zweiten aber auch und vor allem deshalb, weil das ausgeprägte kommunikative, soziale und methodische Lernen, das im Rahmen von Planspielen stattfindet, erklärte Aufgabe und Zielsetzung des Deutschunterrichts ist. Es gibt bundesweit wohl keinen Deutschlehrplan, in dem nicht auf die besondere Bedeutung der selbständigen Informationsverarbeitung, des Schreibens von Briefen, Protokollen und Berichten, der mündlichen Kommunikation oder der Beherrschung rhetorischer Grundsätze verwiesen wird. All dieses gehört – wie erwähnt – zum Ziel- und Leistungsprofil des Planspiels. So gesehen sind Deutschlehrer/innen gleichermaßen legitimiert wie prädestiniert, Planspiele verstärkt durchzuführen. Dem Qualifizierungsprozeß der Schüler/innen kann das nur guttun.

II. Dokumentation ausgewählter Planspiele für die praktische Bildungsarbeit

Im folgenden werden zehn komplette Planspiele dokumentiert, die sich in den Klassen 8 aufwärts bestens bewährt haben und Auslöser für intensives methodisches, soziales, kommunikatives, fachliches und strategisches Lernen waren. Inhaltlich stellen diese Planspiele zwar vorrangig auf sozial- und wirtschaftskundliche Themen bzw. Probleme ab, doch sie sind wegen ihrer vielschichtigen Lernchancen genausogut in anderen Fächern und fächerübergreifenden Sequenzen einzusetzen (vgl. den Abschnitt »Planspiele sind vielfältig einsetzbar!«, S. 36ff.).

Vom Aufbau her sind die dokumentierten Planspiele weitgehend gleich und umfassen folgende Spielmaterialien bzw. -unterlagen:

a) die Fallstudie, die die jeweilige Problemsituation umreißt,
b) die Arbeitskarte, die den Ablauf und die wichtigsten Arbeitsetappen des jeweiligen Planspiels überblickshaft verdeutlicht,
c) die Rollenkarten mit spezifischen Hinweisen und Arbeitsanregungen für die einzelnen Spielgruppen,
d) die Informationszeitung mit einschlägigen Sach- und Fachinformationen zum je anstehenden Problemkreis sowie
e) ausgewählte Ereigniskarten, die von seiten der Spielleitung gelegentlich als Impulskarten an die betreffenden Spielgruppen gegeben werden können.

Hinzu kommen die Arbeitsvordrucke wie Brief- und Protokollformulare, die allerdings nicht zu jedem Planspiel, sondern nur einmal als übergreifendes Grundmaterial dokumentiert werden (S. 42–44).

Jedem Planspiel vorangestellt ist ferner ein knapper didaktischer Vorspann, der Aufschluß gibt über die Intention, den Aufbau und den Ablauf des jeweiligen Planspiels. Darin eingeschlossen sind u.a. (a) eine knappe Auflistung wichtiger Leitfragen, die im Rahmen des anstehenden Planungs- und Verhandlungsprozesses zu thematisieren sind, (b) eine Übersicht über die einzelnen Spielmaterialien sowie (c) eine Dokumentation ausgewählter Ereigniskarten, die gezielt in den Spielprozeß einzubringen sind. Darüber hinaus werden im besagten didaktischen Vorspann Hinweise zu etwaigen Sonderaufgaben des Spielleiters (Lehrers) gegeben, denn dieser ist in aller Regel nicht nur als Moderator, Organisator und Berater gefragt, sondern er übernimmt hin und wieder auch kleinere Nebenrollen wie die des Bürgermeisters Lang, des Firmenchefs Kurz oder des Wirtschaftsministers Groß in der Konferenzphase am Ende des Planspiels.

Auf welches Planspiel der zuständige Lehrer im Einzelfall zurückgreift, ist seine Sache. Die dokumentierten Spielunterlagen sind ein relativ weitgespanntes Angebot, das wahlweise genutzt und zum Erreichen fachspezifischer und fachübergreifender Ziele eingesetzt werden kann. Modifikationen der vorliegenden Spielmaterialien sind durchaus zulässig und unter Umständen sogar sinnvoll (z.B. Weglassen einer Rolle bei zu kleinen Lerngruppen; Überarbeiten/Vereinfachen einzelner Materialien im Fall leistungsschwacher Klassen etc.). Jedoch sollte der Spielleiter in aller Regel darauf bedacht sein, die Planspielunterlagen möglichst komplett zu lassen, da ihre Modifizierung nicht nur Zeit und Sorgfalt verlangt, sondern auch die Gefahr beinhaltet, daß die Spielbalance gestört wird. Denn die Spielmaterialien sind durchweg so zusammengestellt worden, daß eine gewisse Aspekt- bzw. Informationsvielfalt vorhanden ist, die den einzelnen Spielgruppen vielschichtiges Agieren und Interagieren ermöglicht.

Inhaltlich sind die dokumentierten Planspiele wie folgt ausgerichtet: Die beiden ersten Planspiele sind der Problematik »Umgang mit sozialen Randgruppen« gewidmet und geben den Schüler/innen Gelegenheit, sich aus unterschiedlichen Perspektiven mit dem Wohl und Wehe von Asylbewerbern und von Sozialhilfeempfängern auseinanderzusetzen. Dabei geht es um konkrete kommunale Probleme bzw. Konflikte, die unterschiedliche Interessengruppen auf den Plan rufen und – so oder so – nach einer Lösung verlangen. Die drei nächsten Planspiele sind ebenfalls kommunalpolitischer Natur und thematisieren unter der Rubrik »Umweltschmutz und Umweltschutz« unterschiedliche ökologische Problemlagen: vom Natur- und Artenschutz über die Luft- und Gewässerverschmutzung bis hin zur Kontroverse um den Bau eines Kohlekraftwerks mit oder ohne Entschwefelungsanlage. Die dritte Planspielgruppe umfaßt gleichfalls drei Spiele und greift unter der Rubrik »Interessenvertretung im Betrieb« ausgewählte innerbetriebliche Planungs- und Gestaltungsprobleme auf, die arbeitsrechtliche Fragen ebenso berühren wie Fragen der Entlohnung, der Mitbestimmung sowie der Investitionspolitik. Die vierte Planspielgruppe schließlich zielt über die kommunale und einzelbetriebliche Ebene hinaus auf die Makroebene, d.h. auf die Auseinandersetzung mit grundlegenden entwicklungspolitischen Fragen und Problemstellungen, die nicht minder kontrovers und konfliktträchtig sind und sehr unterschiedliche Optionen und Positionen mobilisieren. Wie gesagt: Die inhaltlich-fachliche Auseinandersetzung und Vergewisserung ist bei allen Planspielen nur die eine Seite des Lernanspruchs. Die andere wichtige Seite ist das ausgeprägte soziale, kommunikative und methodisch-strategische Lernen, das im Zuge der anstehenden Planungs-, Verhandlungs- und Entscheidungsprozesse anfällt.

Der Zeitbedarf je Planspiel liegt – wie erwähnt – bei 5–6 Unterrichtsstunden. Das sind 2 bis 3 Unterrichtsstunden für das Erschließen der Spielunterlagen und die Meinungsbildung in den Gruppen sowie weitere 3 Unterrichtsstunden für die Verhandlungen zwischen den einzelnen Spielgruppen, für die darauf aufbauende Konferenz sowie für ein kurzes Feedback am Ende des Planspiels (vgl. dazu die näheren Organisationshinweise im Abschnitt »Die einzelnen Phasen des Planspiels«, S. 23ff.). Wird das jeweilige Planspiel in zwei bis drei zeitlich getrennte Spielsequenzen unterteilt, so muß die zuständige Lehrkraft selbstverständlich darauf achten, daß die einzelnen Spielgruppen Protokoll führen, damit sie in der nächsten Stunde nicht wieder bei Punkt Null beginnen müssen. Eine entsprechende Protokollvorlage findet sich auf Seite 42. Als weitere universelle Arbeitsmittel werden auf Seite 43 ein einfaches Briefformular sowie auf Seite 44 ein Protokollraster zur Vorbereitung der abschließenden Konferenz dokumentiert. Benötigt werden diese drei Vordrucke im Prinzip bei allen Planspielen; sie müssen daher zu gegebener Zeit in der nötigen Stückzahl kopiert werden.

Das Kopieren der Spielmaterialien ist für den eigenen Unterricht erlaubt. Das erleichtert ihren Einsatz und macht die Arbeit mit Planspielen für Lehrer- wie Schüler/innen attraktiver. Am besten, die einzelnen Spielmaterialien (Problembeschreibung, Info-Zeitung, Rollenkarten, Ereigniskarten, Protokoll- und Briefvordrucke) werden verschiedenfarbig kopiert. Dann lassen sie sich leichter auseinanderhalten und ordnen. Diese Kopierarbeit ist zwar relativ zeit- und auch kostenaufwendig. Wird jedoch dünne Pappe verwendet und das Spielmaterial am Ende des Spiels wieder eingesammelt, dann ist eine mehrmalige Verwendung möglich, was den Zeit- und Kostenaufwand für das Erstellen des jeweiligen Klassensatzes entscheidend relativiert. In Anbetracht der ausgeprägten Lern- und Motivationschancen, die Planspiele erfahrungsgemäß mit sich bringen, ist diese Investition ohne jeden Zweifel lohnend! Das gilt nicht zuletzt auch für die Anschaffung von Arbeitsmitteln wie Durchschlagpapier (für den Briefverkehr), Plakatpappe, Tapetenrollen, Filzstifte, Scheren, Klebstifte und anderes mehr.

Abschließend noch ein Hinweis zum Realitätsbezug der Planspiele: Jedem Planspiel liegt ein ganz konkretes politisch-ökonomisches Geschehen zugrunde, das in der jeweiligen Stadt/Region für Aufsehen und kontroverse Auseinandersetzungen gesorgt hat. Diese Geschehnisse hat der Verfasser recherchiert und so aufbereitet, daß die Schüler/innen die de facto bereits gelaufenen Diskussions-, Verhandlungs-, Planungs- und Entscheidungsprozesse in vereinfachter Form nachspielen und kreativ ausgestalten können. Die vorliegenden Spielarrangements und -materialien spiegeln also nicht die Realität in Reinkultur wider, wohl aber sind sie realitätsnah in dem Sinne, daß sie einen realen Hintergrund haben und durch realitätsnahe Eckdaten dafür sorgen, daß die Planungs- und Verhandlungsprozesse der Schüler/innen in einigermaßen realistischen Bahnen verlaufen. Die Namen von Personen, Betrieben, Städten usw. sind durchweg fiktiv gewählt, es sei denn, es handelt sich um authentische Dokumente, in denen bestimmte Namen Erwähnung finden.

Protokollbogen

Gespräch mit Gruppe …	Ergebnis des Gesprächs (Kernpunkte) …	Briefwechsel mit Gruppe …	Ergebnis des Briefwechsels (Kernpunkte) …

Vordruck zum Erfassen wichtiger Verhandlungsergebnisse

Anfrage/Mitteilung/Notiz

An Gruppe ....

Von Gruppe ....

Text

....

....

....

....

....

....

....

....

....

....

....

....

....

....

....

....

....

....

....

Formular für den Schriftverkehr der Gruppen

Stellungnahme vor der Konferenz

Kurze Vorstellung der eigenen Gruppe … (Rolle, Aufgabe, Ziele)

Unsere Notizen:

Anmerkungen zum bisherigen Verhandlungsverlauf …
(Was wurde angestrebt? Was wurde bislang erreicht? Wo gab es Probleme mit anderen Gruppen?)

Unsere Notizen:

Aktuelle Problemlösungsvorschläge und Forderungen an die anderen Gruppen …

Unsere Notizen:

Protokollraster zur Vorbereitung der Konferenz

1. Lernfeld: Umgang mit sozialen Randgruppen

Die beiden Planspiele, die in diesem Kapitel dokumentiert werden, führen anhand konkreter kommunaler Konfliktszenarien in die Problembereiche Langzeitarbeitslosigkeit, Sozialhilfe und Asylgewährung ein. Im ersten Planspiel geht es am Beispiel der Stadt Grünau um die Kernfrage, ob und inwieweit die Gemeinde angesichts des wachsenden Schuldenbergs die Sozialhilfeausgaben kürzen und die Sozialhilfeempfänger zu gemeinnütziger Arbeit im kommunalen Bereich verpflichten soll und kann. Das zweite Planspiel stellt ebenfalls auf ein gemeindespezifisches Problem- und Konfliktfeld ab, nämlich auf die Frage der Unterbringung und Behandlung von Asylbewerbern in dem Kleinstädtchen Bergstadt. In beiden Städten stehen konfliktträchtige und spannungsgeladene Planungs-, Verhandlungs- und Entscheidungsprozesse an.

1.1 Arbeitsdienst für Sozialhilfeempfänger?

Das vorliegende Planspiel gibt den Schüler/innen Gelegenheit, sich aus unterschiedlicher Perspektive mit dem Wohl und Wehe von Langzeitarbeitslosen und Sozialhilfeempfängern auseinanderzusetzen. Im Zentrum steht hierbei die Frage, wie die Gemeinde Grünau angesichts hoher Haushaltsdefizite ihre Ausgaben verringern kann und welche Möglichkeiten sich ergeben, wenn die Sozialhilfebezieher verstärkt zu gemeinnütziger Arbeit verpflichtet werden. Die einzelnen Rollen, in denen die Schüler/innen agieren, sind:

a) der Stadtrat der Gemeinde Grünau,
b) das örtliche Sozialamt,
c) der städtische Bauhof,
d) das Arbeitsamt,
e) der »Verein der Arbeitslosen und Sozialhilfeempfänger« sowie
f) die Lokalpresse.

Nähere Hinweise zu diesen Rollen finden sich in der nachfolgenden Fallstudie sowie in den einzelnen Rollenkarten. Darüber hinaus stehen den Schüler/innen zur Fundierung ihrer Spielhandlungen einschlägige Informationsmaterialien (M 1 – M 10) zur Verfügung. Einen Gesamtüberblick über die dokumentierten Spielunterlagen gibt der folgende Kasten.

Die Grundstruktur des Planspiels sieht wie folgt aus: In Grünau, einer Stadt mit insgesamt 39.000 Einwohnern, sind die Kassen ziemlich leer. Die Ausgaben steigen seit Jahren wesentlich stärker als die Einnahmen und müssen nach Anweisung der zuständigen Aufsichtsbehörde im nächsten Jahr um mindestens 5 Millionen DM verringert werden. Da Auslöser der bestehenden Finanzmisere insbesondere die rasch wachsenden Sozialhilfeleistungen sind, erwägt der Stadtrat, die Sozialhilfeausgaben um mindestens 2 bis 3 Millionen DM zu senken. Das wären rund 7 bis 10 Prozent der bisherigen Sozialhilfeaufwendungen. Wo und wie diese Einsparungen erzielt werden sollen, das ist noch offen. Im Gespräch sind sowohl gezielte Arbeitsbeschaffungsmaßnahmen des Arbeitsamtes für langzeitarbeitslo-

Spielunterlagen

1. Beschreibung der Problemsituation in der Stadt Grünau (Fallstudie)
2. Arbeitskarte: Überblick über die einzelnen Spieletappen (für alle Gruppen gleich)
3. Rollenkarten: Spezifische Hinweise zu den einzelnen Rollen (für alle Gruppen verschieden)
4. Informationszeitung: Vertiefende Sach- und Fachinformationen
   M 1: Die Stadt Grünau will/muß bei den Sozialausgaben sparen
   M 2: Sozialhilfe wofür? Rechtliche Regelungen und Vorschriften
   M 3: Immer mehr Menschen sind auf Sozialhilfe angewiesen
   M 4: Was Sozialhilfebezieher monatlich bekommen
   M 5: Arbeitslosigkeit als Hauptursache des Sozialhilfebezugs
   M 6: Finanzielle Unterstützung der Arbeitslosen durchs Arbeitsamt
   M 7: Wer bezieht schon gerne Sozialhilfe/Arbeitslosenhilfe?!
   M 8: Arbeitsbeschaffungsmaßnahmen für Langzeitarbeitslose
   M 9: »Arbeitsdienst« für Sozialhilfebezieher ist möglich
   M 10: Sozialhilfebezieher für den Bauhof? Drei Leserbriefe
5. Ereigniskarten: Impulskarten für die Hand des Lehrers (für den gelegentlichen Einsatz)
6. Arbeitsformulare: Protokollvordrucke und Briefformulare (s. S. 42–44)

se Sozialhilfeempfänger als auch die Zuweisung arbeitsfähiger Sozialhilfebezieher zum städtischen Bauhof, damit diese dort für ihr Geld gemeinnützige Reinigungs- und Pflegearbeiten leisten und dadurch zur Verringerung der Personalkosten beim Bauhof beitragen.

Selbstverständlich sind nicht alle Interessengruppen, die oben angeführt wurden, von diesen Plänen begeistert. Für einen spannungsgeladenen Planungs- und Verhandlungsprozeß ist also gesorgt. Im Mittelpunkt der Planspielaktivitäten stehen dabei die folgenden Leitfragen:

- Was kann/sollte die Stadt Grünau tun, um ihre wachsende Verschuldung einzudämmen und die angeordnete Kostensenkung zu erreichen?
- Sollen die Sozialhilfeausgaben der Stadt in der vorgeschriebenen Höhe gekürzt werden? Welche Kürzungen sollen darüber hinaus im Bereich der »freiwilligen sozialen Leistungen« vorgenommen werden?
- Ist der Einsatz ausgewählter Sozialhilfeempfänger im Bereich des städtischen Bauhofs der richtige Weg? Welche Probleme könnten sich ergeben?
- Welche Arbeiten können/sollen die betreffenden Sozialhilfeempfänger verrichten, und wie sollten sie zeitlich belastet werden (z.B. 90 Stunden pro Monat)?
- Inwieweit können/sollen den arbeitswilligen Sozialhilfeempfängern über ihre Sozialhilfe hinaus noch Zusatzlöhne von 2 bis 4 DM pro Arbeitsstunde gezahlt werden?
- Welche Möglichkeiten hat das Arbeitsamt, gezielte Arbeitsbeschaffungsmaßnahmen für Langzeitarbeitslose zu finanzieren, die die Sozialhilfeausgaben der Stadt reduzieren? Kann der Bauhof solche ABM-Mittel erhalten?

Diese Leitfragen deuten an, in welche Richtung das inhaltlich-fachliche Lernen im Rahmen des Planspiels geht. Die Schüler/innen lernen eine ganze Menge über Langzeitarbeitslosigkeit und Sozialhilferecht, über Arbeitslosengeld und Arbeitslosenhilfe, über Arbeitsbeschaffungsmaßnahmen und Sozialhilfeleistungen, über Haushaltsplanung und Haushaltssanierung, über politische Strategien und politische Prozesse. Doch nicht nur das. Sie üben sich auch und zugleich darin, bestehende Sachverhalte und Meinungen zu problematisieren und kritisch Stellung zu beziehen, den eigenen Vorurteilen nachzuspüren und insgesamt sensibler zu werden für die Lebenslage, die Mentalität und die Belastungen sozialer Randgruppen. Sie versuchen sich darüber hinaus im konstruktiven Denken und Handeln. Sie entwickeln politische Kreativität und trainieren ihre mündliche und schriftliche Ausdrucksfähigkeit. Sie lernen zu argumentieren und zu taktieren, zu exzerpieren und zu analysieren, zu planen und zu entscheiden, zu agieren und zu reagieren. Kurzum, sie lernen in ebenso vielschichtiger wie intensiver Weise sozial-kommunikative, methodisch-strategische und inhaltlich-fachliche Fähigkeiten und Fertigkeiten.

Zum Ablauf des Planspiels: Detaillierte Hinweise zu den einzelnen Phasen des Planspiels finden sich auf den Seiten 23ff. dieses Buches. Diese sollten vor Spielbeginn auf jeden Fall durchgelesen werden. Die Einführungsphase sieht generell so aus, daß die Lehrkraft zunächst einige orientierende und motivierende Anmerkungen zum anstehenden Planspiel macht. Sie deutet die Problemlage in Grünau mit wenigen Worten an. Sie führt den Schüler/innen durch Hochhalten der farbigen Rollenschilder die zu besetzenden Rollen vor Augen und verweist darauf, daß lebendiges Lernen in Teams angesagt ist. Lebendiges Lernen, das mit dem relativ mühsamen Erarbeiten umfangreicher Informationen beginnt, dann aber sehr bald in spannende Diskussionen und Verhandlungen einmündet, an deren Ende sich vielleicht abzeichnet, wie die besagten Interessengruppen in Grünau die bestehenden Probleme und Fragen zu lösen gedenken.

Nach diesen orientierenden und animierenden Vorbemerkungen erhalten die Schüler/innen zuerst die Fallstudie und dann die Arbeitskarte zur vertiefenden Einarbeitung. Etwaige Verständnisfragen werden geklärt, die Zeitvorgaben für die einzelnen Spielphasen an der Tafel visualisiert (Einführung + Lesephase + gruppeninterne Meinungsbildung = 2 Stunden; Verhandlungsphase = 2 Stunden; Konferenzphase + Feedback = 2 Stunden). Daraufhin werden die sechs Spielgruppen gebildet – am besten nach dem Zufalls- bzw. Losverfahren, denn jeder Schüler sollte grundsätzlich bereit sein, jede Rolle zu übernehmen. Alsdann werden die Rollenkarten verteilt und gelesen. Und schließlich wird die Informationszeitung (M 1 – M 10) ausgegeben und in Stillarbeit überflogen. Erst jetzt beginnt die längst erwartete Diskussion und Meinungsbildung in den Gruppen. Insgesamt sind für diese Einführungs-, Lese- und Meinungsbildungsphase ca. 2 Unterrichtsstunden anzusetzen.

Der gleiche Zeitbedarf ist erfahrungsgemäß für die anschließende Verhandlungsphase zu veranschlagen, die durch vielschichtige schriftliche und mündliche Interaktionen zwischen den einzelnen Gruppen gekennzeichnet ist. Nähere Hinweise dazu finden die Schüler/innen auf ihren Arbeits- und Rollenkarten. Ein wichtiges Moment dieser Interaktionsphase ist, daß der Lehrer in einem fortgeschrittenen Stadium der Verhandlungen ausgewählte Ereigniskarten ins Spiel einbringt, die in den betreffenden Spielgruppen neues Nachdenken und neue Aktivitäten in Gang setzen. Auf Seite 49 findet sich ein bewährtes Sortiment an Ereigniskarten, die entsprechend den angeführten Adressatenhinweisen wahlweise genutzt und eingesetzt werden können. Wichtig ist ferner, daß die Verhandlungen etwa 10 bis 15 Minuten vor Ende der zweiten Doppelstunde gestoppt und die einzelnen Spielgruppen zur Vorbereitung der bevorstehenden Konferenz aufgerufen werden (vgl. dazu das Protokollblatt S. 44). Die Konferenz selbst läuft so ab, daß die zuständige Lehrkraft als Bürgermeister/in Flottmann die Gesprächsleitung übernimmt. Nach einer kurzen Begrüßung der Konferenzteilnehmer folgen die Stellungnahmen der einzelnen Gruppensprecher in folgender Reihenfolge: Stadtrat → Sozialamt → Bauhof → Arbeitsamt → »VdAS«. Dann schließt sich eine offene Debatte an. Die Presse übernimmt in dieser Phase die Beobachterfunktion und hat am Ende der Konferenz (nach ca. 45 Minuten) die Aufgabe, den Konferenzverlauf und die Konferenzergebnisse (kritisch) zu kommentieren. Damit ist das eigentliche Planspiel beendet. Es folgt lediglich noch eine kurze Feedbackrunde, in deren Verlauf sich die Spielteilnehmer sehr persönlich dazu äußern, wie sie das Planspiel erlebt haben, was ihnen gefallen und was sie womöglich gestört hat.

Nachbereitet werden kann das Planspiel u.a. dadurch, daß der Verlauf gezielt rekonstruiert sowie das methodische und das interaktive Vorgehen der Schüler/innen eingehender analysiert und problematisiert werden. Weiterhin bietet sich zur sachlichen Vertiefung z.B. an, daß das örtliche Sozialamt und/oder das Arbeitsamt mit dem Ziel aufgesucht werden, möglichst authentische Informationen und Eindrücke vor Ort zu sammeln – Gespräche mit Sozialhilfeempfängern eingeschlossen. Ferner kann es sinnvoll sein, vertiefende Materialien und Medien einzusetzen und erarbeiten zu lassen, die aktuelle Fakten und Gesichtspunkte in den Blick bringen.

Schlußbemerkung: Das vorliegende Planspiel erfordert einiges an Improvisation und Kreativität – von Schülern wie von Lehrern. Aber gerade darin liegen sein Reiz und sein Realitätsbezug, denn politische Konfliktregelungsprozesse sind nun einmal relativ offene Prozesse, die von den Betroffenen im Wege des »trial and error« auszugestalten sind.

Ereigniskarten

Die Bundesanstalt für Arbeit hat ein Sonderprogramm für Langzeitarbeitslose in Regionen mit besonders hoher Langzeitarbeitslosigkeit aufgelegt. Das Arbeitsamt Grünau erhält daraus zusätzliche ABM-Mittel in Höhe von 2 Millionen DM. *An: Arbeitsamt/Stadtrat/Bauhof*	Die Bundesregierung hat entschieden, daß Arbeitslosenhilfe ab nächstem Jahr nur noch für maximal 2 Jahre gewährt wird (vgl. M 6). Dann müssen die Kommunen Sozialhilfe zahlen. Für die Stadt Grünau bedeutet dieses, daß die Sozialhilfeausgaben der Stadt um voraussichtlich 2–3 Millionen DM jährlich ansteigen werden. *An: Arbeitsamt/Sozialamt/Presse*
In der Fußgängerzone in Grünau hat es gestern eine Schlägerei zwischen demonstrierenden Sozialhilfeempfängern und einigen Passanten gegeben, die angeblich angepöbelt wurden. Es gab einige Verletzte. *An: Presse/Sozialamt/»VdAS«*	Die Einnahmen der Stadt werden im nächsten Jahr voraussichtlich um 1–2 Millionen DM höher ausfallen als bisher erwartet. Das verringert den Sparzwang etwas. *An: Stadtrat/Presse*
In Schwarzau, einer Nachbargemeinde von Grünau, erhalten Sozialhilfeempfänger im Fall gemeinnütziger Arbeit neuerdings einen Zusatzlohn von 4 DM je Arbeitsstunde. Die Arbeitsmoral der betreffenden Personen ist im Vergleich zu früher deutlich besser geworden. *An: »VdAS«/Sozialamt*	Zwei Sozialhilfeempfänger haben in Grünau im letzten Monat Selbstmord begangen, da sie sich – wie Freunde berichteten – wie Aussätzige gefühlt und unter ihrer Isolation und zunehmenden Verarmung gelitten hätten. *An: »VdAS«/Sozialamt/Presse*
Die Stadt Grünau hat von einer Stiftung den örtlichen Zoo unentgeltlich übereignet bekommen. Allerdings muß sie für die Pflege der Anlagen und die Reinigung der Tiergehege sorgen. Der Bauhof benötigt für diese zusätzlichen Pflegearbeiten mindestens 5 weitere Arbeitskräfte. *An: Bauhof/Stadtrat*	Im kommendem Jahr werden nach der neuen Sozialhilfeverordnung die Sozialhilfeleistungen der Kommunen um durchschnittlich 3 Prozent abgesenkt. Das wird Grünau eine Einsparung von rund 1 Million DM pro Jahr bringen. *An: Sozialamt/Stadtrat/»VdAS«*

Hinweis: Wenn die Ereigniskarten eingesetzt werden, bitte die Adressatenhinweise löschen, damit die einzelnen Spielgruppen die ins Auge gefaßten Adressaten nicht kennen. Außerdem: Die Adressatenhinweise sind nur Vorschläge!

✎ Planspiel: Arbeitsdienst für Sozialhilfeempfänger?

Beschreibung der Problemsituation (Fallstudie)

In Grünau, einer Stadt mit insgesamt 39.000 Einwohnern, herrscht große Finanznot. Die Stadtkämmerei kann den Haushalt bereits seit Jahren nur dadurch ausgleichen, daß sie weitere Kredite aufnimmt. Die Schulden wachsen, die Zinsbelastungen ebenso. Allein im letzten Jahr hatte die Stadt Grünau nahezu 8 Millionen DM an Zinsen zu zahlen. Mittlerweile gehört Grünau – pro Kopf der Bevölkerung – zu den höchstverschuldeten Gemeinden des Landes.

Auslöser dieser Finanznot war und ist insbesondere der rasche Anstieg der Sozialhilfeausgaben für einkommensschwache Bürger (zur Sozialhilfe vgl. M 2 – M 4). Lagen die Sozialhilfeausgaben der Stadt vor zehn Jahren noch bei 10 Prozent der städtischen Gesamtausgaben, so schlagen sie mittlerweile bereits mit 22 Prozent zu Buche. Das heißt, nahezu jede vierte Mark, die die Stadt Grünau ausgibt, fließt derzeit in die Taschen von Arbeitslosen, Kranken, Rentnern und sonstigen Sozialhilfeempfängern, die mit ihrem Einkommen unter dem sogenannten »Existenzminimum« liegen (vgl. M 4). Da infolge der anhaltend hohen Arbeitslosigkeit immer mehr Menschen in die Langzeitarbeitslosigkeit abrutschen und Sozialhilfe beantragen, ist in den nächsten Jahren mit einem weiteren kräftigen Anstieg der Sozialhilfeaufwendungen zu rechnen, für die nach der geltenden Rechtslage allein die Gemeinden aufkommen müssen. Die Stadt Grünau ist aber bereits jetzt am Ende ihrer finanziellen Möglichkeiten. Es muß also dringend bei den Ausgaben gespart werden. Das ist allen Verantwortlichen der Stadt klar. Und das hat unlängst auch die zuständige Aufsichtsbehörde unmißverständlich klargemacht (vgl. M 1). Klar ist auch, daß die Sozialhilfeempfänger von diesen Einsparungen nicht ausgenommen werden dürfen.

Nach den Plänen des *Stadtrats* sollten die Sozialhilfeausgaben zum einen dadurch vermindert werden, daß das Arbeitsamt verstärkt Arbeitsbeschaffungsmaßnahmen (ABM) für Langzeitarbeitslose anbietet und finanziert, die in letzter Zeit in die Sozialhilfe abgerutscht sind. Dadurch könnten die Sozialhilfeleistungen für die betreffenden Personen eingespart werden. Die zweite Möglichkeit, die der Stadtrat ins Auge gefaßt hat, besteht darin, daß arbeitsfähige, insbesondere jüngere Sozialhilfeempfänger verstärkt zu gemeinnütziger Arbeit im Rahmen der Reinigungs- und Pflegearbeiten des städtischen Bauhofs herangezogen werden. Dadurch könnten die Personalausgaben der Stadt unter Umständen beträchtlich verringert werden.

Das *Sozialamt* sieht einen derartigen »Arbeitsdienst« für Sozialhilfeempfänger als durchaus möglich an. Schon bisher sind immer mal wieder arbeitsfähige und arbeitswillige Sozialhilfeempfänger zu gemeinnütziger Arbeit im Stadtwald, bei der Straßenreinigung oder im Bereich des Garten- und Friedhofsamtes herangezogen worden. Derartige Arbeitsdienste sind in der Vergangenheit allerdings eher die Ausnahme gewesen, da es gar nicht so leicht ist, Sozialhilfeempfänger zu finden, die ohne richtige Anstellung und Entlohnung arbeiten wollen. Das Sozialamt hat daher bislang keinen besonderen Druck gemacht. Aber das ließe sich durchaus ändern, und zwar im Einklang mit dem geltenden Sozialhilferecht (vgl. M 9).

Der städtische *Bauhof* hält von diesen Plänen reichlich wenig. Bedenken gibt es sowohl hinsichtlich der Arbeitsmoral und der Arbeitsqualifikation der in Frage kommenden Sozialhilfeempfänger als auch im Hinblick auf das Ansehen des städtischen Bauhofs in der Bevölkerung schlechthin. Dessen Ruf ist nämlich schon jetzt nicht der beste, und er müßte noch deutlich schlechter werden, wenn frustrierte und arbeitsscheue Sozialhilfeempfänger im Stadtgebiet »herumgammeln« und als städtische Bauarbeiter wahrgenommen werden. Außerdem befürchten die Verantwortlichen des städtischen Bauhofs, daß durch den verstärkten Einsatz von Sozialhilfeempfängern in schleichender Weise die Stammbelegschaft des Bauhofs abgebaut werden soll.

Das zuständige *Arbeitsamt* sieht diese Gefahr zwar auch, ist andererseits aber der Auffassung, daß es im Stadtbereich noch so viele unerledigte gemeinnützige Arbeiten gibt, daß die geplanten Arbeitsbeschaffungsmaßnahmen gar nicht zu einem Personalabbau beim Bauhof führen müssen. Der Stadt fehlte bisher nur das Geld und das Personal, um neue Arbeitsfelder in Angriff zu nehmen. Von daher sehen es die Verantwortlichen des Arbeitsamtes als durchaus sinnvoll und wichtig an, daß arbeitsfähige Männer und Frauen, die infolge von Langzeitarbeitslosigkeit in die Sozialhilfe abgerutscht sind, für gemeinnützige Arbeiten herangezogen werden. Für derartige Arbeitsbeschaffungsmaßnahmen stellt das Arbeitsamt den betreffenden Betrieben – z.B. dem Bauhof – unter Umständen Lohnkostenzuschüsse in beträchtlichem Umfang bereit (vgl. M 8). Dann müssen allerdings ordentliche Arbeitsverträge abgeschlossen werden.

Für saubere Verträge und eine faire Bezahlung der Sozialhilfeempfänger, die gemeinnützige Arbeit verrichten, tritt auch und besonders der »*Verein der Arbeitslosen und Sozialhilfebezieher*« (VdAS) ein, der vor fünf Jahren in Grünau gegründet wurde. Diesem Verein gehören auch einige engagierte Gewerkschafter und Kirchenvertreter an. Die Sprecher des Vereins beklagen die wachsende Tendenz in unserer Gesellschaft, die Arbeitslosen und Sozialhilfeempfänger als Versager ins Abseits zu stellen und ihnen immer neue Belastungen und finanzielle Kürzungen aufzudrücken. Sie verweisen auf die sozialen, psychischen und finanziellen Belastungen dieser Menschen (vgl. M 7) und fordern deshalb deren ebenso behutsame wie faire Wiedereingliederung ins Arbeits- und Erwerbsleben. Die Sprecher des VdAS akzeptieren durchaus gemeinnützige Arbeit, aber nur bei angemessener Bezahlung und ordentlichen Arbeitsverträgen.

Für die Grünauer *Neue Presse* ist die skizzierte Problemlage natürlich ein willkommenes Thema. Das gilt für die Finanzkrise der Stadt genauso wie für den Streit um den »Arbeitsdienst für Sozialhilfeempfänger«.

Wie die Planungen und Verhandlungen letztlich ausgehen, das muß das Planspiel zeigen. Wie das Spiel aufgebaut ist, wie es abläuft und welche Rollen zu übernehmen sind, das könnt Ihr aus dem abgebildeten Schema sowie aus den Arbeits- und Rollenkarten ersehen, die Euch alsbald ausgeteilt werden. Viel Glück und Erfolg beim Planen und Verhandeln!

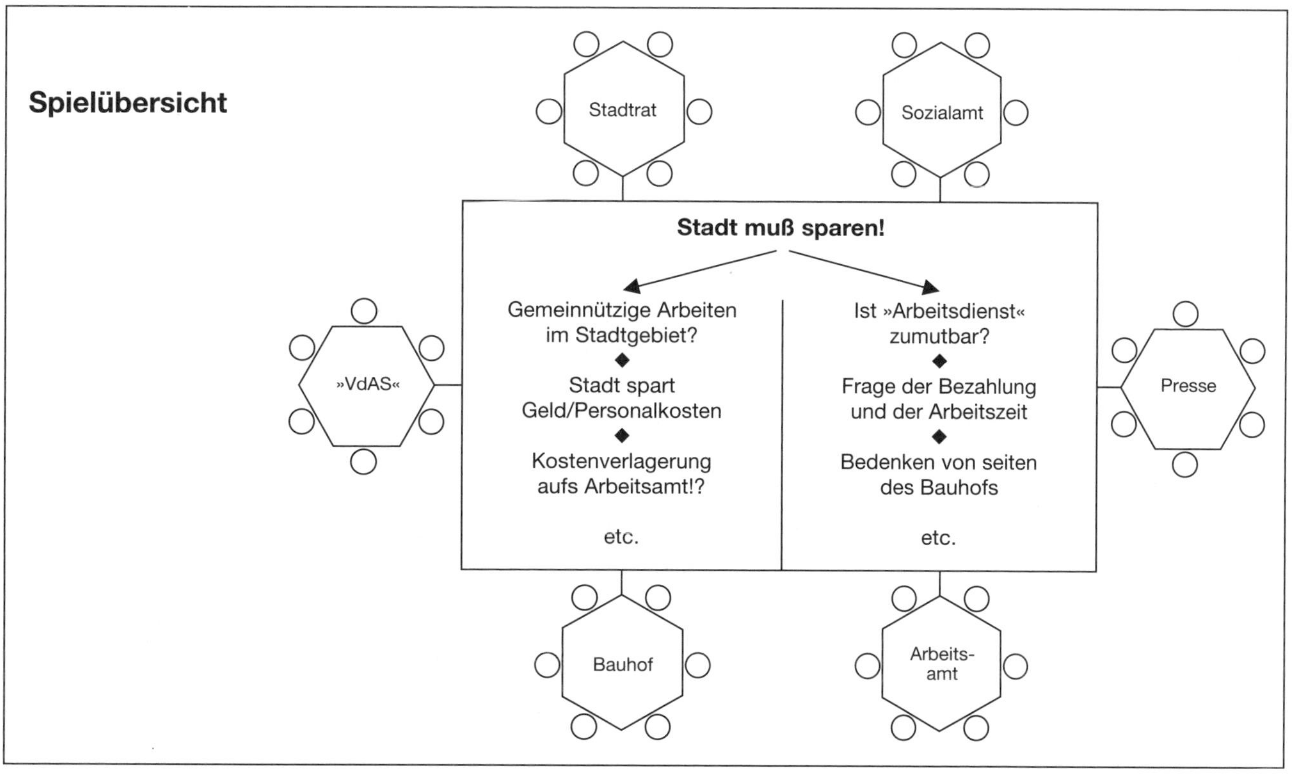

Arbeitskarte

Hinweise zum Spielverlauf

1. Lest die Spielunterlagen durch, unterstreicht wichtige Stellen (vor allem die, die Euch als Gruppe betreffen), klärt etwaige Verständnisfragen, und macht Euch klar, wie das Planspiel aufgebaut ist, welche Interessengruppen es gibt und wie das Spiel abläuft!
2. Versetzt Euch in Eure Rolle hinein! Diskutiert Eure Situation, klärt Eure Ziele und Interessen, und überlegt, wie die anstehenden Probleme und Fragen gelöst werden können (Fragen siehe unten). Welche Argumente und Vorschläge wollt Ihr vorbringen? Mit welchen Gruppen wollt Ihr verhandeln? Gibt es Bündnispartner, die Ihr für Eure Vorstellungen und Vorschläge gewinnen könnt?
3. Überlegt auch: In welcher Lage befinden sich die anderen Gruppen? Was werden sie vermutlich tun? Welche Argumente werden sie Euch womöglich entgegenhalten? Wie könnt/wollt Ihr darauf reagieren?
4. Setzt Euch nach dieser Vorbereitungsphase mit der einen oder anderen Gruppe in Verbindung, die Euch als Gesprächspartner wichtig erscheint! Schreibt Briefe! Führt mündliche Verhandlungen! Informiert Euch! Trefft Absprachen!
5. Teilt Eure Gruppe bei Bedarf in Zweier- oder Dreierteams auf, und geht die ins Auge gefaßten Aufgaben und Gespräche arbeitsteilig an! Dadurch könnt Ihr mehr Kontakte pflegen, mehr Informationen einholen und insgesamt vielseitiger verhandeln.
6. Beantwortet die schriftlichen und mündlichen Anfragen und/oder Stellungnahmen, die die anderen Gruppen an Euch richten! Schreibt Antwortbriefe, und entsendet gegebenenfalls Verhandlungsdelegationen!
7. Bereitet Euch am Ende dieser Verhandlungsphase gut auf die anschließende Konferenz vor, an der alle Gruppen teilnehmen und ihre Problemlösungsvorschläge einbringen werden! Überlegt Euch gut, wie Ihr im Rahmen der Konferenz argumentieren und taktisch vorgehen wollt! Schreibt Euch stichwortartig auf, was Ihr in Eurer Stellungnahme zu Beginn der Konferenz sagen und vorschlagen wollt! Bestimmt einen Gruppensprecher, der diese Stellungnahme abgibt!
8. Die Konferenz selbst läuft so ab, daß zunächst jeder Gruppensprecher in einer 3- bis 5minütigen Stellungnahme den bisherigen Verhandlungsverlauf kommentiert und die aktuellen Problemlösungsvorschläge seiner Gruppe vorstellt und erläutert. Dann folgt die Diskussion dieser Vorschläge. Ziel dieser Diskussion ist es, die unterschiedlichen Meinungen und Problemlösungsvorschläge einander anzunähern und möglicherweise auch zu einem Kompromiß zu kommen.

Planungs- und Entscheidungsfragen, die im Spielverlauf zu verhandeln sind

- Was kann/sollte die Stadt Grünau tun, um ihre wachsende Verschuldung einzudämmen?
- Sollen die Sozialhilfeausgaben der Stadt in der vorgesehenen Höhe gekürzt werden? (Wieviel davon entfällt auf die freiwilligen sozialen Leistungen?)
- Ist der Einsatz ausgewählter Sozialhilfeempfänger im Bereich des Bauhofs der richtige Weg?
- Welche Arbeiten können/sollen die betreffenden Sozialhilfeempfänger verrichten, und wie sollte ihre Arbeitszeit geregelt sein?
- Inwieweit können/sollen Zusatzlöhne von 2 bis 4 DM je Arbeitsstunde gezahlt werden?
- Kann das Arbeitsamt das Sozialbudget der Stadt durch zusätzliche Arbeitsbeschaffungsmaßnahmen entlasten?

usw.

R 1 Stadtrat

Das ist Eure Rolle: Als gewählte Vertreter der Stadt seid Ihr natürlich darauf bedacht, daß der Haushalt wieder einigermaßen ins Lot kommt. Entsprechend der Anweisung der Aufsichtsbehörde müßt Ihr Eure Ausgaben im nächsten Jahr um mindestens 5 Mio. DM verringern. 2–3 Mio. DM wollt Ihr bei den Sozialausgaben einsparen. Die Frage ist nur, wo und wie (vgl. M 1). Ihr versucht, dem Arbeitsamt möglichst viele Kosten aufzubürden. Den »Arbeitsdienst« wollt Ihr allerdings auch, nur ohne Zusatzlöhne! Das läßt sich den Bürgern und der Presse bestimmt gut verkaufen. Das ist gut für die nächsten Wahlen.

Das könnt Ihr z.B. tun: ■ mit dem Sozialamt und dem Bauhof die geplanten Maßnahmen beraten; ■ konkrete Sparmaßnahmen überlegen und durchrechnen; ■ beim Arbeitsamt auf Arbeitsbeschaffungsmaßnahmen für arbeitslose Sozialhilfeempfänger drängen; ■ die Presse gezielt einschalten und informieren; ■ die Anfragen und Stellungnahmen der anderen Gruppen beantworten … usw.

Zusatzinformationen und Denkanstöße

1. *Die freiwilligen sozialen Leistungen könnt Ihr selbstverständlich kürzen oder unter Umständen sogar ganz streichen.*
2. *Durch den Einsatz der Sozialhilfeempfänger könnten von den 70 Beschäftigten beim Bauhof 25–30 eingespart werden. Je Mitarbeiter entstehen dem Bauhof Personalkosten von rund 6000 DM pro Monat.*
3. *Im Bereich des Bauhofs wären maximal 50–60 Sozialhilfeempfänger mit einer monatlichen Arbeitszeit von je 90 Stunden einzusetzen. Welche zusätzlichen Kosten würden pro Jahr entstehen, wenn jeder 2 DM Zusatzlohn pro Stunde erhielte?*
4. *Die Zahl der Langzeitarbeitslosen ist in Grünau im letzten Halbjahr von 800 auf 950 angestiegen. Da etwa ein Drittel dieser Personen Sozialhilfe beantragt hat, steigen die Sozialhilfeausgaben der Stadt um rund 300.000 DM.*

R 2 Sozialamt

Das ist Eure Rolle: Ihr seid für die Betreuung und Finanzierung der Sozialhilfeempfänger zuständig. Als städtische Behörde müßt Ihr Euch selbstverständlich gut mit dem Stadtrat stellen. Ihr werbt um Verständnis für die Situation und die Belastungen der Sozialhilfeempfänger, müßt andererseits aber auch Wege suchen und finden, wie die Sozialhilfeausgaben kräftig verringert werden können. Grundlage Eures Handelns und Eurer Entscheidungen sind die geltenden Vorschriften des Sozialhilferechts (vgl. M 2, M 4 und M 9). Im Falle des »Arbeitsdienstes« seid Ihr für eine Lohnzulage von 2 DM/Stunde.

Das könnt Ihr z.B. tun: ■ Möglichkeiten durchrechnen, wie 2–2,5 Mio. DM an Sozialhilfe eingespart werden können; ■ mit dem Stadtrat unterschiedliche Wege und Sparvorschläge durchsprechen; ■ Informationsgespräche mit den Vertretern des Bauhofs und des Arbeitsamtes führen; ■ die Presse über das Sozialhilferecht informieren; ■ die Anfragen und Stellungnahmen der anderen Gruppen beantworten … usw.

Zusatzinformationen und Denkanstöße

1. *Nach einer aktuellen Erhebung des Gemeindebundes verpflichten nur zwei Drittel der Gemeinden ihre Sozialhilfeempfänger zu gemeinnützigen Leistungen. 70 Prozent dieser Gemeinden zahlen einen Zusatzlohn von 2 DM je geleisteter Arbeitsstunde, 10 Prozent sogar eine Zulage von 4 DM je Stunde.*
2. *Eine Absenkung der Sozialhilfeleistungen unter die gesetzlich vorgeschriebenen Regelsätze (vgl. M 4) ist nicht möglich, egal wie arm eine Gemeinde ist.*
3. *Nach einer Befragung, die Ihr unter den rund 150 arbeitsfähigen Sozialhilfebeziehern durchgeführt habt, wären nur 10 Personen bereit, ohne zusätzliche Bezahlung gemeinnützige Arbeit zu leisten. Bei einem Zusatzlohn von 2 DM wären es 35.*
4. *Die Bundesregierung plant die Begrenzung der Arbeitslosenhilfe auf 2 Jahre. Für diesen Fall würden viele Langzeitarbeitslose in die Sozialhilfe abrutschen! (Vgl. M 6).*

R 3 Bauhof

Das ist Eure Rolle: Ihr seid die Betriebsleitung des städtischen Bauhofs. Als städtische Einrichtung arbeitet Ihr relativ eng mit dem Stadtrat zusammen. In der Frage des »Arbeitsdienstes für Sozialhilfeempfänger« seid Ihr gegenüber den Plänen des Stadtrats allerdings recht skeptisch. Euer Interesse ist es, daß beim Bauhof kein Stammpersonal abgebaut wird. Ferner legt Ihr Wert auf qualifizierte Arbeitskräfte (Facharbeiter), damit das Image des Bauhofs in der Öffentlichkeit besser wird. Die Beschäftigung unqualifizierter und unmotivierter Sozialhilfeempfänger lehnt ihr ab.

Das könnt Ihr z.B. tun: ■ einen Protestbrief an den Stadtrat schreiben; ■ Informationsgespräche mit dem Stadtrat und mit dem Sozialamt führen; ■ mit dem Arbeitsamt beraten, ob und inwieweit der Bauhof in Arbeitsbeschaffungsmaßnahmen einbezogen werden kann; ■ die Presse zum Gespräch einladen und gezielt informieren; ■ Leserbriefe schreiben; ■ Anfragen der anderen Gruppen beantworten … usw.

Zusatzinformationen und Denkanstöße

1. *Der Verband der gewerblichen Wirtschaft hat kürzlich vorgeschlagen, die Sozialhilfeleistungen generell um 20–30 Prozent zu senken, damit die Hilfesuchenden stärker zum Arbeiten motiviert werden. Das würde die Finanzprobleme der Stadt Grünau auf einen Schlag lösen.*
2. *Der Personalrat der Stadt Grünau hat Euch mitgeteilt, daß er die geplante Beschäftigung von Sozialhilfebeziehern beim Bauhof ablehnen werde, da dadurch bestehende Arbeitsplätze gefährdet würden.*
3. *Für die einfachen Hilfsarbeiten, die Sozialhilfeempfänger eventuell übernehmen könnten, habt Ihr bereits genügend festangestelltes Personal.*
4. *In einer Studie des Gemeindeverbandes heißt es, daß die Beschäftigung unmotivierter und unqualifizierter Sozialhilfeempfänger vielerorts mehr Ärger und Betreuungsaufwand erfordere, als sie Nutzen schaffe.*

R 4 Arbeitsamt

Das ist Eure Rolle: Ihr seid Vertreter des für die Stadt Grünau zuständigen Arbeitsamtes. Eure Aufgabe ist die Arbeitsvermittlung sowie die Organisation und Finanzierung gezielter Arbeitsbeschaffungsmaßnahmen für Langzeitarbeitslose (vgl. M 8). Sozialhilfeempfänger interessieren Euch normalerweise nicht, da für sie die Kommunen und die Sozialämter zuständig sind. In Ausnahmefällen könnt Ihr den Kommunen jedoch unter die Arme greifen und beschäftigungsfördernde gemeinnützige Arbeiten finanzieren (ABM). Eure Finanzmittel sind zur Zeit allerdings recht begrenzt.

Das könnt Ihr z.B. tun: ■ mit dem Stadtrat und dem Sozialamt über Maßnahmen zur Bekämpfung der Langzeitarbeitslosigkeit sprechen; ■ mit dem Sozialamt über konkrete Arbeitsbeschaffungsmaßnahmen verhandeln; ■ in Gesprächen mit dem Bauhof prüfen, ob sinnvolle ABM möglich sind: ■ die Presse zum Gespräch über Langzeitarbeitslosigkeit und ABM einladen; ■ Anfragen der anderen Gruppen beantworten … usw.

Zusatzinformationen und Denkanstöße

1. *Ihr habt für die gesamte Großregion Grünau noch ABM-Mittel im Umfang von 1,2 Mio. DM zur Verfügung. Natürlich können die nicht alle nach Grünau fließen!*
2. *Von den Sozialhilfeempfängern in Grünau sind bestenfalls 25 so qualifiziert, daß Ihr sie in ABM-Programme hineinnehmen könnt.*
3. *Die Zahl der Langzeitarbeitslosen ist in der Region Grünau im letzten Halbjahr um 20 Prozent angestiegen. Damit liegt die Region Grünau in puncto Langzeitarbeitslosigkeit an der Spitze im Lande.*
4. *ABM-Mittel gewährt Ihr in der Regel nur für 1 Jahr. Ihr besteht auf festen Arbeitsverträgen und zahlt den betreffenden Betrieben einen Lohnkostenzuschuß von 70 Prozent des Gesamtlohnes. In Grünau könnt Ihr wegen der hohen Langzeitarbeitslosigkeit auch bis zu 100 Prozent der Lohnkosten übernehmen.*

R 5 Verein »VdAS«

Das ist Eure Rolle: Ihr seid der Vorstand des »Vereins der Arbeitslosen und Sozialhilfeempfänger« (VdAS), der vor fünf Jahren in Grünau gegründet wurde. Ihr versteht Euch als Sprachrohr der Benachteiligten und Minderbemittelten in Grünau. Ihr macht auf das harte Los der Arbeitslosen und der Sozialhilfeempfänger aufmerksam. Ihr vertretet deren Interessen. Ihr seid grundsätzlich gegen den geplanten »Arbeitsdienst für Sozialhilfeempfänger«. Für gemeinnützige Arbeit seid Ihr durchaus zu gewinnen, aber dann müssen angemessene Löhne gezahlt und ordentliche Verträge gemacht werden.

Das könnt Ihr z.B. tun: ■ beim Stadtrat und beim Sozialamt schriftlich/mündlich gegen den geplanten »Arbeitsdienst« protestieren; ■ beim Arbeitsamt auf faire Verträge und Bezahlung drängen; ■ Flugblätter und Plakate zur Aufklärung der Bevölkerung anfertigen; ■ Leserbriefe an die Presse schreiben; ■ zu einer Pressekonferenz einladen und die Pressevertreter gezielt informieren ... usw.

Zusatzinformationen und Denkanstöße

1. *Wenn der geplante »Arbeitsdienst« tatsächlich kommen sollte, dann versucht Ihr wenigstens zu erreichen, daß ein Zusatzlohn von 4 DM je Stunde gezahlt wird.*
2. *Das verfügbare Einkommen eines 4-Personen-Arbeitnehmerhaushalts liegt hierzulande bei durchschnittlich 4500 DM pro Monat. Die monatliche Sozialhilfe für einen derartigen Haushalt beträgt samt Wohngeld und sonstigen Zulagen rund 2600 DM.*
3. *Im letzten Jahr wurden einige Sozialhilfeempfänger, die für kurze Zeit beim Bauhof aushelfen mußten, von zwei Vorarbeitern so schikaniert, daß sie ihre Arbeit schon nach wenigen Tagen aufgaben.*
4. *In einem Bericht der Grünauer Neuen Presse hieß es kürzlich unter Bezugnahme auf eine Studie des Arbeitgeberverbandes: »Den meisten Sozialhilfeempfängern geht es hierzulande viel zu gut. Sie bekommen fürs Nichtstun häufig mehr als gestandene Arbeitnehmer für ihre mühevolle Erwerbsarbeit.«*

R 6 Presse

Das ist Eure Rolle: Ihr seid Journalisten der Grünauer Neuen Presse, einer angesehenen Regionalzeitung. Zu Euren Aufgaben gehört es, über die Finanzkrise der Stadt Grünau sowie über die geplanten Maßnahmen zur Verringerung der Sozialausgaben möglichst objektiv und umfassend zu berichten. Dazu nehmt Ihr Kontakt zu den verschiedenen Gruppen auf. Ihr recherchiert und besorgt Euch die nötigen Hintergrundinformationen. Ihr bemüht Euch um eine kritische, aber faire Berichterstattung. Eure Beiträge veröffentlicht Ihr als Wandzeitung oder stellt sie den Gruppen auch schon mal direkt zu.

Das könnt ihr z.B. tun: ■ gezielte Interviews durchführen; ■ Hintergrundgespräche mit einzelnen Gruppen führen; ■ aufrüttelnde/informative Berichte schreiben; ■ passende Karikaturen zeichnen; ■ Leserbriefe diskutieren und veröffentlichen; ■ eine übersichtliche Wandzeitung gestalten; ■ kritische Kommentare verfassen; ■ Anfragen anderer Gruppen beantworten ... usw.

Zusatzinformationen und Denkanstöße

1. *Ihr habt kürzlich auf der Grundlage einer Studie des Arbeitgeberverbandes einen kritischen Artikel unter der Überschrift »Vielen Arbeitslosen und Sozialhilfeempfänger geht es zu gut« geschrieben. Das könnte noch Ärger geben!*
2. *In der gestrigen Sitzung des Stadtrats haben sich – wie durchgesickert ist – einige Stadtratsmitglieder ziemlich abfällig über die »Drückeberger« und »Schwarzarbeiter« unter den Sozialhilfeempfängern geäußert. Das wäre einen Kommentar wert.*
3. *Am besten, Ihr bildet mehrere Reporterteams, damit Ihr arbeitsteilig vorgehen und mehr Gesprächskontakte wahrnehmen könnt. Bei den Interviews könnt Ihr mitschreiben oder auch ein Kassettengerät mitlaufen lassen.*
4. *Veröffentlichungswünschen einzelner Gruppen bzw. Personen könnt Ihr nachkommen; Ihr müßt das aber nicht! Schließlich seid Ihr eine unabhängige Zeitung.*

M 1 *Die Stadt Grünau will/muß bei den Sozialausgaben sparen*

Die Einnahmen und Ausgaben der Stadt Grünau sind längst nicht mehr im Lot. Jahr für Jahr muß die Stadt neue Kredite aufnehmen, um ihren Haushalt ausgleichen zu können, denn dazu ist sie laut Gesetz verpflichtet. Im vorletzten Jahr betrug die Nettokreditaufnahme 3 Millionen DM; im letzten Jahr 5 Millionen DM, und im laufenden Jahr wird sie voraussichtlich bei 8 Millionen DM liegen. Bei Gesamteinnahmen der Stadt von rund 140 Millionen DM ist das entschieden zuviel, wie kürzlich auch die zuständige Aufsichtsbehörde mitgeteilt hat. Die aus der hohen Verschuldung resultierenden Zinsen beliefen sich allein im letzten Jahr auf 7,6 Mio. DM (s. Tabelle). Diese Finanzmisere hat die Aufsichtsbehörde veranlaßt, einzuschreiten und beim Bürgermeister verbindliches Sparen anzumahnen, denn die schlechte Wirtschaftslage läßt für die nächsten Jahre nicht erwarten, daß die Einnahmen der Stadt in größerem Umfang ansteigen werden. Als Sparziel hat die Aufsichtsbehörde eine Verringerung der Ausgaben von mindestens 5 Mio. DM im nächsten Jahr vorgegeben.

Verwaltungshaushalt der Stadt Grünau	
Ausgaben im letzten Jahr	*DM*
Leistungen der Sozialhilfe	30.657.500
Zinsausgaben	7.612.910
Gewerbesteuerumlage	3.770.000
Allg. Zuweisungen und Umlagen	2.432.000
Zuführung zum Vermögenshaushalt	6.736.000
Zuweisungen und Zuschüsse	8.082.590
Sächl. Verw.- u. Betriebsaufwand	41.630.908
Personalausgaben	36.353.950
Abwicklung der Vorjahre	3.802.500
Gesamtausgaben	*141.078.358*

Freiwillige soziale Leistungen der Stadt	
Ausgaben im letzten Jahr	*DM*
Sozialer Brennpunkt »Kaiserhof«	723.000
Beratungsstellen des Jugendamtes	160.000
Sozialzentrum (Aids-Hilfe, Drogenberatung, Schuldnerberatung, Familienberatung, Frauenhaus usw.)	485.000
Sozialstation (Pflegedienst)	352.000
Haus der Jugend	400.000
Gesamtausgaben	*2.120.000*

Sparen will der Stadtrat grundsätzlich überall. Sein besonderes Augenmerk gilt jedoch den Sozialausgaben, die in den vergangenen Jahren geradezu dramatisch angestiegen sind. Lagen sie vor vier Jahren noch bei 14 Mio. DM, so erreichten sie letztes Jahr bereits 30,7 Mio. DM (s. Tabelle). Das sind 21,8 Prozent der Gesamtausgaben der Stadt. Somit ging beinahe jede vierte Mark an Sozialhilfeempfänger und unterschiedliche soziale Einrichtungen, für die die Stadt freiwillige Leistungen erbringt (vgl. Tabelle). Der Löwenanteil entfiel dabei mit rund 28,5 Mio. DM (30,6 Mio. DM minus 2,1 Mio. DM) auf die Sozialhilfe für einkommensschwache Bürger der Stadt. Bei den sozialen Leistungen muß nach Ansicht des Stadtrates unbedingt eingespart werden, und zwar in einer Größenordnung von mindestens 2–3 Mio. DM pro Jahr. Inwieweit dabei die freiwilligen Leistungen der Stadt zurückgefahren werden, ist Sache der anstehenden Verhandlungen. Kräftige Einsparungen müssen auf jeden Fall bei den Sozialhilfeempfängern erzielt werden. Zwei Wege erscheinen dem Stadtrat möglich und auch erfolgversprechend:

- **Der erste Weg:**
  Arbeitsfähige – insbesondere jüngere Sozialhilfeempfänger – werden dem städtischen Bauhof zugewiesen und unterstützen unentgeltlich die dortigen Fachkräfte bei der Erledigung der anstehenden Reinigungs- und Pflegearbeiten innerhalb des Stadtgebiets (Straßen- und Schulhofreinigung, Grünflächenpflege, Hilfsarbeiten im Stadtwald usw.). Dadurch werden zwar die Sozialhilfeausgaben nicht direkt verringert, wohl aber werden beim Bauhof Personalkosten eingespart, die den städtischen Haushalt entlasten.

- **Der zweite Weg:**
  Das Arbeitsamt wird ersucht, durch Arbeitsbeschaffungsmaßnahmen für Langzeitarbeitslose dafür zu sorgen, daß ein Teil der Sozialhilfeempfänger richtige Arbeitsverträge – z.B. auch beim Bauhof – bekommt und damit keine Sozialhilfe mehr benötigt. Wenn auf diese Weise nur 100 Sozialhilfeempfänger in Brot und Arbeit kämen, dann könnte die Stadt bei einer durchschnittlichen Sozialhilfezahlung von 1000 DM pro Monat und Person im Jahresverlauf immerhin 1,2 Mio. DM einsparen (1000 DM × 12 Monate × 100 Personen).

Beide Wege müssen allerdings erst noch mit dem Sozialamt, dem Arbeitsamt und den Verantwortlichen des Bauhofs beraten werden, damit klar wird, was geht und wie die betreffenden Maßnahmen konkret aussehen sollen (vgl. dazu auch M 8 und M 9).

M 2 Sozialhilfe wofür? Rechtliche Regelungen und Vorschriften

Bei der Sozialhilfe wird unterschieden zwischen der »Hilfe zum Lebensunterhalt« und der »Hilfe in besonderen Lebenslagen«.

(a) Hilfe zum Lebensunterhalt: Auf diese Art der Sozialhilfe hat jeder Anspruch, der den notwendigen Lebensunterhalt weder aus eigenen Mitteln (Einkommen und Vermögen) noch mit Hilfe anderer bestreiten kann. Der Begriff »notwendiger Lebensunterhalt« umfaßt den Bedarf eines Menschen insbesondere an Ernährung, Kleidung und Unterkunft einschließlich Heizung, Hausrat und anderen Bedürfnissen des täglichen Lebens. Hilfe zum Lebensunterhalt kann zum Beispiel jemand erhalten, der kein ausreichendes Erwerbseinkommen hat oder der Arbeitslosenhilfe, Rente, Unterhaltszahlungen oder sonstige Sozialleistungen erhält, die unter dem sogenannten »Existenzminimum« liegen (zum Existenzminimum vgl. M 4). Hilfe zum Lebensunterhalt wird vorübergehend oder für längere Zeit gewährt – je nach Dauer der persönlichen Notlage des Empfängers.

(b) Hilfe in besonderen Lebenslagen: Diese Art der Sozialhilfe ist für Menschen gedacht, die ihren Lebensunterhalt bestreiten, nicht aber spezielle Notlagen meistern können. Solche Notlagen können durch Krankheit oder Behinderung, durch Schwangerschaft oder hohes Alter, durch Pflegebedürftigkeit oder durch irgendeinen Schicksalsschlag entstanden sein. Dabei ist es unerheblich, ob der einzelne an seiner Notlage selbst schuld ist oder nicht. Entscheidend ist nur, daß der Hilfesuchende sich nicht ausreichend selbst helfen kann und die erforderliche Hilfe auch nicht von anderen erhält. Bis zu welcher Einkommenshöhe der Hilfesuchende anspruchsberechtigt ist, ist in entsprechenden Rechtsvorschriften geregelt.

M 3 Immer mehr Menschen sind auf Sozialhilfe angewiesen

In Grünau beziehen derzeit 1800 der 39.000 Einwohner »Hilfe zum Lebensunterhalt«. Hinzu kommen weitere 2200 Personen, die aufgrund besonderer Belastungen »Hilfe in besonderen Lebenslagen« erhalten. Was für Grünau gilt, gilt in ähnlicher Weise für das gesamte Bundesgebiet. Die Zahl der Menschen, die auf Sozialhilfe angewiesen sind, steigt Jahr für Jahr, und entsprechend steigen die Ausgaben für diese Leistung. Wie die Abbildung zeigt, wurden in den alten Bundesländern 1970 erst 3,3 Milliarden DM für Sozialhilfe ausgegeben. 1990 waren es bereits 31,8 Mrd. DM, und mittlerweile liegen die jährlichen Sozialhilfeleistungen hierzulande bei rund 50 Mrd. DM (1996).

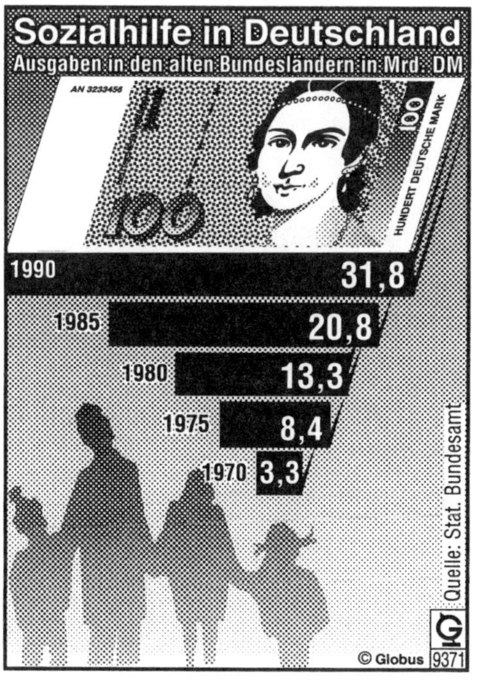

Weit mehr als vier Millionen Menschen erhalten in der Bundesrepublik Deutschland irgendwann im Laufe eines Jahres Sozialhilfe. Ausgenommen sind hiervon Personen, die nach einem anderen Leistungsgesetz unterstützt werden, wie etwa die Asylbewerber, die Leistungen nach dem Asylbewerbergesetz und nicht nach dem Bundessozialhilfegesetz erhalten. Sozialhilfe, einst als letztes Auffangnetz für in Not geratene Menschen gedacht, ist für viele Bedürftige offenbar zu einer unerläßlichen sozialen Grundsicherung geworden, da die erzielten Einkommen und/oder die anderen Sozialleistungen (Rente usw.) nicht mehr ausreichen, um den Lebensunterhalt in angemessener Weise zu bestreiten. Wenn die Bundesregierung – wie geplant – die Arbeitslosenhilfe weiter kürzt, dann wird sich die Zahl der Menschen, die auf Sozialhilfe aus den Gemeindekassen angewiesen sind, noch mal kräftig erhöhen. Grünaus Bürgermeister graust's schon jetzt.

M 4 *Was Sozialhilfebezieher monatlich bekommen*

Grundsätzlich deckt die Sozialhilfe nur den Bedarf, der nicht auf andere Weise gedeckt werden kann. Zunächst also müssen alle anderen Einkommensquellen und Hilfsmöglichkeiten ausgeschöpft werden. Dann erst übernimmt das Sozialamt den noch nicht gedeckten Restbedarf. Der Gesamtbedarf bestimmt sich dabei nach gesetzlich festgelegten Regeln, die im Fall der »Hilfe zum Lebensunterhalt« wie folgt aussehen:

Die Höhe des Bedarfs – des sogenannten »Existenzminimums« – richtet sich in erster Linie nach den jeweils geltenden Regelsätzen, wie sie aus der abgebildeten Tabelle zu ersehen sind. Diese Regelsätze sind für Alleinstehende und Haushaltvorstände (im Normalfall also Vater oder Mutter) am höchsten; ansonsten sind sie nach dem Alter der Haushaltsangehörigen gestaffelt. Für Kleinkinder wird also ein geringer Bedarf berechnet als für Jugendliche oder Erwachsene. Über diese Regelsätze hinaus übernimmt das Sozialamt die angemessenen Kosten der Unterkunft und die Heizungskosten; bei Haus- oder Wohnungseigentümern unter Umständen auch laufende Kosten für das Eigenheim. Wohngeld, Kindergeld, Kindergeldzuschlag, Unterhaltsgeld und andere Einkünfte werden allerdings auf diese Leistungen angerechnet und mindern den Restbedarf, der durch die Sozialhilfe zu decken ist. Für Alleinerziehende, Erwerbsunfähige, Schwangere und andere Personen mit erhöhtem Bedarf berechnet das Sozialamt ferner bestimmte Mehrbedarfszuschläge zwischen 20 Prozent und 60 Prozent des jeweiligen Regelsatzes.

Regelsätze nach dem Bundessozialhilfegesetz	
1. für den Haushaltsvorstand sowie für Alleinstehende	526 DM
2. für Haushaltsangehörige über 19 Jahre (Ehegatten u.a.)	421 DM
3. für Kinder bis zum 8. Lebensjahr	263 DM
4. für Kinder zwischen dem 8. und dem 15. Lebensjahr	342 DM
5. für Kinder zwischen dem 15. und dem 19. Lebensjahr	473 DM

Was für Sozialhilfeempfänger in Grünau rausspringen kann und wie ihr Sozialhilfeanspruch konkret berechnet wird, zeigen die beiden nachfolgenden Beispiele.

Beispiel 1

Herr Koch ist arbeitslos und hat für seine erwerbsunfähige Frau und seine drei Kinder zu sorgen. Er erhält Arbeitslosenhilfe in Höhe von 1624 DM. Die Erwerbsunfähigkeitsrente seiner Frau beträgt 105 DM. An Kindergeld bezieht Familie Koch 700 DM. Wohngeld wurde vor geraumer Zeit beantragt. Seine Höhe beläuft sich derzeit auf 205 DM. Somit ergibt sich für Familie Koch ein Gesamteinkommen von 2634 DM.

Den tatsächlichen Bedarf der Familie Koch berechnet das Sozialamt wie folgt: Für Herrn Koch wird als Haushaltsvorstand der Regelsatz von 526 DM zugrundegelegt. Für Frau Koch beträgt der Regelsatz 421 DM. Für die beiden 16 und 18 Jahre alten Kinder werden je 473 DM veranschlagt; für den neunjährigen Jens gilt der Regelsatz von 342 DM (s. Tabelle). Hinzu kommt im Falle von Frau Koch ein Mehrbedarf wegen Erwerbsunfähigkeit von 104 DM. Die derzeitige Kaltmiete für die Altbauwohnung beträgt 742 DM; als Heizkostenpauschale werden weitere 171 DM anerkannt. Das ergibt zusammengenommen einen Gesamtbedarf von 3252 DM.

Zieht man von diesem Gesamtbedarf das Einkommen ab, ergibt sich für Familie Koch ein Sozialhilfeanspruch von 618 DM pro Monat (Hilfe zum Lebensunterhalt).

Beispiel 2

Dora Schulze ist ledig und hat eine fünfjährige Tochter. Der Vater des Mädchens zahlt trotz eines vorliegenden Urteils keinen Unterhalt für seine Tochter. Frau Schulze arbeitet halbtags als Bürogehilfin und verdient netto 955 DM. Davon gehen als berufsbedingte Unkostenpauschale 355 DM ab. Das ergibt ein bereinigtes Monatseinkommen von 600 DM. Diesem Einkommen sind das Kindergeld von 200 DM, das Wohngeld von 125 DM sowie der an Frau Schulze monatlich fließende Unterhaltsvorschuß von 256 DM hinzuzurechnen. Das Gesamteinkommen beträgt demnach monatlich 1181 DM.

Der Bedarf errechnet sich wie folgt: Der Regelsatz für Frau Schulze als Haushaltsvorstand beträgt 526 DM; für ihre Tochter beläuft er sich auf 263 DM. Der Mehrbedarf für Alleinerziehende beträgt 206 DM für die Mutter und 26 DM Zuschlag für die Tochter. An Miete werden 544 DM bezahlt und angerechnet. Hinzu kommen 136 DM als Heizkostenpauschale. Diese Beträge zusammengenommen, ergibt sich für den Haushalt Schulze ein Gesamtbedarf von 1701 DM pro Monat.

Zieht man von diesem Gesamtbedarf das Einkommen ab, ergibt sich für Frau Schulze ein Sozialhilfeanspruch von 520 DM pro Monat (Hilfe zum Lebensunterhalt).

M 5 Arbeitslosigkeit als Hauptursache des Sozialhilfebezugs

Die Gründe, warum jemand zum Sozialhilfeempfänger werden kann, sind vielfältig. Der mit Abstand häufigste Grund für den Bezug von Sozialhilfe ist die Arbeitslosigkeit. Wie die abgebildete Grafik zeigt, brachte der Verlust des Arbeitsplatzes in Westdeutschland für knapp ein Drittel, in Ostdeutschland für mehr als die Hälfte aller Sozialhilfehaushalte finanzielle Probleme mit sich, die nur mit Hilfe der Sozialämter zu lösen waren. Bei einem Teil reichte das Geld vom Arbeitsamt nicht, bei einem anderen Teil bestand kein Anspruch auf Arbeitslosengeld oder -hilfe (vgl. M 6). Zweithäufigster Grund für die Beantragung von Sozialhilfe war und ist die unzureichende Rente. Viele ältere Menschen – vor allem Frauen – haben eine so geringe Altersversorgung, daß davon allein ein menschenwürdiges Leben nicht geführt werden kann.

Nicht wenige Sozialhilfeempfänger sind ferner wegen Krankheit, Behinderung oder Pflegebedürftigkeit auf Sozialhilfe angewiesen, vor allem dann, wenn sie nicht ausreichend versichert waren oder wenn z.B. ein Heimaufenthalt wegen Pflegebedürftigkeit notwendig wird. Und schließlich noch eine letzte, nicht unwesentliche Ursache für den Bezug von Sozialhilfe: Eine ganze Reihe von Sozialhilfeempfängern sind Alleinerziehende und ihre Kinder. Sie brauchen die Unterstützung, weil sie wegen der Kinder nicht oder nur eingeschränkt erwerbstätig sein können und vom Unterhaltspflichtigen für die Kinder nicht genügend Unterhalt gezahlt wird oder gezahlt werden kann.

M 6 Finanzielle Unterstützung der Arbeitslosen durchs Arbeitsamt

Arbeitslosengeld

Arbeitslosengeld erhält, wer in den letzten 3 Jahren vor der Arbeitslosmeldung mindestens 360 Kalendertage beitragspflichtig beschäftigt war und bereit ist, jede zumutbare Arbeit anzunehmen. Die Höhe des Arbeitslosengelds beträgt 60 bzw. 67 Prozent des zuletzt erzielten »bereinigten« Nettoeinkommens (ohne Überstundenzuschläge und Sonderzahlungen wie Weihnachts- oder Urlaubsgeld). 60 Prozent erhalten Arbeitslose ohne Kinder, 67 Prozent Arbeitslose mit mindestens einem unterhaltspflichtigen Kind. Da nicht das tatsächliche, sondern nur das »bereinigte« Nettoentgelt zugrunde gelegt wird, haben viele Arbeitslose nur gut die Hälfte ihres bisherigen Einkommens zur Verfügung. Da wird das »Existenzminimum« schon mal unterschritten, so daß die Sozialhilfe ergänzend einspringen muß. Zur Leistungsdauer: Jüngere Arbeitslose erhalten Arbeitslosengeld längstens ein Jahr, ältere Arbeitslose über 54 Jahre können Arbeitslosengeld unter Umständen bis zu 32 Monate beziehen. Ist der Anspruch auf Arbeitslosengeld erschöpft, ist Arbeitslosenhilfe zu beantragen.

Arbeitslosenhilfe

Die Arbeitslosenhilfe setzt ein, wenn der Anspruch auf Arbeitslosengeld ausgeschöpft ist oder wenn ein Arbeitsloser vor der Arbeitslosmeldung weniger als 360, aber mehr als 180 Kalendertage beitragspflichtig beschäftigt war. Auch Arbeitslosenhilfe-Bezieher müssen grundsätzlich arbeitsfähig und bereit sein, jede zumutbare Beschäftigung aufzunehmen. Ansonsten kann das Arbeitsamt seine Leistungen vorübergehend oder auch ganz einstellen. Die Höhe der Arbeitslosenhilfe richtet sich – wie beim Arbeitslosengeld auch – nach dem zuletzt erzielten »bereinigten« Nettoeinkommen (ohne Überstundenzuschläge und Einmalzahlungen wie Weihnachts- oder Urlaubsgeld). Arbeitslose ohne Kinder erhalten maximal 53 Prozent, Arbeitslose mit mindestens einem unterhaltspflichtigen Kind maximal 57 Prozent. Da bei der Berechnung der Arbeitslosenhilfe – anders als beim Arbeitslosengeld – auch die Einkommen und Vermögen der Familienangehörigen berücksichtigt werden, liegt die tatsächlich gezahlte Arbeitslosenhilfe häufig weit unter der Hälfte des früheren Arbeitseinkommens. Eine Begrenzung der Arbeitslosenhilfe auf maximal zwei Jahre ist im Gespräch.

M 7 Wer bezieht schon gerne Sozialhilfe/Arbeitslosenhilfe?

Der Leidensprozeß arbeitsloser Menschen

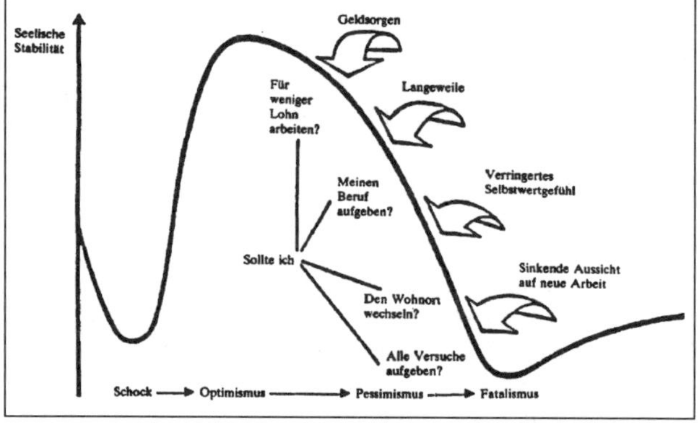

Wenn jemand Arbeitslosenhilfe oder Sozialhilfe bezieht, dann geht damit in aller Regel ein einschneidender finanzieller und sozialer Abstieg einher. Die finanzielle Einbußen sind dabei meist nicht einmal das Entscheidende. Viel entscheidender und belastender sind für viele Leistungsempfänger der Ansehensverlust im sozialen Umfeld sowie die wachsenden Selbstzweifel und Zukunftsängste, die sich mit dem Abrutschen in die Sozialhilfe bzw. Arbeitslosenhilfe einstellen. Die betreffenden Leistungsempfänger werden von vielen Bürgern nicht nur schief angeguckt, sondern in gewisser Weise auch als Versager, Drückeberger oder gar als »Schmarotzer« betrachtet. Dies zu verkraften ist sicherlich nicht leicht. Besonders betroffen von derartigen Verdächtigungen und Verunglimpfungen sind die vielen Langzeitarbeitslosen, die es in Grünau wie in anderen Gegenden der Bundesrepublik gibt (vgl. dazu auch M 8). Dabei ist ihre Situation in aller Regel alles andere als günstig. Immer schwieriger nämlich wird es für sie, eine dauerhafte Arbeitsstelle zu finden. Und immer häufiger betrifft der anhaltende Beschäftigungsabbau auch gutqualifizierte Männer und Frauen. Der Anstieg der Langzeitarbeitslosigkeit macht längst nicht mehr halt vor guter sozialer und beruflicher Qualifikation, vor Jung und Alt. Die Folgen sind höchst bedenklich. Längere Arbeitslosigkeit zerstört erwiesenermaßen das Selbstbewußtsein und den Leistungswillen der betreffenden Menschen. Sie führt zu kräftigen Einbußen beim Lebensstandard. Sie entwertet früher erworbene Qualifikationen und weckt Zukunftsängste. Und sie beeinträchtigt die sozialen Beziehungen in Ehe, Familie, Nachbarschaft und Freundeskreis (vgl. dazu auch das Schaubild). Von daher ist das Abgleiten in die Arbeitslosenhilfe oder in die Sozialhilfe ganz gewiß kein erstrebenswertes Ziel.

M 8 Arbeitsbeschaffungsmaßnahmen für Langzeitarbeitslose

Mittlerweile gehören rund 1,2 Millionen Menschen, die hierzulande als arbeitslos registriert sind, zur Gruppe der Langzeitarbeitslosen, d.h., sie sind länger als ein Jahr ohne Beschäftigung. Zum Vergleich: Anfang der achtziger Jahre lag die Zahl der Langzeitarbeitslosen noch bei 120.000. War Langzeitarbeitslosigkeit in der Vergangenheit eher ein Problem der wenigqualifizierten und der älteren Arbeitnehmer, so sind davon inzwischen immer häufiger auch gutqualifizierte, jüngere Arbeitnehmer betroffen. Damit die betreffenden Langzeitarbeitslosen ihre Qualifikation nicht völlig einbüßen und auf dem Arbeitsmarkt leichter zu vermitteln sind, bietet das Arbeitsamt seit Jahr und Tag gezielte Arbeitsbeschaffungsmaßnahmen (ABM) an.

Kennzeichnend für diese Arbeitsbeschaffungsmaßnahmen ist folgendes:

- Teilnahmeberechtigt sind Arbeitslose, die innerhalb der letzten zwölf Monate mindestens sechs Monate arbeitslos waren. Bevorzugt vermittelt werden schwervermittelbare Arbeitslose wie z.B. Schwerbehinderte, jüngere Arbeitslose ohne Berufsausbildung oder eben Langzeitarbeitslose.
- Mögliche Träger von ABM sind vorrangig öffentliche Verwaltungen und Betriebe, gemeinnützige Einrichtungen wie Kirchen und Wohlfahrtsverbände, aber auch Privatunternehmen. Über die Förderungswürdigkeit der vorgesehenen Arbeiten befindet das Arbeitsamt.
- Die in ABM vermittelten Arbeitslosen erhalten einen normalen Arbeitsvertrag, der maximal auf ein Jahr befristet ist. ABM-Stellen können auf zwei oder sogar auf drei Jahre verlängert werden, wenn dadurch die Schaffung zusätzlicher Arbeitsstellen zu erwarten ist.
- Der jeweilige Arbeitgeber erhält vom Arbeitsamt einen Lohnkostenzuschuß. Darüber hinaus kann auch noch ein Darlehen gewährt werden. Der Zuschuß zu den Lohnkosten beträgt üblicherweise 50–75 Prozent. Für schwervermittelbare Arbeitslose in besonders förderungswürdigen Regionen kann er bis zu 100 Prozent des Arbeitsentgelts betragen.

M 9 »Arbeitsdienst« für Sozialhilfebezieher ist möglich

In vielen Gemeinden ist es üblich, daß arbeitsfähige Sozialhilfeempfänger – insbesondere »jüngere Leute« – zum Verrichten gemeinnütziger Arbeiten im kommunalen Bereich herangezogen werden. Einige Städte mit einer ähnlichen Einwohnerzahl wie Grünau beschäftigen auf diese Weise 100 bis 200 Sozialhilfeempfänger, teilweise auch noch mehr. Der Arbeitseinsatz wird pro Monat in aller Regel auf 90 bis 100 Stunden begrenzt. Feste Arbeitsverträge gibt's normalerweise nicht. Allerdings zahlen die meisten Gemeinden den zum Arbeitsdienst verpflichteten Personen über die Sozialhilfe hinaus einen Zusatzlohn von 2 bis 4 DM pro Stunde. Dadurch soll ein gewisser Anreiz geschaffen werden. Ferner ist diese zusätzliche Zahlung eine Art Entschädigung für die tätigkeitsbedingten Mehraufwendungen der betreffenden Sozialhilfeempfänger. Ob und inwieweit derartige Zulagen letztlich gezahlt werden, liegt im Ermessen des jeweiligen Sozialamtes.

Rechtlich abgesichert ist die Verpflichtung ausgewählter Sozialhilfeempfänger zu gemeinnütziger Arbeit durch die Paragraphen 18–20 des Bundessozialhilfegesetzes. Darin heißt es u.a.:

- Grundsätzlich ist jeder Hilfesuchende verpflichtet, seine Arbeitskraft zur Beschaffung des Lebensunterhalts für sich und seine unterhaltsberechtigten Angehörigen einzusetzen. Deshalb muß unter anderem das Sozialamt darauf hinwirken, daß der Hilfesuchende sich um Arbeit bemüht und Arbeit findet.
- Für Hilfesuchende – insbesondere für junge Menschen –, die keine Arbeit finden können, sollen Arbeitsgelegenheiten geschaffen werden. Wird für den Hilfesuchenden Gelegenheit zu gemeinnütziger und zusätzlicher Arbeit geschaffen, kann ihm entweder das übliche Arbeitsentgelt oder Hilfe zum Lebensunterhalt zuzüglich einer angemessenen Entschädigung für Mehraufwendungen gewährt werden.
- Wird Hilfe zum Lebensunterhalt gewährt, so wird kein Arbeitsverhältnis im Sinne des Arbeitsrechts und kein Beschäftigungsverhältnis im Sinne der gesetzlichen Kranken- und Rentenversicherung begründet.
- Bei der Schaffung und Erhaltung von Arbeitsgelegenheiten sollen die Träger der Sozialhilfe und die Dienststellen der Bundesanstalt für Arbeit zusammenwirken.

M 10 Sozialhilfebezieher für den Bauhof? Drei Leserbriefe

Sozialhilfe verpflichtet!

Endlich kommt in der Stadt mal jemand auf die Idee, arbeitsfähige Sozialhilfeempfänger in die Pflicht zu nehmen und sie für die Stadt was Ordentliches arbeiten zu lassen. Schließlich lungern viele Männer und Frauen im besten Arbeitsalter untätig in der Stadt herum. Eine Schande! Und ein Ärgernis für jeden ehrenwerten Bürger, der brav seine Steuern und Gebühren zahlt, damit davon irgendwelche arbeitsscheue Typen ausgehalten werden. Nein, Sozialhilfe gehört nur denen, die wirklich arbeitsunfähig sind. Die anderen sollen gefälligst arbeiten. Und wenn sie keinen geregelten Arbeitsplatz finden, dann müssen sie eben gemeinnützige Arbeit leisten!

Undurchdachte Pläne des Stadtrats

Die vorgesehene Zuweisung ausgewählter Sozialhilfebezieher an den städtischen Bauhof ist undurchdacht und gefährlich. Undurchdacht deshalb, weil sich jeder unschwer vorstellen kann, wie es um die Arbeitsmoral und Arbeitsqualität in den städtischen Anlagen bestellt ist, wenn erst mal die Sozialhilfeempfänger die Szene beherrschen. Da können die Fachkräfte des Bauhofs noch so gut sein; den vorhersehbaren Schlendrian werden sie gar nicht ausbügeln können. Und was das Hinterhältige an den Plänen des Stadtrats ist: Der Stadtrat will mit der ganzen Aktion ganz offenbar bewährtes Personal beim Bauhof einsparen und außerdem Druck auf die Löhne ausüben.

Die falschen Sündenböcke!

Die laufende Kampagne gegen die Sozialhilfebezieher in Grünau ist Ausdruck eines gefährlichen Geistes. Hier werden nämlich die Armen und Benachteiligten zu Sündenböcken gemacht, obwohl sie doch eigentlich nur die Opfer eines Entwicklungsprozesses sind, der immer mehr Menschen ins Abseits drängt. Die Sozialhilfeempfänger sind nicht die Ursache des Grünauer Finanzdebakels, sondern der Stadtrat und die Stadtverwaltung haben miserabel geplant und das Geld für eine aufgeblähte Verwaltung sowie für unzählige Prestigebauten und -projekte maßlos verschwendet. Im Rathaus sitzen die Schuldigen! Die Sozialhilfebezieher können nichts dafür!

1.2 Bergstadt soll 20 Asylbewerber bekommen

Das vorliegende Planspiel gibt den Schüler/innen Gelegenheit, sich aus unterschiedlichen Perspektiven mit dem Thema »Asyl« auseinanderzusetzen. Im Mittelpunkt steht dabei die Frage, ob und in welcher Weise es sich einrichten läßt, daß in Bergstadt 20 weitere Asylbewerber untergebracht werden, die von der Landeszentralstelle für Asylbewerber zugewiesen worden sind, nachdem Bergstadt bisher schon 30 Asylsuchende aufgenommen hat.

Die einzelnen Interessengruppen bzw. Rollen, die die Schüler/innen in diesem Problemkontext zu übernehmen haben, sind:

a) die Leitung des Bergstadter Sozialamts,
b) der Vorstand des »Jugendtreff e.V.«,
c) die Sprecher des »Arbeitskreises Asyl«,
d) die Sprecher der »Mieterinitiative WOBAU«,
e) der Kirchenvorstand der Stiftskirchengemeinde sowie
f) die Redaktion des Bergstadter Tageblatts.

Nähere Hinweise zu diesen Rollen finden sich in der nachfolgenden Fallstudie sowie in den einzelnen Rollenkarten. Darüber hinaus stehen den Schüler/innen zur Fundierung ihrer Spielhandlungen einschlägige Informationsmaterialien zur Verfügung (M 1 – M 10). Einen Gesamtüberblick über die dokumentierten Spielunterlagen gibt der Kasten unten auf dieser Seite.

Die Grundstruktur des Planspiels sieht wie folgt aus: In Bergstadt, einem Luftkurort mit 20.000 Einwohnern, leben bisher schon 30 Asylbewerber, deren Verfahren noch nicht rechtskräftig abgeschlossen sind. Und nun sollen 20 weitere Asylbewerber kommen und irgendwie untergebracht werden. So zumindest will es die Landeszentralstelle für Asylbewerber (vgl. M 3). Der Wohnungsmarkt in Bergstadt gibt jedoch nicht allzuviel her. Das gilt vor allem dann, wenn potentielle Vermieter erfahren, daß Asylbewerber einziehen sollen. Diesbezüglich gibt es in Bergstadt erhebliche Vorurteile und Ressenti-

Spielunterlagen

1. Beschreibung der Problemsituation in der Gemeinde Bergstadt (Fallstudie)
2. Arbeitskarte: Überblick über die einzelnen Spieletappen (für alle Gruppen gleich)
3. Rollenkarten: Spezifische Hinweise zu den einzelnen Rollen (für alle Gruppen verschieden)
4. Informationszeitung: Vertiefende Sach- und Fachinformationen
   - *M 1: Das Asylrecht der Bundesrepublik Deutschland*
   - *M 2: Verwaltungsvorschrift zur Unterbringung der Asylbewerber*
   - *M 3: Brief der Landeszentralstelle für Asylbewerber*
   - *M 4: Starker Rückgang der Asylbewerberzahlen*
   - *M 5: Aus dem Alltag von Asylbewerbern*
   - *M 6: Asylbewerber: Zum Nichtstun verdammt*
   - *M 7: Warum Asylbewerber nach Deutschland kommen*
   - *M 8: Leserbriefe im Bergstadter Tageblatt*
   - *M 9: Gewalttätigkeiten gegen Ausländer nehmen zu*
   - *M 10: Stellungnahme der evang. Kirche in Deutschland (EKD)*
5. Ereigniskarten: Impulskarten für die Hand des Lehrers (für den gelegentlichen Einsatz)
6. Arbeitsformulare: Protokollvordrucke und Briefformulare (s. S. 42–44)

ments. Das Sozialamt hat für den Fall, daß sich die Zuweisung nicht umgehen läßt, drei verschiedene Möglichkeiten ins Auge gefaßt, wo die Asylbewerber unter Umständen untergebracht werden können (vgl. Fallstudie). Allerdings sind mit diesen Erwägungen des Sozialamtes längst nicht alle Interessengruppen, die oben angeführt wurden, einverstanden. Für einen spannungsgeladenen Planungs- und Verhandlungsprozeß ist also gesorgt. Im Mittelpunkt der Spielaktivitäten stehen dabei die folgenden Leitfragen:

- Soll sich die Gemeinde Bergstadt die Zuweisung weiterer Asylbewerber überhaupt gefallen lassen? Was kann sie womöglich dagegen tun?
- Welche Probleme und Belastungen entstehen der Stadt und ihren Bewohnern durch die Asylbewerber? Gibt es andererseits auch Gründe, die für deren Aufnahme sprechen?
- Wo können/sollen die 20 Asylbewerber untergebracht werden, wenn sie kommen? Sollen sie raus aus der Stadt oder im Stadtgebiet selbst wohnen?
- Wie werden die Umbaumaßnahmen finanziert, die bei zwei der drei ins Auge gefaßten Quartiere eventuell notwendig werden? Muß/Soll die Stadt einspringen?
- Wie soll die Unterbringung der drei Personengruppen (Kurden, Iraner, Tamilen) konkret geregelt werden? Können mehrere Personen auf ein Zimmer gelegt werden?
- Oder ganz grundsätzlich gefragt: Ist die Bundesrepublik bei der Asylgewährung nicht viel zu großzügig? Macht sie es den Asylbewerbern nicht viel zu leicht, die öffentlichen Kassen zu schröpfen und sich zu Lasten der deutschen Steuerzahler ein bequemes Leben zu machen? Sollte das Asylrecht daher noch weiter verschärft werden?

Diese Leitfragen deuten an, in welche Richtung das inhaltlich-fachliche Lernen im Rahmen des Planspiels geht. Die Schüler/innen lernen eine ganze Menge über Asylrecht und Asylverfahren, über Sammellager und programmierte Untätigkeit, über Menschenrechtsverletzungen und Fluchtursachen, über Wohnungsnot und Fremdenfeindlichkeit, über Interessenkonflikte und politische Prozesse. Doch nicht nur das. Sie üben sich auch und zugleich darin, bestehende Sachverhalte und Meinungen zu problematisieren und kritisch Stellung zu beziehen, die eigene Urteilsbildung voranzubringen und insgesamt sensibel zu werden für das schwere Los der Asylbewerber hierzulande wie in ihren Heimatländern. Sie versuchen sich darüber hinaus im konstruktiven Denken und im kreativen Handeln. Sie entwickeln strategische Alternativen und trainieren ihre mündliche und schriftliche Ausdrucksfähigkeit. Sie lernen zu argumentieren und zu taktieren, zu exzerpieren und zu analysieren, zu planen und zu entscheiden, zu agieren und zu reagieren. Kurzum: Sie lernen in ebenso vielschichtiger wie intensiver Weise inhaltlich-fachliche, methodisch-strategische und sozialkommunikative Fähigkeiten und Fertigkeiten.

Zum Ablauf des Planspiels: Detailliertere Hinweise zu den einzelnen Phasen des Planspiels finden sich auf den Seiten 23ff. dieses Buches. Bitte vor Spielbeginn auf jeden Fall durchlesen! Die Einführung der Schüler/innen sieht generell so aus, daß die Lehrkraft zunächst einige orientierende und motivierende Vorbemerkungen zum anstehenden Planspiel macht (vgl. S. 47).

Daran anschließend erhalten die Schüler/innen zuerst die Fallstudie und dann die Arbeitskarte zur vertiefenden Einarbeitung in den Aufbau und das Prozedere des Planspiels. Alsdann werden die Gruppen gebildet, die Rollenkarten gelesen und schließlich die Informationszeitungen verteilt und kursorisch durchgearbeitet. Erst jetzt beginnt die gezielte Diskussion und Meinungsbildung in den einzelnen Spielgruppen. Für diese Vorbereitungs- wie für die anschließende Verhandlungsphase sind je 2 Unterrichtsstunden anzusetzen. Nähere Hinweise zur Verhandlungsphase finden die Schüler/innen auf ihren Arbeits- und Rollenkarten.

Der Lehrer ist in dieser Verhandlungsphase in verschiedenen kleineren Nebenrollen gefragt. Er kann kurzzeitig als Bürgermeister von Bergstadt, als Chef der WOBAU, als Leiter der Landeszentralstelle für Asylbewerber oder auch als Pensionsbesitzer Kneipp angesprochen werden. Das geschieht allerdings nur ganz punktuell und hängt davon ab, ob die Gruppen auf die Idee kommen, den Lehrer in der einen oder anderen dieser Rollen zu konsultieren. Ist dies der Fall, so müssen Gesprächstermine vereinbart, Gespräche geführt und/oder schriftliche Anfragen in Kurzform beantwortet werden. Zu den möglichen Nebenrollen des Lehrers einige Hinweise:

Bürgermeister: Auf etwaige Beschwerden oder Anfragen sollte beschwichtigend reagiert werden. Gleichzeitig ist klarzustellen, daß die Asylgewährung und Zuweisung der Bewerber allein Sache des Gesetzgebers auf Bundes- und Länderebene sowie der Landeszentralstelle für Asylbewerber ist.

Chef der WOBAU: Sollten sich die Mieter der beiden Wohnblocks gegen die Unterbringung weiterer Asylbewerber in diesen Blocks zur Wehr setzen, so sollte zunächst einmal Verständnis gezeigt und beschwichtigt werden; alsdann ist darauf hinzuweisen, daß noch längst nichts entschieden ist. Allerdings kann es im Spielverlauf passieren, daß einzelne Wohnungen an andere Mieter vergeben werden (s. Ereigniskarte).

Leiter der Landeszentralstelle: Auf mögliche Protestbriefe des Sozialamts und anderer Gruppen kann wie folgt reagiert werden: In einem kurzen Brief wird auf die Rechtslage hingewiesen (vgl. M 1 und M 2); ferner wird klargestellt, daß Bergstadt mit einer Asylantenquote von 0,15 Prozent (30 : 20.000) bisher unter dem Durchschnitt der anderen Gemeinden liegt und sogar ganz erheblich unterhalb der 0,3-Prozent-Marge, die rechtlich zulässig ist (vgl. M 2). Andere schwach belastete Gemeinden/Kreise werden demnächst ebenfalls weitere Zuweisungen erhalten, so daß im ganzen gesehen eine ungefähre Gleichverteilung der Asylbewerber gewährleistet ist.

Pensionsbesitzer Kneipp: Falls das Sozialamt wegen der Unterbringung der neuen Asylbewerber in der leerstehenden Pension »Waldfrieden« anfragt, kann folgendermaßen reagiert werden: Eine derartige Unterbringung kommt nur in Frage, wenn die Stadt die Pension kauft (Preisvorstellung: 400.000 DM) oder zumindest die erforderlichen Umbau- und Renovierungskosten von ca. 50.000 DM voll übernimmt.

Briefträger: Im zweiten Teil der Verhandlungsphase hat der Lehrer hin und wieder »Ereigniskarten« einzugeben, um bei den betreffenden Gruppen neues Nachdenken und neue Verhandlungen in Gang zu setzen. Ein bewährtes Sortiment an Ereigniskarten findet sich auf S. 65.

Abgeschlossen wird das Planspiel in einer 3. Doppelstunde mit einer Konferenzphase und einem gezielten Feedback zum Spielverlauf und zu den mehr oder weniger tragfähigen Spielergebnissen. Die Leitung der Konferenz liegt bei Bürgermeister/in Große. Die Gruppensprecher geben zunächst in der Reihenfolge: Sozialamt → Mieterinitiative → Jugendtreff e.V. → Arbeitskreis Asyl → Kirchenvorstand ihre Eingangsstatements ab (vgl. dazu den Protokollvordruck auf S. 44). Dann folgt eine offene Diskussion, die nach Ablauf der vereinbarten Zeit nötigenfalls abgebrochen wird. Alsdann kommentiert die Presse den Konferenzverlauf, und im letzten Teil der Doppelstunde schließt sich das besagte Feedback der Schüler/innen zur Planspielmethode an.

Nachbereitet werden kann das Planspiel u.a. dadurch, daß der Planspielverlauf gezielt rekonstruiert sowie das methodische und interaktive Vorgehen der Schüler/innen eingehender analysiert und problematisiert werden. Weiterhin bietet sich zur sachlichen Vertiefung z.B. an, daß mit Vertretern des örtlichen Sozialamtes, der Justizbehörden und/oder mit am Ort wohnenden Asylbewerbern »Expertengespräche« geführt und/oder vertiefende Materialien und Medien zum Problemkreis »Asyl« erarbeitet werden.

Schlußbemerkung: Das vorliegende Planspiel erfordert einiges an Improvisation und Kreativität – von Schülern wie von Lehrern. Aber gerade darin liegen sein Reiz und sein Realitätsbezug, denn politische Konfliktregelungsprozesse sind nun einmal relativ offene Prozesse, die von den Betroffenen im Wege des »trial and error« auszugestalten sind.

Ereigniskarten

Die Bundesversicherungsanstalt für Angestellte hat der Familie Kneipp 400.000 DM für ihr Anwesen »Waldfrieden« geboten, um dort ein Sanatorium zu errichten. Dieses Angebot ist sehr günstig. *An: Alle Gruppen*	Die WOBAU hat die beiden 4-Zimmer-Wohnungen inzwischen an zwei deutsche Ehepaare mit je zwei Kindern vermietet. Es steht also nur noch die 6-Zimmer-Wohnung zur Verfügung: *An: Mieterinitiative/Sozialamt*
Die Anwohner des Wohngebietes »Am Berg«, in dem die alte Schule liegt, haben sich in einer Unterschriftenaktion gegen die geplante Unterbringung der Asylbewerber in der alten Schule ausgesprochen. Insgesamt haben 500 Bürger unterschrieben. *An: Jugendtreff e.V./Presse*	Auf die Annonce im Bergstadter Tageblatt, mit der privater Wohnraum für die 20 Asylbewerber beschafft werden sollte, hat sich nur ein Gaststättenbesitzer gemeldet, der vier ziemlich heruntergekommene Zimmer zum Preis von je 280 DM pro Monat anbietet. *An: Presse/AK Asyl*
Gestern abend ist es auf dem Marktplatz zu einer Schlägerei zwischen zwei Tamilen und vier Jugendlichen aus Bergstadt gekommen. Die beiden Tamilen und ein Deutscher mußten ärztlich behandelt werden. Beide Seiten beschuldigen sich, begonnen zu haben. *An: Presse/Sozialamt*	Die Landeszentralstelle für Asylbewerber teilt mit, daß die 5 Tamilen inzwischen nach Kanada weitergewandert sind und die 4 Kurden auf freiwerdende Plätze in Talheim versetzt werden könnten. *An: Alle Gruppen*
Der Fremdenverkehrsverein protestiert nachdrücklich gegen die Unterbringung weiterer Asylbewerber in Bergstadt. Mehrere Kurgäste hätten sich bereits beschwert, weil sich die in der Gemeinde wohnenden Asylbewerber vorwiegend im Kurpark aufhielten. *An: Alle Gruppen*	Vier Mitglieder der Stiftskirchengemeinde haben letzte Wochen ihren Kirchenaustritt erklärt. Ihr wichtigster Grund: die überzogene Fürsorge des Pfarrers und seiner Gemeindehelfer für die Asylanten. *An: Kirchenvorstand/Presse*
In einem Altenheim der Kirche in Bergstadt wird zum Ende des Monats die ganze obere Etage mit vier 3-Zimmer-Wohnungen frei. Zwei Wohnungen standen bisher schon leer, die beiden anderen werden frei, weil die betreffenden Ehepaare ausziehen. *An: Kirchenvorstand/Sozialamt*	Letzte Woche hat die Polizei vier Pakistani vorübergehend festgenommen, weil sie im Verdacht stehen, in zwei Geschäften in der Bergstadter Innenstadt Waren gestohlen zu haben. Außerdem bestehen Anhaltspunkte dafür, daß sie am Vertrieb von Rauschgift beteiligt sind. *An: Jugendtreff e.V./Presse*

Hinweis: Wenn die Ereigniskarten eingesetzt werden, bitte die Adressatenhinweise löschen, damit die einzelnen Spielgruppen die ins Auge gefaßten Adressaten nicht kennen. Außerdem: Die Adressatenhinweise sind nur Vorschläge!

✎ Planspiel: Bergstadt soll 20 Asylbewerber bekommen

Beschreibung der Problemsituation (Fallstudie)

In Bergstadt, einem Luftkurort mit 20.000 Einwohnern, herrscht unter den Bürgern einiger Unmut. Der Grund dafür ist die Mitteilung der Landeszentralstelle für Asylbewerber, daß in ca. acht Wochen 20 weitere Asylbewerber aus Sri Lanka (5 Tamilen), dem Iran (2 Familien mit 7 Kindern) und der Türkei (4 Kurden) zugewiesen werden sollen. Bereits jetzt wohnen in Bergstadt 30 Asylanten aus sechs verschiedenen Ländern, die gegen Ende des letzten Jahres gekommen sind und nur mit äußerster Mühe untergebracht werden konnten. Mit ihrem Abzug ist vorerst noch nicht zu rechnen, da die Asylverfahren noch nicht abgeschlossen sind. Die Stimmung in der Bevölkerung gegenüber den Asylbewerbern ist schon jetzt reserviert bis ablehnend. Wie soll das erst aussehen, wenn sich die Asylantenzahl nahezu verdoppelt?

Der Stadtrat hat in einer kurzfristig einberufenen Sitzung beschlossen, bei der Landeszentralstelle Einspruch zu erheben. Die Mehrheit der Stadtratsmitglieder betrachtet die geplante Zuweisung von 20 weiteren Asylbewerbern als unzumutbare Belastung für die Stadt. Schließlich ist Bergstadt ein aufstrebender Luftkurort, der das Wohl der Kurgäste im Auge haben muß und auf ein positives Image angewiesen ist. Eine zu hohe Zahl von Asylbewerbern, die das Stadtbild prägen, könnte imageschädigend sein. Außerdem fehlt es – wie die Stadtverwaltung ermittelt hat – schlicht an Wohnraum für die neuen Asylbewerber. Die im letzten Jahr zugewiesenen Personen sind nach langen und zähen Verhandlungen in einem Wohnblock der gemeinnützigen Wohnungsbaugesellschaft WOBAU (10) sowie im ehemaligen Verwaltungsgebäude einer stillgelegten Textilfabrik (20) untergebracht worden. Allein der Umbau des Fabrikgebäudes hat die Stadt rund 80.000 DM gekostet. Auf dem freien Wohnungsmarkt war und ist kaum etwas zu bekommen. Die meisten Vermieter winken sofort ab, wenn sie hören, daß Asylanten einziehen sollen.

Was ist zu tun? Der Leiter des *Sozialamtes* hat sich vorsorglich schon mal nach möglichen Unterkünften umgesehen, da die Chancen nicht besonders günstig stehen, daß die Landeszentralstelle ihre Zuweisung zurücknimmt. Bergstadt kann nach dem geltenden Verteilungsschlüssel bis zu 60 Asylbewerber zugewiesen bekommen (0,3 Prozent der Einwohnerzahl). Das ist rechtlich zulässig, auch wenn andere Gemeinden und Kreise teilweise erheblich weniger belastet sind. Für den Fall, daß die angekündigten Asylbewerber untergebracht werden müssen, sieht das Sozialamt zur Zeit drei Möglichkeiten:

❶ Die 20 Personen werden in den beiden Wohnblocks der WOBAU untergebracht, die direkt nebeneinanderstehen und bis auf drei Wohnungen völlig belegt sind. Bei den drei Wohnungen handelt es sich um zwei 4-Zimmer-Wohnungen und eine 6-Zimmer-Wohnung.

❷ Die 20 Asylbewerber werden alle zusammen in der ehemaligen Pension »Waldfrieden« einquartiert, die etwa 4 Kilometer außerhalb von Bergstadt im Wald liegt und seit zwei Jahren leer steht. Allerdings müßten für diesen Fall kurzfristig Renovierungsarbeiten für ca. 50.000 DM vorgenommen werden (Umbauten, erweiterte sanitäre Anlagen usw.). Herr Kneipp, der Pensionsbesitzer, hat sein Einverständnis jedoch noch nicht gegeben.

❸ Als weitere Sammelunterkunft stünde im Notfall noch die alte Schule zur Verfügung, die lange Zeit leer gestanden hat, seit einigen Jahren allerdings teilweise als Jugendtreff genutzt wird – und zwar recht rege. Dieses Gebäude gehört der Stadt, so daß sie darüber frei verfügen kann. Sollte die alte Schule tatsächlich als Asylantenheim hergerichtet werden, so wäre mit Umbau- und Einrichtungskosten von ca. 80.000 DM zu rechnen, die teilweise jedoch vom Land ersetzt werden.

Die Jugendlichen, die sich im *Jugendtreff e.V.* zusammengeschlossen haben, sind natürlich gegen die letztere Möglichkeit. Sie haben in den letzten Jahren eine Menge Zeit, Arbeit und auch Geld (ca. 2000 DM) investiert, um die von ihnen genutzten Räume gemütlich herzurichten. Außerdem hat ihnen der Bürgermeister seinerzeit in Aussicht gestellt, daß sie die alte Schule noch längere Zeit nutzen dürften. Vertragliche Vereinbarungen sind allerdings keine getroffen worden. Ein Teil der Jugendlichen geht sogar noch weiter: Sie sind gegen die Aufnahme von

Asylbewerbern überhaupt – in Bergstadt wie in Deutschland schlechthin. Es gebe bei uns genug Armut und Arbeitslosigkeit, so ihre Argumentation, da sei es doch wohl eine Zumutung, wenn den Asylanten großzügig Asyl gewährt und das Geld nur so nachgeschmissen werde.

Die Mitglieder der *Mieterinitiative WOBAU* sind zwar nicht radikal gegen die Aufnahme von Asylbewerbern, aber sie sind doch entschieden dagegen, daß noch mehr von ihnen in die beiden Wohnblocks der WOBAU einziehen. Bisher wohnten dort schon 10 Asylbewerber, weitere 20 erscheinen der Mieterinitiative unzumutbar. Die deutschen Mieter würden dann zur Minderheit, und die Ausländer gäben endgültig den Ton an. »Sollen die doch woanders untergebracht werden«, ist die ziemlich einhellige Meinung – möglichst außerhalb von Bergstadt.

Der *Arbeitskreis Asyl* ist prinzipiell für die Aufnahme der Asylbewerber. Er fordert darüber hinaus seit längerem eine menschenwürdige Unterbringung der Asylbewerber in Einzelzimmern und in Privatwohnungen sowie eine größere Gastfreundschaft der Stadt und ihrer Bürger. Die Mitglieder des Arbeitskreises gehen selbst mit gutem Beispiel voran und kümmern sich sehr um die Betreuung der Asylbewerber sowie um die Zusammenführung von Stadtbewohnern und Asylsuchenden.

Der *Kirchenvorstand* der Stiftskirchengemeinde, in deren Einzugsbereich die bisherigen Asylbewerber untergebracht sind, ist ebenfalls für eine aufgeschlossene Haltung gegenüber den Asylbewerbern. Allerdings ist er damit bei einigen Kirchenmitgliedern bereits angeeckt, die sich wegen der »Verhätschelung der Asylanten« schriftlich beschwert haben. Nach ihrer Ansicht solle sich die Kirche lieber um ihre deutschen Mitglieder und die alten Menschen in der Stadt kümmern.

Für Spannung und Gesprächsstoff ist also gesorgt. Wie die Planungen und Verhandlungen letztendlich ausgehen, das muß das Planspiel zeigen. Wie das Spiel aufgebaut ist, wie es abläuft und welche Rollen zu übernehmen sind, das könnt Ihr aus dem abgebildeten Schema sowie aus den Arbeits- und Rollenkarten ersehen, die Euch alsbald ausgeteilt werden. Viel Glück und Erfolg beim Planen und Verhandeln!

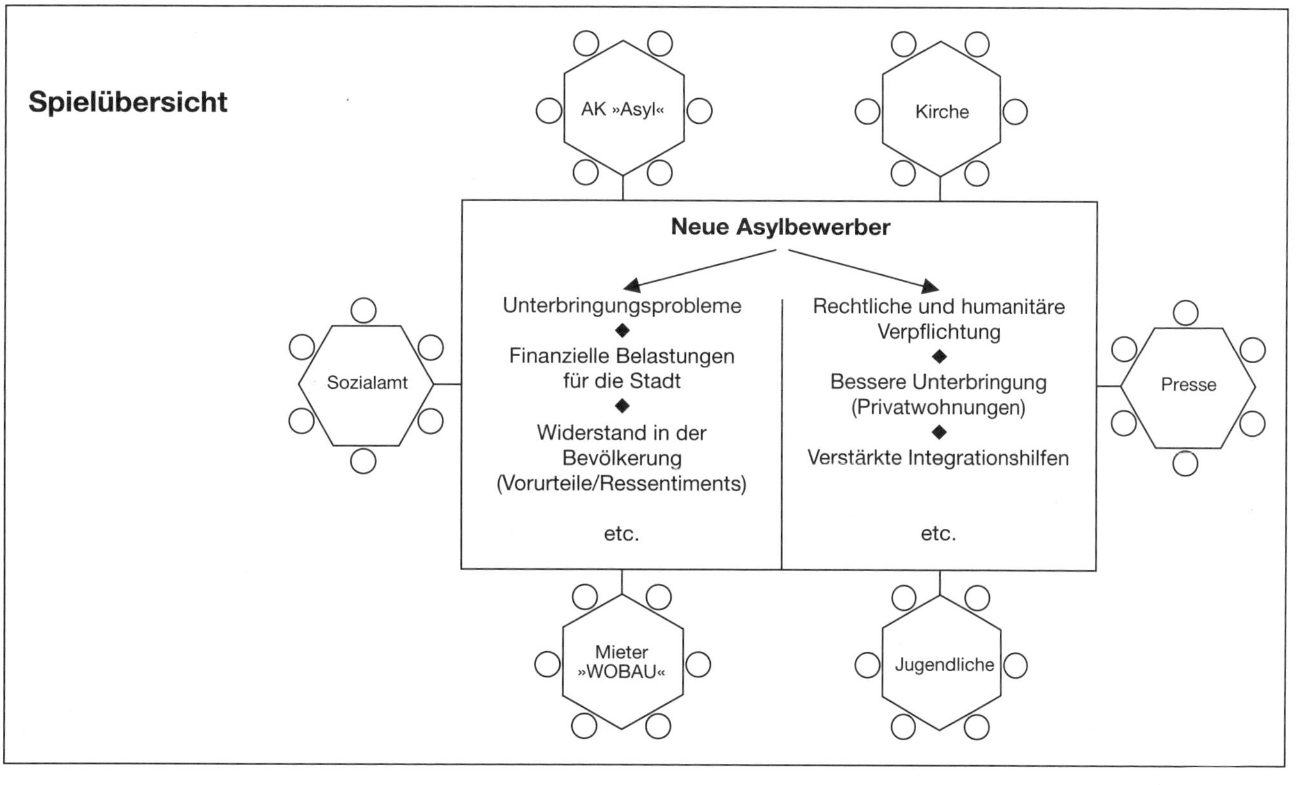

Arbeitskarte

Hinweise zum Spielverlauf

1. Lest die Spielunterlagen durch, unterstreicht wichtige Stellen (vor allem die, die Euch als Gruppe betreffen), klärt etwaige Verständnisfragen, und macht Euch klar, wie das Planspiel aufgebaut ist, welche Interessengruppen es gibt und wie das Spiel abläuft!
2. Versetzt Euch in Eure Rolle hinein! Diskutiert Eure Situation, klärt Eure Ziele und Interessen, und überlegt, wie die anstehenden Probleme und Fragen gelöst werden können (Fragen siehe unten). Welche Argumente und Vorschläge wollt Ihr vorbringen? Mit welchen Gruppen wollt Ihr verhandeln? Gibt es Bündnispartner, die Ihr für Eure Vorstellungen und Vorschläge gewinnen könnt?
3. Überlegt auch: In welcher Lage befinden sich die anderen Gruppen? Was werden sie vermutlich tun? Welche Argumente könnten sie Euch entgegenhalten? Wie könnt/wollt Ihr darauf reagieren?
4. Setzt Euch nach dieser Vorbereitungsphase mit der einen oder anderen Gruppe in Verbindung, die Euch als Gesprächspartner wichtig erscheint! Schreibt Briefe! Führt mündliche Verhandlungen! Informiert Euch! Trefft Absprachen!
5. Teilt Eure Gruppe bei Bedarf in Zweier- oder Dreierteams auf, und geht die ins Auge gefaßten Aufgaben und Gespräche arbeitsteilig an! Dadurch könnt Ihr mehr Kontakte pflegen, mehr Informationen einholen und insgesamt vielseitiger verhandeln.
6. Beantwortet die schriftlichen und mündlichen Anfragen und/oder Stellungnahmen, die die anderen Gruppen an Euch richten! Schreibt Antwortbriefe, und entsendet gegebenenfalls Verhandlungsdelegationen!
7. Bereitet Euch am Ende dieser Verhandlungsphase gut auf die anschließende Konferenz vor, an der alle Gruppen teilnehmen und ihre Problemlösungsvorschläge einbringen werden! Überlegt Euch gut, wie Ihr im Rahmen der Konferenz argumentieren und taktisch vorgehen wollt! Schreibt Euch stichwortartig auf, was Ihr in Eurer Stellungnahme zu Beginn der Konferenz sagen und vorschlagen wollt! Bestimmt einen Gruppensprecher, der diese Stellungnahme abgibt!
8. Die Konferenz selbst läuft so ab, daß zunächst jeder Gruppensprecher in einer 3- bis 5minütigen Stellungnahme den bisherigen Verhandlungsverlauf kommentiert und die aktuellen Problemlösungsvorschläge seiner Gruppe vorstellt und erläutert. Dann folgt die Diskussion dieser Vorschläge. Ziel dieser Diskussion ist es, die unterschiedlichen Meinungen und Problemlösungsvorschläge einander anzunähern und möglicherweise auch zu einem Kompromiß zu kommen.

Planungs- und Entscheidungsfragen, die im Spielverlauf zu verhandeln sind

- Soll sich die Gemeinde Bergstadt die Zuweisung weiterer Asylbewerber überhaupt gefallen lassen? Was kann sie womöglich dagegen tun?
- Welche Belastungen entstehen der Stadt und ihren Bewohnern durch die Asylbewerber? Was spricht dafür, daß diese aufgenommen werden?
- Wie können/sollen die 20 Asylbewerber untergebracht werden, wenn sie kommen? Sollen sie raus aus der Stadt oder im Stadtgebiet selbst wohnen?
- Wie werden die Umbaumaßnahmen finanziert, die bei einzelnen Quartieren eventuell entstehen? Muß/Soll die Stadt einspringen?
- Wie soll die Unterbringung der Kurden, Iraner und Tamilen konkret geregelt werden? Können mehrere Personen auf ein Zimmer?
- Oder ganz grundsätzlich gefragt: Ist die Bundesrepublik bei der Asylgewährung nicht viel zu großzügig? Sollte das Asylrecht verschärft und den Asylbewerbern das Leben hierzulande erschwert werden?

usw.

R 1 Sozialamt

Das ist Eure Rolle: Ihr seid Vertreter des Sozialamtes und als solche unter anderem zuständig für die Unterbringung und finanzielle Versorgung der Asylbewerber. Euer Ziel ist es, möglichst wenige Asylbewerber in der Stadt zu haben. Deshalb legt Ihr bei der Landeszentralstelle Widerspruch/Beschwerde ein. Andererseits seid Ihr dafür, daß in der Stadt befindliche Asylbewerber einigermaßen ordentlich untergebracht werden, damit es möglichst wenig Konflikte und Streitereien gibt. Notfalls wärt Ihr sogar bereit, Privatwohnungen anzumieten. Aber bisher hat sich noch kein Vermieter gefunden.

Das könnt Ihr z.B. tun: ■ schriftlich Einspruch erheben bei der Landeszentralstelle (Adressat ist Eurer Lehrer); ■ mit den Vertretern des »Jugendtreff e.V.« Gespräche führen; ■ die Presse gezielt informieren; ■ mit der WOBAU und mit Herrn/Frau Kneipp Verhandlungen führen (beide Rollen spielt Eurer Lehrer); ■ Anfragen und Stellungnahmen der anderen Gruppen beantworten ... usw.

Zusatzinformationen und Denkanstöße

1. *Ihr seid zwar für die finanzielle Versorgung der Asylbewerber zuständig, aber das Geld kommt letztendlich vom Land bzw. vom Bund.*
2. *Am liebsten wäre es Euch, die neuen Asylbewerber würden in den beiden Wohnblocks der WOBAU untergebracht. Falls das nicht klappt, muß wohl oder übel auf die Pension »Waldfrieden« oder auf die alte Schule zurückgegriffen werden. Notfalls seid Ihr sogar bereit, Privatwohnungen anzumieten (maximale Miete: 300 DM pro Monat und Zimmer).*
3. *Für Umbau und Renovierungsarbeiten könnt Ihr gegebenenfalls bis zu 60.000 DM an Zuschüssen oder Darlehen aufbringen, aber nur im äußersten Notfall! Hinzu kommt voraussichtlich ein Landeszuschuß von 20.000 DM.*
4. *Entsprechend dem Beschluß des Stadtrats seid Ihr gehalten, bei der Landeszentralstelle auf Rücknahme der Zuweisungsverfügung (s. M 3) zu drängen. Die Erfolgsaussichten sind allerdings nicht besonders gut.*

R 2 Mieterinitiative »WOBAU«

Das ist Eure Rolle: Versucht Euch in die Situation der deutschen Mieter in den beiden Blocks der WOBAU hineinzuversetzen, deren Vertreter Ihr seid. Ihr seid grundsätzlich dagegen, daß weitere Asylanten in die Blocks einziehen, in denen zusammen 80 Personen wohnen – darunter eine Reihe von Arbeitslosen und Sozialhilfeempfängern. Mit den 10 Asylbewerbern, die bisher in Block 1 wohnen, hat es schon genug Probleme gegeben. Deshalb drängt Ihr gegenüber der WOBAU, der Stadtverwaltung (Sozialamt) und gegenüber anderen Gruppen darauf, daß keine weiteren Asylbewerber in Euer Haus kommen.

Das könnt Ihr z.B. tun: ■ einen Protestbrief an den Chef der WOBAU (das ist Euer Lehrer) schreiben; ■ mit dem Sozialamt Gespräche führen und auf anderweitige Unterbringung drängen; ■ Flugblatt anfertigen und Protestplakate entwerfen und veröffentlichen, ■ die Presse einschalten/Leserbriefe schreiben; ■ mit dem »Jugendtreff e.V.« über gemeinsame Aktionen verhandeln; ■ eingehende Briefe beantworten ... usw.

Zusatzinformationen und Denkanstöße

1. *Einige Bewohner von Block 1 haben sich schon mehrfach darüber beschwert, daß die im Haus wohnenden Asylbewerber in den Fluren »herumlungern« und häufig bis tief in die Nacht hinein lautstarke Musik hören und Feste feiern.*
2. *Erst vor kurzem ist es vor dem Haus zu einer offenen Schlägerei zwischen zwei arbeitslosen Jugendlichen und sechs schwarzen (Ghanaern) gekommen, bei der es drei Verletzte gab, die im Krankenhaus behandelt werden mußten.*
3. *Ihr seid der Ansicht, daß das Asylrecht grundsätzlich verschärft werden sollte, damit die vielen »Scheinasylanten« und »Wirtschaftsflüchtlinge« erst gar nicht nach Deutschland kommen.*
4. *Aus einer Untersuchung des »Verbandes deutscher Patrioten« geht hervor, daß viele Asylanten neben dem Bezug staatlicher Leistungen noch schwarzarbeiten und so nicht nur den Staat schröpfen, sondern Einheimischen auch noch die Arbeit wegnehmen.*

R 3 Arbeitskreis »Asyl«

Das ist Eure Rolle: Ihr seid Mitglieder des Arbeitskreises und bildet das Leitungsteam. Euer Ziel ist es, für menschenwürdige Wohn- und Lebensverhältnisse der Asylbewerber in Bergstadt einzutreten. Ihr seid gegen jede Form des Rassismus und der Diskriminierung ausländischer Mitbürger. Nach Eurer Ansicht sollten die Asylbewerber in Bergstadt Gastfreundschaft und Respekt erfahren, denn sie haben größtenteils schlimme Schicksale hinter sich. Ihr wollt die Bevölkerung – und die anderen Spielgruppen – aufklären, für Eure Ansichten gewinnen und zu mehr Toleranz bewegen.

Das könnt Ihr z.B. tun: ■ Informationsgespräch mit dem Sozialamt führen; ■ mit dem Kirchenvorstand über eine gemeinsame Kampagne gegen Fremdenfeindlichkeit sprechen; ■ Flugblätter und Plakate erstellen und veröffentlichen; ■ einen Protestbrief an den Bürgermeister (Lehrer) schreiben; ■ die Presse einschalten/Leserbriefe schreiben; ■ Anzeige/Wohnungsgesuch in die Zeitung bringen ... usw.

Zusatzinformationen und Denkanstöße

1. *Ihr seid gegen eine Unterbringung in Massenunterkünften, besonders dann, wenn sie – wie die Pension »Waldfrieden« – weit abseits gelegen sind. Ihr setzt Euch dafür ein, daß Privatquartiere gesucht und vielleicht auch gefunden werden, damit die Integration der ausländischen Mitbürger besser gelingt.*
2. *Ein Informant hat Euch wissen lassen, daß es unter den Mitgliedern des »Jugendtreff e.V.« eine Reihe junger Leute gibt, die ziemlich rechtsradikale und fremdenfeindliche Ansichten und Parolen vertreten.*
3. *Zur Erinnerung: Asylbewerber werden in der Bundesrepublik generell erkennungsdienstlich behandelt (Fingerabdrücke, Fotos), um Mehrfachanträge und mehrfachen Bezug von Sozialleistungen zu unterbinden.*
4. *Nach Auskunft der UN sind weltweit ständig viele Millionen von Menschen auf der Flucht. Aber nur wenige Hunderttausend von ihnen beantragen in der BRD Asyl. Jeder Deutsche muß gerade mal 20 DM pro Jahr für Asylbewerber aufbringen.*

R 4 Kirchenvorstand

Das ist Eure Rolle: Ihr seid der Vorstand der Stiftskirchengemeinde. Euer Ziel ist es, christliche Grundsätze nicht nur zu »predigen«, sondern in Eurem Kirchenbezirk – so gut es geht – auch zu verwirklichen. Deshalb seid Ihr für die Aufnahme der Asylbewerber in Bergstadt sowie für ihre möglichst menschenwürdige Unterbringung und Betreuung. Zugleich versucht Ihr gegen die Vorurteile und Feindbilder in der Bevölkerung wie in Eurer Kirchengemeinde anzugehen. Ihr seid bemüht, zu vermitteln und zu schlichten, Gespräche zu führen und Toleranz vorzuleben.

Das könnt Ihr z.B. tun: ■ Gemeindebrief verfassen (zur Information aller); ■ Informationsgespräch mit dem Sozialamt führen; ■ mit dem Arbeitskreis »Asyl« über eine gemeinsame Kampagne gegen Fremdenfeindlichkeit sprechen; ■ die Presse zum Gespräch/Interview einladen; ■ Leserbriefe in die Zeitung bringen; ■ Schlichtungsgespräche mit anderen Gruppen führen; ■ eingehende Anfragen beantworten ... usw.

Zusatzinformationen und Denkanstöße

1. *Ihr setzt Euch unter anderem für gemeinsame Feiern von Asylbewerbern und Bergstadter Bürgern ein. Ihr stellt ferner einen Gemeindediakon für die Betreuung und Beratung der Asylbewerber ab.*
2. *Eure Kritiker sind einflußreiche Leute in Bergstadt wie in eurer Kirchengemeinde. Also Vorsicht! Schließlich wäre es schade, wenn Ihr »Christen« verliert, um vielleicht die Sympathie einiger Hindus oder Mohammedaner zu gewinnen.*
3. *Zur Erinnerung: Asylbewerber werden in der Bundesrepublik generell erkennungsdienstlich behandelt (Fingerabdrücke, Fotos), um Mehrfachanträge und mehrfachen Bezug von Sozialleistungen zu verhindern.*
4. *Nach Auskunft der UN sind weltweit ständig viele Millionen Menschen auf der Flucht. Aber nur wenige Hunderttausend von Ihnen beantragen hierzulande Asyl. Jeder Deutsche muß gerade mal 20 DM pro Jahr für Asylbewerber aufbringen.*

R 5 Jugendtreff e.V.

Das ist Eure Rolle: Versucht Euch in die Situation der Jugendlichen hineinzuversetzen, deren Vereinsvorstand Ihr seid. Ihr habt in Bergstadt – außer Kneipen, 2 Diskotheken und 2 Spielhallen – kein richtiges Jugendhaus. Deshalb habt Ihr vor vier Jahren Euren »Jugendtreff e.V.« gegründet und, unterstützt vom Bürgermeister, das leerstehende Obergeschoß der alten Schule für Eure Zwecke hergerichtet. Dieses Domizil wollt Ihr mit allen Mitteln verteidigen und schon gar keine Asylanten hereinlassen. Unter den Mitgliedern Eures Vereins sind die Asylanten ohnehin nicht besonders angesehen. Ihr müßt also Druck auf das Sozialamt und den Bürgermeister machen.

Das könnt Ihr z.B. tun: ■ Protestbrief an den Bürgermeister (Lehrer) schreiben; ■ beim Sozialamt darauf drängen, daß die alte Schule als Asylbewerberunterkunft ausgespart bleibt; ■ Flugblatt mit kritischen Anmerkungen zum Asylrecht verfassen; ■ Plakate für eine geplante Demonstration gestalten; ■ mit der Mieterinitiative WOBAU gemeinsame Aktivitäten beraten; ■ die Presse gezielt einschalten/Leserbriefe schreiben; ■ Anfragen und Stellungnahmen anderer Gruppen beantworten ... usw.

Zusatzinformationen und Denkanstöße

1. *Ihr habt kein schriftlich garantiertes Nutzungsrecht, so daß die Stadt die alte Schule jederzeit einer anderen Nutzung zuführen kann. Allerdings hat Euch der Bürgermeister seinerzeit sein Wort gegeben, daß Ihr Räumlichkeiten, die Ihr selbst herrichtet, längerfristig nutzen dürft.*
2. *Es ist zwischen Mitgliedern Eures Vereins und einigen Asylbewerbern schon mehrmals zu ernsthaften Reibereien gekommen (auch zweimal schon zu Schlägereien).*
3. *Einige Mitglieder Eures Vereins schlagen sogar recht radikale Töne an. Sie wollen überhaupt keine Asylanten in Bergstadt und am liebsten auch keine in Deutschland.*
4. *Aus einer Untersuchung des »Verbandes Deutscher Patrioten« geht hervor, daß viele Asylanten neben dem Bezug staatlicher Leistungen noch schwarzarbeiten und so nicht nur den Staat schröpfen, sondern Einheimischen auch noch die Arbeit wegnehmen.*

R 6 Presse

Das ist Eure Rolle: Ihr seid Journalisten des Bergstadter Tageblatts, einer angesehenen Regionalzeitung. Zu Euren Aufgaben gehört es, die Auseinandersetzungen um die neuen (und alten) Asylbewerber zu verfolgen und möglichst objektiv und umfasend darüber zu berichten. Dazu nehmt Ihr Kontakt mit den verschiedenen Gruppen auf. Ihr recherchiert und besorgt Euch die nötigen Hintergrundinformationen. Ihr bemüht Euch um eine kritische, aber faire Berichterstattung. Eure Beiträge veröffentlicht Ihr als Wandzeitung oder stellt sie den Gruppen auch schon mal direkt zu.

Das könnt Ihr z.B. tun: ■ gezielte Interviews durchführen; ■ Hintergrundgespräche mit einzelnen Gruppen führen; ■ aufrüttelnde/informative Berichte schreiben;■ passende Karikaturen zeichnen; ■ Leserbriefe diskutieren und veröffentlichen; ■ kritische Kommentare verfassen; ■ eine übersichtliche Wandzeitung gestalten; ■ Anfragen anderer Gruppen beantworten ... usw.

Zusatzinformationen und Denkanstöße

1. *Ein Informant hat Euch wissen lassen, daß es unter den Mitgliedern des »Jugendtreff e.V.« eine Reihe junger Leute gibt, die ziemlich rechtsradikale und fremdenfeindliche Ansichten vertreten.*
2. *In den Blocks der WOBAU wohnen viele beruflich gescheiterte und finanziell ausgebrannte Deutsche, die ihren Frust an den Ausländern abreagieren, weil diese angeblich vom Staat viel zu gut bedient würden.*
3. *Am besten, Ihr bildet mehrere Reporterteams, damit Ihr arbeitsteilig vorgehen und mehr Gesprächskontakte wahrnehmen könnt. Bei den Interviews könnt Ihr mitschreiben oder auch ein Kassettengerät mitlaufen lassen.*
4. *Veröffentlichungswünschen einzelner Gruppen bzw. Personen könnt Ihr nachkommen; Ihr müßt das aber nicht! Schließlich seid Ihr eine unabhängige Zeitung!*

M 1 Das Asylrecht der Bundesrepublik Deutschland

In Artikel 16a des Grundgesetzes heißt es in Absatz 1 kurz und bündig: »Politisch Verfolgte genießen Asylrecht.« Damit gemeint sind alle jene Menschen, die wegen ihrer Rasse, Religion, Nationalität, sozialen Gruppenzugehörigkeit oder politischen Überzeugung verfolgt und zum Verlassen ihres Landes genötigt werden. Doch mit der Grundgesetzänderung vom 1. Juli 1993 ist dieses grundlegende Asylrecht erheblich eingeschränkt worden. Nach dieser Änderung genießt derjenige kein Asyl mehr, der aus einem Mitgliedstaat der Europäischen Union oder aus einem anderen sogenannten sicheren Drittstaat einreist (Drittstaatenregelung). Als sichere Drittstaaten gelten alle Nachbarländer der Bundesrepublik Deutschland. Asylsuchende, die aus Ländern kommen, die als Nichtverfolgerstaaten eingestuft wurden, gelten nicht als politisch verfolgt, es sei denn, sie können in einem verkürzten Asylverfahren ihre politische Verfolgung nachweisen. Das Bundesinnenministerium stellt Listen über als verfolgungssicher geltende Staaten auf, die durch Gesetz – mit Zustimmung des Bundesrates – bestimmt werden.

Faktisch ist die Bundesrepublik von einen festgeschlossenen Ring »sicherer Drittstaaten« umgeben. Wer also aus einem derartigen Drittstaat einreist, an der Grenze um Asyl bittet oder wer an der Grenze bei der illegalen Einreise gefaßt wird, wird sofort zurückgewiesen. Er hat weder Anspruch auf ein Verwaltungsverfahren noch das Recht auf eine gerichtliche Beschwerde. Auch bei Asylbewerbern, die auf anderen Wegen (z.B. illegal) in die Bundesrepublik gelangt sind und Asylantrag stellen, ist das Asylverfahren seit Inkrafttreten des »Gesetzes zur Beschleunigung des Asylverfahrens« in aller Regel innerhalb weniger Wochen abgeschlossen. Das gilt vor allem für »offensichtlich unbegründete« Asylanträge, die nach Maßgabe des Bundesamtes spätestens nach zwei Wochen vom Tisch sein sollen. Ein abgelehnter Asylbewerber kann allerdings aus humanitären Gründen »geduldet« werden, wenn im Falle der Abschiebung sein Leben und seine Freiheit ernsthaft in Gefahr sind. Dann darf er bis auf weiteres in der Bundesrepublik bleiben.

§ §

M 2 Verwaltungsvorschrift zur Unterbringung der Asylbewerber

(Auszüge)

(1) Die Landeszentralstelle für Asylbewerber in Iksstadt nimmt die Zuweisung der ausländischen Flüchtlinge an die Gemeinden und Kreise vor. Für eine angemessene Abnahmefrist ist zu sorgen.

(2) Die Zuweisungsentscheidung bedarf keiner besonderen Begründung. Eine Anhörung des Asylbewerbers ist nicht erforderlich.

(3) Die Verteilung der ausländischen Flüchtlinge richtet sich nach der Bevölkerungszahl der betreffenden Gemeinden/Kreise. Derzeit gilt eine zumutbare Höchstgrenze von 3 Asylbewerbern pro 1000 Einwohner.

(4) Bei der Verteilung der Asylbewerber ist auf eine gleichmäßige Belastung der Gemeinden/Kreise zu achten. Von der Verteilung nach der Bevölkerungszahl kann unter besonderen Umständen abgewichen werden (z.B. bei hohem Ausländeranteil oder hoher Arbeitslosigkeit).

(5) Die Kosten, die den Gemeinden/Kreisen bis zum Abschluß des Asylverfahrens entstehen, werden vom Land erstattet. Das geschieht jeweils rückwirkend für das abgelaufene Jahr.

(6) Die Erstattungspflicht des Landes erlischt, sobald ein rechtskräftiges Urteil ergangen ist (Anerkennung oder Ausweisungsbeschluß). Sozialhilfe, die danach noch fällig wird, geht zu Lasten der Gemeinde/des Kreises!

(Zusammengestellt in Anlehnung an das »Asylverfahrensgesetz« des Bundes sowie das Landesaufnahmegesetz für Rheinland-Pfalz)

§ §

M 3 Brief der Landeszentralstelle für Asylbewerber

An das
Sozialamt in Bergstadt
Hauptstraße 25a

99999 Bergstadt

Iksstadt, den 9. Mai

Sehr geehrte Damen und Herren,

hiermit informieren wir Sie, daß wir Ihrer Stadt voraussichtlich zum 20. Juni dieses Jahres 20 weitere Asylbewerber zuweisen werden. Hierbei handelt es sich um zwei iranische Ehepaare, von denen das eine 3 Kinder hat (Alter: 4, 7, 8), das andere 4 Kinder (Alter: 3, 6, 8, 9); des weiteren um 5 Tamilen aus Sri Lanka (Alter: 18, 19, 20, 22, 23) und 4 Kurden aus der Türkei (Alter: 26, 30, 35). Wir gehen davon aus, daß Sie bis zum angesetzten Termin den nötigen Wohnraum beschaffen können. Eine Fristverlängerung ist nur in dringenden Ausnahmefällen möglich.

Das Asylverfahren dauert zur Zeit etwa eineinhalb bis zwei Jahre, teilweise aber auch noch länger. Anzumerken wäre, daß die beiden iranischen Ehepaare nach den bisherigen Erfahrungen recht gute Chancen haben, als »politisch Verfolgte« anerkannt zu werden. Sollte dies der Fall sein, so sind die nach Abschluß des Verfahrens anfallenden Sozialhilfeleistungen von der Stadt allein zu tragen (solange die Familien in Bergstadt bleiben).

Hochachtungsvoll

Müller

M 4 Starker Rückgang der Asylbewerberzahlen

Aus: taz-Journal »Die Deutschen und die Fremden«

Seitdem das Asylrecht in Deutschland eingeschränkt wurde und Asylsuchende aus EU-Mitgliedstaaten sowie aus den sogenannten »sicheren Drittstaaten und Herkunftsländern« kein Recht mehr auf Asyl haben und sofort in ihre Heimat- bzw. jeweiligen Einreiseländer abgeschoben werden können, ist die Zahl der Asylbewerber stark zurückgegangen. An den Grenzen wird strenger überwacht und abgewiesen, und über den Frankfurter Flughafen, über den 95 Prozent der per Flugzeug einreisenden Asylbewerber kommen, gelangen nur noch relativ wenige Asylsuchende in die Bundesrepublik. Und es wird ein weiterer Rückgang der Asylbewerberzahlen angestrebt. Abkommen über die Rücknahme von Asylbewerbern, wie sie bereits mit Polen, Rumänien, der Schweiz und einigen anderen europäischen Staaten abgeschlossen wurden, sollen dafür sorgen. Durch Finanzhilfen motiviert, verpflichten sich die betreffenden Staaten, abgeschobene Asylbewerber wieder aufzunehmen und zudem eine bessere Grenzüberwachung zu garantieren. Über drei Viertel der Asylbewerber kamen in der Hochphase der Zuwanderung auf dem Landweg nach Deutschland, und zwar über die tschechische und polnische Grenze. Von der Bundesregierung wurde daher Polen vorgeworfen, daß es seine Grenzen unzureichend bewache und dadurch die illegale Einwanderung von Asylbewerbern begünstige.

M 5 Aus dem Alltag von Asylbewerbern

Ausländer, die in der Bundesrepublik einen Asylantrag stellen, werden einer der zahlreichen »Erstaufnahmeeinrichtungen« zugewiesen, die hierzulande existieren. Zu diesen Einrichtungen gehören auch Gemeinschaftsunterkünfte, sogenannte Sammellager, in denen der Asylsuchende in der Regel drei Monate und länger wohnen muß. Als Asylbewerber genießt er keine Freizügigkeit; er kann sich grundsätzlich nur dort aufhalten, wo er seinen Asylantrag gestellt hat, und macht sich strafbar, wenn er seinen Aufenthaltsort ohne Erlaubnis verläßt. Ein Asylbewerber hat keinen Anspruch auf ein bestimmtes Bundesland oder auf einen bestimmten Ort; entsprechend einem Schlüssel wird ihm ein bestimmtes Bundesland zugewiesen, das dann aufgrund landesspezifischer Regelungen eine Zuweisung zu einer bestimmten Gemeinde vornimmt. Finanziell bzw. materiell geht es den Asylbewerbern in aller Regel recht bescheiden. Nach dem geltenden Leistungsgesetz erhalten sie für ihren »notwendigen Bedarf« weitgehend Sachleistungen (Essen, Kleidung, Körperpflege, sonstige Gebrauchsgüter). Sozialhilfeleistungen in Geldform, für die die Gemeinden aufkommen müßten, entfallen! Zudem erhalten unter 14jährige monatlich 40 DM Taschengeld, über 14jährige und Erwachsene 80 DM. Asylbewerber, die außerhalb der zentralen Aufnahmeeinrichtungen (Sammellager) untergebracht sind, können auch Wertgutscheine bis zu maximal 360 DM bekommen.

Das Leben in den Sammellagern ist hart. Hier werden Asylbewerber aus unterschiedlichen Herkunftsländern zusammengepfercht, ohne Schutz ihrer Privatsphäre, ihrer religiösen Traditionen und ihrer persönlichen Habe. Kein Wunder also, daß es in diesem Klima immer wieder zu Spannungen und (handfesten) Auseinandersetzungen kommt oder aber psychosomatische Erkrankungen wie Depressionen oder Angst auftreten – bis hin zu ernstzunehmenden Selbstmordabsichten.

M 6 Asylbewerber: zum Nichtstun verdammt

Nach den gesetzlichen Bestimmungen war es Asylbewerbern bis Anfang der neunziger Jahre generell untersagt zu arbeiten, solange ihr Anerkennungsverfahren nicht abgeschlossen war. Seit Juni 1991 unterliegen sie zwar keinem Arbeitsverbot mehr, jedoch ist es für sie in aller Regel sehr schwer, unter den Bedingungen der aktuellen Massenarbeitslosigkeit eine Arbeit zu finden. Von den Arbeitsämtern werden sie gegenüber anderen Bewerbern nur nachrangig vermittelt, und in eigener Regie irgendwo unterzukommen fällt auch immer schwerer. Einige von ihnen schaffen es vielleicht, irgendwo für sechs bis acht Mark pro Stunde was zu kriegen, wo es anderen zu schmuddelig, zu heiß oder zu staubig ist und wo Sprachkenntnisse keine Rolle spielen. Aber das ist eher die Ausnahme und keinesfalls die Regel.

Die Regel ist das untätige Herumhängen. Wenn sie Glück haben, dann dürfen sie für 2 DM pro Stunde irgendwelche gemeinnützige Arbeiten im kommunalen Bereich verrichten. Aber auch diese Arbeiten sind in der Regel den Sozialhilfeempfängern vorbehalten, für die die Gemeinden aufkommen müssen. Asylbewerber erhalten keine Sozialhilfe und sind daher für die Gemeinden als Arbeitskräfte relativ uninteressant. So hängen sie denn herum. Der Tag verläuft ohne konkreten Sinn, da auch eine schulische oder berufliche Qualifizierung nicht vorgesehen ist. Das Erlernen der deutschen Sprache ist nicht erwünscht. Kein Wunder also, daß sie auf Straßen und Plätzen »herumlungern« und von vielen Bürgern als »Drückeberger« und »Schmarotzer« wahrgenommen werden. Nur, was können sie dafür?!

M 7 *Warum Asylbewerber nach Deutschland kommen*

Die Gründe, weshalb Ausländer in der Bundesrepublik Zuflucht suchen, können verschiedenartig sein. Einige zentrale Motive sind:

- Die Bedrohung und Verfolgung aufgrund politischer, religiöser oder rassistischer Einstellungen und Verhaltensweisen, die den Herrschenden in den jeweiligen Ländern nicht passen.
- Die Zunahme kriegs- und bürgerkriegsähnlicher Zustände in verschiedenen Teilen dieser Welt, die das Leben und die Gesundheit bedrohen.
- Der hohe Lebensstandard in Deutschland, der die sogenannten »Wirtschaftsflüchtlinge« anzieht, die der Not in ihren Heimatländern entfliehen wollen.

Was die für Bergstadt vorgesehenen Asylbewerber aus Sri Lanka, Iran und der Türkei betrifft, so haben diese recht handfeste Gründe für ihre Asylsuche. In **Sri Lanka** werden die hinduistischen Tamilen von den buddhistischen Singhalesen seit Jahren verfolgt und teilweise auch ermordet. Auch die deutsche Botschaft meldet erhebliche Menschenrechtsverletzungen durch die Sicherheitskräfte der herrschenden Singhalesen.

Ähnliches gilt für den **Iran**, wo im Zuge der sogenannten »Islamischen Kulturrevolution« seit vielen Jahren Hunderttausende von Iranern gefoltert und terrorisiert werden, weil sie sich dem politischen Regime und seinen islamischen Spielregeln nicht anpassen wollen.

Auch in der **Türkei** sind Menschenrechtsverletzungen gegenüber der kurdischen Minderheit im Land nach wie vor an der Tagesordnung. In den Gefängnissen werden immer wieder Kurden gefoltert, die für ein unabhängiges Kurdistan eintreten.

Grundsätzlich gilt, daß wahrscheinlich niemand leichten Herzens seine Heimat verläßt. Flucht ist immer die letzte Konsequenz. Wer flüchtet, läßt etwas ganz Entscheidendes zurück: die Menschen, die seine Sprache sprechen, seine Freunde und Bekannten, die vertraute Lebensweise sowie eine Umgebung, in der es in aller Regel wesentlich weniger Vorurteile und Ressentiments gibt als im fremden Deutschland.

M 8 *Leserbriefe im Bergstadter Tageblatt*

(Auszüge)

Ich ekle und schäme mich, wenn ich den Haß gegen die Asylsuchenden in unserer Bevölkerung sehe. Offenbar haben viele bei uns keine Erinnerung mehr daran, daß wir selbst einmal ein Volk von Flüchtlingen und Asylanten waren. Was wäre aus den vielen Nazi-Verfolgten wohl geworden?? (M. Roland, 69 J.)

Holt nur immer mehr Asylanten herein. Wir haben noch nicht genug Kriminelle, Ausgeflippte und Müßiggänger!! Es ist einfach eine Schande zu sehen, wie unser deutscher Volkscharakter ausgehöhlt wird. (B. Maier, 26 J.)

Die Anreize für Wirtschaftsflüchtlinge müssen schnellstens vermindert werden, damit keiner mehr auf die Idee kommt, daß er jahrelang bei uns bleiben kann und das dicke Geld erhält. (L. Kuhn, 24 J.)

Die gegenwärtige »Asylantenschwemme« ist ein Rinnsal, gemessen an dem, was im 21. Jahrhundert auf uns zukommen wird. Deshalb muß das Asylgrundrecht früher oder später eh abgeschafft werden. (H. Franz, 36 J.)

Wir sind ein so reiches Land und klagen doch so schrecklich darüber, daß ein paar Asylbewerber von unserem Brot mitessen wollen. Seid doch nicht so knausrig! (K. Fils, 18 J.)

Der größte Teil der Asylanten versteht es, selbstherrlich grinsend auf unser Grundgesetz zu pochen, kostenlos Wohnung zu erhalten und gut gekleidet und gut ernährt zu werden. Und was ist mit unseren Armen?? (F. Kunz, 30 J.)

Wenn sich die Asylanten wenigstens noch unserer Lebensweise anpassen und sich ruhig und anständig im Hintergrund halten würden; aber nicht einmal das haben sie nötig! (S. Müller, 52 J.)

M 9 Gewalttätigkeiten gegen Ausländer nehmen zu

Bundesweit verübten Rechtsextreme nach Auskunft des Bundesamtes für Verfassungsschutz in den letzten Jahren zahlreiche Anschläge auf Ausländerunterkünfte, bei denen es brannte und unschuldige Menschen getötet oder verletzt wurden. Hinzu kommen die alltäglichen Pöbeleien und Beschimpfungen von Ausländern und Asylbewerbern, über die sich kaum noch jemand aufregt. Wie gefährlich Asylbewerber in Deutschland leben, zeigen die nachfolgenden Beispiele:

- Bei einem Brandanschlag auf ein Heim für Asylbewerber in Lübeck kamen zehn Menschen ums Leben, über 35 wurden verletzt.
- Bei einem Brandanschlag in Solingen starben fünf türkische Frauen und Mädchen; bei einem anderen Brandanschlag in Mölln kamen zwei türkische Frauen und ein türkisches Mädchen ums Leben.
- Bei einem Brandanschlag auf ein Asylbewerberheim in Rosendahl-Hilzwick im westfälischen Kreis Coesfeld wurden eine Frau und zwei Kleinkinder aus dem ehemaligen Jugoslawien verletzt.
- Sieben Libanesen und Pakistani wurden durch Glassplitter verletzt, als in Meerbusch-Asterath Skinheads Steine und Flaschen in die Scheiben eines Heimes warfen.
- In ein mit Asylbewerbern besetztes Heim der Arbeiterwohlfahrt in Hannover-Herrenhausen schleuderten Unbekannte eine Rauchbombe, die laut Staatsanwalt aus Bundeswehrbeständen stammte.
- Sechs Ausländer erlitten Augenverletzungen, als Unbekannte im niederbayrischen Ergolding mit Tränengas in ein von Indern und Ghanaern bewohntes Behelfsquartier schossen.
- Mit Mannschaftswagen angerückte Polizei vertrieb in Duisburg-Asterlagen ein halbes Dutzend Vermummte, die libanesische Heiminsassen als »Asylantenschweine« beschimpften und mit Äxten bedrohten.
- Im holsteinischen Mönchneversdorf blockierte die Dorfbevölkerung eine als Asylbewerberunterkunft ausgesuchte Reiterpension.

M 10 Stellungnahme der evang. Kirche in Deutschland (EKD)

(Auszüge)

»Politisch verfolgt? Du liebe Güte, das behaupten alle. Was wir brauchen, sind glaubhafte Beweise.«
(Quelle: Deutsches Allgemeines Sonntagsblatt)

Die Bundesrepublik ist ein wohlhabendes und stabiles Land. Das Gefälle zu der Armut und Unsicherheit in den meisten Herkunftsländern der Flüchtlinge ist riesig. Viele hierzulande meinen, ihren Wohlstand gegenüber den Ausländern aus den Elendsregionen der Erde verteidigen zu müssen. Das entspricht jedoch nicht der biblischen Orientierung. Der Glaube an den Schöpfer und Vater im Himmel macht frei zur Aufnahme des Fremden und bereit zum Teilen ...

Wenn immer wieder, auch durch politische Mandatsträger, von massenhaftem »Asylmißbrauch« geredet wird, wenn bedrohliche Vergleiche – »Die Flut steigt« und »Das Boot ist voll« – benutzt werden und das ganze Thema in einer Darstellung erscheint, die geprägt ist von Abwehr und Ablehnung, dann muß sich das auf die Aufnahmebereitschaft negativ auswirken ...

Hinzu kommt, daß Flüchtlinge ja keineswegs nur als Belastung gesehen werden können. Welche Bereicherung Flüchtlinge für das Aufnahmeland sein können, lehrt die Geschichte. Die Hugenotten sind ein Beispiel dafür, aber ebenso der entscheidende Beitrag der über zehn Millionen deutscher Flüchtlinge und Heimatvertriebenen beim Aufbau der Bundesrepublik. *(Aus: EKD-Studie »Flüchtlinge und Asylsuchende in unserem Land«)*

2. Lernfeld: Umweltschmutz und Umweltschutz

Die drei Planspiele, die in diesem Abschnitt dokumentiert werden, führen anhand konkreter kommunaler und regionaler Konfliktszenarien in die Problembereiche Naturschutz, Landschaftsplanung, Gewässerschutz, Luftreinhaltung und Umweltpolitik ganz allgemein ein. Im Zentrum steht dabei stets der latente Konflikt zwischen Ökologie und Ökonomie, zwischen Gemeinwohl und wirtschaftlichen Einzelinteressen und Erfordernissen. In Bernau ist ein Naturschutzgebiet in Gefahr, in Talstadt stehen zwei Betriebe in dem Verdacht, überhöhte Schadstoffmengen zu emittieren, und in Iksstadt weigert sich die Elektrizitäts-AG, beim Bau eines neuen Kraftwerks modernste Umweltschutztechnologien einzusetzen. In allen drei Städten stehen also konfliktträchtige und spannungsgeladene Planungs-, Verhandlungs- und Entscheidungsprozesse an.

2.1 Ein Naturschutzgebiet ist in Gefahr

Das vorliegende Planspiel gibt den Schüler/innen Gelegenheit, sich aus unterschiedlichen Perspektiven mit dem Problemkreis »Naturschutz/Industrieansiedlungspolitik« auseinanderzusetzen. Im Zentrum steht hierbei die Frage, ob und inwieweit es vertretbar ist, ein anerkanntes Naturschutzgebiet für den Bau eines Industriebetriebes zu opfern, den ein großer Chemiekonzern in dem Kleinstädtchen Bernau zu bauen gedenkt, wobei allerdings auch noch ein anderer möglicher Standort zur Debatte steht. Die einzelnen Interessengruppen bzw. Rollen, die die Schüler/innen in diesem Problemkontext zu spielen haben, sind:

a) der Stadtrat der Gemeinde Bernau,
b) die Geschäftsleitung der Chemie-AG,
c) das Wirtschaftsministerium des betreffenden Bundeslandes,
d) der Verein für Naturschutz,
e) die Vereinigung der Weinbauern sowie
f) die Redaktion der Bernauer Rundschau.

Nähere Hinweise zu diesen Rollen finden sich in der nachfolgenden Fallstudie sowie in den einzelnen Rollenkarten. Darüber hinaus stehen den Schüler/innen zur Fundierung ihrer Spielhandlungen einschlägige Informationsmaterialien zur Verfügung (M 1–M 8). Einen Überblick über die dokumentierten Spielmaterialien gibt der Kasten unten auf dieser Seite.

Die Grundstruktur des Planspiels sieht wie folgt aus: In Bernau, einer Kleinstadt mit 5.000 Einwohnern, gibt es ein anerkanntes Naturschutzgebiet, die Bernbach-Aue. Ausgerechnet dieses Naturschutzgebiet ist als möglicher Standort für eine größere Produktionsstätte vorgesehen, die die Chemie-AG in Bernau errichten möchte. Der zweite in Frage kommende Standort ist ein begehrtes Weinbaugelände, das die betreffenden Winzer freilich nicht hergeben wollen. Ob Standort A oder B letztlich den Zuschlag erhalten wird, das ist also noch völlig ungeklärt. Aus der Sicht des Stadtrates ist allerdings ziemlich unstrittig, daß alles getan werden muß, um die Chemie-AG zum Bau des geplanten Werks in Bernau zu veranlassen, denn Arbeitsplätze sind im Raum Bernau äußerst rar und werden dringend gebraucht. Mit diesem entschiedenen Votum des Stadtrats sind

Spielunterlagen

1. Beschreibung der Problemsituation in der Gemeinde Bernau (Fallstudie)
2. Arbeitskarte: Überblick über die einzelnen Spieletappen (für alle Gruppen gleich)
3. Rollenkarten: Spezifische Hinweise zu den einzelnen Rollen (für alle Gruppen verschieden)
4. Informationszeitung: Vertiefende Sach- und Fachinformationen
   - *M 1: Die wirtschaftliche Lage im Raum Bernau*
   - *M 2: Das geplante Zweigwerk der Chemie-AG*
   - *M 3: Die Chemie-AG ein Weltkonzern*
   - *M 4: Die regionale Wirtschaftsförderung des Landes*
   - *M 5: Finanzielle Belastungen und Begünstigungen der Stadt*
   - *M 6: Die Lage der Landwirte in und um Bernau*
   - *M 7: Die Bernbach-Aue: Ein wichtiges Naturschutzgebiet*
   - *M 8: Umweltminister rettet Naturschutzgebiet*
5. Ereigniskarten: Impulskarten für die Hand des Lehrers (für den gelegentlichen Einsatz)
6. Arbeitsformulare: Protokollvordrucke und Briefformulare (s. S. 42–44)

indes längst nicht alle Interessengruppen, die oben angeführt wurden, einverstanden. Für einen spannungsgeladenen Planungs- und Verhandlungsprozeß ist also gesorgt. Im Mittelpunkt der Spielaktivitäten stehen hierbei die folgenden Leitfragen:

- Soll die Chemie-AG überhaupt nach Bernau gelockt werden, oder wäre es nicht besser, mehrere kleinere Gewerbebetriebe im Stadtgebiet anzusiedeln, die weniger Umweltbelastungen bringen, geringere finanzielle Unterstützung beanspruchen und die Arbeitsplätze letztlich besser sichern können als ein einziger Großbetrieb?
- Wenn die geplante Chemiefabrik gewünscht wird, welcher Standort kommt in Frage – Standort A (Weinbaugelände) oder Standort B (Bernbach-Aue)?
- Inwieweit kann/soll die Stadt der Chemie-AG finanzielle Vergünstigungen in Aussicht stellen (z.B. bei der Gewerbesteuer) sowie bei der Erschließung des Gewerbegebietes entgegenkommen?
- Welche Fördermittel können die Stadt und das Unternehmen beim Wirtschaftsministerium des Landes erhalten?
- Welche Forderungen sollen Stadt und Land an die Chemie-AG stellen, und welche Garantien sollen sie sich geben lassen, damit das geplante Projekt auch wirklich ein Erfolg wird?
- Was kann/soll für die Naturschützer bzw. für die Weinbauern getan werden, damit auch deren Interessen bei dem ganzen Projekt gewahrt bleiben?

Diese Leitfragen deuten an, in welche Richtung das inhaltlich-fachliche Lernen im Rahmen des Planspiels geht. Die Schüler/innen lernen eine ganze Menge über kommunale Probleme und Sachzwänge, über Gewinnstreben und betriebswirtschaftliches Handeln, über Wirtschaftsförderung und Subventionen, über Naturschutz und Raumplanung, über Interessenkonflikte und politische Prozesse. Doch nicht nur das. Sie üben sich auch und zugleich darin, bestehende Sachverhalte und Meinungen zu problematisieren und kritisch Stellung zu beziehen, die eigene Urteilsbildung voranzubringen und insgesamt sensibel zu werden für den chronischen Konflikt zwischen Ökologie und Ökonomie. Sie versuchen sich darüber hinaus im konstruktiven Denken und im kreativen Handeln. Sie entwickeln strategische Alternativen und trainieren ihre mündliche und schriftliche Ausdrucksfähigkeit. Sie lernen zu argumentieren und zu taktieren, Informationen zu erfassen und zu analysieren, zu planen und zu entscheiden, zu agieren und zu reagieren. Kurzum: Sie lernen in ebenso vielschichtiger wie intensiver Weise inhaltlich-fachliche, methodisch-strategische und sozialkommunikative Fähigkeiten und Fertigkeiten.
Zum Ablauf des Planspiels: Detailliertere Hinweise zu den einzelnen Phasen des Planspiels finden sich auf den Seiten 23ff. dieses Buches. Diese sollten vor Spielbeginn auf jeden Fall durchgelesen werden! Die Einführung der Schüler/innen sieht generell so aus, daß die Lehrkraft zunächst einige orientierende und motivierende Vorbemerkungen zum anstehenden Planspiel macht (vgl. S. 47). Daran anschließend erhalten die Schüler/innen zuerst die Fallstudie und dann die Arbeitskarte zur vertiefenden Einarbeitung in den Aufbau und das Prozedere des Planspiels. Alsdann werden die Gruppen gebildet, die Rollenkarten gelesen und schließlich die Informationszeitungen verteilt und kursorisch durchgearbeitet. Erst jetzt beginnt die gezielte Diskussion und Meinungsbildung in den einzelnen Spielgruppen. Für diese Vorbereitungs- wie für die anschließende Verhandlungsphase sind je 2 Unterrichtsstunden anzusetzen. Nähere Hinweise zur Verhandlungsphase finden die Schüler/innen auf ihren Arbeits- und Rollenkarten. Einige Ereigniskarten, die der Lehrer im Zuge dieses Verhandlungsprozesses eingeben kann, sind zudem auf Seite 81 dokumentiert. Abgeschlossen wird das Planspiel in einer 3. Doppelstunde mit einer Konferenzphase und einem gezielten Feedback zum Spielverlauf und zu den mehr oder weniger tragfähigen Spielergebnissen. Die Leitung der Konferenz liegt beim Chef der Chemie-AG, Herrn/Frau Machthaber, der/die zu einem »runden Tisch« eingeladen hat, um die bestehenden Meinungsverschiedenheiten möglichst auszuräumen. Die Gruppensprecher geben zunächst in der Reihenfolge: Chemie-AG → Naturschützer → Landwirte → Stadtrat → Wirtschaftsministerium ihre Eingangsstatements ab (vgl. dazu den Protokollvordruck auf S. 44). Dann folgt eine offene Diskussion, die nach Ablauf der vereinbarten Zeit nötigenfalls abgebrochen wird. Alsdann kommentieren die Pressevertreter den Konferenzverlauf, und im letzten Teil der Doppelstunde schließt sich das besagte Feedback der Schüler/innen zum Spielprozeß an.

Nachbereitet werden kann das Planspiel u.a. dadurch, daß die auf Seite 80 abgedruckte Dokumentation »Das kurze Leben eines Chemiebetriebes« durch den Lehrer vorgelesen und anschließend diskutiert wird. Diese Dokumentation gibt nämlich in groben Zügen das wieder, was in einer rheinland-pfälzischen Gemeinde tatsächlich abgelaufen ist, deren »Tragödie« den Ausgangs- und Hintergrund des vorliegenden Planspiels bildet. Die Fabrik wurde für viel Geld gebaut, hat in hohem Maße Subventionen verschlungen und wurde nach wenigen Jahren sang-

Dokumentation: Das kurze Leben eines Chemiebetriebes

1969 begann der ICI-Konzern (Imperial Chemical Industries) mit dem Bau eines Zweigwerks für Chemiefasern – vor allem Nylon und Polyester – in Offenbach (Region Südpfalz). Die Möglichkeiten zur Subventionierung von Betriebsansiedlungen durch Bund und Land waren wohl, neben dem vorhandenen Arbeitskräftepotential, die wichtigsten Gründe für diesen Entschluß. Seitens der Bevölkerung wurden auf das Werk große Hoffnungen gesetzt. Diese Hoffnungen richteten sich insbesondere auf die in Aussicht gestellten Arbeitsplätze, deren Zahl sich nach den Angaben der Geschäftsleitung auf 1300 bis 1500 belaufen sollte und die krisensicher sein sollten. Die Gemeinde erwartete neben einer allgemeinen Verbesserung der Lebensverhältnisse auch einen beträchtlichen Anstieg der Steuereinnahmen. Sie war deshalb, um die Ansiedlung zu ermöglichen, zu erheblichen Vorleistungen bereit. Für Grunderwerb und Erschließung wurden insgesamt 10,11 Millionen DM aufgebracht. Die Finanzierung erfolgte über Bundes- und Landeszuschüsse in Höhe von 4,57 Millionen DM. Der Restbetrag wurde durch die Gemeinde Offenbach mit einem geringen Kostenanteil der ICI finanziert. Die Kreditaufnahme hierfür betrug 4,75 Millionen DM. So stellte die Gemeinde Offenbach dem Konzern 80 Hektar Gelände zur Verfügung. Da nur ein Teil der benötigten Fläche im Besitz der Gemeinde war, mußte sie den Rest dazukaufen. Das in Privatbesitz befindliche Restgelände mußte für 1,50 bis 2,00 DM je Quadratmeter aufgekauft werden und wurde zu 0,50 DM je Quadratmeter an ICI weitergegeben. Außerdem übernahm die Gemeinde die Kosten der Vorbereitung einer Strom- und Wasserversorgung; für die Wasserentsorgung war unter großem Kostenaufwand eine Erweiterung und Verbesserung der Kläranlage notwendig. Alle diese Maßnahmen und Investitionen gründeten sich jedoch auf die Erwartung, daß ICI, ein Weltkonzern, eine langfristig arbeitende Produktionsstätte mit sicheren Arbeitsplätzen für die Bevölkerung errichten werde. Diese Erwartung der Offenbacher wurden durch entsprechende Aussagen von Kommunal- und Landespolitikern genährt; auch aus der Sicht der ICI-Geschäftsleitung – soweit sie erkennbar war – schien man sich auf lange Zeit hier einrichten zu wollen, zumindest ließen die hohen Investitionen diesen Schluß zu. Die Landesregierung förderte die Ansiedlung von ICI mit 25 Millionen DM im Rahmen ihres »regionalen Strukturförderungsprogramms«. Als dann im Jahre 1971 das Werk Offenbach in Betrieb genommen wurde, waren dort 700 Arbeiter und Angestellte beschäftigt. In den nächsten Jahren stieg diese Zahl auf 900. In der Anfangsphase lief die Produktion auch ohne größere Schwierigkeiten. Bereits 1974 jedoch zeigten sich erste Absatzschwierigkeiten im Kunstfaserbereich. 1977 dann, als das Werk geschlossen wurde, argumentierte der Vorstandsvorsitzende, daß in der Bundesrepublik ein Markt für die Chemiefasern nicht mehr bestehe, weil die Produktionskosten zu hoch seien. Die ICI sehe sich daher gezwungen, auf andere Länder auszuweichen bzw. die Produktion ganz einzustellen. Für die entlassenen Arbeitnehmer wurde ein »Sozialplan« mit großzügigen Abfindungsregelungen erstellt, der jedoch nur die schlimmsten Härten kurzfristig mildern konnte. Zusätzlich irritiert war man in der Südpfalz darüber, daß ICI bereits 1977 ein neues Zweigwerk in Wilhelmshaven plante, das inzwischen längst errichtet ist. Wieder – diesmal durch die Landesregierung von Niedersachsen – erhielt die ICI enorme Subventionen.

(Weitgehend wörtlich zitiert aus der Dokumentation des »Initiativkreises ICI Offenbach« sowie aus dem Amtsblatt der Gemeinde v. 28.7.1977.)

und klanglos stillgelegt. Bis heute steht sie als mahnende »Fabrikruine« in der Landschaft herum. Eine zweite Möglichkeit der Nachbereitung ist die, daß korrespondierende Expertengespräche mit Vertretern der Stadtverwaltung und/oder dem Bund für Umwelt- und Naturschutz e.V. geführt oder auch einschlägige Informationen beim Wirtschaftsministerium oder bei anderen Stellen eingeholt und ausgewertet werden. Ein dritter unverzichtbarer Schritt der Nachbereitung besteht darin, daß das methodisch-strategische und das sozial-kommunikative Vorgehen, das die Schüler/innen während des Planspiels praktiziert haben, eingehend analysiert und problematisiert wird.

Schlußbemerkung: Das vorliegende Planspiel erfordert einiges an Improvisation und Kreativität – von Schülern wie von Lehrern. Aber gerade darin liegen sein Reiz und sein Realitätsbezug, denn politische Konfliktregelungsprozesse sind nun einmal relativ offene Prozesse, die von den Betroffenen im Wege des »trial and error« auszugestalten sind.

Ereigniskarten

Die Chemie-AG hat letzte Woche ihr Zweigwerk in der Nähe von Amsterdam stillgelegt, in dem hauptsächlich Nylonfasern hergestellt wurden. Der Grund: Auftragsmangel und unrentable Produktion. *An: Chemie-AG/Stadtrat/Presse*	Die Landesregierung hat beschlossen, daß ausgewiesene Naturschutzgebiete zukünftig nur noch in absoluten Ausnahmefällen für gewerbliche Zwecke freigegeben werden dürfen. Ob die Bernbach-Aue ein solcher Ausnahmefall ist, muß verhandelt werden. *An: Naturschützer/Stadtrat/ Wirtschaftsministerium*
Ein Initiativkreis »Pro Bernbach-Aue« hat Unterschriften für die Erhaltung des Naturschutzgebietes gesammelt. Allein 800 Bernauer haben den Aufruf zur Rettung der Bernbach-Aue unterschrieben. *An: Naturschützer/Stadtrat/Weinbauern*	Der Umsatz der Chemie-AG im Bereich der Textilfasern ist im letzten Halbjahr um drei Prozent gegenüber dem vorangehenden Halbjahr zurückgegangen. Die rückläufige Tendenz hält an. *An: Chemie-AG/Wirtschaftsministerium*
Eine wissenschaftliche Untersuchung des Artenbestands in der Bernbach-Aue, die der renommierte Ornithologe Professor Vogel durchgeführt hat, hat ergeben, daß allein vier der in der Bernbach-Aue vorkommenden Tierarten akut vom Aussterben bedroht sind. *An: Naturschützer/Presse*	Winzer Motzig hat angekündigt, daß er gegen eine eventuelle Standortentscheidung zugunsten des Weinbaugeländes mit allen Rechtsmitteln vorgehen werde, da fast die Hälfte seiner Rebfläche in diesem Gelände liege und seine Existenz als Winzer damit in höchstem Maße gefährdet wäre. Motzig will notfalls bis vors Bundesverfassungsgericht gehen. *An: Weinbauern/Chemie-AG*
Die Landesregierung hat entschieden, daß Betriebe, die sich in wirtschaftlich besonders rückständigen Regionen ansiedeln wollen, ab nächstem Jahr bis zu 30 Prozent ihrer Investitionskosten vom Land erstattet bekommen können. Die Region Bernau ist eine solche Krisenregion. *An: Wirtschaftsministerium/Chemie-AG*	Die Chemie-AG ist in Brasilien wegen massivem Subventionsbetrug angeklagt worden. Sie hatte dort vor zehn Jahren mit starker finanzieller Unterstützung durch den Staat ein Zweigwerk errichtet, dieses aber im letzten Jahr entgegen früheren Absprachen kurzentschlossen dichtgemacht. *An: Chemie-AG/Stadtrat/Presse*

Hinweis: Wenn die Ereigniskarten eingesetzt werden, bitte die Adressatenhinweise löschen, damit die einzelnen Spielgruppen die ins Auge gefaßten Adressaten nicht kennen. Außerdem: Die Adressatenhinweise sind nur Vorschläge!

✎ Planspiel: Ein Naturschutzgebiet ist in Gefahr

Beschreibung der Problemsituation (Fallstudie)

In Bernau, einer Kleinstadt mit 5000 Einwohnern, tut sich was. Seit kurzem ist durchgesickert, daß ein großer Chemiekonzern, die Chemie-AG, beabsichtigt, in Bernau ein Zweigwerk zu bauen, in dem Chemiefasern für die Textil- und Bekleidungsindustrie (Nylon und Polyester) produziert werden sollen. Warum gerade Bernau mit seiner mehr ländlichen Umgebung als Standort ausgesucht wurde, ist noch unklar. Beeindruckend jedoch sind die rund 1500 Arbeitsplätze, die nach Fertigstellung des Ausbaus vorhanden sein sollen. Für die Bernauer kommt das ganze Vorhaben ziemlich überraschend, weil hier in wirtschaftlicher Hinsicht bislang nicht viel los ist. Klein- und Mittelbetriebe beherrschen das Bild. Stark vertreten ist überdies die Landwirtschaft, vorwiegend jedoch in Gestalt von Kleinbetrieben mit Flächen zwischen 3 und 10 Hektar. Kennzeichnend für den Bernauer Arbeitsmarkt sind die Pendler. Täglich pendeln rund 800 Erwerbstätige in zwei größere Industriereviere, die 40 bis 60 km entfernt sind und Fahrzeiten von einer Stunde und mehr pro Fahrt verursachen. Kein Wunder also, daß die Bewohner und der Stadtrat von Bernau hellhörig werden, als sie von den Plänen der Chemie-AG erfahren. Nicht nur für die Pendler böte das neue Chancen, sondern auch für viele Kleinlandwirte, die häufig auf ihren Höfen nur deshalb geblieben sind, weil sie nichts anderes gefunden haben. Arbeitsplätze sind nämlich in der Region um Bernau außerordentlich dünn gesät (vgl. M 1). Deshalb gehört diese Region zu jenen Gebieten, in denen Unternehmen – wenn sie sich dort ansiedeln – hohe Investitionszuschüsse von 15 bis 20% der Investitionskosten erhalten können. Bezahlt wird das aufgrund der Wirtschaftsförderungsprogramme des Staates. Auch die Gemeinden selbst können aus diesen Töpfen beträchtliche Geldmittel für die Erschließung entsprechender Gewerbegebiete (Landankauf, Straßenbau etc.) erhalten.

So schön das Vorhaben jedoch auch ist, der geplante Bau der Fabrik hat auch seine Haken. Der

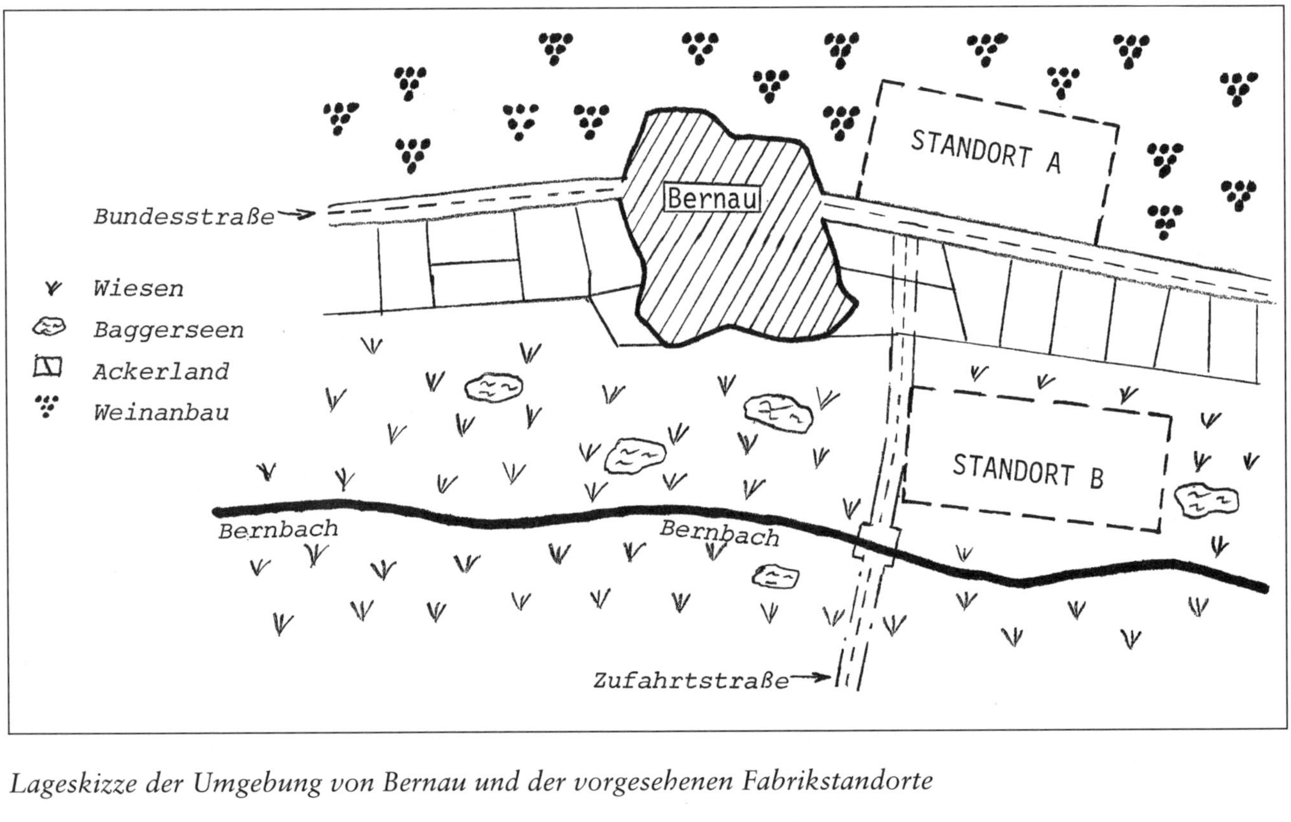

Lageskizze der Umgebung von Bernau und der vorgesehenen Fabrikstandorte

eine Haken ist, daß bislang noch gänzlich ungeklärt und im Ernstfall wahrscheinlich auch sehr umstritten ist, wohin die Fabrik gebaut werden könnte. Standort B in der Bernbach-Aue wird vom örtlichen *Verein für Naturschutz* rundweg abgelehnt, weil in dem Feuchtgebiet mit seinen Baggerseen und Wiesenflächen eine Reihe seltener Tier- und Pflanzenarten leben und gedeihen (vgl. M 7). Zwar könne man, wie der Vorsitzende des Naturschutzvereins in einer ersten Stellungnahme erklärt hat, über vieles reden, aber Naturschutz müsse nun einmal Vorrang vor kurzfristigen wirtschaftlichen Interessen haben. Ähnliche Bedenken äußern auch die *Weinbauern*. Nur geht es ihnen nicht um Standort B, sondern um den zweiten ins Auge gefaßten Standort A, der inmitten des Weinberggeländes liegen würde. Als Haupteinwand machen die Weinbauern geltend, daß der Weinbau noch immer ein recht einträgliches Geschäft sei und die Weinanbaufläche ohnehin schon relativ gering sei. Eine weitere Reduzierung der Fläche gefährde die Existenz zahlreicher Winzer.

Der zweite Haken ist der, daß die Stadt Bernau nach Auskunft des *Stadtrats* eine ziemlich arme Gemeinde ist, die keinesfalls das Geld hat, um die Erschließungsmaßnahmen (Bodenerwerb, Straßenbau, Bau einer großen Kläranlage), die im Falle einer Betriebsansiedlung entstehen würden, alleine zu bezahlen. Außerdem: Wer garantiert, daß die in Aussicht gestellten Arbeitsplätze und Steuereinnahmen tatsächlich Wirklichkeit werden?! Gibt es nicht schon genügend Beispiele dafür, daß staatlich geförderte Betriebe plötzlich über Nacht dichtmachen und nicht nur die Subventionen weg sind, sondern auch die angeblich so sicheren Arbeitsplätze?

Die Geschäftsleitung der *Chemie-AG* sieht diese Bedenken mit einer Mischung aus Gelassenheit und Verärgerung. Denn immerhin gehört das Unternehmen zu den größten Chemiekonzernen der Welt und ist hinlänglich bekannt dafür, daß es eine ebenso seriöse wie weitsichtige Geschäftspolitik betreibt. Die Chemie-AG hat Interesse, in Bernau ein Werk zu errichten (möglichst Standort B), aber natürlich nur, wenn es seitens der Stadt und seitens des Landes kräftige Zuschüsse und sonstige Vergünstigungen gibt. Das *Wirtschaftsministerium* des Landes ist zwar grundsätzlich bereit, im Rahmen der bestehenden Förderprogramme und -richtlinien gewisse finanzielle Zuwendungen zu geben. Allerdings sind die zur Verfügung stehenden Mittel derzeit ziemlich knapp, da sich viele Gemeinden in einer ähnlichen Situation wie die Stadt Bernau befinden und deshalb Subventionen beim Land beantragen. Für die Redakteure der *Bernauer Rundschau* ist dieses ganze Hin und Her natürlich ein vollkommener Anlaß, um im Lokalteil vielfältig darüber zu berichten, zu recherchieren und zu kommentieren.

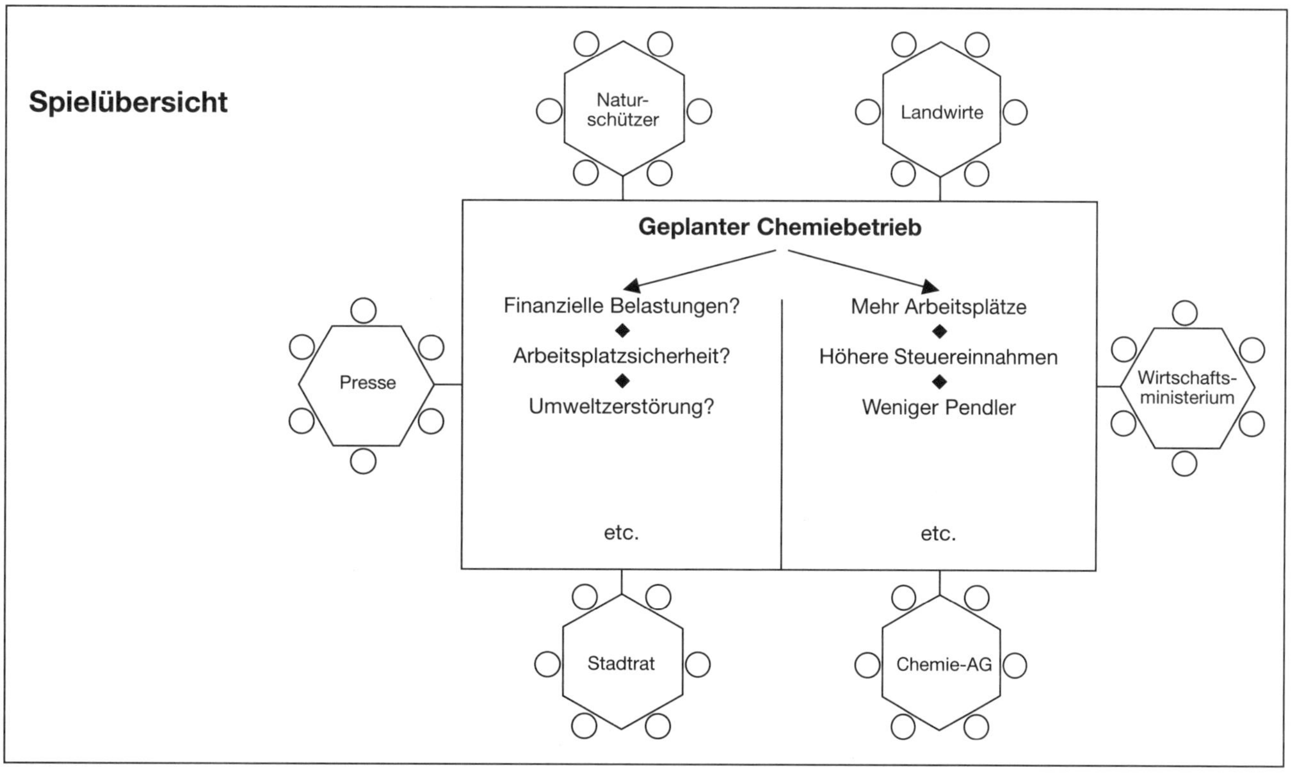

Arbeitskarte

Hinweise zum Spielverlauf

1. Lest die Spielunterlagen durch, unterstreicht wichtige Stellen (vor allem die, die Euch als Gruppe betreffen), klärt etwaige Verständnisfragen, und macht Euch klar, wie das Planspiel aufgebaut ist, welche Interessengruppen es gibt und wie das Spiel abläuft!
2. Versetzt Euch in Eure Rolle hinein! Diskutiert Eure Situation, klärt Eure Ziele und Interessen, und überlegt, wie die anstehenden Probleme und Fragen gelöst werden können (Fragen siehe unten). Welche Argumente und Vorschläge wollt Ihr vorbringen? Mit welchen Gruppen wollt Ihr verhandeln? Gibt es Bündnispartner, die Ihr für Eure Vorstellungen und Vorschläge gewinnen könnt?
3. Überlegt auch: In welcher Lage befinden sich die anderen Gruppen? Was werden sie vermutlich tun? Welche Argumente halten sie Euch womöglich entgegen? Wie könnt/wollt Ihr darauf reagieren?
4. Setzt Euch nach dieser Vorbereitungsphase mit der einen oder anderen Gruppe in Verbindung, die Euch als Gesprächspartner wichtig erscheint! Schreibt Briefe! Führt mündliche Verhandlungen! Informiert Euch! Trefft Absprachen!
5. Teilt Eure Gruppe bei Bedarf in Zweier- oder Dreierteams auf und geht die ins Auge gefaßten Aufgaben und Gespräche arbeitsteilig an! Dadurch könnt Ihr mehr Kontakte pflegen, mehr Informationen einholen und insgesamt vielseitiger verhandeln.
6. Beantwortet die schriftlichen und mündlichen Anfragen und/oder Stellungnahmen, die die anderen Gruppen an Euch richten! Schreibt Antwortbriefe, und entsendet gegebenenfalls Verhandlungsdelegationen!
7. Bereitet Euch am Ende dieser Verhandlungsphase gut auf die anschließende Konferenz vor, an der alle Gruppen teilnehmen und ihre Problemlösungsvorschläge einbringen werden! Überlegt Euch gut, wie Ihr im Rahmen der Konferenz argumentieren und taktisch vorgehen wollt! Schreibt Euch stichwortartig auf, was Ihr in Eurer Stellungnahme zu Beginn der Konferenz sagen und vorschlagen wollt! Bestimmt einen Gruppensprecher, der diese Stellungnahme abgibt!
8. Die Konferenz selbst läuft so ab, daß zunächst jeder Gruppensprecher in einer 3- bis 5minütigen Stellungnahme den bisherigen Verhandlungsverlauf kommentiert und die aktuellen Problemlösungsvorschläge seiner Gruppe vorstellt und erläutert. Dann folgt die Diskussion dieser Vorschläge. Ziel dieser Diskussion ist es, die unterschiedlichen Meinungen und Problemlösungsvorschläge einander anzunähern und möglicherweise auch zu einem Kompromiß zu kommen.

Planungs- und Entscheidungsfragen, die im Spielverlauf zu verhandeln sind

- Soll die Chemie-AG überhaupt nach Bernau gelockt werden, oder wäre es nicht besser, mehrere kleinere Gewerbebetriebe in Bernau anzusiedeln?
- Wenn die geplante Chemiefabrik kommen sollte, auf welchem der beiden Standorte (Bernbach-Aue bzw. Weinbaugelände) soll sie errichtet werden?
- Inwieweit kann/soll die Stadt der Chemie-AG bei der Erschließung des Gewerbegebietes und/oder bei der Gewerbesteuer finanziell entgegenkommen?
- Welche Fördermittel können die Stadt und das Unternehmen beim Wirtschaftsministerium erhalten?
- Welche Forderung sollen Stadt und Land an die Chemie-AG stellen, und welche Garantien sollen sie sich geben lassen?
- Was kann/soll für die Naturschützer bzw. für die Weinbauern getan werden, damit deren Interessen bei dem gesamten Projekt gewahrt bleiben?

usw.

R 1 Stadtrat

Das ist Eure Rolle: Ihr seid für die Geschicke der Stadt verantwortlich und tut alles, um die Stadt wirtschaftlich voranzubringen. Um Eure Finanzlage steht es allerdings ziemlich schlecht, da zuwenig Gewerbebetriebe da sind, die Steuern zahlen. Der Plan der Chemie-AG kommt Euch daher sehr gelegen. Die geschätzten 10 Mio. DM Erschließungskosten könnt Ihr jedoch auf keinen Fall alleine aufbringen. Ihr müßtet das alles über Kredite finanzieren. Ihr drängt darauf, daß das Land Geld zuschießt und daß die Chemie-AG langfristige Arbeitsplatzgarantien (z.B. 10 Jahre) zusichert.

Das könnt Ihr z.B. tun: ■ mit der Chemie-AG über die Erschließungskosten verhandeln; ■ die Landesregierung um Zuschüsse ersuchen; ■ mit den Landwirten über einen etwaigen Grundstücksverkauf verhandeln (Preis?); ■ die Presse gezielt einschalten und informieren; ■ mit den Naturschützern über ihre Forderungen und Einwände reden; ■ eingehende Anfragen und Stellungnahmen anderer Gruppen beantworten ... usw.

Zusatzinformationen und Denkanstöße

1. *Der Chemiebetrieb würde Euch nach seiner Fertigstellung (Bauzeit 3–4 Jahre) voraussichtliche Gewerbesteuereinnahmen von ca. 4 Mio. DM pro Jahr bringen, allerdings ohne irgendwelche Ermäßigungen.*
2. *Da Ihr zur Zeit keine eigenen Investitionsmittel mehr habt, müßtet ihr das, was das Land nicht zahlt, durch Kredite finanzieren (Kreditzins derzeit 10% pro Jahr).*
3. *Das Gewerbegebiet in der Bernbach-Aue wäre insofern günstig, als dort noch große Flächen zur Ansiedlung weiterer Betriebe bereitstünden (gilt nicht für Standort A).*
4. *Für Wiesengrundstücke in der Bernbach-Aue sind bisher im allgemeinen Quadratmeterpreise von 2,50 bis 3,00 DM gezahlt worden.*
5. *Ihr müßt damit rechnen, daß Ihr bei den nächsten Wahlen viele Stimmen verliert, wenn es den Naturschützern gelingt, die Bevölkerung gegen Euch aufzubringen.*

R 2 Verein für Naturschutz

Das ist Eure Rolle: Ihr seht Eure besondere Aufgabe darin, die Bernbach-Aue als wichtiges Naturschutzgebiet unverändert zu erhalten. Deshalb wendet Ihr Euch entschieden gegen den Standort B, der das bedeutendste Feuchtgebiet zerstören würde. Außerdem wollt Ihr, daß im Raum Bernau die Luft und die Gewässer sauber bleiben, was im Falle der Errichtung des geplanten Chemiebetriebes nicht sicher wäre. Ihr setzt die anderen Gruppen entsprechend unter Druck. Ob Ihr letztendlich das Chemiewerk ganz oder nur den Standort B ablehnt, müßt Ihr entscheiden.

Das könnt Ihr z.B. tun: ■ Protestbriefe an den Stadtrat, das Wirtschaftsministerium und die Chemie-AG schreiben; ■ Flugblätter und Plakate erstellen und den anderen Gruppen zugänglich machen; ■ einen Aufruf für eine Demonstration entwerfen; ■ Informationsgespräche mit anderen Gruppen führen; ■ die Presse gezielt informieren/Leserbriefe schreiben; ■ eingehende Briefe beantworten ... usw.

Zusatzinformationen und Denkanstöße

1. *Wiederholte Betriebsstillegungen der Chemie-AG (s. M 3) lassen Euch daran zweifeln, ob der Betrieb in Bernau wirklich auf lange Sicht geplant ist.*
2. *Die Stadt müßte für die Erschließung des Gewerbegebiets voraussichtlich Kredite in Höhe von rund 5 Mio. DM aufnehmen. Und das bei Kreditzinsen von 10% pro Jahr.*
3. *In seiner letzten Regierungserklärung hat der Ministerpräsident mit Nachdruck versichert, daß der Umweltschutz an vorderster Stelle der Politik stünde.*
4. *Zur Abluftreinigung wären moderne Filteranlagen nötig. Außerdem müßte die Stadt eine große Kläranlage bauen, damit die Abwässer der Chemiefabrik einigermaßen gereinigt in den Bernbach einmünden.*
5. *Wenn es Euch gelingt, die Bevölkerung gegen den Stadtrat aufzubringen, dann müßten einige Stadträte bei den nächsten Wahlen mit dem Verlust ihrer Posten rechnen.*

R 3 Leitung der Chemie-AG

Das ist Eure Rolle: Ihr seid der Vorstand der Chemie-AG. Ihr habt die feste Absicht, in Bernau einen Zweigbetrieb mit rund 1000 Beschäftigten zu bauen. Allerdings wollt Ihr nur investieren, wenn Ihr vom Land kräftige Zuschüsse erhaltet und die Stadt zumindest die Kosten für das Erschließen des Gewerbegebiets übernimmt. Ob Standort A oder B, ist für Euch noch ziemlich offen. Da hat ja schließlich die Gemeinde ein gutes Wort mitzureden. Von der Stadt erwartet Ihr ferner Vergünstigungen bei der Gewerbersteuer. Vertragliche Garantien bezüglich der Lebensdauer des Betriebes lehnt Ihr ab.

Das könnt Ihr z.B. tun: ■ mit dem Stadtrat über die Erschließungskosten verhandeln; ■ bei der Landesregierung Investitionshilfen von z.B. 25 Mio. DM beantragen; ■ von der Stadt Steuernachlässe fordern; ■ den Landwirten und den Naturschützern reizvolle Angebote unterbreiten und mit ihnen über mögliche Kompromisse beraten; ■ die Presse gezielt informieren; ■ eingehende Anfragen beantworten ... usw.

Zusatzinformationen und Denkanstöße

1. *Zwei Kleinstädte, in denen Ihr Zweigbetriebe habt, gewähren Euch bei der Gewerbesteuer eine Ermäßigung von jeweils 50 Prozent. Außerdem habt Ihr erfahren, daß das Wirtschaftsministerium letztes Jahr Investitionszulagen von 25% gewährt hat.*
2. *Standort A hätte für Euch den Vorteil, daß die Verkehrsanbindung besser und der Untergrund des Geländes fester und damit für Bauzwecke wohl auch geeigneter wäre.*
3. *Von der Landesregierung erwartet Ihr Zuschüsse von mindestens 20–25 Mio. DM, und das bei voraussichtlichen Gesamtkosten des Werkes von ca. 100 Mio. DM.*
4. *Die Luftverschmutzung durch den geplanten Betrieb wäre ziemlich gering, da Ihr bereit seid, moderne Filteranlagen einzubauen. Die Kläranlage müßte die Stadt bauen.*
5. *Um die Naturschützer und die Wiesenbesitzer zufriedenzustellen, würdet Ihr bis zu 250.000 DM für Fischteiche und Entwässerungsanlagen/Drainagen aufwenden.*

R 4 Wirtschaftsministerium

Das ist Eure Rolle: Ihr seid die Vertreter des Wirtschaftsministeriums. Ihr seid u.a. für die Wirtschaftsförderung zuständig. Betriebsansiedlungen im Raum Bernau haltet Ihr für sehr wichtig. Eure Fördermittel sind allerdings recht begrenzt. Für die Chemie-AG und für die Stadt Bernau zusammen könnt Ihr max. 20–25 Mio. DM an verlorenen Zuschüssen bereitstellen. Schließlich gibt es auch noch andernorts großen Bedarf. Ihr arbeitet eng mit dem Stadtrat zusammen und stimmt Eure Maßnahmen mit diesem ab. Bedenkt ferner: Der Naturschutz hat für Eure Regierung einen hohen Stellenwert.

Das könnt Ihr z.B. tun: ■ mit der Chemie-AG über etwaige Zuschüsse verhandeln; ■ mit dem Stadtrat die Finanzierung der Erschließungskosten beraten; ■ von der Chemie-AG Arbeitsplatzgarantie fordern (z.B. für 10 Jahre); ■ mit den Naturschützern und der Chemie-AG über Umweltschutzmaßnahmen sprechen; ■ Informationsgespräche mit anderen Gruppen führen; ■ eingehende Anfragen beantworten ... usw.

Zusatzinformationen und Denkanstöße

1. *Der Höchstbetrag zur Förderung von Betriebsansiedlungen in Gebieten wie Bernau ist von der Regierung kürzlich von 25% auf 20% der Investitionskosten gesenkt worden.*
2. *Darüber hinaus können den betreffenden Gemeinden bis zu 50% der Erschließungskosten von seiten des Landes erstattet werden.*
3. *Nach einem Beschluß der Landesregierung soll bei der Wirtschaftsförderung verstärkt darauf geachtet werden, daß die Betriebe längerfristig Arbeitsplatzgarantien vertraglich zusichern. Ansonsten müssen die Zuschüsse teilweise zurückgezahlt werden.*
4. *In der letzten Regierungserklärung hat der Ministerpräsident den Natur- und Umweltschutz an vorderster Stelle der staatlichen Aufgaben genannt.*
5. *Bei der letzten Wahl hat Eure Partei im Raum Bernau 20% ihrer Wählerstimmen verloren, weil Euch die dortige schlechte Wirtschaftslage angelastet wird.*

R 5 Ortsverband der Landwirte

Das ist Eure Rolle: Ihr seid der Vorstand des örtlichen Bauern- und Winzerverbandes. Zu Euch gehören sowohl Weinbauern als auch Landwirte mit Wiesenbesitz im Bereich des Standorts B. Standort A lehnt Ihr ab, weil die für den Weinanbau geeigneten Böden äußerst knapp sind. Standort B hingegen findet Ihr gar nicht so schlecht. Für einen Quadratmeterpreis von ca. 5 DM wären die betreffenden Wiesenbesitzer – wie sie Euch erklärt haben – zum Verkauf bereit. Allerdings sollt Ihr als Gegenleistung erreichen, daß etwa 200 Hektar in der Bernbach-Aue zu Lasten der Stadt drainiert werden.

Das könnt Ihr z.B. tun: ■ mit dem Stadtrat über den Verkauf der Wiesengrundstücke verhandeln; ■ vom Stadtrat Zuschüsse für die neue Drainage fordern; ■ mit der Chemie-AG über die Bereitstellung von Arbeitsplätzen für Nebenerwerbslandwirte sprechen; ■ Protestbrief gegen den Standort A schreiben; ■ mit den Naturschützern die Lage beraten; ■ die Presse informieren; ■ eingehende Briefe beantworten ... usw.

Zusatzinformationen und Denkanstöße

1. *Für die Wiesen in der Bernbau-Aue sind bei einem Verkauf bisher im allgemeinen 2,50–3,00 DM pro Quadratmeter gezahlt worden.*
2. *Einige Landwirte, deren Wiesen im Bereich des Standorts B liegen, haben Euch wissen lassen, daß sie nur verkaufen, wenn sie im neuen Chemiewerk Arbeitsplätze erhalten.*
3. *Die von Euch gewünschte Drainage (Entwässerung) für einen Teil der Bernbach-Aue würde Kosten von mindestens 300.000 DM verursachen.*
4. *Durch eine verbesserte Entwässerung könnten einige Wiesen unter Umständen in Ackerland umgewandelt und zum Anbau von Getreide oder sonstigen landwirtschaftlichen Erzeugnissen genutzt werden. Das brächte höhere Einnahmen.*
5. *Die Landesregierung hat in ihrer letzten Regierungserklärung dem Naturschutz größtes Gewicht beigemessen.*

R 6 Presse

Das ist Eure Rolle: Ihr seid Journalisten des Bernauer Anzeigers, einer angesehenen Regionalzeitung. Zu Euren Aufgaben gehört es, über die Pläne der Chemie-AG und die unterschiedlichen Ansichten zur Standortfrage möglichst objektiv und umfassend zu berichten. Dazu nehmt Ihr Kontakt zu den verschiedenen Gruppen auf, Ihr recherchiert und besorgt Euch die nötigen Hintergrundinformationen. Ihr bemüht Euch um eine kritische, aber faire Berichterstattung. Eure Beiträge veröffentlicht Ihr als Wandzeitung oder stellt sie den Gruppen auch schon mal direkt zu.

Das könnt Ihr z.B. tun: ■ gezielte Interviews durchführen; ■ Hintergrundgespräche mit einzelnen Gruppen führen; ■ aufrüttelnde/informative Berichte schreiben; ■ passende Karikaturen zeichnen; ■ kritische Kommentare verfassen; ■ Leserbriefe diskutieren und veröffentlichen; ■ eine übersichtliche Wandzeitung gestalten; ■ Anfragen anderer Gruppen beantworten ... usw.

Zusatzinformationen und Denkanstöße

1. *In seiner letzten Regierungserklärung hat der Ministerpräsident den Natur- und Umweltschutz als eine der Hauptaufgaben gegenwärtiger und zukünftiger Politik bezeichnet und eine entsprechende Umweltschutzoffensive in Aussicht gestellt.*
2. *Für Eure Recherchen ist es am besten, wenn Ihr mehrere Reporterteams bildet, damit Ihr arbeitsteilig vorgehen und mehr Gesprächskontakte wahrnehmen könnt.*
3. *Veröffentlichungswünschen einzelner Gruppen bzw. Personen könnt Ihr nachkommen; Ihr müßt das allerdings nicht. Schließlich seid Ihr eine unabhängige Zeitung.*
4. *Vorgesehene Interviews müßt Ihr bei den Gruppen vorher anmelden. Bei den Interviews selbst könnt Ihr mitschreiben oder auch ein Kassettengerät mitlaufen lassen.*
5. *Denkt dran, daß die Mehrzahl Eurer Kunden einem verstärkten Natur- und Umweltschutz prositiv gegenübersteht und entsprechende Berichte in ihrer Zeitung erwartet.*

M 1 Die wirtschaftliche Lage im Raum Bernau

Die wirtschaftlichen Zeichen im Raum Bernau stehen schlecht. Nach der jüngsten Arbeitsmarktstatistik liegt die Arbeitslosigkeit etwa doppelt so hoch wie im Landesdurchschnitt. Allein in Bernau sind 380 Arbeitnehmer ohne Beschäftigung. Nicht einmal berücksichtigt sind dabei jene Frauen und landwirtschaftlichen Arbeitskräfte, die längst resigniert haben, obwohl sie gerne einen gewerblichen Arbeitsplatz hätten.

Gründe für die Misere gibt es viele. Ein wichtiger Grund ist, daß es kaum größere Industriebetriebe in Bernau und seinem Umland gibt. Ungünstige Verkehrsverbindungen, wenig erschlossene Gewerbegebiete und die Nähe zur französischen Grenze haben dazu beigetragen. In Bernau selbst gibt es nur einen größeren Betrieb mit rund 350 Beschäftigten. Hinzu kommen 4 Betriebe mit Beschäftigtenzahlen zwischen 50 und 100 sowie eine Reihe kleinerer Betriebe (Handwerk, Handel usw.) vor allem in der Größenordnung zwischen 5 und 20 Mitarbeitern.

In der Vergangenheit wurde die wirtschaftliche Rückständigkeit der Bernauer Region dadurch verdeckt, daß viele Arbeitswillige in der Landwirtschaft unterkamen oder in den weiter entfernten Industrierevieren gutbezahlte Arbeit fanden. Das alles hat sich jedoch geändert, seit sich die Wirtschaftslage allgemein verschlechtert hat. Die Landesregierung hat dies durchaus erkannt und die Region um Bernau als Förderungsschwerpunkt mit höchster Dringlichkeit eingestuft. Finanzielle Hilfen für ansiedlungswillige Gewerbebetriebe wären also vorhanden. Bisher mangelt es nur an ernsthaften Interessenten, obwohl auch die Gemeinde bereit wäre, einem eventuellen Investor kräftig unter die Arme zu greifen. Der Gemeinderat hat vor einem halben Jahr mit einer größeren Werbeaktion begonnen, die nun von Erfolg gekrönt sein könnte. Die Chemie-AG ist prinzipiell bereit, in Bernau ein Zweigwerk zu bauen.

M 2 Das geplante Zweigwerk der Chemie-AG

(So ähnlich soll das Werk aussehen.)

Die Planung der Chemie-AG sieht vor, daß in Bernau ein Spezialbetrieb zur Herstellung chemischer Garne/Fasern – vor allem Nylon und Polyester – errichtet wird. Die Gesamtinvestitionen werden auf ca. 100 Millionen DM geschätzt (für Gebäude, Maschinen usw.). Hauptabnehmer der Fasern sind die Textil- und Bekleidungsindustrie, vorrangig in der Bundesrepublik. Der Auf- und Ausbau der Fabrik soll in mehreren Stufen erfolgen und nach etwa 6 Jahren die Endstufe mit einer voraussichtlichen Beschäftigtenzahl von 1300 bis 1500 erreicht haben. Nach Meinung der Geschäftsleitung der Chemie-AG werden es krisensichere Arbeitsplätze sein, weil die Zeichen für den Absatz der ständig verbesserten Nylon- und Polyesterfasern günstig stehen. Zweifel an dieser optimistischen Zukunftsdeutung sind indes nicht unberechtigt, denn die Textil- und Bekleidungsindustrie der Bundesrepublik befindet sich wegen der starken Auslandskonkurrenz (Billiglohnländer) seit Jahren in einer anhaltenden Flaute. Auch ist bekannt, daß die Chemie-AG mit Betriebsschließungen schnell bei der Hand ist. Andererseits sind die in Aussicht gestellten Verdienstmöglichkeiten schon verlokkend. Stundenlöhne zwischen 17 und 20 DM liegen deutlich über dem, was angelernte Arbeitskräfte sonst so verdienen können. Gebraucht aber werden Arbeitskräfte, die für die speziellen Belange der Chemie-AG angelernt werden. In Industriezentren freilich müßte die Chemie-AG noch erheblich höhere Stundenlöhne bezahlen. Das ist ein Grund, weshalb Bernau als Standort vorgesehen wurde. Ein anderer wichtiger Grund sind die hohen Zuschüsse und Vergünstigungen, die im allgemeinen von seiten des Landes und der Gemeinde bewilligt werden. Dadurch kann das unternehmerische Risiko gemindert werden, selbst wenn ein Werk aus dringlichen Gründen irgendwann wieder geschlossen werden müßte. Natürlich will das niemand hoffen!

M 3 Die Chemie-AG: ein Weltkonzern

Gutachten

Die Chemie-AG operiert weltweit. Sie hat Tochtergesellschaften in Amerika, England, Frankreich, der Bundesrepublik und einer Reihe weiterer Länder. Allein in der Bundesrepublik gibt es mehrere Tochtergesellschaften mit gegenwärtig rund 5000 Beschäftigten. Das Erzeugnisprogramm der Chemie-AG ist breit gefächert. Es reicht von verschiedenen Chemikalien (Lösungsmittel usw.) über Kunststoffe, Fasern, Pflanzenschutz- und Düngemittel, Farben und Lacke bis hin zu Arzneimitteln. Die günstige Entwicklung in der Chemieindustrie hat sich bei der Chemie-AG in vollen Geschäftsbüchern, steigenden Umsätzen und hohen Gewinnen niedergeschlagen. Die wachsende Nachfrage macht es – wie jetzt in Bernau – immer wieder notwendig, neue Tochtergesellschaften zu gründen. Allerdings muß auch gesagt werden, daß es trotz steigender Umsätze und Gewinne für die Chemie-AG in den letzten Jahren auch einige Pleiten gegeben hat. Betroffen waren u.a. drei Betriebe, die mit der Herstellung von Chemiefasern für die Textil- und Bekleidungsindustrie befaßt waren. Dabei hat sich die Leitung der Chemie-AG nicht zimperlich gezeigt, wenn es galt, einzelne Betriebe stillzulegen. Zwar wurden Sozialpläne ausgehandelt. Die darin vereinbarten Abfindungen für die entlassenen Arbeitnehmer konnten die negativen Folgen für die Bevölkerung und die Gemeinden jedoch nur unzureichend wettmachen. Daß derartige Pleiten nicht wieder vorkommen, dafür sollen neuartige Faserarten (z.B. die Polyestergarne »Mitrema« und »Tirelle«) sorgen. Die Chancen für die Chemie-AG stehen nach den ersten Reaktionen der deutschen und europäischen Textil- und Bekleidungsindustrie nicht schlecht.

Prof. Dr. Treuhand

M 4 Die regionale Wirtschaftsförderung des Landes

Zur Verbesserung der Wirtschaftslage in strukturschwachen Regionen mit hoher Arbeitslosigkeit kann das Land erhebliche finanzielle Zuschüsse an ansiedlungswillige Betriebe sowie an die betroffenen Gemeinden geben. Voraussetzung ist allerdings, daß eine Betriebsansiedlung auch wirklich positive Folgen für die Wirtschaft einer Region verspricht (mehr Arbeitsplätze, mehr Steuern usw.). Die Höhe der Zuschüsse bzw. Investitionshilfen richtet sich nach der Dringlichkeit, mit der wirtschaftliche Hilfen für eine Region erforderlich sind. Sowohl diese Frage als auch die Erfolgsaussichten einer Betriebsansiedlung bedürfen der sorgfältigen Prüfung durch Fachleute der zuständigen Ministerien des jeweiligen Bundeslandes. Die Region Bernau z.B. ist nach einer solchen Prüfung in die höchste Dringlichkeitsstufe eingeordnet worden. Das heißt, daß ein Unternehmen, das sich dort ansiedeln will, bis zu 25 Prozent seiner Investitionskosten als »verlorenen Zuschuß« vom Land erhalten kann.
Rechtliche Bindungen im Sinne einer langfristigen Arbeitsplatzgarantie sind im allgemeinen nicht üblich, können aber in Absprache zwischen Land und Unternehmen vereinbart werden – so z.B. die Verpflichtung, das Unternehmen mindestens zehn Jahre zu erhalten oder andernfalls einen Teil der Zuschüsse wieder zurückzuzahlen. Sorgfalt und Sparsamkeit der Landesregierung sind aber schon deshalb geboten, weil die Fördermittel inzwischen recht knapp, die bedürftigen Regionen und Gemeinden hingegen recht zahlreich geworden sind. Ähnliches gilt für die Zuschüsse des Landes an die Gemeinden, die im Falle der Erschließung eines Gewerbegebietes (Straßenbau, Strom- und Wasserversorgung) z.B. auf maximal 50 Prozent der Erschließungskosten begrenzt sind.

M 5 Finanzielle Belastungen und Begünstigungen der Stadt

Die Stadt Bernau muß mit Erschließungskosten für Straßenbau, Strom- und Wasserversorgung, Kläranlage usw. von etwa 10 Millionen DM rechnen. Dabei dürfte bei beiden Standorten (A oder B) so ziemlich die gleiche Summe herauskommen. Was bei Standort A z.B. an Straßenbaukosten gespart würde, dürfte durch höhere Grundstückspreise (Weinbaugelände) wieder an zusätzlichen Kosten hereinkommen. Auch wenn die Chemie-AG einen Teil der Erschließungskosten übernehmen sollte, so ist dennoch anzunehmen, daß der größte Teil auf der Gemeinde Bernau sitzen bleibt bzw. zu einem Teil vom Land übernommen wird (bis zu 50% der für die Gemeinde anfallenden Kosten!).

Allein 80 bis 100 Hektar Gelände (1 Hektar = 10.000 m^2) sind nach den Plänen der Chemie-AG erforderlich. Davon befinden sich 60 bis -70 Hektar im Privatbesitz und müßten erst noch angekauft werden. Beim Wiesengelände in der Bernbach-Aue (Standort B) dürfte der Quadratmeterpreis mit 2–3 DM noch relativ niedrig liegen. Die Weinbauern hingegen – sofern sie überhaupt verkaufen – werden sicherlich wesentlich mehr für den m^2 verlangen.

Auf der anderen Seite könnte die Gemeinde nach Fertigstellung der Fabrik und voller Produktionsaufnahme mit jährlichen Steuermehreinnahmen von 1 Million DM und mehr rechnen (Gewerbesteuer, Lohnsummensteuer). Vielleicht würde auch durch den Bau der Chemiefabrik das eine oder andere sonstige Unternehmen veranlaßt, sich dort niederzulassen. Nicht zu vergessen ist natürlich die Verbesserung der Lebensverhältnisse vieler Bürger (Arbeitsplätze, weniger Fahrzeit usw.). Eine stolze Bilanz also!

(Bericht im Bernbacher Tageblatt)

M 6 Die Lage der Landwirte in und um Bernau

Die Weinbaubetriebe sind überwiegend Vollerwerbsbetriebe und werfen nach der günstigen Entwicklung des Weinmarktes und -preises im allgemeinen so viel ab, daß die »Winzerfamilien« ihr gutes Auskommen haben. Betriebsgrößen zwischen 4 und 10 Hektar und relativ gut zu bewirtschaftende Anbauflächen (ziemlich flaches Gelände) tragen dazu bei. Anders verhält es sich bei den Acker- und Weidebauern. Sie bräuchten schon mindestens 20 Hektar, um einigermaßen über die Runden zu kommen. Die wenigsten Bauern aber haben derartige Anbauflächen. Hinzu kommt, daß die großen Wiesenflächen in der Bernbach-Aue zum erheblichen Teil ziemlich feucht sind und einen eher minderwertigen Grasbewuchs haben. Vor allem in regenreichen Zeiten bringt das Probleme. Daher haben einige Bauern vor Jahren versucht, auf ihren Grundstücken in der Bernbach-Aue Kies zu fördern bzw. fördern zu lassen. Bald aber zeigte sich, daß die Vorkommen nicht lohnend waren. Die Kiesförderung wurde eingestellt. Einige Baggerseen sind übriggeblieben. Aufgrund der beschriebenen Umstände ist verständlich, daß die vorrangig mit Ackerbau und Weidewirtschaft befaßten Landwirte überwiegend sogenannte »Nebenerwerbsbetriebe« haben. Sie sind im Grunde darauf angewiesen, außerhalb der Landwirtschaft noch etwas hinzuzuverdienen. Allerdings ist es für die zumeist ungelernten Landwirte zuletzt immer schwieriger geworden, in und um Bernau einen Arbeitsplatz zu finden. Wenn überhaupt, dann waren Hilfsarbeiterlöhne zwischen 12 und 16 DM pro Stunde die Regel. Der Bau der geplanten Chemiefabrik könnte für diesen Personenkreis neue Aussichten auf bessere Entlohnung und interessantere Arbeitsplätze eröffnen. Besonders wichtig und hilfreich wäre dies für jene Kleinbauern, die im Falle der Erschließung des Gewerbegebietes einen Teil ihrer Nutzfläche verlören und dringend auf neue Arbeits- und Verdienstmöglichkeiten angewiesen wären. Bei ihnen stünde die Chemie-AG besonders in der Pflicht, so daß schon was Ordentliches herausspringen müßte.

M 7 Die Bernbach-Aue: ein wichtiges Naturschutzgebiet

(Ein seltener Flußregenpfeifer bei der Brut.)

Die Bernbach-Aue zieht seit langem die Aufmerksamkeit der Naturschützer weit über die Grenzen von Bernau hinaus auf sich. Als intaktes, relativ feuchtes Wiesengelände, durchsetzt mit mehreren stillgelegten Kiesgruben (Baggerseen), ist sie eine Oase für seltene Pflanzen- und Tierarten. Wasserschwertlilie, Libellen und Wasserkäfer, Barren-Ringelnatter, Wechselkröte und seltene Limikolen und andere Wasservögel sind beispielhaft zu nennen. Gepflegt und gehegt wird das Gelände vom örtlichen Naturschutzverein, dessen Mitglieder viel Zeit und Geld investiert haben, um die Bernbach-Aue zu dem zu machen, was sie heute ist. Besucher und Besuchergruppen aus nah und fern sind ein eindrucksvolles Zeichen dafür, welche Wertschätzung die Bernbach-Aue als Naturschutzgebiet genießt. Ein anderes Indiz ist das Aufsehen, das mehrere Aufsätze über besondere Bruterfolge sowie seltene Pflanzen- und Tierarten in der Bernbach-Aue im gesamten Bundesgebiet erregt haben. Zwei Mitglieder des Bernauer Naturschutzvereins sind erst vor kurzem wegen ihres besonderen Einsatzes und ihrer besonderen Erfolge in Sachen Naturschutz vom zuständigen Landesminister ausgezeichnet worden. Professor Vogel hat u.a. aufgrund seiner Forschungen in der Bernbach-Aue sogar das Bundesverdienstkreuz erhalten. Die Errichtung der Chemiefabrik würde all diesen Naturschutzbemühungen und -erfolgen ein jähes Ende bereiten, zumal gerade die wichtigsten Feuchtgebiete von den Erschließungsmaßnahmen betroffen wären. Hinzu kommt, daß noch nicht abzusehen ist, welche Luft- und Abwasserverschmutzung das geplante Chemiewerk verursachen würde. Davon betroffen wären freilich nicht nur die Tiere und Pflanzen, sondern auch die Bewohner von Bernau und Umgebung.

M 8 Umweltminister rettet Naturschutzgebiet

Der Umweltminister eines benachbarten Bundeslandes hat kürzlich eine ziemliche einmalige Entscheidung getroffen. Er hat einen bereits rechtskräftigen Bebauungsplan, der ein Feuchtgebiet einschloß, zugunsten des Naturschutzes umgestoßen. Sein Ministerium sprach die einstweilige Sicherstellung des Gebietes aus. Es handelt sich dabei um ein Gebiet, das zwar schon seit langem für schutzwürdig gehalten wurde, dessen Wert man allerdings erst jetzt richtig erkannt hat. Biogeographen der Universität fanden im besagten Feuchtgebiet seltene Pflanzen und Tiere, zum Teil auch solche, die bereits vom Aussterben bedroht sind. Trotz dieser ökologischen Bedeutung wollte der Rat der betreffenden Stadt bis zuletzt an seinen Plänen festhalten, das Feuchtgebiet durch Spazierwege und andere Einrichtungen als Naherholungsgebiet zu erschließen. Gegen dieses Projekt hatte eine Bürgerinitiative zwischenzeitlich mehr als 1000 Unterschriften gesammelt.

Dieser Bürgerprotest sowie die wissenschaftlichen Untersuchungsbefunde haben nunmehr den Umweltminister einschreiten lassen. Die bisherigen Pläne des Stadtrats sind zunächst für ein Jahr storniert und werden in der alten Fassung sicherlich nie verwirklicht. Es ist ungewöhnlich, daß ein rechtskräftiger Bebauungsplan, der seinerzeit auch vom Umweltministerium abgesegnet worden war, noch einmal von Grund auf geändert wird. Das Ministerium begründet seine Maßnahme damit, daß der herausragende Wert des Feuchtgebietes erst ermittelt wurde, nachdem der Bebauungsplan schon rechtskräftig geworden war. Ein Sprecher der Stadtverwaltung äußerte demhingegen einen gewissen Unmut, da es nun einmal notwendig sei, daß im Interesse der Naherholung Abstriche beim Naturschutz gemacht würden.

2.2 Umweltverschmutzung in Talstadt

Das vorliegende Planspiel gibt den Schüler/innen Gelegenheit, sich aus unterschiedlichen Perspektiven mit dem Thema »Umweltverschmutzung« auseinanderzusetzen. Im Zentrum steht hierbei die Frage, was in Talstadt getan werden kann bzw. soll, damit die von zwei ortsansässigen Betrieben ausgehenden Schadstoffemissionen verringert werden, die nicht nur die betroffenen Anwohner belasten, sondern auch den Fremdenverkehr des Ortes beeinträchtigen. Die einzelnen Interessengruppen bzw. Rollen, die die Schüler/innen in diesem Problemkontext zu spielen haben, sind:

a) die Leitung der Papierfabrik,
b) die Leitung der Lackierfabrik,
c) der Stadtrat der Gemeinde Talstadt,
d) der örtliche Fremdenverkehrsverein,
e) der örtliche Anglerclub sowie
f) das zuständige Amt für Umweltschutz.

Nähere Hinweise zu diesen Rollen finden sich in der nachfolgenden Fallstudie sowie in den einzelnen Rollenkarten. Darüber hinaus stehen den Schüler/innen zur Fundierung ihrer Spielhandlungen einschlägige Informationsmaterialien zur Verfügung (M 1–M 9). Einen Überblick über die dokumentierten Spielunterlagen gibt der folgende Kasten .

Die Grundstruktur des Planspiels sieht wie folgt aus: In Talstadt, einem aufstrebenden Luftkurort mit 9000 Einwohnern, gibt es zwei größere Industriebetriebe, die die Umwelt ziemlich stark belasten und ins Kreuzfeuer der Kritik geraten sind, nämlich die Lackierfabrik und die Papierfabrik. Die Papierfabrik setzt dem Flüßchen Schwarzach mit ihren Abwässern erheblich zu, so daß es schon zum Fischsterben gekommen ist. Und die Lackierfabrik sorgt mit ihren Abgasen dafür, daß den Bewohnern bestimmter Wohngebiete gelegentlich die Lust am Atmen vergeht. Beide Firmen sind alteingesessene Unternehmen und sind mit Beschäftigtenzahlen von 500 (Papierfabrik) und 200 (Lackierfabrik) die größten Arbeitgeber der Stadt. Die Verantwortlichen der beiden Betriebe bestreiten die ihnen vorgeworfenen Verstöße gegen geltendes Umweltrecht und verweisen ansonsten darauf, daß für Umweltschutzmaßnahmen derzeit kein Geld da ist, da jede verfügbare Mark für Modernisierungs- und Rationalisierungsinvestitionen im Produktionsbereich benötigt werde. Allerdings sind mit dieser einseitigen Betonung

Spielunterlagen

1. Beschreibung der Problemsituation in der Gemeinde Talstadt (Fallstudie)
2. Arbeitskarte: Überblick über die einzelnen Spieletappen (für alle Gruppen gleich)
3. Rollenkarten: Spezifische Hinweise zu den einzelnen Rollen (für alle Gruppen verschieden)
4. Informationszeitung: Vertiefende Sach-und Fachinformationen
   - *M 1: Die wirtschaftliche Situation der beiden Betriebe*
   - *M 2: Gutachten des TÜV zur Umweltbelastung*
   - *M 3: Abwasserreinigung bei der Papierfabrik*
   - *M 4: Luftreinhaltung bei der Lackierfabrik*
   - *M 5: Zeitungsberichte zu Talstadts Umweltproblemen*
   - *M 6: Die wirtschaftliche und finanzielle Lage der Stadt*
   - *M 7: Die verschiedenen Gütestufen bei Fließgewässern*
   - *M 8: Informationen des Umweltbundesamtes*
   - *M 9: Auszüge aus verschiedenen Umweltgesetzen*
5. Ereigniskarten: Impulskarten für die Hand des Lehrers (für den gelegentlichen Einsatz)
6. Arbeitsformulare: Protokollvordrucke und Briefformulare (s. S. 42–44)

der Ökonomie vor der Ökologie längst nicht alle angeführten Interessengruppen einverstanden. Einige Gruppen sehen sehr wohl mögliche und zumutbare Wege, wie die beklagten Umweltbelastungen entscheidend reduziert werden könnten. Für einen spannungsgeladenen Planungs- und Verhandlungsprozeß ist also gesorgt. Im Mittelpunkt der Spielaktivitäten stehen dabei die folgenden Leitfragen:

- Inwieweit verstoßen die beiden Betriebe gegen Umweltschutzvorschriften und darin genannte Emissions-Grenzwerte?
- Wenn Verstöße vorliegen, was kann/soll der jeweilige Betrieb zur Verringerung des Schadstoffausstoßes tun? Was passiert, wenn er nichts oder zuwenig tut?
- Inwieweit darf/muß der Umweltschutz zurücktreten, wenn ein Betrieb durch die verordneten Umweltschutzinvestitionen in seiner Existenz gefährdet wird? Ist es dann nicht in Ordnung, wenn die betreffende Betriebsleitung zuerst und vor allem die Modernisierung und Rationalisierung der Produktion im Auge hat und diesbezüglich investiert, damit die Kosten sinken, die Produktion steigt und die Konkurrenzfähigkeit des Betriebes gewahrt bleibt?
- Wenn tatsächlich in einen verbesserten Umweltschutz investiert werden sollte, wer trägt die Kosten? Gewährt die Stadt eventuell Zuschüsse?
- Erhalten die Angler Schadenersatz wegen des wiederholten Fischsterbens? Wenn ja, in welcher Höhe und von wem?
- Kann/Soll etwas dagegen unternommen werden, wenn die Lackierfabrik die geplante neue Produktionshalle baut oder die Papierfabrik womöglich ganz verkauft wird?

Diese Leitfragen deuten an, in welche Richtung das inhaltlich-fachliche Lernen im Rahmen des Planspiels geht. Die Schüler/innen lernen eine ganze Menge über Umweltschmutz und Umweltschutz, über Gewinnstreben und betriebswirtschaftliche Zwänge, über Luftreinhaltung und Gewässerschutz, über kommunale Aufgaben und umweltrechtliche Vorschriften, über Macht und Ohnmacht, über politische Strategien und politische Prozesse. Doch nicht nur das. Sie üben sich zugleich darin, bestehende Sachverhalte und Meinungen zu problematisieren und kritisch Stellung zu beziehen, die eigene Urteilsbildung voranzubringen und insgesamt sensibler zu werden für die praktischen Probleme und Restriktionen einer wirksamen Umweltpolitik vor Ort. Sie versuchen sich darüber hinaus im konstruktiven Denken und kreativen Handeln. Sie entwickeln strategische Alternativen und trainieren ihre mündliche und schriftliche Ausdrucksfähigkeit. Sie lernen zu argumentieren und zu taktieren, Informationen zu erfassen und zu analysieren, zu planen und zu entscheiden, zu agieren und zu reagieren. Kurzum, sie lernen in ebenso vielschichtiger wie intensiver Weise methodisch-strategische, sozial-kommunikative und inhaltlich-fachliche Fähigkeiten und Fertigkeiten.

Zum Ablauf des Planspiels: Detailliertere Hinweise zu den einzelnen Phasen des Planspiels finden sich auf den Seiten 23ff. dieses Buches. Diese sollten vor Spielbeginn auf jeden Fall gelesen werden. Die Einführung der Schüler/innen sieht generell so aus, daß die Lehrkraft zunächst einige orientierende und motivierende Vorbemerkungen zum anstehenden Planspiel macht (vgl. S. 47). Daran anschließend erhalten die Schüler/innen zuerst die Fallstudie und dann die Arbeitskarte zur vertiefenden Einarbeitung in den Aufbau und das Prozedere des Planspiels. Alsdann werden die Gruppen gebildet, die Rollenkarten gelesen und schließlich die Informationszeitungen verteilt und kursorisch durchgearbeitet. Erst jetzt beginnt die gezielte Diskussion und Meinungsbildung in den einzelnen Spielgruppen. Für diese Vorbereitungs- wie für die anschließende Verhandlungsphase sind je 2 Unterrichtsstunden anzusetzen. Nähere Hinweise zur Verhandlungsphase finden die Schüler/innen auf ihren Arbeits- und Rollenkarten. Einige Ereigniskarten, die der Lehrer im Zuge dieses Verhandlungsprozesses wahlweise eingeben kann, sind zudem auf Seite 94 dokumentiert. Abgeschlossen wird das Planspiel in einer 3. Doppelstunde mit einer Konferenzphase und einem gezielten Feedback zum Spielverlauf und zu den mehr oder weniger tragfähigen Spielergebnissen. Die Leitung der Konferenz liegt beim Bürgermeister der Gemeinde Talstadt (Lehrer), Herrn Klein, der zu einer Art Schlichtungskonferenz eingeladen hat, um die bestehenden Meinungsverschiedenheiten möglichst einvernehmlich auszuräumen. Die Gruppensprecher geben zunächst in der Reihenfolge: Anglerclub → Fremdenverkehrsverein → Amt für Umweltschutz → Papierfabrik → Lackierfabrik → Stadtrat ihre Eingangsstatements ab (vgl. dazu den Protokollvordruck auf S. 44). Dann folgt eine offene Diskussion, die nach Ablauf der vereinbaren Zeit nötigenfalls abgebrochen wird. Alsdann schließt sich das besagte Feedback der Schüler/innen zum Spielprozeß an.

Nachbereitet werden kann das Planspiel u.a. dadurch, daß der Spielverlauf gezielt rekonstruiert sowie das methodische und das interaktive Vorgehen der Schüler/innen eingehender analysiert und problematisiert werden. Weiterhin bietet sich zur fachlichen Vertiefung z.B. an, daß eine konkrete Kläranlage im Nahbereich erkundet und/oder gezielte Expertengespräche geführt werden.

Ereigniskarten

Die neueste TÜV-Messung besagt: Die Abwässer der Papierfabrik sind noch dreckiger geworden. Ihr Sauerstoffbedarf liegt mittlerweile bei 30 Milligramm pro Liter Wasser (vgl. dazu M 2). *An: Papierfabrik/Amt für US/Anglerclub*	Die neueste TÜV-Messung hat erbracht: Der Schadstoffausstoß der Lackierfabrik ist deutlich angestiegen. Er beträgt gegenwärtig durchschnittlich 180 Milligramm pro Kubikmeter Luft vgl. dazu M 2). *An: Lackierfabrik/Amt für US/ Fremdenverkehrsverein*
Wasserproben haben ergeben, daß auch die Lackierfabrik erheblich zur Verschmutzung der Schwarzach beiträgt. Allerdings sind die erlaubten Höchstwerte noch nicht überschritten. *An: Lackierfabrik/Amt für US/ Fremdenverkehrsverein*	Ein großes Verpackungsunternehmen möchte die Papierfabrik kaufen und hat 8 Millionen DM geboten. Der tatsächliche Fabrikwert wird von Experten allerdings auf rund 20 Millionen DM geschätzt. Ferner will das Verpackungsunternehmen im Falle eines Kaufes mindestens 200 der 500 Beschäftigten entlassen. *An: Papierfabrik/Stadtrat*
Die Geschäfte der Lackierfabrik sind überraschend eingebrochen. Ein großer Auftraggeber ist pleite gegangen. Dadurch ist die Produktion um nahezu 20 Prozent zurückgegangen. Der fürs laufende Jahr erwartete Gewinn verwandelt sich damit voraussichtlich in einen leichten Verlust von vielleicht 200.000 DM. *An: Lackierfabrik/Stadtrat*	Ein Unternehmensberater hat die Papierfabrik analysiert und für die nächsten Jahre gute Absatz- und Gewinnaussichten bescheinigt, wenn etwa 200 Arbeitskräfte entlassen und rund 2 Mio. DM in die Modernisierung der Produktion gesteckt werden. *An: Papierfabrik/Stadtrat*
Die Papierfabrik kann aufgrund einer kräftigen Absatzsteigerung im letzten Halbjahr für das laufende Jahr statt des erwarteten Verlusts miteinem Gewinn von etwa 600.000 DM rechnen. *An: Papierfabrik/Stadtrat*	Die Übernachtungszahlen im Fremdenverkehrsgewerbe werden im laufenden Jahr um etwa 10 Prozent niedriger liegen als im Vorjahr. Wie eine erste Analyse der Buchungen zeigt, sind überraschend viele Stammgäste ausgeblieben. *An: Fremdenverkehrsverein/Anglerclub*
In einer großen Touristikzeitschrift ist ein kritischer Artikel über Talstadt erschienen, in dem auf die riechbaren und erlebbaren Umweltprobleme des Luftkurorts hingewiesen und das Etikett »nicht empfehlenswert« verliehen wird. *An: Fremdenverkehrsverein/Anglerclub/Stadtrat*	In der vorigen Woche hat es in der Schwarzach unterhalb der Papierfabrik erneut ein ausgeprägtes Fischsterben gegeben. Der Schaden für den Anglerclub beläuft sich nach ersten Schätzungen auf mindestens 5.000 DM. Auslöser dieses Fischsterbens könnte auch die heiße Witterung während der letzten Zeit sein. *An: Anglerclub/Papierfabrik/Amt für US*

Hinweis: Wenn die Ereigniskarten eingesetzt werden, bitte die Adressatenhinweise löschen, damit die einzelnen Spielgruppen die ins Auge gefaßten Adressaten nicht kennen. Außerdem: Die Adressatenhinweise sind nur Vorschläge!

✎ Planspiel: Umweltverschmutzung in Talstadt

Beschreibung der Problemsituation (Fallstudie)

In Talstadt, einer Gemeinde mit rund 9.000 Einwohnern, ist die Umwelt längst nicht mehr in Ordnung. Für erheblichen Ärger, Gestank und sonstige unangenehme Folgen sorgen zwei örtliche Industriebetriebe: die Lackierfabrik und die Papierfabrik. Das ist deshalb besonders problematisch, weil Talstadt ein angesehener Luftkurort am Auslauf des landschaftlich schönen Schwarzachtals ist. Seine Bewohner leben zum überwiegenden Teil vom Fremdenverkehr, der sich in den letzten Jahren recht günstig entwickelt hat. Die Gäste- und Übernachtungszahlen sind deutlich gestiegen und lassen auch für die Zukunft einiges erwarten. Hotels, Gaststätten und Pensionen sind in ausreichender Zahl vorhanden. Hinzu kommen ein komfortables Erlebnisbad sowie zahlreiche weitere attraktive Freizeiteinrichtungen.

Industriebetriebe gibt es in Talstadt nur wenige. Darunter nehmen die Papierfabrik mit 500 Beschäftigten und die Lackierfabrik mit 200 Beschäftigten eine Sonderstellung ein. Beide Betriebe sind bereits zu einer Zeit errichtet worden, als der Fremdenverkehr noch eine ziemlich untergeordnete Rolle spielte. Beschäftigt werden vorwiegend an- und ungelernte Arbeitnehmer. Die Bezahlung liegt für den Raum Talstadt relativ hoch, bedingt allerdings vor allem durch die verhältnismäßig harten und schmutzigen Arbeitsbedingungen.

In letzter Zeit sehen sich die beiden Fabriken zunehmender Kritik ausgesetzt. Die *Papierfabrik* deshalb, weil ihr Abwasser die Schwarzach offenbar so sehr belastet, daß Forellen, die auf reines und sauerstoffreiches Wasser angewiesen sind, in den letzten Jahren fast völlig ausgestorben sind. Auch bei anderen empfindlichen Fischarten (z.B. Aalen) sind Schädigungen beobachtet worden. Die Fische benötigen durchschnittlich 4 Milligramm Sauerstoff pro Liter Wasser. Dieser Sauerstoffgehalt ist aber im Bereich der Papierfabrik nicht mehr gewährleistet (vgl. M 2). Die mechanische Kläranlage der Papierfabrik filtert lediglich die gröberen Schadstoffe heraus. Eine Sauerstoffanreicherung durch eine leistungsfähige biologische Klärstufe findet bisher nicht statt (vgl. M 3). Ganz anders sind die Proble-

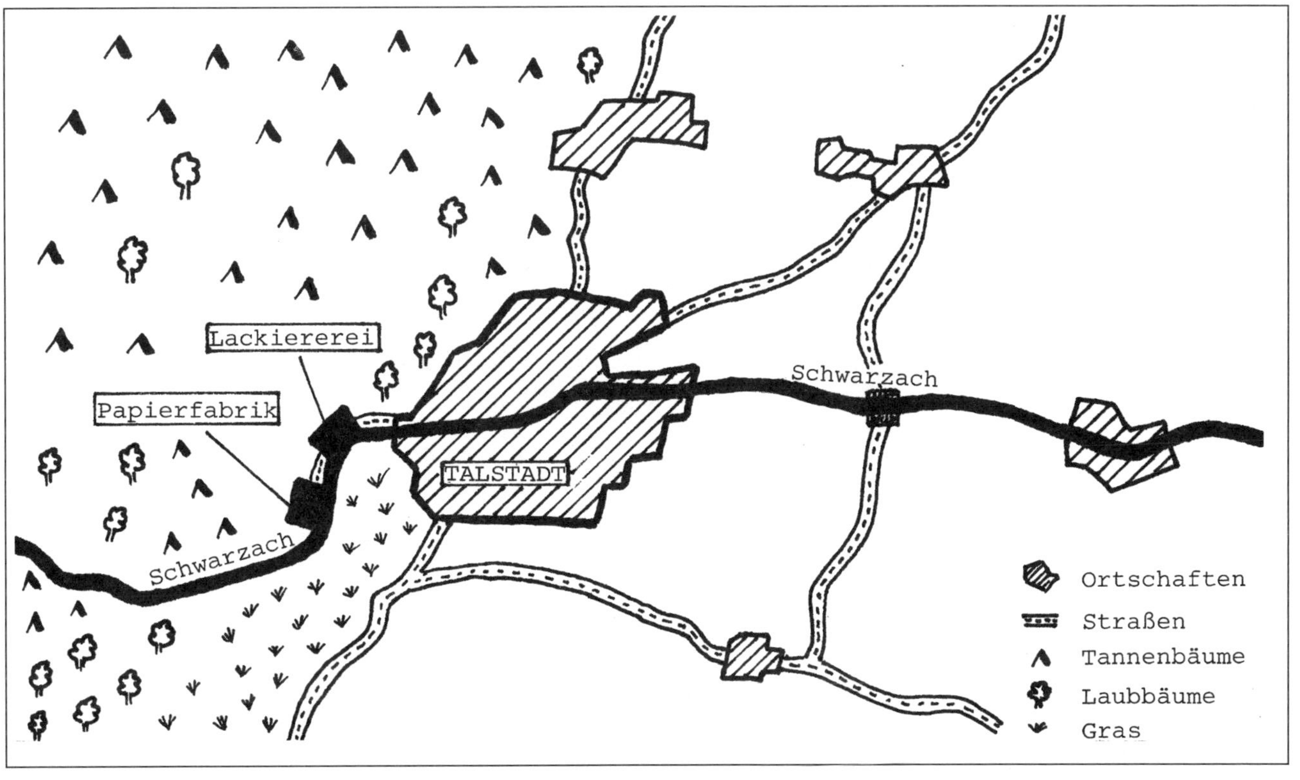

me der *Lackierfabrik*. Ihr Makel ist eine zum Teil unerträgliche Geruchsbelästigung, unter der insbesondere die Bewohner des fabriknahen Wohngebiets zu leiden haben. In diesem Wohngebiet befinden sich auch mehrere Hotels und Pensionen. Beklagt werden Unwohlsein und Erbrechen, die insbesondere nachts auftreten, wenn offenbar besonders große Schadstoffmengen in die Luft abgegeben werden. Zwar werden die Dämpfe und Abgase der Lackierfabrik gefiltert und durch einen Schornstein in höhere Luftregionen abgeleitet. Die bestehenden Filteranlagen sind jedoch ziemlich veraltet. Hinzu kommt, daß die Lackierfabrik vor vier Jahren erheblich vergrößert wurde, ohne daß zusätzliche Umweltschutzmaßnahmen getroffen wurden.

Für die Gemeinde Talstadt sind die geschilderten Umweltprobleme deshalb so ernst, weil darunter über kurz oder lang der Fremdenverkehr leiden muß, auf den die Stadt und ihre Bürger so sehr angewiesen sind. Der *Fremdenverkehrsverein* hat deshalb beim Stadtrat nachdrücklichen Protest eingelegt. Seine Forderung: Die Luft- und Wasserverunreinigungen durch die beiden Betriebe sind umgehend zu überprüfen und zu stoppen. Unterstützt wird er dabei vom örtlichen *Anglerclub*, dessen Mitglieder Jahr für Jahr beträchtliche Geldbeträge für Gewässerpacht und Fischpflege ausgeben und dafür ein hinreichend sauberes Gewässer verlangen. Der *Stadtrat* hat Verständnis für die Beschwerden und Forderungen, weist andererseits jedoch darauf hin, daß die beiden Betriebe für die Stadt und die ganze Region wichtige Arbeitgeber waren und sind. Sie hätten stets gute Steuern gezahlt und sich im Rahmen der geltenden Umweltschutzvorschriften bewegt. Wenn letzteres möglicherweise nicht mehr gelte, dann müßten objektive Prüfungen vorgenommen werden. Der Stadtrat hat daher das *Amt für Umweltschutz* eingeschaltet. Dieses hat seinerseits den Technischen Überwachungs-Verein (TÜV) beauftragt, die erforderlichen Messungen und Proben durchzuführen und ein entsprechendes Gutachten zu erstellen. Dieses Gutachten ist zur Zeit in Arbeit und wird möglicherweise Nachlässigkeiten und Grenzwertüberschreitungen der beiden Betriebe belegen. Doch noch ist nichts erwiesen. Die Geschäftsführer der Papierfabrik und der Lackfabrik haben auf jeden Fall beteuert, daß sich die Emissionen im Rahmen der geltenden Grenzwerte bewegten. Kostspielige Umweltschutzinvestitionen könnten sich ihre Betriebe derzeit unter keinen Umständen leisten, da die Gewinne spärlich flössen und andere Investitionen unbedingt Vorrang haben müßten.

Für Spannung und Gesprächsstoff ist also gesorgt. Wie die Planungen und Verhandlungen in Talstadt letztlich ausgehen werden, das muß das Planspiel zeigen. Wie das Spiel aufgebaut ist, wie es abläuft und welche Rollen zu übernehmen sind, das könnt Ihr aus dem abgebildeten Schema sowie aus den Arbeits- und Rollenkarten ersehen, die Euch alsbald ausgeteilt werden. Viel Glück und Erfolg beim Planen und Verhandeln!

Spielübersicht

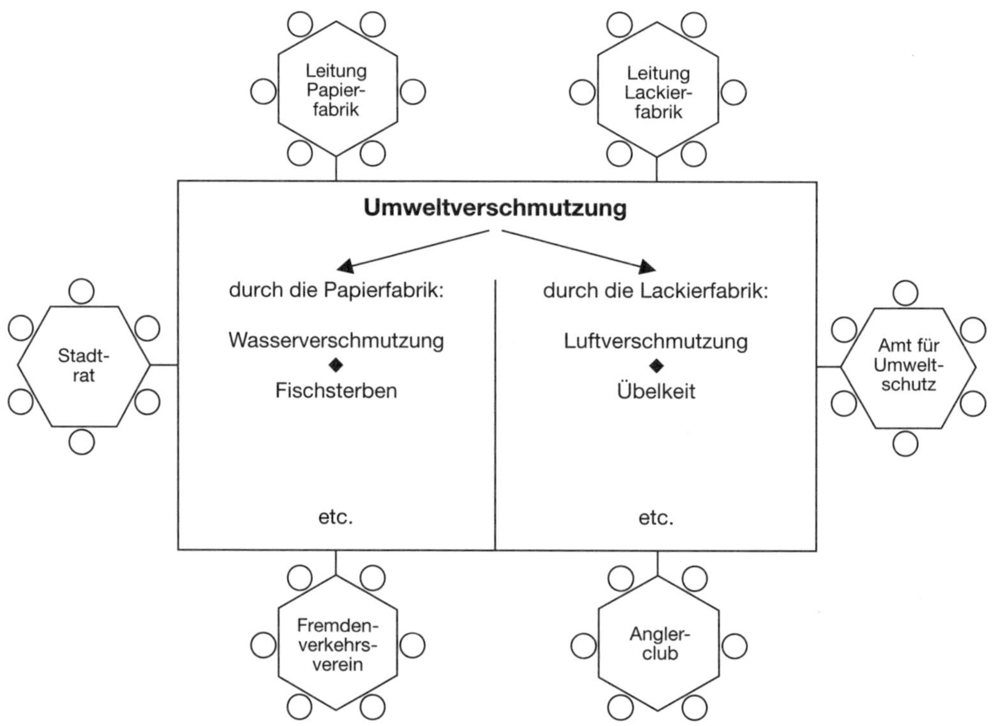

Arbeitskarte

Hinweise zum Spielverlauf

1. Lest die Spielunterlagen durch, unterstreicht wichtige Stellen (vor allem die, die Euch als Gruppe betreffen), klärt etwaige Verständnisfragen, und macht Euch klar, wie das Planspiel aufgebaut ist, welche Interessengruppen es gibt und wie das Spiel abläuft!
2. Versetzt Euch in Eure Rolle hinein! Diskutiert Eure Situation, klärt Eure Ziele und Interessen, und überlegt, wie die anstehenden Probleme und Fragen gelöst werden können (Fragen siehe unten). Welche Argumente und Vorschläge wollt Ihr vorbringen? Mit welchen Gruppen wollt Ihr verhandeln? Gibt es Bündnispartner, die Ihr für Eure Vorstellungen und Vorschläge gewinnen könnt?
3. Überlegt auch: In welcher Lage befinden sich die anderen Gruppen? Was werden sie vermutlich tun? Welche Argumente werden sie Euch womöglich entgegenhalten? Wie könnt/wollt Ihr darauf reagieren?
4. Setzt Euch nach dieser Vorbereitungsphase mit der einen oder anderen Gruppe in Verbindung, die Euch als Gesprächspartner wichtig erscheint! Schreibt Briefe! Führt mündliche Verhandlungen! Informiert Euch! Trefft Absprachen!
5. Teilt Eure Gruppe bei Bedarf in Zweier- oder Dreierteams auf, und geht die ins Auge gefaßten Aufgaben und Gespräche arbeitsteilig an! Dadurch könnt Ihr mehr Kontakte pflegen, mehr Informationen einholen und insgesamt vielseitiger verhandeln.
6. Beantwortet die schriftlichen und mündlichen Anfragen und/oder Stellungnahmen, die die anderen Gruppen an Euch richten! Schreibt Antwortbriefe, und entsendet gegebenenfalls Verhandlungsdelegationen!
7. Bereitet Euch am Ende dieser Verhandlungsphase gut auf die anschließende Konferenz vor, an der alle Gruppen teilnehmen und ihre Problemlösungsvorschläge einbringen werden! Überlegt Euch gut, wie Ihr im Rahmen der Konferenz argumentieren und taktisch vorgehen wollt! Schreibt Euch stichwortartig auf, was Ihr in Eurer Stellungnahme zu Beginn der Konferenz sagen und vorschlagen wollt! Bestimmt einen Gruppensprecher, der diese Stellungnahme abgibt!
8. Die Konferenz selbst läuft so ab, daß zunächst jeder Gruppensprecher in einer 3- bis 5minütigen Stellungnahme den bisherigen Verhandlungsverlauf kommentiert und die aktuellen Problemlösungsvorschläge seiner Gruppe vorstellt und erläutert. Dann folgt die Diskussion dieser Vorschläge. Ziel dieser Diskussion ist es, die unterschiedlichen Meinungen und Problemlösungsvorschläge einander anzunähern und möglicherweise auch zu einem Kompromiß zu kommen.

Planungs- und Entscheidungsfragen, die im Spielverlauf zu verhandeln sind

- Inwieweit verstoßen die beiden Betriebe gegen geltende Umweltschutzvorschriften und darin genannte Emissions-Grenzwerte?
- Wenn Verstöße vorliegen, was kann/soll der jeweilige Betrieb zur Minderung des Schadstoffausstoßes tun? Was passiert, wenn er nichts oder zuwenig tut?
- Inwieweit darf/muß der Umweltschutz zurücktreten, wenn ein Betrieb durch die verordneten Umweltschutzmaßnahmen in seiner Existenz gefährdet wird?
- Wenn tatsächlich in einen verbesserten Umweltschutz investiert werden sollte, wer trägt die Kosten? Gewährt die Stadt (der Staat) eventuell Zuschüsse?
- Erhalten die Angler Schadenersatz wegen des wiederholten Fischsterbens? Wenn ja, in welcher Höhe und von wem?
- Kann/Soll etwas dagegen unternommen werden, daß die Lackierfabrik die geplante neue Halle baut oder die Papierfabrik womöglich verkauft wird?

usw.

R1 Stadtrat

Das ist Eure Rolle: Ihr seid Mitglieder des Stadtrates. Eure Aufgabe ist es, im Interesse der Bürger Politik zu machen. Ihr setzt Euch für die Erhaltung bzw. Schaffung von Arbeitsplätzen ein. Ihr seid aber auch bestrebt, eine saubere Umwelt sicherzustellen, damit Talstadts Ruf als Luftkurort keinen Schaden nimmt. Talstadt als Luftkurort ist nämlich darauf angewiesen, daß Luft und Natur sauber und ansehnlich bleiben. Eure Aufgabe ist nicht ganz leicht, weil Arbeitsplatzsicherung und saubere Umwelt nicht so ohne weiteres unter einen Hut zu bringen sind.

Das könnt Ihr z.B. tun: ■ mit den beiden Betrieben Gespräche über Arbeitsplätze und Umweltschutz führen; ■ die bestehenden Probleme mit dem Fremdenverkehrsverein und dem Anglerclub beraten; ■ das Amt für Umweltschutz um Auskünfte ersuchen; ■ mit der Papierfabrik über mögliche staatliche Zuschüsse verhandeln; ■ Anfragen und Stellungnahmen anderer Gruppen beantworten ... usw.

Zusatzinformationen und Denkanstöße

1. *Das Land hat Euch für umweltschützende Maßnahmen einen Zuschuß von maximal 2 Mio. DM in Aussicht gestellt. Allerdings müßt Ihr die Bedürftigkeit und die Seriosität der betreffenden Betriebe streng prüfen, ehe Ihr Zuschüsse vergebt.*
2. *Die Papierfabrik ist wirtschaftlich schlecht dran. Gerüchte besagen, daß sie womöglich verkauft und nach und nach von Talstadt wegverlagert wird (erkundigt Euch!).*
3. *Der Lackierfabrik geht es wirtschaftlich relativ gut, so daß sie eigentlich aus eigener Kraft in der Lage sein müßte, die Abluftreinigung zu verbessern.*
4. *Der Fremdenverkehr ist für Talstadt ein wichtiger Wirtschaftsfaktor. Er sichert Arbeitsplätze und bringt Geld in die Stadtkasse. Vorsicht, Anglerclub! Ihm gehören einflußreiche Leute der Stadt an, die Ihr für Eure Wiederwahl braucht!*
5. *Falls das Management die Papierfabrik verkaufen will, verlangt Ihr umgehend die von Euch gewährten Darlehen in Höhe von 4 Mio. DM zurück.*

R2 Amt für Umweltschutz

Das ist Eure Rolle: Ihr seid die zuständige Umweltschutzbehörde und als solche für die Luftreinhaltung und den Gewässerschutz zuständig. Ihr habt u.a. die Aufgabe, die Betriebe in Eurer Region zu überwachen und gegen etwaige Verstöße vorzugehen. Ihr stützt Euch auf Gesetze (s. M 9) und TÜV-Gutachten (s. M 2). Ihr könnt Maßnahmen anordnen und nötigenfalls auch Bußgeld verhängen. Allerdings erwarten Eure Vorgesetzten von Euch, daß Ihr den Betrieben vorsichtig begegnet und im Einzelfall prüft, was möglich, was nötig und was wirtschaftlich zumutbar ist.

Das könnt Ihr z.B. tun: ■ Gespräche mit dem Management der Papier- und der Lackierfabrik führen; ■ unter Umständen konkrete Maßnahmen anordnen (s. M 3 und M 4); ■ mit dem Stadtrat die wirtschaftliche Lage der Stadt und der Betriebe beraten; ■ Informationsgespräche mit dem Anglerclub und dem Fremdenverkehrsverein führen; ■ den Betrieben Bußgelder androhen; ■ eingehende Anfragen beantworten ... usw.

Zusatzinformationen und Denkanstöße

1. *Achtet besonders auf die Gesetze (M 9) und das TÜV-Gutachten (M 2). Bedenkt bei Euren Maßnahmen ferner die wirtschaftliche Lage der Betriebe.*
2. *Die im TÜV-Gutachten genannten »Grenzwerte« entstammen der »Verwaltungsvorschrift zum Gewässerschutz« sowie der »Technischen Anleitung Luft«.*
3. *Die Grenzwerte stellen Mindestanforderungen dar. Ihr strebt bessere Werte an!*
4. *Das zuständige Ministerium hat Euch Anweisung erteilt, beim Gewässerschutz für ein Erreichen der Güteklasse II (s. M 7) hinzuwirken.*
5. *Strafen werden erst ausgesprochen, wenn einer vorherigen »Anordnung« zur Behebung des jeweiligen Umweltverstoßes nicht Folge geleistet wurde.*
6. *Der Papierfabrik habt Ihr bereits vor einem halben Jahr eine solche Anordnung zugeschickt. Ihr könntet also ein Bußgeld androhen (wieviel?).*

R3 Leitung der Papierfabrik

Das ist Eure Rolle: Ihr seid die Geschäftsführer der Papierfabrik und zugleich deren Besitzer. Euer Ziel ist es, den Betrieb so zu führen, daß er möglichst viel Gewinn abwirft. Zur Zeit macht Ihr Verluste. Das muß sich ändern, und das wollt Ihr ändern. Doch was tun? Ihr könnt modernisieren, Leute entlassen, neue Kunden gewinnen oder Eure Firma notfalls auch ganz verkaufen, wenn Ihr einen Interessenten findet. Ihr könnt aber auch Zuschüsse bei der Stadt beantragen, um zum Beispiel eine neue Kläranlage zu bauen. Wie diese aussehen sollte, müßt Ihr entscheiden (s. M 3).

Das könnt Ihr z.B. tun: ■ Subventionen/Zuschüsse beim Stadtrat beantragen; ■ beim Amt für Umweltschutz eine Ausnahmegenehmigung beantragen und begründen; ■ mit der Leitung der Lackierfabrik zusammenarbeiten; ■ mit dem Anglerclub über eine Entschädigung verhandeln; ■ ein Konzept zur Rettung Eurer Firma entwickeln; ■ Anfragen und Stellungnahmen anderer Gruppen beantworten ... usw.

Zusatzinformationen und Denkanstöße

1. *Eure Geschäftsentwicklung verläuft sehr ungünstig (s. M 1). Ihr müßt preisgünstiger werden und neue/bessere Produkte auf den Markt bringen. Ein Berater hat Euch empfohlen, 3–4 Mio. DM in die Modernisierung zu stecken. Sicher ist der Erfolg jedoch nicht.*
2. *An Investitionsmitteln (Rücklagen) habt Ihr 3 Mio. DM zur Verfügung. Was Ihr zusätzlich braucht (z.B. für die Kläranlage), muß als Kredit beschafft werden (Zins: 10%).*
3. *Falls Ihr ein Angebot erhaltet, Eure Fabrik zu verkaufen, bedenkt bitte, daß der Stadtrat das Recht hat, gewährte Darlehen umgehend zurückzuverlangen.*
4. *Bereits vor einem halben Jahr hat das Amt für Umweltschutz angeordnet, daß Ihr die Abwasserklärung verbessern sollt. Getan habt Ihr bisher nichts.*
5. *Das Amt für Umweltschutz muß immer auch die wirtschaftliche Lage der Betriebe berücksichtigen und bei schlechter Geschäftslage Nachsicht zeigen.*

R4 Leitung der Lackierfabrik

Das ist Eure Rolle: Ihr seid die Geschäftsführer der Lackierfabrik und zugleich deren Besitzer. Euer Ziel ist es, den Betrieb so zu führen, daß er möglichst viel Gewinn abwirft. Das ist Euch in letzter Zeit recht gut gelungen. Ihr könnt gegenwärtig gar nicht alle Aufträge erfüllen. Deshalb plant Ihr den Bau einer neuen Produktionshalle (siehe unten). Das brächte etwa 30–40 neue Arbeitsplätze. Außerdem wollt Ihr weiter modernisieren und rationalisieren, um Kosten zu senken, preisgünstig zu sein und konkurrenzfähig zu bleiben. Für Umweltschutz habt Ihr im Grunde genommen nicht viel Geld übrig.

Das könnt Ihr z.B. tun: ■ dem Stadtrat Euren Plan einer neuen Produktionshalle vorstellen; ■ mit dem Stadtrat und dem Amt für Umweltschutz über etwaige Maßnahmen zur Verbesserung der Abluftreinigung beraten/vom Stadtrat Zuschüsse fordern; ■ mit dem Fremdenverkehrsverein ein Gespräch führen; ■ mit der Leitung der Papierfabrik zusammenarbeiten; ■ Anfragen und Forderungen anderer Gruppen beantworten ... usw.

Zusatzinformationen und Denkanstöße

1. *Ihr habt Rücklagen in Höhe von 2,5 Mio. DM gebildet, die für Investitionen zur Verfügung stünden. Darüber hinaus müßten Kredite aufgenommen werden (Zins: 10%).*
2. *Die geplante Produktionshalle würde rund 2–2,5 Mio. DM kosten, neue Maschinen eingeschlossen. Sie würde Euren Betrieb moderner und leistungsfähiger machen und zugleich etwa 40 neue Arbeitsplätze bringen.*
3. *Aus gutunterrichteter Quelle wißt Ihr, daß bei der Papierfabrik Entlassungen anstehen und sogar der Verkauf der Fabrik erwogen wird (erkundigt Euch!).*
4. *Das Bundes-Immissionsschutzgesetz (s. M 9) schreibt vor, daß nachträgliche Umweltschutzeinbauten für den Betreiber wirtschaftlich zumutbar sein müssen.*
5. *Bei großzügiger Auslegungen der Gesetzesbestimmungen erfüllt Ihr die geltenden Umweltschutznormen allesamt (s. M 2).*

R5 Fremdenverkehrsverein

Das ist Eure Rolle: Ihr seid der Vorstand des Fremdenverkehrsvereins. Eure Aufgabe ist es, die Interessen und Anliegen der Fremdenverkehrsbetriebe zu vertreten. Ihr befürchtet, daß durch die Luftverschmutzung und die Geruchsbelästigung mancher Kur- und Feriengast abgeschreckt werden könnte. Deshalb drängt Ihr darauf, daß die Lackiererei endlich mehr tut, um die Luftverunreinigung wirksam zu reduzieren. Euer Wort hat in Talstadt schon deshalb viel Gewicht, weil Ihr einflußreiche Leute seid und weil das Fremdenverkehrsgewerbe zahlreiche Arbeitsplätze bereitstellt.

Das könnt Ihr z.B. tun: ■ beim Stadtrat Protest einlegen und mit diesem die Lage beraten; ■ präzise Forderungen an die Lackierfabrik stellen (s. M 4); ■ beim Amt für Umweltschutz darauf drängen, daß dieses einschreitet; ■ Flugblatt anfertigen und verteilen; ■ Plakate zur Information der Bevölkerung erstellen; ■ eng mit dem Anglerclub zusammenarbeiten; ■ eingehende Anfragen beantworten ... usw.

Zusatzinformationen und Denkanstöße

1. *Das Fremdenverkehrsgewerbe ist ein wichtiger Wirtschaftsfaktor in Talstadt. Es beschäftigt viele Arbeitskräfte und zahlt eine Menge Gewerbesteuer.*
2. *Talstadt ist ein Luftkurort und wirbt auf Plakaten mit dem Slogan »Besuchen Sie Talstadt, denn dort ist die Natur noch in Ordnung«.*
3. *Die Geruchsbelästigung betrifft vor allem die Waldsiedlung, in der sich eine Reihe von Hotels und Pensionen befinden.*
4. *Das TÜV-Gutachten weist nach, daß die Umweltschutzmaßnahmen der Lackierfabrik zu wünschen übriglassen. Verbesserungen sind möglich und finanziell für die Lackierfabrik eigentlich auch verkraftbar.*
5. *Die »Bürgerpartei«, die bisher im Stadtrat die Mehrheit hat und auch den Bürgermeister stellt, muß bei der nächsten Wahl um ihre Mehrheit fürchten, wenn Ihr wegen einer zu laschen Umweltpolitik Stimmung gegen sie macht!*

R6 Anglerclub

Das ist Eure Rolle: Ihr seid der Vorstand des Anglerclubs. Euer Ziel ist es, das Flüßchen Schwarzach als sauberes und fischreiches Gewässer zu erhalten. Ihr wollt Spaß am Angeln und an der gesamten Natur im Schwarzachtal haben. Schließlich steckt Ihr eine Menge Zeit und Geld in Euer Hobby. Ihr seid deshalb gewillt, alle Hebel in Bewegung zu setzen, um die Papierfabrik zu einer besseren Abwasserreinigung zu bewegen. Außerdem besteht Ihr auf einem angemessenen Schadenersatz. Auch eine öffentlichkeitswirksame Demonstration mit Plakaten/Transparenten schließt Ihr nicht aus.

Das könnt Ihr z.B. tun: ■ dem Stadtrat Druck machen, damit er sich stärker für den Gewässerschutz einsetzt; ■ Protestbrief an das Amt für Umweltschutz schreiben; ■ mit der Papierfabrik verhandeln und deutliche Forderungen stellen; ■ Flugblatt anfertigen und verteilen; ■ Plakate für eine Demonstration anfertigen und aushängen; ■ mit dem Fremdenverkehrsverein eng zusammenarbeiten; ■ Briefe beantworten ... usw.

Zusatzinformationen und Denkanstöße

1. *Euer Club hat zur Zeit 49 Mitglieder, darunter eine Reihe einflußreicher Persönlichkeiten aus Talstadt. Auch zahlreiche Kur- und Feriengäste nutzen Euer Angebot zum Angeln in der Schwarzach.*
2. *Ihr habt gehört, daß das Umweltministerium das Amt für Umweltschutz angewiesen habe, das Erreichen der Güteklasse II (s. M 7) anzustreben. Erkundigt Euch!*
3. *Eure Clubmitglieder geben Jahr für Jahr rund 10.000 DM für Gewässerpacht und Fischpflege aus. 5000 DM fließen als Pacht in die Stadtkasse.*
4. *Für Schäden, die durch Gewässerverschmutzung verursacht werden, kann nach der geltenden Rechtslage Schadenersatz gefordert werden (s. M 9).*
5. *Die Mitglieder des Stadtrats wollen bei der nächsten Kommunalwahl wiedergewählt werden. Wenn Ihr gegen sie Stimmung macht, sinken ihre Wahlchancen!*

M 1 Die wirtschaftliche Situation der beiden Betriebe

In der Papierfabrik werden Kartons und sonstige Verpackungsmaterialien hergestellt. Die Beschäftigtenzahl beträgt zur Zeit rund 500; vor zwei Jahren waren es noch 580 Beschäftigte. Die Geschäfte laufen in den letzten Jahren ziemlich schlecht. Wurde vor drei Jahren noch ein Jahresgewinn von 2 Mio. DM erzielt, so waren es vor zwei Jahren nur noch 0,6 Mio. DM. Und im letzten Jahr entstand sogar ein Verlust in Höhe von 400.000 DM. Im laufenden Jahr dürften die Verluste voraussichtlich noch höher ausfallen und etwa eine Höhe von 0,6–0,8 Mio. DM erreichen. Ein entscheidender Aufschwung ist auch für die nächsten Jahre nicht abzusehen. Industrie und Handel als Hauptabnehmer des Verpackungsmaterials befinden sich nach wie vor in einem »Tief«. Hinzu kommt, daß die Papierfabrik für ihre Verpackungsprodukte relativ hohe Preise verlangt und deshalb bereits einige Kunden verloren hat. Um preisgünstiger anbieten zu können, müßte dringend der Maschinenpark modernisiert und die Zahl der Arbeitskräfte deutlich verringert werden.

Das Arbeitsfeld der Lackierfabrik ist das Grundieren und Lackieren von Fässern und sonstigen Behältern für die Industrie. Die Lackierfabrik beschäftigt zur Zeit 210 Arbeitskräfte und hat ihre Beschäftigtenzahl in den beiden letzten Jahren leicht erhöht – nämlich von 200 auf 210. Die Gewinnentwicklung verlief in den letzten Jahren zufriedenstellend. Lag der Jahresgewinn vor drei Jahren noch bei knapp 1 Million DM, so erreichte er im vorletzten Jahr bereits 1,3 Mio. DM und im letzten Jahr sogar 1,8 Mio. DM. Im laufenden Jahr dürfte er mit rund 1,5 Mio. DM nur knapp darunterliegen. Die Geschäfte der Lackierfabrik laufen also recht gut, und dies trotz der allgemein schlechten Wirtschaftslage. Zurückzuführen ist das vor allem auf die modernen und kostengünstigen Spritz- und Einbrennverfahren, die vor einigen Jahren eingeführt wurden. Diese Verfahren ermöglichen niedrige Preise bei relativ günstigen Gewinnen. Allerdings sind diese geschäftlichen Erfolge davon abhängig, daß auch in Zukunft kräftig modernisiert und rationalisiert wird.

M 2 Gutachten des TÜV zur Umweltbelastung

TÜV Meßergebnisse **TÜV**

Papierfabrik

- Der Sauerstoffbedarf des Abwassers beträgt 23 Milligramm pro Liter (mg/l). Damit liegt er knapp unter der rechtlich festgelegten Höchstgrenze von 25 mg/l.
- Allerdings ist der Sauerstoffgehalt im fabriknahen Flußwasser erheblich zu niedrig. Mit 3 mg/l liegt er deutlich unter dem offiziell angestrebten Wert von ca. 6 mg/l (Güteklasse II).
- Die gröberen Schadstoffe (Holzrückstände usw.) werden ausreichend abgefiltert.

Lackierfabrik

- Die am Schornsteinausgang gemessene Schadstoffmenge (Lösemitteldämpfe, Lackbestandteile usw.) beträgt ca. 150 Milligramm pro Kubikmeter (mg/m^3). Damit ist der in der »Technischen Anleitung Luft« (TA-Luft) angegebene Maximalwert von 150 mg/m^3 erreicht oder wird sogar überschritten. Außerdem sollen die Höchstgrenzen im Zuge der geplanten Änderung der »TA-Luft« gesenkt werden.
- Ferner wurde bei den Messungen festgestellt, daß der Schornstein den zur Zeit geltenden Vorschriften nicht entspricht. Er ist ca. 5 Meter zu niedrig.

M 3 *Abwasserreinigung bei der Papierfabrik*

Die Papierfabrik hat bisher nur eine mechanische Kläranlage, die längst nicht mehr dem heutigen technischen Stand entspricht (vgl. die abgebildete Kläranlage). Mittels Rechen, Sandfang und Absetzbecken werden die ungelösten, absetzbaren Stoffe aus dem Abwasser herausgefiltert. Die gelösten Stoffe (Säuren usw.) bleiben im Abwasser und bewirken den starken Sauerstoffverlust der Schwarzach. Ihr Abbau kann nur durch eine biologische und eine chemische Klärstufe erreicht werden, zwischen die ein Nachklärbecken geschaltet ist (vgl. Abbildung). Die biologische Klärstufe kann nochmals unterschiedlich ausgestaltet sein. Die eine Möglichkeit ist ein »Belebtschlammbecken«, die andere Möglichkeit besteht darin, daß das Abwasser über einen »Tropfkörper« geleitet und auf diese Weise mit Sauerstoff angereichert wird. Für industrielle Reinigungszwecke eignen sich Tropfkörper im allgemeinen besser als Belebtschlammbecken. Allerdings ist die Errichtung einer Tropfkörperanlage auch um einiges teurer als das Belebtschlammbecken.

Belebtschlammbecken

In das Becken wird Sauerstoff im Überschuß eingeblasen bzw. durch Umwälzanlagen eingerührt. Es entstehen belebte Schlammflocken (Bakterien usw.). Diese bauen im Abwasser die Schadstoffe ab und verringern seinen Sauerstoffbedarf. Da das Abwasser ständig in Bewegung ist, werden die Flocken allseitig mit Sauerstoff in Berührung gebracht.

Tropfkörper

Das Abwasser wird über aufgeschichtete Gesteins- oder Schlackebrocken verrieselt (mit Drehsprenger z.B.). Dabei bildet sich ein »biologischer Rasen« aus Bakterien aus, der das durchrieselnde Abwasser reinigt. Die Sauerstoffversorgung des Bakterienrasens gewährleistet ein Rost, auf dem der Tropfkörper errichtet ist.

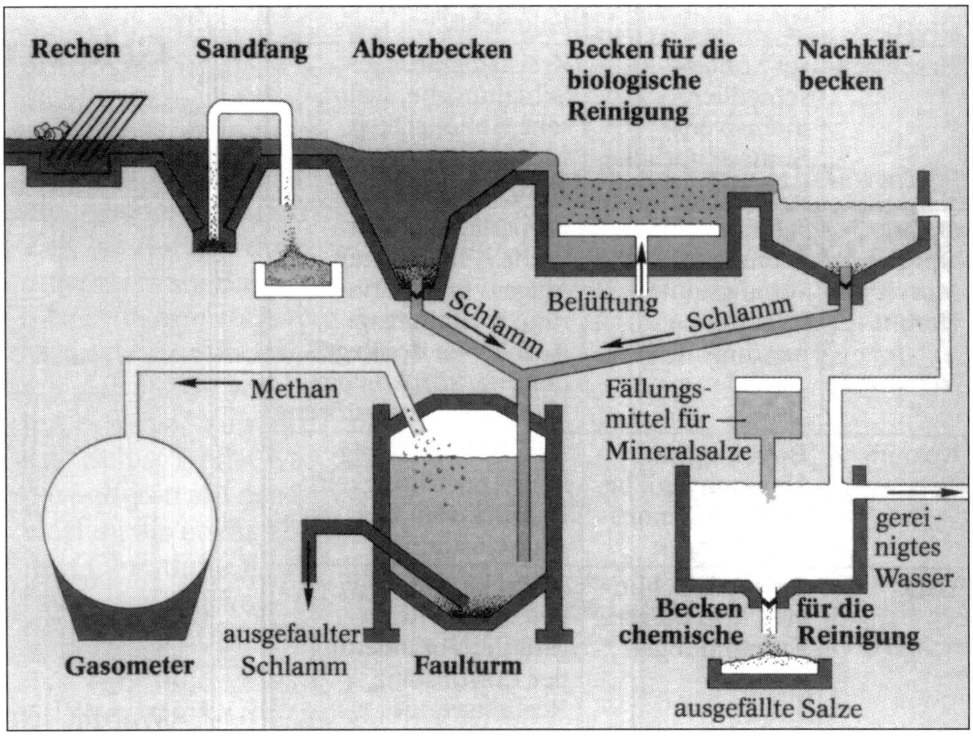

Die Baukosten, mit denen die Papierfabrik bei den verschiedenen Verfahren bzw. Anlagen rechnen müßte, sind beträchtlich. Zunächst zur biologischen Klärstufe: Ein »Belebtschlammbecken« würde voraussichtlich etwa 1 Million DM kosten, eine »Tropfkörperanlage« rund 1,5 Millionen DM. Das an die biologische Klärstufe sich anschließende Nachklärbecken würde weitere 0,6 Millionen DM an Baukosten verschlingen. Hinzu kämen rund 1,2 Millionen DM für die chemische Klärstufe, auf die nach Auskunft eines von der Papierfabrik beauftragten Gutachters jedoch auch verzichtet werden könne, da die biologische Klärstufe wirksam genug sei. Die laufenden Betriebskosten, die für Strom, Reinigung, Reparaturen usw. zu veranschlagen sind, dürften sich pro Jahr auf etwa 150.000 DM belaufen. Unsicher ist zudem noch, ob im Falle der biologischen Klärstufe ein Belebtschlammbecken allein ausreichen würde, um das Abwasser hinreichend zu klären. Die Experten meinen zwar, das sei im Augenblick der Fall. Allerdings dürften dann zukünftig keine allzu großen Veränderungen eintreten (z.B. Betriebsvergrößerung oder Veralten der Kläreinrichtungen). Am besten wäre es, es würden zwei biologische Klärstufen geschaffen: ein Belebtschlammbecken und eine daran angekoppelte Tropfkörperanlage plus abschließendem Nachklärbecken.

M 4 *Luftreinhaltung bei der Lackierfabrik*

❶ Naßauswaschung

Die im Abgas enthaltenen Lackbestandteile werden mit Sprühwasser in Verbindung gebracht (mittels Wirbel, Düsen, Kaskaden) und auf diese Weise abgesondert (nur für feste Stoffe!).

❷ Abgasfilterung

Das Abgas wird durch bestimmte Filter (z.B. Kohlefilter, Elektrofilter) geschickt. Dadurch werden die Schadstoffe gebunden und aus dem Abgas herausgefiltert.

❸ Abgasverbrennung

Die Abgase werden bei Temperaturen von 500–800 Grad Celcius über eine offene Gasflamme geleitet. Dabei werden die in den Abgasen enthaltenen Schadstoffe verbrannt.

Die Lackierfabrik verfügt bislang über die beiden Reinigungsverfahren »Naßauswaschung« und »Abgasfilterung«. Allerdings sind die entsprechenden Anlagen relativ alt und durch die zurückliegende Betriebsvergrößerung eigentlich auch zu klein. Am ehesten noch funktionstüchtig ist die »Naßauswaschungsanlage«, obwohl auch deren Leistungsfähigkeit zu wünschen übrigläßt. Außerdem ändert sie am Gestank der Abgase nur wenig. Sie zu erneuern würde ca. 500.000 DM kosten. Weitaus schlechter steht es um die Filteranlage, die längst nicht mehr dem neuesten technischen Stand entspricht. Ihre Erneuerung würde ca. 900.000 DM kosten. Sehr viel wirksamer jedoch als die Filteranlage wäre eine neue Anlage zur Abgasverbrennung. Sie würde allerdings Baukosten in Höhe von ca. 2,5 Mio. DM entstehen lassen und außerdem Betriebskosten von 100.000 bis 200.000 DM pro Jahr verursachen. Betriebskosten entstehen zwar auch bei den beiden anderen Verfahren (z.B. für den Sprühmotor, die Kohleerneuerung usw.); sie liegen jedoch wesentlich niedriger. Andererseits kann bei der Abgasverbrennung mit einer entscheidenden Verbesserung der Luftverhältnisse in Talstadt gerechnet werden, was bei der Filteranlage noch unsicher ist.

M 5 *Zeitungsberichte zu Talstadts Umweltproblemen*

Talstadts Bürgern stinkt's

In Talstadt läßt die Luft zu wünschen übrig. Immer mehr Bürger klagen über den Gestank, der von der Lackierfabrik herüberweht. »Wenn Westwind ist«, klagt ein Betroffener, »dann halten Sie's bei uns kaum noch aus. Wehe, Sie vergessen, das Fenster rechtzeitig zuzumachen ...«

Besonders betroffen sind die Bewohner der Waldsiedlung. Einer der zuständigen Ärzte bestätigt, daß der Gestank zu Übelkeit, Erbrechen und allgemeinem Unwohlsein führen kann. Gesundheitsgefährlich seien die Abgase der Lakkierfabrik jedoch nicht. »Dieser Gestank«, so protestierte unlängst ein Pensionsbesitzer, »treibt uns noch die ganzen Feriengäste aus der Stadt.« Er muß es wissen, denn bei ihm sind die Gästezahlen im letzten Jahr erstmals seit langem zurückgegangen. Auch andere Fremdenverkehrsbetriebe – vor allem in der Waldsiedlung – melden rückläufige Übernachtungszahlen.

Fischsterben in der Schwarzach

Bereits zum zweitenmal in diesem Jahr ist in der Schwarzach eine größere Zahl von Fischen verendet. Als Verursacher gilt die Papierfabrik, die große Abwassermengen in die Schwarzach einleitet. Wie der Vorsitzende des Talstädter Anglerclubs mitteilte, sei vor kurzem in der Schwarzach – in einer Entfernung von 1 km von der Papierfabrik – ein Sauerstoffgehalt von 3–4 Milligramm pro Liter (mg/l) gemessen worden. Im Durchschnitt benötigen die Fische etwa 3,5 mg/l. Allerdings sei diese Sauerstoffmenge für einige Fischarten bereits zu wenig.

Vom Fischtod besonders betroffen sind Forellen, Aale und Rotaugen. Von den im letzten Jahr ausgesetzten Bach- und Regenbogenforellen sind mittlerweile kaum noch welche da. Ein Teil ist eingegangen, ein anderer Teil flußaufwärts in sauberere Gewässerregionen verzogen. Allein für die letzten beiden Jahre beklagt der Talstädter Anglerclub einen Verlust von ca. 7.000 DM, da von den eingesetzten Jungfischen im Wert von rund 12.000 DM nur noch wenige im fraglichen Gewässerabschnitt der Schwarzach zu finden sind. Wer soll das bezahlen, fragt ein Clubmitglied zu Recht.

M 6 Die wirtschaftliche und finanzielle Lage der Stadt

Das Rathaus von Talstadt

Auf der letzten Stadtratssitzung wurde die wirtschaftliche und finanzielle Lage der Stadt näher beraten. Bürgermeister Müller machte in seinem Rechenschaftsbericht deutlich, daß die Stadt zwar nicht reich sei, bisher aber auch keinen besonderen Grund zur Klage habe. Die Gewerbesteuer fließt noch ganz zufriedenstellend. Allerdings ist sie im letzten Jahr sowohl im Fremdenverkehrssektor als auch bei den örtlichen Industrie-, Handwerks- und Handelsbetrieben leicht rückläufig. Einen deutlichen Einbruch gab es bei der Steuerleistung der Papierfabrik. Die hat im letzten Jahr wegen des schlechten Geschäftsverlaufs gerade mal noch 160.000 DM Gewerbesteuer gezahlt, nachdem zwei Jahre zuvor immerhin noch 500.000 DM in die Stadtkasse flossen. Von der Lackierfabrik hingegen hat die Stadt im letzten Jahr beachtliche 320.000 DM an Gewerbesteuer erhalten und damit rund 140.000 DM mehr als zwei Jahre zuvor.

Unter dem Strich hat die Stadt also von den beiden Betrieben zusammengenommen innerhalb der beiden letzten Jahre deutliche Mindereinnahmen zu verkraften. Dennoch, die Gemeinde Talstadt hat im zurückliegenden Jahr einiges auf die Beine stellen können. Wanderwege wurden ausgebaut, zwei Teiche eingefriedet, ein zusätzlicher Grillplatz errichtet, eine Wanderhütte gebaut, eine neue Turnhalle fertiggestellt, mehrere städtische Gebäude renoviert und eine neue Brunnenanlage auf dem Marktplatz installiert. Weniger erfreulich hat sich demhingegen die Zahl der Arbeitsplätze im Stadtgebiet entwickelt. Sie ist um 180 zurückgegangen. Dieser Rückgang hat unter anderem zur Folge, daß immer mehr Bürger in das 50 Kilometer entfernte Industrierevier pendeln müssen. Wenig erfreulich ist ferner, daß erstmals seit vielen Jahren die Gäste- und Übernachtungszahlen im Fremdenverkehrsgewerbe zurückgegangen sind.

M 7 Die verschiedenen Gütestufen bei Fließgewässern

Klasse	*Belastung*	*Lebensgemeinschaft*
I	unbelastetes, reines Wasser; sauerstoffgesättigt; nährstoffarm	geringer Bakteriengehalt, mäßig dicht besiedelt, vorwiegend von Algen, Moosen, Strudelwürmern und Insektenlarven; Laichgewässer für Edelfische
II	mäßige Belastung; gute Sauerstoffversorgung; Nährstoffe reichlicher	große Artenvielfalt und Individuendichte von Algen, Schnecken, Kleinkrebsen, Insektenlarven und Wasserpflanzen; ertragreiche Fischgewässer
III	starke Belastung; sauerstoffzehrende Verschmutzung; örtlich Faulschlammablagerung	Kolonien mit fadenförmigen Abwasserbakterien und festsitzenden Wimpertierchen; höhere Individuendichten; geringere Fischereierträge; unregelmäßiges Fischsterben
IV	übermäßige Verschmutzung durch sauerstoffzehrende Vorgänge; wenig oder kein Sauerstoff; Fäulnisprozesse;	Besiedlung vorwiegend durch Bakterien, Geißeltierchen und freilebende Wimpertierchen; Fische fehlen; bei Belastung durch Gifte Verödung

Quelle: Amtliche Mitteilung des Umweltministeriums

M 8 *Informationen des Umweltbundesamtes*

Ein großer Teil unserer *Gewässer* ist überlastet. Ihre Selbstreinigungskräfte sind überfordert, ihr biologischer Kreislauf ist gestört.

- Nehmen z.B. die Fischbestände zu sehr ab, vermehren sich Kleinstlebewesen wie Algen und Plankton übermäßig und verbrauchen zuviel von dem im Wasser gelösten Sauerstoff.
- Bei Sauerstoffmangel gehen die Fische ein. Pflanzen faulen und können dabei das Wasser so stark vergiften, daß es auch nach Klärung für Menschen ungenießbar ist.

Die Folgen des gestörten Gleichgewichts im Wasser wie in der gesamten Umwelt sind bekannt: Viele Tier- und Pflanzenarten gehen zurück oder sind bereits ausgestorben.

In der Bundesrepublik entstehen durch *Luftverschmutzung* jährlich Schäden in Höhe von mehreren Milliarden Mark. Geschädigt werden Gebäude, Kunstwerke, Materialien, Brücken, landwirtschaftliche Nutzflächen usw. Hinzu kommen erhebliche gesundheitliche Beeinträchtigungen und sonstige Langzeitschäden in der Natur. Insgesamt werden die dadurch hervorgerufenen Verluste für den Bereich der Bundesrepublik auf jährlich mehr als 40 Milliarden DM geschätzt. Allein der Gebäudeschaden wird auf rund 1,5 Mrd. DM pro Jahr beziffert, die Korrosionsschäden an Materialien auf 1 bis 2 Milliarden Mark.

M 9 *Auszüge aus verschiedenen Umweltgesetzen*

Wasserhaushaltsgesetz (WHG)

- Jedermann ist verpflichtet, eine Verunreinigung des Wassers oder eine sonstige Veränderung seiner Eigenschaften zu verhüten (s. § 1a).
- Abwasseranlagen sind nach den allgemein anerkannten Regeln der Abwassertechnik zu errichten und zu betreiben (§ 18b).
- Die Bewilligung der Behörden zur Benutzung eines Gewässers kann von diesen beschränkt oder zurückgenommen werden, sofern eine erhebliche Beeinträchtigung des Wohls der Allgemeinheit zu erwarten ist (§ 12).
- Wer in ein Gewässer Stoffe einbringt oder einleitet, durch die die physikalische, chemische oder biologische Beschaffenheit des Wassers verändert wird, ist zum Ersatz des daraus anderen entstehenden Schadens verpflichtet (§ 22).
- Ordnungswidrig handelt, wer trotz Anordnung der zuständigen Behörden den erforderlichen Gewässerschutz nicht sicherstellt ... Die Ordnungswidrigkeit kann mit einer Geldbuße bis zu hunderttausend Deutsche Mark geahndet werden (§ 41).

Bundes-Immissionsschutzgesetz (BImSchG)

- Betriebliche Anlagen sind so zu errichten und zu betreiben, daß schädliche Umwelteinwirkungen und erhebliche Belästigungen für die Allgemeinheit und die Nachbarschaft nicht hervorgerufen werden können (s. § 5).
- Umweltschutzmaßnahmen müssen sich am Stand der Technik orientieren ... Damit ist der Entwicklungsstand fortschrittlicher Verfahren, Einrichtungen und Betriebsweisen gemeint (§§ 4 und 5).
- Die zuständige Behörde kann auch nachträglich – wenn Anlagen bereits bestehen – Anordnungen zu einem besseren Umweltschutz treffen, sofern sich herausstellt, daß die Allgemeinheit oder die Nachbarschaft Gefahren oder erheblichen Belästigungen ausgesetzt sind (§ 17).
- Eine nachträgliche Anordnung darf nicht getroffen werden, wenn diese für den Betreiber wirtschaftlich nicht vertretbar oder nach dem Stand der Technik nicht erfüllbar ist (§ 17).
- Ordnungswidrigkeiten im Sinne eines unzureichenden Umweltschutzes können mit Geldbußen bis zu 100.000 Deutsche Mark geahndet werden (§ 62).

(Die Gesetzesparagraphen sind sprachlich vereinfacht und gekürzt worden.)

2.3 Kohlekraftwerk und/oder Umweltschutz?

Das vorliegende Planspiel gibt den Schüler/innen Gelegenheit, sich aus unterschiedlichen Perspektiven mit dem Thema »Luftverschmutzung/Waldsterben« auseinanderzusetzen. Im Zentrum steht hierbei die Frage, wie mit der Elektrizitäts-AG zu verfahren ist, die ein neues Kohlekraftwerk bauen will, dabei jedoch unter Berufung auf eine frühere ministerielle Genehmigung die Errichtung einer teuren Entschwefelungsanlage vermeiden möchte. Auch hier handelt es sich also um einen recht grundlegenden Konflikt zwischen Ökologie und Ökonomie. Die einzelnen Interessengruppen bzw. Rollen, die die Schüler/innen in diesem Problemkontext zu spielen haben, sind:

a) die Geschäftsführung der Elektrizitäts-AG,
b) die Iksstadter Bürgerinitiative zum Schutz der Umwelt,
c) der regional zuständige Försterverband,
d) das Umweltministerium des Landes,
e) das Wirtschaftsministerium des Landes sowie
f) die Redaktion der Iksstadter Rundschau.

Nähere Hinweise zu diesen Rollen finden sich in der nachfolgenden Fallstudie sowie in den einzelnen Rollenkarten. Darüber hinaus stehen den Schüler/innen zur Fundierung ihrer Spielhandlungen einschlägige Informationsmaterialien zur Verfügung (M 1–M 9). Einen Überblick über die dokumentierten Spielunterlagen gibt der Kasten unten auf dieser Seite.

Die Grundstruktur des Planspiels sieht wie folgt aus: In Iksstadt, einer Kleinstadt am Nordrand des Harzes, will die Elektrizitäts-AG ein zweites Kohlekraftwerk bauen, das ähnlich wie das erste mit relativ einfachen und kostengünstigen Anlagen zur Abluftreinigung ausgestattet werden soll, obwohl inzwischen wesentlich modernere und leistungsfähigere Reinigungsanlagen zur Verfügung stehen, die angesichts des hohen Schwefelgehalts der Iksstadter Braunkohle eigentlich auch gebraucht würden. Doch die Unternehmensleitung verweist auf die »Unbezahlbarkeit« dieser Anlagen sowie darauf, daß die Genehmigung zum Bau des Kohlekraftwerks mit den althergebrachten Anlagen bereits vor

Spielunterlagen

1. Beschreibung der Problemsituation in der Gemeinde Iksstadt (Fallstudie)
2. Arbeitskarte: Überblick über die einzelnen Spieletappen (für alle Gruppen gleich)
3. Rollenkarten: Spezifische Hinweise zu den einzelnen Rollen (für alle Gruppen verschieden)
4. Informationszeitung: Vertiefende Sach- und Fachinformationen
   - *M 1: Daten zum geplanten Braunkohlekraftwerk*
   - *M 2: Genehmigungsschreiben des Umweltministeriums*
   - *M 3: Gutachten zur Umweltbelastung im Raum Iksstadt*
   - *M 4: Umweltbelastungen durch Kohlekraftwerke*
   - *M 5: Der Harz – ein wichtiges Naherholungsgebiet*
   - *M 6: Baumschäden im Harz und anderswo*
   - *M 7: Baumsterben durch sauren Regen?*
   - *M 8: Maßnahmen zur Verringerung der Luftverschmutzung*
   - *M 9: Rechtsvorschriften zur Luftreinhaltung*
5. Ereigniskarten: Impulskarten für die Hand des Lehrers (für den gelegentlichen Einsatz)
6. Arbeitsformulare: Protokollvordrucke und Briefformulare (s. S. 42–44)

vier Jahren erteilt worden sei. Ein offizielles Genehmigungsschreiben liegt auch vor (vgl. M 2). Nur, der Verzicht auf modernste Umweltschutztechnologien hätte u.a. zur Folge, daß übermäßig viel Schwefeldioxyd und Stickstoffoxyde in die Luft abgegeben würden, die dort in Verbindung mit Wasser zum sogenannten sauren Regen werden und das grassierende Waldsterben noch unnötig forcieren. Kein Wunder also, daß einige der oben angeführten Interessengruppen mit diesen Plänen der Elektrizitäts-AG so gar nicht einverstanden sind und auch durchaus ihre Chancen haben, daß das Energieunternehmen beim Umweltschutz nachbessern muß. Für einen spannungsgeladenen Planungs- und Verhandlungsprozeß ist also gesorgt. Im Mittelpunkt der Spielaktivitäten stehen dabei die folgenden Leitfragen:

- Soll das geplante Kohlekraftwerk angesichts der bestehenden Überkapazitäten bei der Stromversorgung überhaupt gebaut werden? Kann/Soll die frühere Baugenehmigung unter Umständen zurückgezogen werden?
- Wenn der Bau akzeptiert wird, können/sollen der Elektrizitäts-AG zusätzliche Auflagen in Sachen Luftreinhaltung gemacht werden? Wenn ja, welche?
  - Soll beim Bau des neuen Kraftwerks auf einer modernen Entschwefelungsanlage bestanden werden?
  - Soll auch beim alten Kraftwerk die Abluftreinigung modernisiert und leistungsfähiger gemacht werden?
  - Wie wird die besagte Entschwefelungsanlage gegebenenfalls finanziert? Geben die Ministerien Zuschüsse?
  - Soll nach Fertigstellung des Kraftwerkbaus ausschließlich die Iksstadter Braunkohle oder teilweise auch schwefelärmere Kohle z.B. aus dem Ruhrgebiet eingesetzt werden?
- Wenn der Bau des zweiten Kohlekraftwerks in Frage gestellt wird, welche Alternativen gibt es, damit im Raum Iksstadt die dringend benötigten Arbeitsplätze geschaffen werden?
  - Soll das Land z.B. den Fremdenverkehr und die Forstwirtschaft verstärkt fördern, um dort zusätzliche Beschäftigungsmöglichkeiten zu eröffnen?
  - Sollen/Können andere, umweltverträglichere Mittel- und Kleinbetriebe angelockt und finanziell unterstützt (subventioniert) werden, die zusätzliche Stellen anbieten?

Diese Leitfragen deuten an, in welche Richtung das inhaltlich-fachliche Lernen im Rahmen des Planspiels geht. Die Schüler/innen lernen eine ganze Menge über Umweltschutz und Umweltrecht, über Luftverschmutzung und Waldsterben, über sauren Regen und moderne Entschwefelungsanlagen, über Gewinnstreben und betriebliche Entscheidungslogik, über kommunale Probleme und Handlungsrestriktionen der Ministerien, über politische Strategien und politische Prozesse. Doch nicht nur das. Sie üben sich auch zugleich darin, bestehende Sachverhalte und Meinungen zu problematisieren und kritisch Stellung zu beziehen, die eigene Urteilsbildung voranzubringen und insgesamt sensibler zu werden für das Spannungsfeld von Ökonomie und Ökologie. Sie versuchen sich darüber hinaus im konstruktiven Denken und kreativen Handeln. Sie entwickeln strategische Alternativen und trainieren ihre mündliche und schriftliche Ausdrucksfähigkeit. Sie lernen zu argumentieren und zu taktieren, relativ umfangreiche Informationen zu erfassen und zu analysieren, zu planen und zu entscheiden, zu agieren und zu reagieren. Kurzum, sie lernen in ebenso vielschichtiger wie intensiver Weise inhaltlich-fachliche, methodisch-strategische und sozial-kommunikative Fähigkeiten und Fertigkeiten.

Zum Ablauf des Planspiels: Detaillierte Hinweise zu den einzelnen Phasen des Planspiels finden sich auf den Seiten 23ff. dieses Buches. Diese sollten vor Spielbeginn auf jeden Fall gelesen werden. Die Einführung der Schüler/innen sieht generell so aus, daß die Lehrkraft zunächst einige orientierende und motivierende Vorbemerkungen zum anstehenden Planspiel macht (vgl. S. 47). Daran anschließend erhalten die Schüler/innen zuerst die Fallstudie und dann die Arbeitskarte zur vertiefenden Einarbeitung in den Aufbau und das Prozedere des Planspiels. Alsdann werden die Gruppen gebildet, die Rollenkarten gelesen und schließlich die Informationszeitungen verteilt und kursorisch durchgearbeitet. Erst jetzt beginnt die gezielte Diskussion und Meinungsbildung in den einzelnen Spielgruppen. Für diese Vorbereitungs- wie für die anschließende Verhandlungsphase sind je 2 Unterrichtsstunden anzusetzen (zur zeitlichen Segmentierung des Planspielverlaufs s. S. 23ff.). Nähere Hinweise zur Verhandlungsphase finden die Schüler/innen auf ihren Arbeits- und Rollenkarten. Einige Ereigniskarten, die der Lehrer im Zuge dieses Verhandlungsprozesses wahlweise eingeben kann, sind zudem auf Seite 109 dokumentiert. Abgeschlossen wird das Planspiel in einer dritten Doppelstunde mit einer Konferenzphase und einem gezielten Feedback zum Spielverlauf und zu den mehr oder weniger tragfähigen Spielergebnissen. Die Leitung der Konferenz liegt beim zuständigen Umweltminister (Lehrer) namens Saubermann, der alle Interessengruppen zu einem »runden Tisch« eingeladen hat. Zu Anfang der Konferenz tragen die

Gruppensprecher in der Reihenfolge: Elektrizitäts-AG → Bürgerinitiative → Försterverband → Umweltministerium → Wirtschaftsministerium ihre Eingangsstatements vor (vgl. dazu den Protokollvordruck S. 44). Dann folgt eine offene Diskussion, die nach Ablauf der vereinbarten Zeit nötigenfalls abgebrochen wird. Alsdann kommentiert die Presse den Konferenzverlauf, und im letzten Teil der Doppelstunde schließt sich das besagte Feedback der Schüler/innen zum Spielprozeß an.

Nachbereitet werden kann das Planspiel u.a. dadurch, daß der Planspielverlauf gezielt rekonstruiert sowie das methodische und das interaktive Vorgehen der Schüler/innen eingehender analysiert und problematisiert werden. Weiterhin bietet sich zur fachlichen Vertiefung z.B. an, ein großes Stromversorgungsunternehmen, das zuständige Ministerium oder den BUND als Umweltschutzorganisation anzuschreiben und um gezielte Auskünfte zu ersuchen und/oder viertiefende Materialien und Medien zum angeschnittenen Problemkreis »Energieversorgung/Luftreinhaltung/Waldsterben« erarbeiten zu lassen.

Schlußbemerkung: Das vorliegende Planspiel erfordert einiges an Improvisation und Kreativität – von Schülern wie von Lehrern. Aber gerade darin liegen sein Reiz und sein Realitätsbezug, denn politische Konfliktregelungsprozesse sind nun einmal relativ offene Prozesse, die von den Betroffenen im Wege des »trial and error« auszugestalten sind.

Ereigniskarten

Das Bundesumweltministerium teilt mit, daß nach dem Willen der Bundesregierung neue Kohlekraftwerke zukünftig nur noch gebaut werden sollen, wenn modernste Entschwefelungsanlagen eingebaut werden. *An: Umweltministerium/Försterverband/ Bürgerinitiative/Presse*	Der Stromverbrauch in Niedersachsen ist im letzten Halbjahr deutlich angestiegen. Das hat mit dazu beigetragen, daß die Elektrizitäts-AG in ihrer neuesten Bilanz 50 Mio. DM für zusätzliche Investitionen zurückstellen konnte. *An: Elektrizitäts-AG/Bürgerinitiative/Presse*
Die Zahl der Kur- und Feriengäste in der Harz-Region ist im letzten Halbjahr um rund ein Sechstel gegenüber der entsprechenden Periode des Vorjahres zurückgegangen. Ein wichtiger Grund dafür: Zwei große deutsche Tageszeitungen haben kritische Artikel über die Luftverschmutzung im Harz veröffentlicht. *An: Wirtschaftsministerium/Försterverband/ Presse*	Nach dem neuesten Waldschadensbericht hat das Waldsterben im Harz nochmals deutlich zugenommen. Besonders betroffen ist die nördliche Harz-Region. Die Folgen für den Fremdenverkehr sind noch nicht abzusehen. *An: Umweltministerium/Försterverband/Presse*
Ein benachbartes Bundesland hat der Elektrizitäts-AG äußerst interessante Vergünstigungen für den Fall angeboten, daß die AG dort ein größeres Wasserkraftwerk baut. Dieses Wasserkraftwerk hätte etwa die Hälfte der Stromkapazität des Ikssstadter Kraftwerks. Die Gestehungskosten pro Stromeinheit wären an beiden Standorten etwa gleich hoch. *An: Elektrizitäts-AG/Wirtschaftsministerium/ Presse*	Die Bundesregierung hat ein neues Programm zur Förderung des Klimaschutzes ins Leben gerufen. Danach gewährt der Bund für die Modernisierung veralteter Rauchgasreinigungsanlagen Zuschüsse bis zu einer Höhe von 20% der Investitionskosten. *An: Umweltministerium/Wirtschaftsministerium/ Elektrizitäts-AG/Presse*
Ein Möbel- und ein Chemieunternehmen haben Interesse bekundet, in Iksstadt Zweigbetriebe zu errichten. Geplant sind eine Möbelfabrik mit 300 und ein Chemiebetrieb mit 400 Beschäftigten. Erwartet werden Landeszuschüsse in Höhe von rund 25 Mio. DM. *An: Wirtschaftsministerium/Bürgerinitiative/ Presse*	Der Vorstand des Bundesverbandes der Umweltinitiativen hat auf Euren Antrag hin beschlossen, in Iksstadt und Umgebung eine Großdemonstration gegen Waldsterben und Umweltverschmutzung zu organisieren. Gerechnet wird mit bis zu 50.000 Demonstranten aus dem ganzen Bundesgebiet. *An: Bürgerinitiative*

Hinweis: Wenn die Ereigniskarten eingesetzt werden, bitte die Adressatenhinweise löschen, damit die einzelnen Spielgruppen die ins Auge gefaßten Adressaten nicht kennen. Außerdem: Die Adressatenhinweise sind nur Vorschläge!

✎ Planspiel: Kohlekraftwerk und/oder Umweltschutz?

Beschreibung der Problemsituation (Fallstudie)

In Iksstadt, einer Kleinstadt mit 6.000 Einwohnern am Nordrand des Harzes, soll ein neues Kohlekraftwerk zur Stromerzeugung gebaut werden. Es wäre dies das zweite Kraftwerk der Elektrizitäts-AG in diesem Raum. Die Baugenehmigung ist vom zuständigen Ministerium bereits vor vier Jahren erteilt worden. Die Baumaßnahmen sollen im kommenden Jahr beginnen. Inzwischen ist jedoch fraglich geworden, ob diese Planung eingehalten werden kann. Der Widerstand der Bevölkerung gegen die Pläne der Elektrizitäts-AG wächst nämlich, seit bekanntgeworden ist, welche Umweltbelastungen von dem neuen Kraftwerk womöglich ausgehen. Hier ist also noch einiges zu klären und zu verhandeln. Grundsätzlich bietet sich die Errichtung des Kohlekraftwerks in Iksstadt geradezu an. In dieser Region sind beträchtliche Braunkohlevorkommen vorhanden, die für den Kraftwerksbetrieb bestens genutzt werden können. Deshalb ist bereits vor mehreren Jahren ein Braunkohlekraftwerk etwa 25 Kilometer nordöstlich von Iksstadt errichtet worden, an dem bisher auch kaum jemand Anstoß genommen hat. Ein weiterer Pluspunkt des neuen Kraftwerks wäre, daß dadurch ca. 1.000 Arbeitsplätze langfristig geschaffen werden könnten, zuzüglich der vielen Arbeitskräfte, die während der Bauphase dort beschäftigt wären (vgl. M 1). Bei einer Arbeitslosenquote von 14 Prozent im Raum Iksstadt wäre das gewiß ein Plus.

Allerdings hat das geplante Kraftwerk auch seine Tücken und Probleme, die Wasser auf die Mühlen der Gegner dieses Projekts sind. Die Luftverschmutzung durch die bei der Kohleverbrennung anfallenden Abgase (Schwefeldioxyd, stickstoffhaltige Abgase usw.) ist ziemlich groß. Das hängt damit zusammen, daß der Schwefelgehalt der Iksstadter Braunkohle etwa zehnmal so hoch liegt wie der der rheinischen Braunkohle. Außerdem sind die Anlagen zur Abluftreinigung, die von der Elektrizitäts-AG errichtet bzw. geplant worden sind, ziemlich unzureichend. Vor allem der hohe Ausstoß schwefelhaltiger Abgase macht Sorgen. Darin sehen viele Experten einen wesentlichen Grund für das anhaltende Baumsterben in unseren Wäldern (vgl. M 7 bis M 9). Ausgelöst werden durch die genannten Schadstoffe ferner Erkrankungen der Atemwege beim Menschen, Gebäude- und Materialschäden sowie die Verunreinigung von Nahrungsmitteln. Dabei sind die technischen Möglichkeiten durchaus vorhanden, um den Schadstoffausstoß der Kohlekraftwerke wirksam einzudämmen. Nur sind die entsprechenden Anlagen zur Abgasreinigung außerordentlich teuer (vgl. M 8). Das mag die Elektrizitäts-AG bewogen haben, bei der Planung des neuen

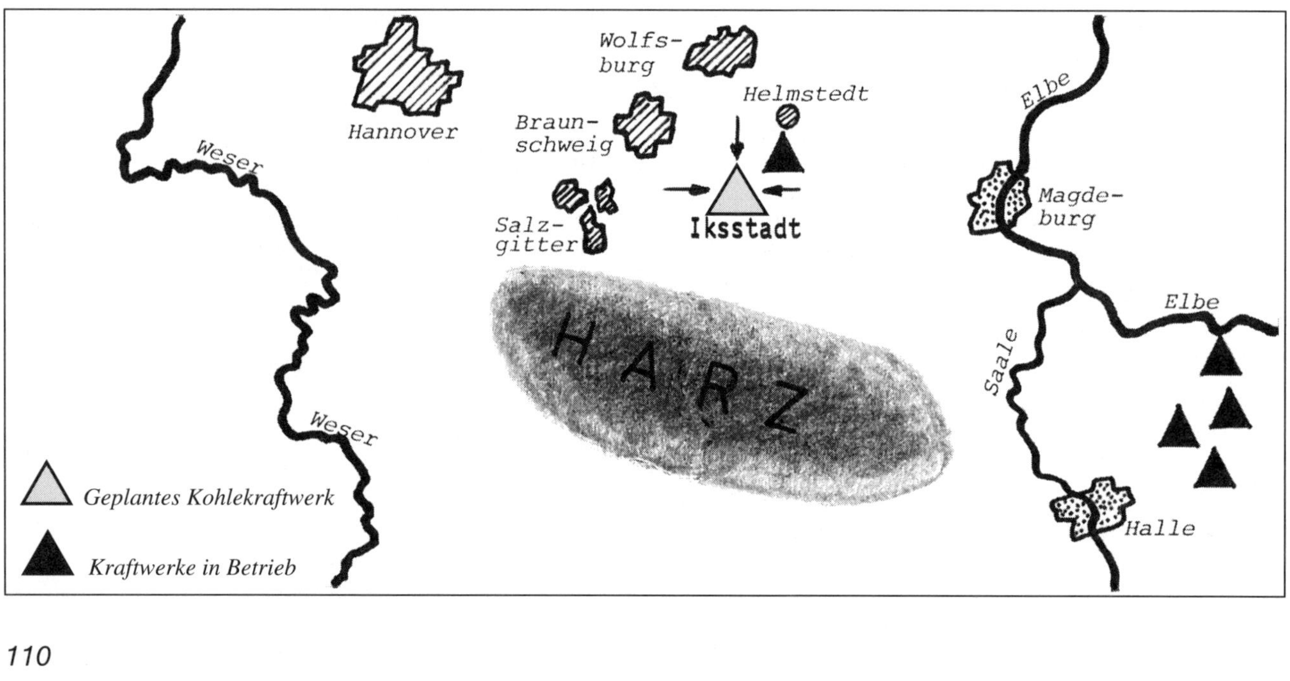

Kraftwerks weitaus billigere Umweltschutzlösungen zu wählen. Immerhin jedoch sind diese vom zuständigen Ministerium genehmigt worden (vgl. M 2).

Die Kritik am Bau des neuen Kohlekraftwerks kommt vor allem von der *Bürgerinitiative* »Umweltschutz«, die sich vor knapp einem Jahr gebildet hat. Ihr gehören namhafte Bürger sowohl aus Iksstadt als auch aus der umliegenden Region an, insbesondere aus dem nahe gelegenen Nordharz, der als Fremdenverkehrsgebiet auf saubere Luft und intakte Wälder angewiesen ist (vgl. M 5). Die Vertreter der Bürgerinitiative verweisen vor allem darauf, daß das bestehende Kohlekraftwerk bereits so viel Dreck ausstoße, daß ein weiteres absolut unzumutbar sei, es sei denn, es würden modernste Entschwefelungsanlagen eingebaut – ins neue wie ins alte Kraftwerk. Einig weiß sich die Bürgerinitiative in diesem Punkt mit dem *Försterverband*, von dem schon seit längerem auf das alarmierende Baumsterben im Harz und anderswo hingewiesen wird (vgl. M 6 und M 7). Die Förster sehen den Harz als wichtiges Forst- und Erholungsgebiet zunehmend in Gefahr und drängen deshalb auf einschneidende Maßnahmen zur Verringerung der Luftverschmutzung. Das *Umweltministerium* als die zuständige Behörde ist in einer mißlichen Lage. Auf der einen Seite hat der frühere Minister den geplanten Kraftwerksbau genehmigt. Auf der anderen Seite sind die Umweltschutzbestimmungen in den letzten Jahren erheblich verschärft und die Umweltschutztechnologien entsprechend weiterentwickelt worden. Von daher wird im Ministerium überlegt, ob man für den Bau des neuen Kraftwerks nicht nachträglich schärfere Umweltschutzauflagen erteilen soll, verbunden mit der Aufforderung, daß die Elektrizitäts-AG auch das bereits bestehende Kohlekraftwerk mit verbesserten Umweltschutzeinrichtungen auszustatten habe. Das *Wirtschaftsministerium* läßt derartige Pläne und Vorbehalte nicht so recht gelten. Es verweist auf das Ruhrgebiet, wo die Schadstoffbelastung durch die Vielzahl der dort errichteten Kohlekraftwerke deutlich höher liege als im Raum Iksstadt. Man dürfe den Umweltschutz nicht über die Arbeitsplatzsicherung und die sinnvolle wirtschaftliche Nutzung der heimischen Braunkohle stellen, so heißt es aus dem Wirtschaftsministerium. Die Geschäftsleitung der kritisierten *Elektrizitäts-AG* will von zusätzlichen Belastungen und Auflagen schon gar nichts wissen. Sie weist darauf hin, daß das Bauvorhaben genehmigt sei, und damit basta. Über zusätzliche Umweltschutzvorkehrungen könne man dann reden, wenn das Land den Löwenanteil der entstehenden Mehrkosten trage. Andernfalls sei die Elektrizitäts-AG finanziell überfordert, denn die Gewinne der AG seien in den letzten Jahren beängstigend abgefallen. Von daher seien kostspielige Entschwefelungsanlagen derzeit nicht zu bezahlen und deshalb auch unzumutbar. Für die *Iksstadter Rundschau* ist die ganze Auseinandersetzung um Umweltschutz, Waldsterben und Arbeitsplatzsicherung natürlich ein willkommenes Thema, denn darüber läßt sich bürgernah berichten.

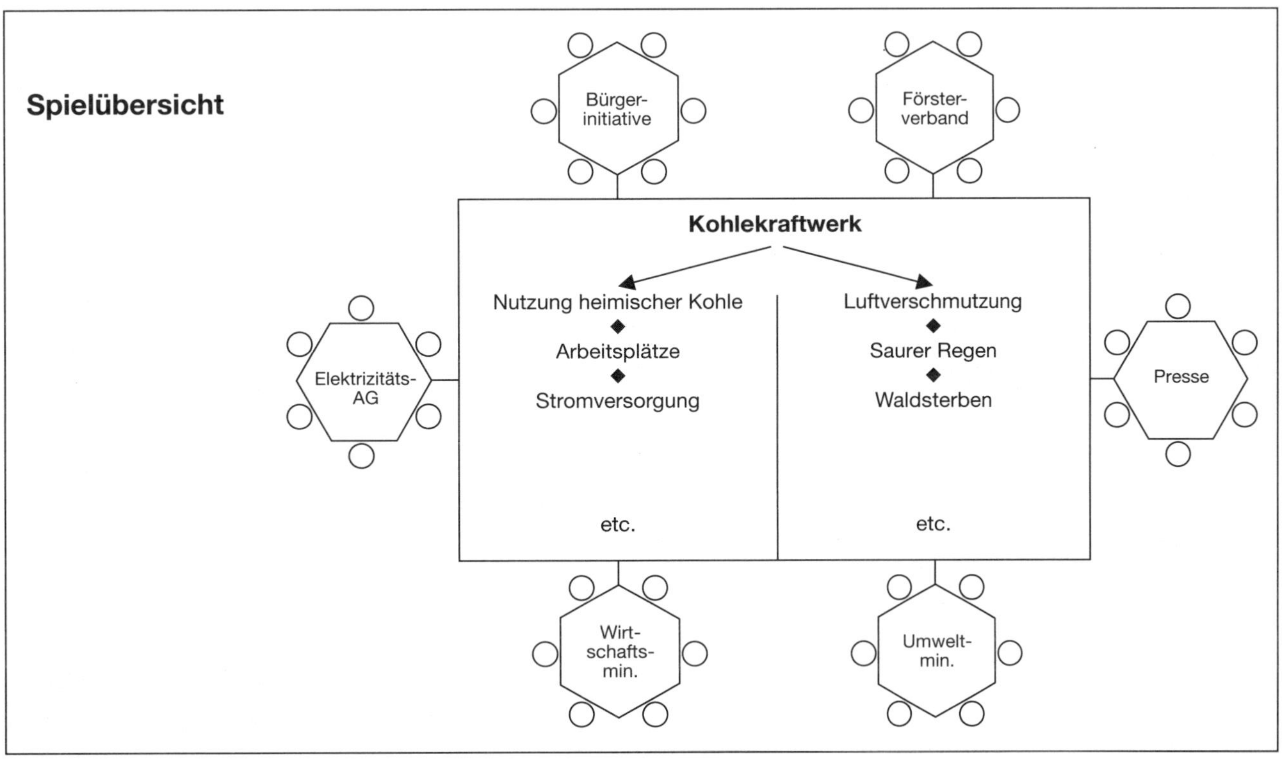

Arbeitskarte

Hinweise zum Spielverlauf

1. Lest die Spielunterlagen durch, unterstreicht wichtige Stellen (vor allem die, die Euch als Gruppe betreffen), klärt etwaige Verständnisfragen, und macht Euch klar, wie das Planspiel aufgebaut ist, welche Interessengruppen es gibt und wie das Spiel abläuft!
2. Versetzt Euch in Eure Rolle hinein! Diskutiert Eure Situation, klärt Eure Ziele und Interessen, und überlegt, wie die anstehenden Probleme und Fragen gelöst werden können (Fragen siehe unten). Welche Argumente und Vorschläge wollt Ihr vorbringen? Mit welchen Gruppen wollt Ihr verhandeln? Gibt es Bündnispartner, die Ihr für Eure Vorstellungen und Vorschläge gewinnen könnt?
3. Überlegt auch: In welcher Lage befinden sich die anderen Gruppen? Was werden sie vermutlich tun? Welche Argumente werden sie Euch womöglich entgegenhalten? Wie könnt/wollt Ihr darauf reagieren?
4. Setzt Euch nach dieser Vorbereitungsphase mit der einen oder anderen Gruppe in Verbindung, die Euch als Gesprächspartner wichtig erscheint! Schreibt Briefe! Führt mündliche Verhandlungen! Informiert Euch! Trefft Ansprachen!
5. Teilt Eure Gruppe bei Bedarf in Zweier- oder Dreierteams auf und geht die ins Auge gefaßten Aufgaben und Gespräche arbeitsteilig an! Dadurch könnt Ihr mehr Kontakte pflegen, mehr Informationen einholen und insgesamt vielseitiger verhandeln.
6. Beantwortet die schriftlichen und mündlichen Anfragen und/oder Stellungnahmen, die die anderen Gruppen an Euch richten! Schreibt Antwortbriefe, und entsendet gegebenenfalls Verhandlungsdelegationen!
7. Bereitet Euch am Ende dieser Verhandlungsphase gut auf die anschließende Konferenz vor, an der alle Gruppen teilnehmen und ihre Problemlösungsvorschläge einbringen werden! Überlegt Euch gut, wie Ihr im Rahmen der Konferenz argumentieren und taktisch vorgehen wollt! Schreibt Euch stichwortartig auf, was Ihr in Eurer Stellungnahme zu Beginn der Konferenz sagen und vorschlagen wollt! Bestimmt einen Gruppensprecher, der diese Stellungnahme abgibt!
8. Die Konferenz selbst läuft so ab, daß zunächst jeder Gruppensprecher in einer 3- bis 5minütigen Stellungnahme den bisherigen Verhandlungsverlauf kommentiert und die aktuellen Problemlösungsvorschläge seiner Gruppe vorstellt und erläutert. Dann folgt die Diskussion dieser Vorschläge. Ziel dieser Diskussion ist es, die unterschiedlichen Meinungen und Problemlösungsvorschläge einander anzunähern und möglicherweise auch zu einem Kompromiß zu kommen.

Planungs- und Entscheidungsfragen, die im Spielverlauf zu verhandeln sind

- Soll das geplante Kohlekraftwerk gebaut werden oder kann/soll die frühere Baugenehmigung zurückgezogen werden?
- Wenn gebaut wird, welche Auflagen können/sollen der Elektrizitäts-AG gemacht werden?
  - Entschwefelungsanlage – ja oder nein? Auch im alten Kraftwerk?
  - Wie wird die Finanzierung geregelt? Zuschüsse der Ministerien?
  - Inwieweit wird die stark schwefelhaltige Ikssstadter Braunkohle verwandt?
- Wenn der Bau des neuen Kraftwerks in Frage gestellt wird, welche Alternativen gibt es, damit im Raum Ikstadt zusätzliche Arbeitsplätze geschaffen werden?
  - Subventionen für den Fremdenverkehr und für die Forstwirtschaft?
  - Zuschüsse des Landes an ansiedlungswillige Klein- und Mittelbetriebe?

usw.

R 1 Elektrizitäts-AG

Das ist Eure Rolle: Ihr seid die Geschäftsleitung der Elektrizitäts-AG. Euer Ziel ist es, gute Geschäfte zu machen und Gewinne zu erzielen. Das geplante Kraftwerk braucht Ihr, um den Strombedarf in Niedersachsen besser abdecken zu können. Der Bau einer teuren Entschwefelungsanlage übersteigt zur Zeit jedoch Eure finanziellen Möglichkeiten. Ihr sucht bei den Ministerien Unterstützung – insbesondere beim Wirtschaftsministerium – und besteht auf hohen Zuschüssen, wenn tatsächlich schärfere Auflagen kommen sollten. Den Umweltschützern zeigt Ihr die kalte Schulter.

Das könnt Ihr z.B. tun: ■ das Umweltministerium an seine Genehmigung erinnern; ■ die Rechtslage prüfen und mit den Ministerien hart verhandeln; ■ bei den Ministerien Zuschüsse beantragen und durchsetzen; ■ Informationsgespräche mit der Bürgerinitiative und dem Försterverband führen; ■ die Presse zum Gespräch einladen und gezielt informieren; ■ Anfragen und Stellungnahmen anderer Gruppen beantworten ... usw.

Zusatzinformationen und Denkanstöße

1. *Eure gegenwärtige Finanzlage läßt es zu, daß Ihr für Entschwefelungsanlagen im äußersten Fall bis zu 100 Mio. DM aufwendet (für die beiden Kraftwerke in Iksstadt).*
2. *Die Auslastung Eurer Kraftwerke liegt bisher sehr hoch. Der angebotene Strom wird zur Zeit recht problemlos abgesetzt. Trotzdem ist eine Preiserhöhung wegen der insgesamt recht schlechten Wirtschaftslage derzeit nicht durchsetzbar.*
3. *Das alte Kraftwerk in Iksstadt wird in ca. 5 Jahren stillgelegt! Dann hat es mit einer Laufzeit von 17 Jahren ausgedient. Lohnt sich da noch eine neue Umweltschutzanlage?*
4. *Teure Umweltschutzeinrichtungen muß ein Betreiber nachträglich nur dann einbauen, wenn er dazu wirtschaftlich in der Lage ist (vgl. M 9). Seid Ihr das?*
5. *Die Luftverschmutzung im Raum Iksstadt kommt insbesondere aus dem Ruhrgebiet. Außerdem: Ist der saure Regen wirklich so gefährlich? (Vgl. M 7) Bedenkt ferner, daß Ihr Ihr ein wichtiger Arbeitgeber und Braunkohleabnehmer seid!*

R 2 Wirtschaftsministerium

Das ist Eure Rolle: Ihr seid leitende Vertreter des Ministeriums. Euer Ziel ist es, die wirtschaftliche Lage im Raum Iksstadt zu verbessern. Ihr seht die Förderung der heimischen Braunkohle und die damit verbundene Schaffung von Arbeitsplätzen durch die Elektrizitäts-AG sehr positiv. Zuschüsse könnt Ihr allerdings nur in recht begrenztem Umfang geben, denn für die gesamte Wirtschaftsförderung im Raum Iksstadt stehen Euch maximal 40 Mio. DM zur Verfügung. Davon sollen natürlich auch andere Betriebe was bekommen. Wenn Ihr etwas macht, stimmt Euch gut mit dem Umweltministerium ab!

Das könnt Ihr z.B. tun: ■ mit der Elektrizitäts-AG über ihre Pläne und über etwaige Zuschüsse verhandeln; ■ mit dem Umweltministerium die Lage beraten und das weitere Vorgehen abstimmen; ■ ein Konzept zur wirtschaftlichen Gesundung des Raums Iksstadt entwickeln; ■ Informationsgespräche mit den Umweltschützern führen; ■ die Presse gezielt informieren; ■ eingehende Anfragen und Stellungnahmen beantworten ... usw.

Zusatzinformationen und Denkanstöße

1. *Im Rahmen des Wirtschaftsförderungsprogramms stehen Euch für den Raum Iksstadt insgesamt 40 Mio. DM zur Verfügung.*
2. *Im Harz spielen der Fremdenverkehr und die Holzwirtschaft eine dominierende Rolle. Hier werden sehr viele Arbeitsplätze angeboten.*
3. *In der Bundesrepublik gibt es nach der neuesten Statistik ein Überangebot an Strom. In Niedersachsen ist das derzeit noch nicht der Fall.*
4. *Die Luftverschmutzung im Raum Iksstadt kommt besonders aus dem Ruhrgebiet. Außerdem: Ist der saure Regen wirklich so gefährlich? (Vgl. M 7).*
5. *Für die von einem benachbarten Bundesland vorgeschlagene »Schwefelabgabe« (vgl. M 8) seid Ihr zuständig, falls sie kommen sollte. Diskutiert die Vor- und Nachteile! Informiert ferner die Elektrizitäts-AG über die finanziellen Folgen!*

R 3 Umweltministerium

Das ist Eure Rolle: Ihr seid leitende Vertreter des Umweltministeriums. Euer Ziel ist es, den Umwelt- und Naturschutz zu verbessern. Dazu stehen Euch sowohl rechtliche Möglichkeiten zur Verfügung (Anordnungen, Verbote, Auflagen usw.) als auch Geldmittel, die Ihr zur Förderung wichtiger Umweltschutzvorhaben einsetzen könnt. Allerdings liegen zahlreiche Anträge vor, und die Mittel sind knapp! Der Elektrizitäts-AG gegenüber seid Ihr mit Eurer Baugenehmigung vor vier Jahren zu nachsichtig gewesen. Das wollt Ihr korrigieren. Wenn Ihr etwas tut, stimmt Euch gut mit dem Wirtschaftsministerium ab!

Das könnt Ihr z.B. tun: ■ mit der Elektrizitäts-AG über Umweltschutzmaßnahmen und Zuschüsse verhandeln; ■ die Rechtslage prüfen und geeignete Schritte unternehmen; ■ die bestehenden Probleme mit dem Wirtschaftsministerium beraten; ■ Informationsgespräche mit der Bürgerinitiative und dem Försterverband führen; ■ die Presse gezielt informieren; ■ Anfragen und Stellungnahmen anderer Gruppen beantworten ... usw.

Zusatzinformationen und Denkanstöße

1. *Obwohl das geplante Kohlekraftwerk ohne Entschwefelungsanlage genehmigt wurde, sind nachträgliche Anordnungen und Auflagen möglich (vgl. M 9).*
2. *Zur Förderung von Umweltschutzanlagen im Raum Iksstadt stehen Euch rund 30 Mio. DM zur Verfügung. Allerdings hat auch das Wirtschaftsministerium noch Mittel!*
3. *Denkt daran, daß in einem halben Jahr Landtagswahlen stattfinden. Wenn die Umweltschützer gegen Euch Stimmung machen, schmälert das Eure Wahlchancen.*
4. *In der BRD wird nach der neuesten Statistik mehr Strom erzeugt, als tatsächlich gebraucht wird. In Niedersachsen sind die Verhältnisse etwas günstiger.*
5. *Ein Bundesland hat vorgeschlagen, den überhöhten Schwefelausstoß der Kohlekraftwerke mit einer Schwefelabgabe von 2000 DM je Tonne zu belasten. Beim Iksstadter Kraftwerk wären das zusätzliche Kosten von 20–30 Mio. DM pro Jahr, sofern keine moderne Entschwefelungsanlage eingebaut wird.*

R 4 Bürgerinitiative

Das ist Eure Rolle: Ihr seid der Vorstand der Bürgerinitiative und habt in Euren Reihen Hotelbesitzer, Chemiker und Biologen. Ihr kämpft gegen das Waldsterben allgemein sowie gegen die Errichtung des geplanten Kohlekraftwerks im besonderen. Ihr verlangt zumindest eine wirksame Rauchgasreinigung. Ihr seht Eure Aufgabe darin, die Bürger aufzuklären und die Politiker unter Druck zu setzen. Ihr verfaßt Leserbriefe und Flugblätter und bemüht Euch im übrigen, den Ministerien nachzuweisen, daß es andere und bessere Wege zur wirtschaftlichen Gesundung des Raums Iksstadt gibt. Welche?

Das könnt Ihr z.B. tun: ■ beim Umweltministerium darauf drängen, daß der Elektrizitäts-AG härtere Auflagen gemacht werden; ■ mit der Elektrizitäts-AG über ihre Pläne und Eure Einwände reden; ■ die bestehenden Probleme und Handlungsmöglichkeiten mit dem Försterverband beraten; ■ Flugblätter und Protestplakate entwerfen und veröffentlichen; ■ Leserbriefe schreiben; ■ die Presse gezielt einschalten ... usw.

Zusatzinformationen und Denkanstöße

1. *In einem halben Jahr finden Landtagswahlen statt. Das gibt Eurem Protest größere Chancen, weil die Politiker um ihre Wählerstimmen fürchten.*
2. *Der Bundesverband Umwelt und Natur will demnächst eine Großdemonstration gegen Waldsterben und Umweltverschmutzung durchführen – möglicherweise in Iksstadt!*
3. *Die in Deutschland vorhandenen Kraftwerke können zur Zeit wesentlich mehr Strom erzeugen, als gebraucht wird. Ob das auch für die Elektrizitäts-AG gilt?*
4. *Durch großzügige Ansiedlungsbeihilfen des Landes wären sicherlich auch umweltverträglichere Betriebe in den Raum Iksstadt zu locken.*
5. *Ein Bundesland hat vorgeschlagen, überhöhten Schwefelausstoß mit einer Abgabe von 2000 DM je Tonne zu belasten. Für die Elektrizitäts-AG würde das eine teure Angelegenheit, sofern keine moderne Rauchgasreinigung eingebaut wird (vgl. M 8).*

R 5 Försterverband

Das ist Eure Rolle: Ihr seid der Vorstand des Försterverbandes, dem Förster aus der gesamten Harz-Region angehören. Euer Anliegen ist es, gegen das anhaltende Waldsterben im Harz und anderswo zu Felde zu ziehen und sowohl die Öffentlichkeit als auch die Politiker wachzurütteln. Das geplante Kohlekraftwerk lehnt ihr in der vorgesehenen Form ab. Aus welchen Gründen, das müßt Ihr selbst entscheiden. Ihr macht Euch stark für die Ansiedlung umweltverträglicher Betriebe im Harz-Bergland selbst, aber auch drum herum. Ihr betont die Bedeutung der Forstwirtschaft und des Fremdenverkehrs.

Das könnt Ihr z.B. tun: ■ Protestbriefe an die Elektrizitäts-AG und an die Ministerien schreiben; ■ mit dem Umwelt- und dem Wirtschaftsministerium die Lage im Harz beraten; ■ ein Konzept zur Rettung des Waldes und zur wirtschaftlichen Gesundung der Region entwickeln; ■ Flugblätter, Plakate und Leserbriefe entwerfen und veröffentlichen; ■ die Presse gezielt informieren; ■ mit der Bürgerinitiative zusammenarbeiten ... usw.

Zusatzinformationen und Denkanstöße

1. *In einem halben Jahr finden Landtagswahlen statt. Das gibt Eurem Protest größere Chancen, weil die Politiker um ihre Wählerstimmen fürchten.*
2. *Nach dem neuesten Bericht der Waldbesitzer-Vereinigung betragen die jährlichen Mengen- und Wertverluste durch das Waldsterben allein im Harz rund 20 bis 40 Mio. DM.*
3. *Im Harz spielen der Fremdenverkehr und die Holzwirtschaft eine zentrale Rolle. Hier gibt es viele Arbeitsplätze. Durch das Waldsterben sind sie erheblich bedroht.*
4. *Die Luftverschmutzung im Raum Iksstadt kommt angeblich vor allem aus dem Ruhrgebiet. Bezweifelt wird auch, daß der saure Regen das Waldsterben bewirke.*
5. *Niedersachsen gehört zu den Bundesländern mit den höchsten Baum- und Waldschäden. Der Ministerpräsident des Landes hat diesen Sachverhalt kürzlich als alarmierend bezeichnet und entschiedene Gegenmaßnahmen angekündigt.*

R 6 Presse

Das ist Eure Rolle: Ihr seid Journalisten der Ikssstadter Rundschau, einer angesehenen Regionalzeitung. Zu Euren Aufgaben gehört es, über die Pläne der Elektrizitäts-AG und die Einwände anderer Gruppen möglichst objektiv und umfassend zu berichten. Dazu nehmt Ihr Kontakt zu den verschiedensten Gruppen auf. Ihr recherchiert und besorgt Euch die nötigen Hintergrundinformationen. Ihr bemüht Euch um eine kritische, aber faire Berichterstattung. Eure Beiträge veröffentlicht Ihr als Wandzeitung oder stellt sie den Gruppen auch schon mal direkt zu.

Das könnt Ihr z.B. tun: ■ gezielte Interviews durchführen; ■ Hintergrundgespräche mit einzelnen Gruppen führen; ■ aufrüttelnde/informative Berichte schreiben; ■ passende Karikaturen zeichnen; ■ Leserbriefe diskutieren und veröffentlichen; ■ eine übersichtliche Wandzeitung gestalten; ■ kritische Kommentare schreiben; ■ eingehende Anfragen beantworten ... usw.

Zusatzinformationen und Denkanstöße

1. *Aus gutunterrichteten Kreisen habt Ihr gehört, daß die Elektrizitäts-AG im Geld schwimmt. Allein im letzten Jahr habe sie einen Gewinn von 1,2 Milliarden DM erzielt, allerdings in ihrem gesamten Geschäftsgebiet, das sich über ganz Norddeutschland erstreckt. Auch in den Vorjahren waren die Gewinne überdurchschnittlich hoch.*
2. *Zu Eurem Vorgehen: Am besten bildet Ihr mehrere Reporterteams, damit Ihr arbeitsteilig vorgehen und mehr Gesprächskontakte wahrnehmen könnt.*
3. *Veröffentlichungswünschen einzelner Gruppen bzw. Personen könnt Ihr nachkommen; Ihr müßt das aber nicht! Schließlich seid Ihr eine unabhängige Zeitung.*
4. *Vorgesehene Interviews müßt Ihr bei den betreffenden Gruppen anmelden. Beim Interview könnt Ihr mitschreiben oder auch ein Kassettengerät mitlaufen lassen.*
5. *Denkt dran, daß die Mehrzahl Eurer Kunden einem verstärkten Umweltschutz positiv gegenübersteht und entsprechende Berichte in ihrer Zeitung erwartet.*

M 1 Daten zum geplanten Braunkohlekraftwerk

Arbeitskräfte	1. Jahr	2. Jahr	3. Jahr	4. Jahr	5. Jahr	6. Jahr
während der Bauphase	600	800	800	400	200	0
im Kraftwerk/seinen Neben-Betrieben	0	0	20	100	500	1000
Leistung des Kraftwerks	Das geplante Kraftwerk erzeugt pro Stunde ca. 750 Megawatt Strom (1 Megawatt = 1 Million Watt). Damit leistet es einen erheblichen Beitrag zur Stromversorgung im Lande.					
Baukosten usw.	Die Baukosten für das gesamte Kraftwerk belaufen sich auf rund 850 Mio. DM. Die Kosten für die zugehörigen Umweltschutz-einrichtungen betragen ca. 100 Mio. DM.					
Umweltschutzmaßnahmen	Die Elektrizitäts-AG hat sich sowohl beim alten als auch beim neuen Kraftwerk darauf beschränkt, Staubfilter einzubauen und für den nötigen Lärm-, Wärme- und Landschaftsschutz zu sorgen. Ein 300 m hoher Schornstein befördert die Rauchgase in höhere Luftregionen, so daß die Iksstadter Bürger wenig davon bemerken. Auf eine »Rauchgasreinigung« (Entschwefelung usw.) ist wegen hoher zusätzlicher Kosten (ca. 150 bis 200 Mio. DM pro Kraftwerk) verzichtet worden.					

M 2 Genehmigungsschreiben des Umweltministeriums

Der Minister

An die
Geschäftsleitung
der Elektrizitäts-AG
Lindenstraße 5–8

33000 Braunschweig

Sehr geehrter Herr Direktor Kohlemann,

nach eingehender Prüfung Ihres Bauantrags und der uns zur Verfügung stehenden Gutachten genehmigen wir die Errichtung des Braunkohlekraftwerks Iksstadt. Einige kleinere Auflagen, die mit den Mitgliedern Ihrer Geschäftsleitung abgesprochen worden sind, haben wir als Anlage beigefügt. Wir möchten Ihnen für Ihren mutigen unternehmerischen Schritt, das Kraftwerk zu bauen, unseren verbindlichen Dank sagen. Zwar liegen uns einige Gutachten von Umweltschutzorganisationen vor, die sich nachdrücklich für eine wirksame »Rauchgasreinigung« (insbesondre Entschwefelung) aussprechen. Wir teilen jedoch Ihre im Bauantrag dargelegte Auffassung, daß Ihr Unternehmen gegenwärtig finanziell überfordert ist, wenn es die extrem teuren Anlagen zur Rauchgasreinigung mit Kosten von mehr als 150 Mio. DM installieren soll.

Mit verbindlicher Hochachtung

Dr. Jedermann

Umweltminister Dr. Jedermann

M 3 Gutachten zur Umweltbelastung im Raum Iksstadt

Untersuchungsergebnisse

1. Die in Iksstadt selbst gemessene Belastung durch Stäube und Lärm ist gering. Die Meßwerte liegen durchweg erheblich unter den gesetzlich zulässigen Höchstwerten.

2. Die im unmittelbaren Umkreis des Kraftwerks gemessene Schwefeldioxyd- und Kohlendioxydniederschläge lagen deutlich unter den gesetzlich geregelten Höchstwerten. Das hängt sicherlich damit zusammen, daß die Abgase des bestehenden Kraftwerks durch den 300 Meter hohen Schornstein vom Kraftwerk weggetragen werden und erst in einer gewissen Entfernung ihren Niederschlag finden.

3. Demhingegen lag der Schwefeldioxydausstoß am Schornsteinausgang mit 750 Milligramm pro Kubikmeter Abluft (mg/m^3) erheblich über dem gesetzlich erlaubten Höchstwert. Dieser beträgt nach der entsprechenden Verordnung im Regelfall 400 mg/m^3 und kann in Ausnahmefällen auf höchstens 650 mg/m^3 heraufgesetzt werden. Ausnahmen durch das Umweltministerium sind allerdings möglich.

4. Im Großraum Iksstadt ist der Schwefeldioxydgehalt offenbar überhöht. Darauf deuten die gemessenen pH-Werte hin. Für den Großraum Iksstadt (bis zum Harz hin) wurde ein durchschnittlicher pH-Wert von 4,1 ermittelt. Gewöhnlich bezeichnet man Regen als »sauer«, wenn sein pH-Wert unter 5,6 liegt. Der Regen ist in der Region Iksstadt also ausgesprochen »sauer« (zu den Folgen vgl. M 6–M 8).

5. Eine Auswertung der Krankenkarteien im Raum Iksstadt hat ergeben, daß Erkrankungen der Atemwege (Bronchitis usw.) um ein Drittel häufiger auftreten als im bundesdeutschen Durchschnitt. Das kann durchaus eine Folge der Luftverschmutzung sein. Allerdings ist das bestehende Kraftwerk der Elektrizitäts-AG daran nur zu einem kleinen Teil beteiligt.

M 4 Umweltbelastungen durch Kohlekraftwerke

Kohlekraftwerke und andere Großfeuerungsanlagen gehören zu den Hauptverschmutzern der Luft. Etwa 43 Prozent des Kohlendioxyds (CO_2), das in Deutschland in die Luft gepustet wird, kommt aus den Schornsteinen der Kraft- und Fernheizwerke. Rund die Hälfte dieser Kraftwerke wird mit Kohle betrieben, etwa ein Viertel mit Braunkohle. Auch bei der Emission von Schwefeldioxyd (SO_2) und Stickoxyden (NO_x) rangieren die Kraft- und Fernheizwerke nach wie vor an vorderster Stelle in der Hitliste der Luftverschmutzer hierzulande. Die Schäden, die durch die genannten Schadstoffemissionen verursacht werden, sind immens. Das beginnt bei Gebäude- und Materialschäden, die sich in der Bundesrepublik Deutschland Jahr für Jahr auf einige Milliarden DM belaufen, und reicht über Gesundheitsschäden wie Bronchitis und andere Atemwegserkrankungen bis hin zur Naturzerstörung z.B. durch sauren Regen (s. M 7). Auch der bedrohliche Treibhauseffekt, der seit Jahren registriert und diskutiert wird, geht zu einem nicht unwesentlichen Teil auf den Schadstoffausstoß der Kraftwerke zurück, nämlich auf den Kohlendioxydausstoß (CO_2). Zwar sind die genannten CO_2-, SO_2- und NO_x-Emissionen in der Bundesrepublik Deutschland in den letzten Jahren deutlich rückläufig, da einerseits die Maßnahmen zur Luftreinhaltung verstärkt wurden und andererseits die Wirtschaftstätigkeit insgesamt stagniert, so daß die Schornsteine ohnehin nicht mehr so stark rauchen. Doch für eine Entwarnung besteht beim besten Willen kein Anlaß. Viele Betriebe halten angesichts knapper Finanzen und ungünstiger Wirtschaftsaussichten an ihren mehr oder weniger veralteten Umweltschutzanlagen fest. Deshalb wird nach wie vor viel zuviel Dreck in die Atmosphäre gepustet. Das gilt vor allem für jene Städte und Regionen, in denen sich die Industrie und die Kraftwerksbetriebe konzentrieren. Und der Raum Iksstadt ist nun einmal ein Raum, der sich aufgrund der großen Braunkohlevorkommen für Kraftwerksbetreiber geradezu anbietet. Das geplante Kraftwerk der Elektrizitäts-AG wird sicherlich noch nicht das letzte sein, das in der Region Iksstadt gebaut wird.

M 5 Der Harz – ein wichtiges Naherholungsgebiet

Der Harz ist nicht nur für die Bewohner der Region Iksstadt ein willkommenes und geschätztes Naherholungsgebiet; er gehört auch zu den bestbesuchten Ferien- und Erholungsgebieten in Deutschland schlechthin. Das gilt sowohl für die Sommer- als auch für die Wintersaison. Viele hunderttausend Gäste machen dort jährlich Urlaub, um sich in den zahlreichen Kur- und Ferienorten zu erholen und/oder in der Wintersaison die vorhandenen Wintersportmöglichkeiten zu nutzen. Hinzu kommen die vielen Tagesreisenden, die Wanderungen unternehmen, im Winter Ski laufen usw. Die Gäste kommen aus allen Bundesländern, insbesondere aus Nordrhein-Westfalen, Niedersachsen, Berlin und Hamburg. Eine große Zahl von Gästen kommt darüber hinaus aus dem Ausland, insbesondere aus Dänemark.

Auszug aus einem Reiseführer

Der Harz ist so etwas wie ein einziger großer Naturpark. Im Sommer hat es der Harz vor allem den Wanderern angetan. Bei schönem Wetter ergießen sich in den Harz oft ganze Heerscharen aus den Ballungsgebieten Nordrhein-Westfalens und Niedersachsens. Doch der Harz bietet Wanderwege in so reichlicher Zahl, daß sich auch größere Wandertrupps nicht gegenseitig auf die Füße treten. Das Naturerlebnis Harz ist verlockend: reizvolle Berge und liebliche Täler, romantische Bäche und mächtige Stauseen, dichte Wälder und lichte Höhen. Im Winter tummeln sich bevorzugt Wintersportler an den Hängen des Harzes. Vor allem der Oberharz ist ein Dorado für Skifahrer. Beliebt bei allen Harz-Besuchern sind die leckeren Wildspeisen, die man dem Gast mit Vorliebe serviert.

M 6 Baumschäden im Harz und anderswo

Die jährlich durchgeführten Waldschadenserhebungen bestätigen es immer wieder: Der deutsche Wald ist krank. Jeder vierte Baum weist deutliche Schäden auf, die übrigen Bäume sind schwächer geschädigt oder zeigen (noch) keine Schadensmerkmale. Besonders ausgeprägt sind die Waldschäden in jenen Regionen, in denen Industrie- und Kraftwerksbetriebe sich ballen bzw. die Winde dafür sorgen, daß die emittierten Schadstoffe dorthin getragen werden. Der Harz gehört erwiesenermaßen zu den am stärksten geschädigten Waldgebieten in Deutschland. Das hat unter anderem mit den aus dem Ruhrgebiet herüberwehenden Schadstoffen zu tun. Maßgeblichen Anteil daran haben aber auch die am Harzrand sich konzentrierenden Industrie- und Kraftwerksbetriebe.

Ein Förster berichtet

»Anfang der siebziger Jahre ging es los. Da wurden die eindrucksvollen Kronen 200jähriger Tannen schütter, und die bis zu 45 Meter hohen Wipfel färbten sich grau. Mittlerweile sind nicht nur die Tannen von dem schleichenden Tod bedroht, sondern immer stärker auch Fichten, Kiefern und seit einigen Jahren besonders ausgeprägt Buchen und Eichen. Zuerst verfärben sich bei den Nadelbäumen die Nadeln rötlich-braun und fallen dann nach und nach ab. Die Rinde bröckelt nach oben fortschreitend vom Stamm. Am Ende bleibt, wenn das Holz nicht vorher geschlagen wird, ein totes Gerippe zurück. Die Schäden für die Forstwirtschaft sind enorm!«

M 7 Baumsterben durch sauren Regen!?

In Deutschland geht der Baumtod um. Nach Meinung vieler Fachleute spielt dabei der »saure Regen« eine zentrale Rolle. In Gebirgslagen wie dem Harz, dem Schwarzwald oder dem Bayerischen Wald werden vor allem bei ungünstigen Witterungsverhältnissen stark überhöhte Schwefeldioxydwerte in der Luft gemessen. Sie liegen phasenweise um das Fünf- bis Zehnfache über dem gesetzlich festgelegten Höchstwert von 0,14 Milligramm pro Kubikmeter Luft.

Die Wirkungskette von der Kohle- bzw. Ölverbrennung bis zum verdorrten Ast zeigt das nebenstehende Schaubild. Nach diesem Schaubild ist die Hauptursache des Baumsterbens die Übersäuerung des Bodens, die vorrangig durch den Schwefelausstoß der Kraftwerke und der Industriefeuerungsanlagen hervorgerufen wird.

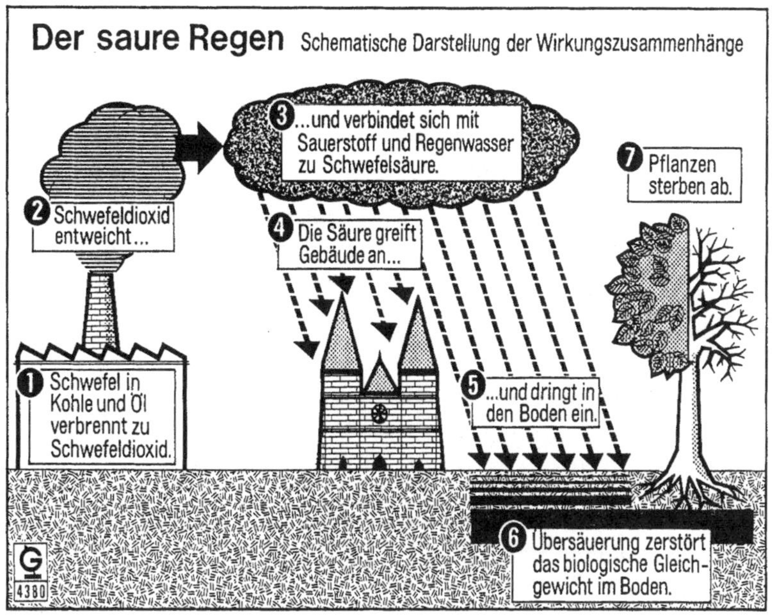

Saurer Regen entsteht durch Schwefeldioxyd, das bei der Verbrennung von Kohle, Öl und Gas entsteht. Schwefeldioxyd verbindet sich mit Regenwasser und Sauerstoff zu Schwefelsäure, die in den Boden eindringt und zu dessen Übersäuerung führt (s. Schaubild).

Stellungnahmen zu den Ursachen des Waldsterbens

Bundesregierung

Aufgrund der bisher vorliegenden Erkenntnisse steht fest, daß am Waldsterben mehrere Faktoren beteiligt sind. Neben der Luftverschmutzung sind das auch solche Faktoren wie Trockenheit bzw. Wassermangel, Frosteffekte, waldbauliche Einflüsse sowie tierische und pflanzliche Schadenserreger. In der bisherigen Diskussion konnte noch keine endgültige Klarheit über die primären Schadensursachen und ihr Zusammenwirken erreicht werden. Die unter den Wissenschaftlern am meisten diskutierte These ist, daß den Luftverunreinigungen, insbesondere den Säurebildnern (vor allem Schwefeldioxyd), die entscheidende Bedeutung zukommt.

Landesanstalt für Immissionsschutz Essen

Nach den Messungen und Experimenten der Landesanstalt sind nicht Schwefeldioxyd und saurer Regen Hauptursachen des Baumsterbens, sondern die stickstoffhaltigen Abgase besonders der Autos. Bei Beobachtungen im Bayerischen Wald und im Schwarzwald wurde herausgefunden, daß die Waldschäden keinesfalls auf saure Böden beschränkt sind. Im Gegensatz zu allen bisherigen Untersuchungen kommt die Krankheit der Bäume also offenbar nicht aus den Wurzeln, sondern wird von außen auf die Nadelbäume übertragen. Besonders betroffen sind daher auch jene Bäume, die licht- und luftgünstig stehen. Schuld daran ist der gestiegene »Ozongehalt« in der Luft, der durch Stickstoffabgase hervorgerufen wird. Diese Stickstoffabgase werden allerdings nicht nur von den Kraftfahrzeugen emittiert, sondern in starkem Maße auch von den bestehenden Kraftwerken und Fernheizwerken. Auch die Industriebetriebe und die Verbraucher sind mit einem Anteil von rund zwanzig Prozent daran beteiligt.

Institut für Holzbiologie Hamburg

Nach der Untersuchung des Instituts wird das Waldsterben mit hoher Wahrscheinlichkeit durch Störungen der Nahrungsaufnahme über die feinen Baumwurzeln verursacht. Die Übersäuerung des Bodens verhindert die Aufnahme lebenswichtiger Nährstoffe durch die Wurzeln der Bäume. Im übersäuerten Boden funktioniert vor allem der Austausch von Kalzium und Magnesium nicht mehr. Für beide Elemente haben die Wissenschaftler des Instituts geringere Konzentrationen in kranken als in gesunden Tannen und Fichten festgestellt. Die Störung im Ernährungshaushalt der Pflanzen geht nach ihrer Auffassung auf die starke Zunahme des Säuregehalts im Boden zurück. Untersucht wurden kranke Tannen und Fichten aus dem Schwarzwald und aus Schleswig-Holstein, die mit gesunden Pflanzen (aus Versuchsbeeten) verglichen wurden.

M 8 *Maßnahmen zur Verringerung der Luftverschmutzung*

Bau moderner Entschwefelungsanlagen

Ein Beispiel ist die Wirbelschichtfeuerung. Dabei wird die gemahlene Kohle in entsprechenden Öfen durch Preßluft in einen Schwebezustand gebracht, mit Kalk versetzt und bei relativ niedrigen Temperaturen (800 bis 900 Grad Celcius) verbrannt. Giftige Stickstoffoxyde entstehen kaum. Der Schwefel verläßt das Kraftwerk nicht durch den Schlot, sondern verbindet sich mit dem Kalk zu Gips, der mit der Asche abgezogen wird und als Baumaterial verwendbar ist. Dieses und andere Verfahren bewirken eine Minderung des Schadstoffausstoßes von mehr als 75% (gegenüber älteren Kraftwerken). Die Kosten für eine moderne Anlage zur »Rauchgasreinigung« (Entschwefelung usw.) belaufen sich bei einer Anlage in der Größenordnung des Iksstadter Kraftwerks auf 150 bis 200 Mio. DM. Allerdings geben die Länder unter Umständen erhebliche Zuschüsse, die bis zu fünfzig Prozent der Investitionskosten betragen können. Nur ist der Staat zur Zeit sehr knapp bei Kasse! Andererseits werden von staatlicher Seite ernsthafte Überlegungen angestellt, überhöhten Schwefelausstoß mit einer Abgabe von 2000 DM je Tonne zu belasten. Das wären beim Iksstadter Kraftwerk derzeit Zusatzkosten von 20 bis 30 Mio. DM pro Jahr.

Verwendung schwefelarmer Kohle

Die meisten Kohle-Lagerstätten in der Bundesrepublik haben einen erheblich geringeren Schwefelgehalt als die Iksstadter Braunkohle. Allerdings hätte der Ankauf z.B. rheinischer Braunkohle für den Raum Iksstadt zur Folge, daß die dort vorhandene Kohle im Boden bliebe, mit allen Nachteilen für den Arbeitsmarkt und die Wirtschaft allgemein.

Errichtung höherer Schornsteine

Hohe Schornsteine verhindern, daß die Luftverschmutzung im Nahbereich des Kraftwerks überhandnimmt. Sie sind jedoch kein Schutz gegenüber Schwefeldioxyd und Stickstoffoxyden schlechthin. Die Schadstoffablagerungen finden sich lediglich in entfernteren Regionen.

Kalkung des Waldbodens (Säureabbau)

Die Kalkung des Waldbodens verringert seine Übersäuerung (Kalk bindet Schwefeldioxyd). Die riesigen Waldflächen der bundesdeutschen Mittelgebirge zu kalken ist jedoch technisch undurchführbar. Außerdem ist bisher völlig unbekannt, wie sehr die Kalkung das Leben im Boden und den Wasserhaushalt womöglich durcheinanderbringt.

Verstärkter Bau von Kernkraftwerken

Kernkraftwerke produzieren weder Schwefeldioxyd noch Stickstoffoxyde. Allerdings bergen ihr Betrieb sowie die dabei entstehenden radioaktiven Abfälle beträchtliche Risiken in sich. Hinzu kommt, daß es rund 200 Milliarden DM kosten würde, die bestehenden Kohlekraftwerke durch Kernkraftwerke zu ersetzen, während nur etwa 6 bis 7 Mrd. DM erforderlich wären, um die vorhandenen Kohlekraftwerke mit modernen Entschwefelungsanlagen auszurüsten.

M 9 *Rechtsvorschriften zur Luftreinhaltung*

Bundes-Immissionsschutzgesetz (Gesetz zur Luftreinhaltung usw.)

- Betriebliche Anlagen sind so zu errichten und zu betreiben, daß schädliche Umwelteinwirkungen und erhebliche Belästigungen für die Allgemeinheit und die Nachbarschaft nicht hervorgerufen werden können (§ 5).
- Umweltschutzmaßnahmen müssen sich am Stand der Technik orientieren, d.h. am Entwicklungsstand fortschrittlicher Verfahren, Einrichtungen und Betriebsweisen (§§ 4 und 5).
- Die zuständige Behörde kann auch nachträglich – wenn Anlagen bereits genehmigt oder gebaut worden sind – Anordnungen zu einem besseren Umweltschutz treffen. Allerdings darf eine solche Anordnung nicht getroffen werden, wenn sie für den Betreiber wirtschaftlich nicht vertretbar oder nach dem Stand der Technik nicht erfüllbar ist (§ 17).
- Ordnungswidrigkeiten im Sinne eines unzureichenden Umweltschutzes können mit Geldbußen bis zu hunderttausend Deutsche Mark geahndet werden (§ 62).

Nähere Angaben zu den Höchstwerten bei Schwefeldioxyd, Stickstoffoxyden usw. finden sich in der *»Technischen Anleitung Luft«* sowie in der *»Großfeuerungsanlagen-Verordnung«* (vgl. M 3).

3. Lernfeld: Interessenvertretung im Betrieb

Die drei Planspiele, die in diesem Abschnitt dokumentiert werden, machen die Schüler/innen mit Fragen des Arbeitsrechts, des Arbeits- und Gesundheitsschutzes, der Entlohnung und der innerbetrieblichen Mitbestimmung ebenso vertraut wie mit betriebswirtschaftlichen Automatisierungs- und Rationalisierungsmaßnahmen sowie den daraus sich ergebenden sozialen und kommunalen Folgeproblemen und -belastungen. Im Zentrum stehen somit innerbetriebliche und überbetriebliche Konflikte und Konfliktregelungsprozeduren, wie sie im ökonomischen Alltag ständig auftreten und irgendwie bewältigt werden müssen. Dreh- und Angelpunkt des ersten Planspiels ist die geplante Verlagerung eines im Städtchen Wollau angesiedelten Textilbetriebes in ein osteuropäisches Billiglohnland. Beim zweiten Planspiel geht es um die Sommer-KG, in der sich eine Reihe konfliktträchtiger Probleme und Meinungsverschiedenheiten angestaut haben, die nach einer Lösung verlangen. Und das dritte Planspiel schließlich führt die Schüler/innen in die Ratio-KG hinein, in der tiefgreifende Rationalisierungsprozesse mittels modernster Industrieroboter anstehen.

3.1 Ein Betrieb soll verlagert werden

Das vorliegende Planspiel gibt den Schüler/innen Gelegenheit, sich aus unterschiedlicher Perspektive mit dem Thema »Arbeitsplatzexport« auseinanderzusetzen. Im Mittelpunkt steht hierbei die Frage, ob und inwieweit es zulässig und vertretbar ist, daß die Strumpf-AG ihr Werk in Wollau dichtmacht und eine größere Zahl von Arbeitskräften entläßt, um die stillgelegte Produktion wenig später in einem osteuropäischen Billiglohnland wieder aufzunehmen. Die einzelnen Interessengruppen bzw. Rollen, die die Schüler/innen in diesem Kontext zu spielen haben, sind:

a) die Geschäftsleitung der Strumpf-KG,
b) der Betriebsrat der Wollauer Strumpffabrik,
c) der Stadtrat der Gemeinde Wollau,
d) die Kredit-AG als Hausbank des Unternehmens,
e) das Amt für Wirtschaftsförderung sowie
f) die Redaktion des Wollauer Anzeigers.

Nähere Hinweise zu diesen Rollen finden sich in der nachfolgenden Fallstudie sowie in den einzelnen Rollenkarten. Darüber hinaus stehen den Schüler/innen zur Fundierung ihrer Spielhandlungen einschlägige Informationsmaterialien zur Verfügung (M 1–M 10). Einen Gesamtüberblick über die dokumentierten Spielunterlagen gibt der Kasten unten auf dieser Seite.

Die Grundstruktur des Planspiels sieht wie folgt aus: In Wollau, einer Kleinstadt mit rund 9000 Einwohnern, ist wirtschaftlich nicht viel los. Die Arbeitslosigkeit ist hoch, die Gewerbesteuereinnahmen der Stadt fließen spärlich. Wollau gehört zu den wirtschaftlich rückständigsten Regionen im Land und hat deshalb Anspruch auf staatliche Fördermittel. Und nun soll auch noch die örtliche Strumpffabrik mit ihren 520 Beschäftigten dichtgemacht werden. Das wäre für die Region Wollau eine ziemliche Katastrophe. Das Hinterhältige bei diesen Plänen der Strumpf-KG: Das Unternehmen will seine Produktion nach Ungarn oder Polen verlagern, um von den ausgesprochen niedrigen Löhnen in Osteuropa zu profitieren. Zwar sind die Pläne der Strumpf-KG noch nicht ausgereift, aber die Stimmung in der Ge-

Spielunterlagen

1. Beschreibung der Problemsituation in der Stadt Wollau (Fallstudie)
2. Arbeitskarte: Überblick über die einzelnen Spieletappen (für alle Gruppen gleich)
3. Rollenkarten: Spezifische Hinweise zu den einzelnen Rollen (für alle Gruppen verschieden)
4. Informationszeitung: Vertiefende Sach- und Fachinformationen
   - *M 1: Die Pläne der Strumpf-KG in Kurzform*
   - *M 2: Die wirtschaftliche Lage des Unternehmens*
   - *M 3: Kostendruck zwingt zur Produktionsverlagerung ins Ausland*
   - *M 4: Die Stadt Wollau braucht die Strumpf-KG*
   - *M 5: Lohnfertigung in Osteuropa ist in Mode*
   - *M 6: Eine Betriebsschließung träfe vor allem Frauen*
   - *M 7: Leserbriefe zur geplanten Produktionsverlagerung*
   - *M 8: Strumpf-KG: Die Banken haben das Sagen*
   - *M 9: Staatliche Hilfen für das Werk Wollau sind ungewiß*
   - *M 10: Rechte des Betriebsrates bei Betriebsänderungen*
5. Ereigniskarten: Impulskarten für die Hand des Lehrers (für den gelegentlichen Einsatz)
6. Arbeitsformulare: Protokollvordrucke und Briefformulare (s. S. 42–44)

schäftsleitung und in den Führungsetagen der Kredit-AG geht doch deutlich in Richtung Arbeitsplatzexport. Allerdings sind längst nicht alle Interessengruppen, die oben angeführt wurden, mit diesen Plänen einverstanden. Für einen spannungsgeladenen Planungs- und Verhandlungsprozeß ist also gesorgt. Im Mittelpunkt der Spielaktivitäten stehen dabei folgende Leitfragen:

- Soll die Produktion der Wollauer Strumpffabrik in ein osteuropäisches Land verlagert werden?
- Wenn ja, kommt als Standort eher das ungarische Städtchen Schaschlika oder das polnische Ostrowa in Frage?
- Was kann/muß getan werden, damit das Werk Wollau fortgeführt wird und die bestehenden Arbeitsplätze erhalten bleiben?
- Wie steht es um den Umbau des Wollauer Werks zu einem hochmodernen Lager- und Vertriebszentrum für den westeuropäischen Raum?
- Wie soll im Falle einer (Teil-)Stillegung der Wollauer Strumpffabrik der dann fällige Sozialplan aussehen?

Diese Leitfragen deuten an, in welche Richtung das inhaltlich-fachliche Lernen im Rahmen des Planspiels geht. Die Schüler/innen lernen eine ganze Menge über betriebswirtschaftliche Ziele und Sachzwänge, über Arbeitsrecht und Mitbestimmung, über Kosten und Gewinne, über Löhne und Lohnnebenkosten, über Rationalisierung und Arbeitslosigkeit, über Billiglohnländer und Lohnveredelung, über Bankenmacht und staatliche Wirtschaftsförderung, über politische Strategien und politische Prozesse. Doch nicht nur das. Sie üben sich auch und zugleich darin, bestehende Sachverhalte und Meinungen zu problematisieren und kritisch Stellung zu beziehen, die eigene Urteilsbildung voranzubringen und insgesamt sensibel zu werden für die Folgen und Belastungen, die Rationalisierung und Arbeitslosigkeit für die Betroffenen mit sich bringen. Sie versuchen sich darüber hinaus im konstruktiven Denken und kreativen Handeln. Sie entwickeln strategische Alternativen und trainieren ihre mündliche und schriftliche Ausdrucksfähigkeit. Sie lernen zu argumentieren und zu taktieren, zu exzerpieren und zu analysieren, zu planen und zu entscheiden, zu agieren und zu reagieren. Kurzum: Sie lernen in ebenso vielschichtiger wie intensiver Weise inhaltlich-fachliche, methodisch-strategische und sozial-kommunikative Fähigkeiten und Fertigkeiten.

Zum Ablauf des Planspiels: Detailliertere Hinweise zu den einzelnen Phasen des Planspiels finden sich auf den Seiten 23ff. dieses Buches. Bitte vor Spielbeginn auf jeden Fall durchlesen! Die Einführung der Schüler/innen sieht generell so aus, daß die Lehrkraft zunächst einige orientierende und motivierende Vorbemerkungen zum anstehenden Planspiel macht (vgl. S. 47). Daran anschließend erhalten die Schüler/innen zuerst die Fallstudie und dann die Arbeitskarte zur vertiefenden Einarbeitung in den Aufbau und das Prozedere des Planspiels. Alsdann werden die Gruppen gebildet, die Rollenkarten gelesen und schließlich die Informationszeitungen verteilt und kursorisch durchgearbeitet. Erst jetzt beginnt die gezielte Diskussion und Meinungsbildung in den einzelnen Spielgruppen. Für diese Vorbereitungs- wie für die anschließende Verhandlungsphase sind je 2 Unterrichtsstunden anzusetzen. Nähere Hinweise zur Verhandlungsphase finden die Schüler/innen auf ihren Arbeits- und Rollenkarten. Einige Ereigniskarten, die der Lehrer im Zuge dieses Verhandlungsprozesses eingeben kann, sind zudem auf Seite 124 dokumentiert. Abgeschlossen wird das Planspiel in einer dritten Doppelstunde mit einer Konferenzphase und einem gezielten Feedback zum Spielverlauf und zu den mehr oder weniger tragfähigen Spielergebnissen.

Die Leitung der Konferenz liegt bei Bürgermeister/in Fröhlich. Die Gruppensprecher geben zunächst in der Reihenfolge: Geschäftsführung → Betriebsrat → Stadtrat → Amt für Wirtschaftsförderung → Kredit-AG ihre Eingangsstatements ab (vgl. dazu den Protokollvordruck auf S. 44). Dann folgt eine offene Diskussion, die nach Ablauf der vereinbarten Zeit nötigenfalls abgebrochen wird. Alsdann kommentiert die Presse den Konferenzverlauf, und im letzten Teil der Doppelstunde schließt sich das besagte Feedback der Schüler/innen zum Spielprozeß an.

Nachbereitet werden kann das Planspiel u.a. dadurch, daß der Planspielverlauf gezielt rekonstruiert sowie das methodische und das interaktive Vorgehen der Schüler/innen eingehender analysiert und problematisiert werden. Weiterhin bietet sich zur fachlichen Vertiefung z.B. an, daß mit Betriebsratsvertretern und/oder mit Vertretern aus dem Verwaltungsbereich »Expertengespräche« geführt und/oder vertiefende Materialien und Medien zum Problemkreis »Arbeitsplatzexport« erarbeitet werden.

Schlußbemerkung: Das vorliegende Planspiel erfordert einiges an Improvisation und Kreativität – von Schülern wie von Lehrern. Aber gerade darin liegen sein Reiz und sein Realitätsbezug, denn politische Konfliktregelungsprozesse sind nun einmal relativ offene Prozesse, die von den Betroffenen im Wege des »trial and error« auszugestalten sind.

Ereigniskarten

Wie eine interne Betriebsprüfung ergeben hat, sind die auf die beiden deutschen Werke der Strumpf-KG entfallenden Verluste vorwiegend im Handel und im Vertrieb entstanden (zu hohe Rabatte, zu viele Handelsvertreter, kostspielige Werbekampagne, verlustreicher Direktverkauf in Supermärkten). *An: Geschäftsführung/Betriebsrat/Presse*	Der Verkaufspreis für die Textilfabrik in Schaschlika ist auf 12 Millionen DM herabgesetzt worden, da sich bislang kein zahlungskräftiger Interessent gefunden hat. *An: Kredit-AG/Geschäftsführung*
Die Europäische Entwicklungsbank hat mitgeteilt, daß der Wollauer Strumpffabrik ein verlorener Zuschuß bis zur Höhe von 3 Mio. DM zur Verfügung gestellt werden kann, wenn sichergestellt ist, daß die bestehenden 520 Arbeitsplätze mindestens drei weitere Jahre erhalten bleiben. *An: Amt für WiFö/Presse*	Die Stadt Ostrowa in Polen hat der Strumpf-KG die kostenlose Übereignung eines großen Gewerbegebiets sowie den Verzicht auf jegliche Gewerbesteuer in Aussicht gestellt, wenn die geplante Fabrik dort gebaut wird. *An: Kredit-AG/Geschäftsleitung/Presse*
Die Arbeitslosenquote in der Region Wollau ist im letzten Quartal von bisher 15 Prozent auf nahezu 18 Prozent angestiegen, da in Nachbargemeinden von Wollau zwei Metallbetriebe in Konkurs gegangen sind. *An: Stadtrat/Betriebsrat/Presse*	Die Bundesregierung hat ein Hilfsprogramm für Polen verabschiedet. Danach übernimmt der Bund Bürgschaften für Investitionen deutscher Unternehmen in Polen bis zu einer Höhe von 40 Millionen DM. *An: Kredit-AG/Presse*
Die Errichtung einer hochmodernen Bekleidungsfabrik im polnischen Ostrowa würde rund 35 Millionen DM kosten. Die Produktionskapazität dieser Fabrik läge etwa um ein Drittel höher als in Wollau. *An: Geschäftsleitung/Kredit-AG*	Die Landesregierung hat entschieden, daß die Finanzmittel zur Förderung wirtschaftlich schwacher Regionen um 50 Prozent aufgestockt werden. Die Förderungshöchstbeträge, die für einzelne Projekte gelten, werden entsprechend angehoben. *An: Amt für WiFö/Stadtrat/Presse*

Hinweis: Wenn die Ereigniskarten eingesetzt werden, bitte die Adressatenhinweise löschen, damit die einzelnen Spielgruppen die ins Auge gefaßten Adressaten nicht kennen. Außerdem: Die Adressatenhinweise sind nur Vorschläge!

✎ Planspiel: Ein Betrieb soll verlagert werden

Beschreibung der Problemsituation (Fallstudie)

In der Kleinstadt Wollau herrscht ziemliche Aufregung. Soeben ist durchgesickert, daß der größte Gewerbebetrieb am Ort, eine alteingesessene Strumpffabrik, womöglich dichtgemacht werden soll. Das wäre für das 9.000-Einwohner-Städtchen Wollau schon eine ziemliche Katastrophe, denn immerhin beschäftigt die Strumpffabrik rund 520 Arbeitnehmer. Die Arbeitslosenquote im Kreisgebiet liegt schon jetzt bei 15 Prozent. In Wollau selbst beträgt sie zur Zeit zwar nur 8 Prozent. Doch wenn die Strumpffabrik tatsächlich stillgelegt werden sollte, dann würde die Arbeitslosenquote in Wollau umgehend auf 20 bis 22 Prozent ansteigen. Das wäre für die Stadt und ihre Bewohner eine riesige Belastung mit unabsehbaren sozialen Folgen.

Die Wollauer Strumpffabrik existiert bereits seit 1949 und hat sich in den beiden ersten Jahrzehnten prächtig entwickelt. Ende der siebziger Jahre hatte sie rund 900 Beschäftigte. Seither ist die Beschäftigtenzahl zwar deutlich zurückgegangen, die Geschäfte laufen jedoch nach wie vor gut. So zumindest war es den Geschäftsberichten in den letzten Jahren zu entnehmen. Die Wollauer Strumpffabrik ist ein Zweigwerk der Strumpf-KG, die ihren Hauptsitz in Bergheim in Bayern hat. Weitere Zweigwerke gibt es derzeit in Malaysia, Indien und in Italien. Hergestellt werden in diesen Werken vorwiegend Socken, Feinstrümpfe, Feinstrumpfhosen und Sportunterwäsche aus hochwertigen Garnen und Textilfasern. Die Produkte der Strumpf-KG sind zwar relativ teuer; sie garantieren aber auch beste Qualität, was Kunden in über vierzig Ländern zu schätzen wissen. Die Firmengruppe der Strumpf-KG beschäftigt weltweit 6.000 Arbeitskräfte – darunter 800 im Stammwerk in Bergheim sowie 520 in Wollau.

Diese 520 Arbeitsplätze in Wollau sind – wie erwähnt – in Gefahr. Denn die *Geschäftsführung* der *Strumpf-KG* erwägt ernsthaft, die Produktion in Wollau bis Ende des nächsten Jahres stillzulegen und nach Schaschlika in Ungarn oder eventuell auch nach Ostrowa in Polen zu verlagern. Die Kosten in Deutschland seien einfach zu hoch, so verlautet aus der Chefetage des Unternehmens. In Ungarn betrügen die Lohnkosten für eine Näherin z.B. nur ein Siebtel dessen, was in Deutschland zu zahlen sei, in Polen sogar nur ein Zehntel. Derartige Kostenvorteile könne sich die Strumpf-KG auf Dauer nicht entgehen lassen, wenn sie international wettbewerbsfähig bleiben und die nötigen Gewinne erzielen wolle. Unterstützt wird die Geschäftsführung der Strumpf-KG bei ihren Planungen von ihrer Hausbank, der Kredit-AG. Die Banker befürchten nämlich, daß die Strumpf-KG bei Fortführung ihrer

Die Strumpffabrik in Wollau

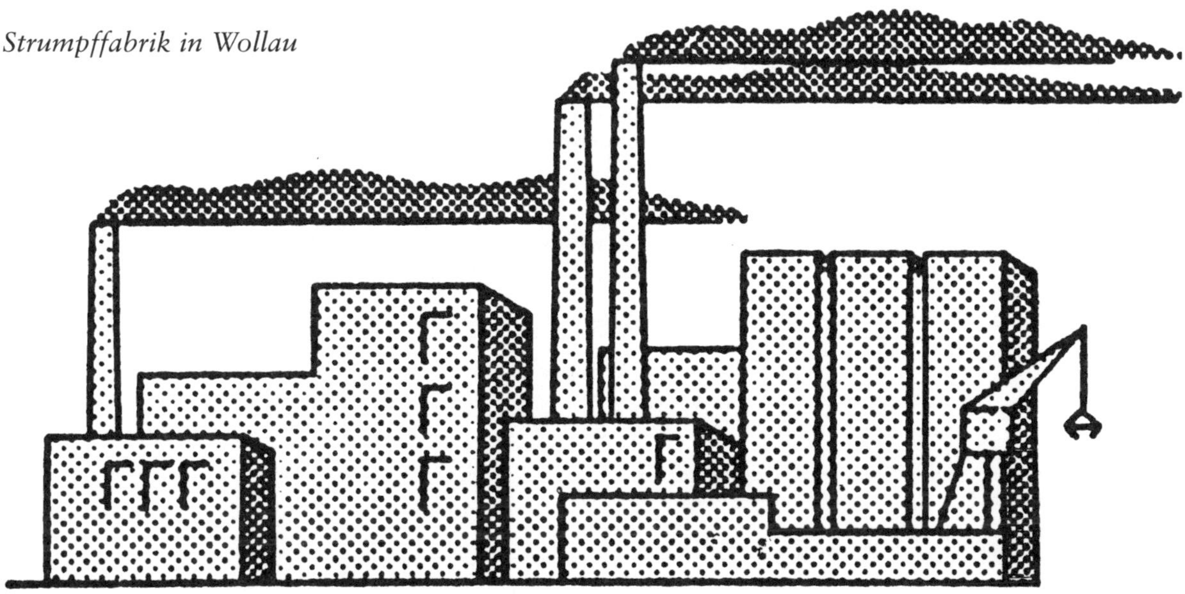

kostspieligen Produktion in Deutschland schon bald pleite gehen könne. Denn die beiden Werke in Deutschland hätten in den letzten Jahren nur dank kräftiger Kredite über Wasser gehalten werden können. Lediglich die üppigen Gewinne in den asiatischen Zweigwerken hätten verhindert, daß die Strumpf-KG in die roten Zahlen abgerutscht sei.

Gegen dieses Krisengerede verwahrt sich der Betriebsrat des Zweigwerkes in Wollau. Die Arbeitnehmervertreter verweisen auf die Geschäftsberichte der letzten Jahre, in denen stets von einer erfolgreichen Umsatz- und Gewinnentwicklung die Rede gewesen sei. Deshalb liege der Verdacht nahe, daß sich die Geschäftsführung der Strumpf-KG auf Kosten der Wollauer Belegschaft nach Ungarn oder Polen absetzen wolle, um ihren Profit noch weiter zu steigern. Das aber sei weder moralisch noch sozial zu verantworten, denn immerhin hätten die Beschäftigten des Wollauer Werkes mit ihren niedrigen Löhnen und ihrer hohen Einsatzbereitschaft entscheidend dazu beigetragen, daß die Strumpf-KG ein so erfolgreiches Unternehmen geworden sei.

An die soziale Verantwortung der Unternehmensführung appelliert ebenfalls der *Stadtrat* von Wollau, denn eine Stillegung der Textilproduktion müßte verheerende Folgen für die Stadt und ihre Bewohner haben. Nicht nur, daß die Gewerbesteuereinnahmen der Stadt drastisch zurückgehen würden, noch schlimmer wäre der sprunghafte Anstieg der Arbeitslosigkeit, der im Falle der Werksschließung zu erwarten wäre. Immerhin kommen rund 380 der 520 Beschäftigten aus Wollau selbst; die übrigen 140 Arbeitnehmer sind Pendler aus den umliegenden Ortschaften. Letzten Endes ist der Stadtrat jedoch recht optimistisch, daß sich die Strumpffabrik in Wollau halten läßt, da sowohl die Beschäftigten als auch die Kommune zu finanziellen und sonstigen Zugeständnissen bereit sind – wie das übrigens auch in der Vergangenheit immer wieder der Fall war! Finanzielle Unterstützung hat überdies das *Amt für Wirtschaftsförderung* in Aussicht gestellt, da Wollau zu den Gemeinden gehört, die als wirtschaftlich schwach anerkannt sind und deshalb Anspruch auf Zuschüsse, Bürgschaften und zinsvergünstigte Darlehen zur gezielten Wirtschaftsförderung haben.

Wie es in Wollau weitergeht, das muß das Planspiel zeigen. Wie das Spiel aufgebaut ist, wie es abläuft und welche Rollen zu übernehmen sind, das könnt Ihr aus dem abgebildeten Schema sowie aus den Arbeits- und Rollenkarten ersehen, die Euch alsbald ausgeteilt werden. Viel Glück und Erfolg beim Planen und Verhandeln!

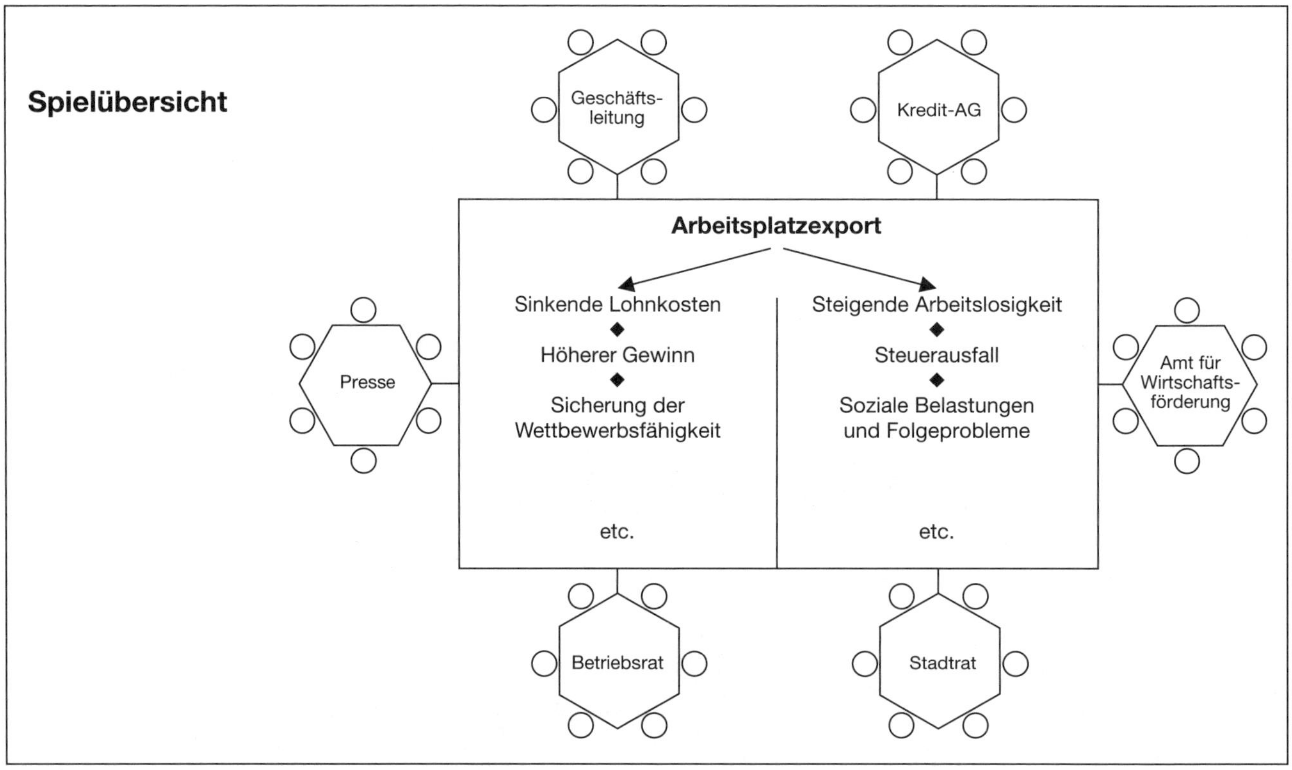

Arbeitskarte

Hinweise zum Spielverlauf

1. Lest die Spielunterlagen durch, unterstreicht wichtige Stellen (vor allem die, die Euch als Gruppe betreffen), klärt etwaige Verständnisfragen, und macht Euch klar, wie das Planspiel aufgebaut ist, welche Interessengruppen es gibt und wie das Spiel abläuft!
2. Versetzt Euch in Eure Rolle hinein! Diskutiert Eure Situation, klärt Eure Ziele und Interessen, und überlegt, wie die anstehenden Probleme und Fragen gelöst werden können (Fragen siehe unten). Welche Argumente und Vorschläge wollt Ihr vorbringen? Mit welchen Gruppen wollt Ihr verhandeln? Gibt es Bündnispartner, die Ihr für Eure Vorstellungen und Vorschläge gewinnen könnt?
3. Überlegt auch: In welcher Lage befinden sich die anderen Gruppen? Was werden sie vermutlich tun? Welche Argumente werden sie Euch womöglich entgegenhalten? Wie könnt/wollt Ihr darauf reagieren?
4. Setzt Euch nach dieser Vorbereitungsphase mit der einen oder anderen Gruppe in Verbindung, die Euch als Gesprächspartner wichtig erscheint! Schreibt Briefe! Führt mündliche Verhandlungen! Informiert Euch! Trefft Absprachen!
5. Teilt Eure Gruppe bei Bedarf in Zweier- oder Dreierteams auf und geht die ins Auge gefaßten Aufgaben und Gespräche arbeitsteilig an! Dadurch könnt Ihr mehr Kontakte pflegen, mehr Informationen einholen und insgesamt vielseitiger verhandeln.
6. Beantwortet die schriftlichen und mündlichen Anfragen und/oder Stellungnahmen, die die anderen Gruppen an Euch richten! Schreibt Antwortbriefe und entsendet gegebenenfalls Verhandlungsdelegationen!
7. Bereitet Euch am Ende dieser Verhandlungsphase gut auf die anschließende Konferenz vor, an der alle Gruppen teilnehmen und ihre Problemlösungsvorschläge einbringen werden! Überlegt Euch gut, wie Ihr im Rahmen der Konferenz argumentieren und taktisch vorgehen wollt! Schreibt Euch stichwortartig auf, was Ihr in Eurer Stellungnahme zu Beginn der Konferenz sagen und vorschlagen wollt! Bestimmt einen Gruppensprecher, der diese Stellungnahme abgibt!
8. Die Konferenz selbst läuft so ab, daß zunächst jeder Gruppensprecher in einer 3- bis 5minütigen Stellungnahme den bisherigen Verhandlungsverlauf kommentiert und die aktuellen Problemlösungsvorschläge seiner Gruppe vorstellt und erläutert. Dann folgt die Diskussion dieser Vorschläge. Ziel dieser Diskussion ist es, die unterschiedlichen Meinungen und Problemlösungsvorschläge einander anzunähern und möglicherweise auch zu einem Kompromiß zu kommen.

Planungs- und Entscheidungsfragen, die im Spielverlauf zu verhandeln sind

- Soll die Produktion der Wollauer Strumpffabrik nach Osteuropa verlagert werden?
- Kommt als Standort gegebenenfalls eher das ungarische Schaschlika oder das polnische Ostrowa in Frage?
- Was kann/muß getan werden, damit das Werk Wollau vielleicht doch noch erhalten bleibt?
- Wie steht es um den Umbau des Wollauer Werks zu einem hochmodernen Lager- und Vertriebszentrum für Westeuropa?
- Wie soll im Fall einer (Teil-)Stillegung der Wollauer Strumpffabrik der fällige Sozialplan aussehen?

usw.

R 1 Geschäftsleitung

Das ist Eure Rolle: Ihr seid für die Strumpf-KG insgesamt verantwortlich, also nicht nur für das Werk in Wollau. Euer Ziel ist es, möglichst hohe Gewinne zu erzielen und die Banken so zu bedienen, daß diese Vertrauen in Eure Unternehmenspolitik haben. Wegen der ausgesprochen niedrigen Löhne in Osteuropa seid Ihr ziemlich fest entschlossen, in Ungarn oder notfalls in Polen zu investieren, dort billig zu produzieren und dann die Erzeugnisse von Deutschland aus als hochwertige Waren zu vermarkten und in Westeuropa möglichst teuer zu verkaufen.

Das könnt Ihr z.B. tun: ■ mit Eurer Hausbank über neue Kredite verhandeln; ■ dem Stadtrat Eure Schwierigkeiten und Absichten erläutern; ■ das Amt für Wirtschaftsförderung wegen möglicher Zuschüsse und Kreditbürgschaften ansprechen; ■ mit dem Betriebsrat die Stillegungspläne beraten;■ die Presse gezielt informieren; ■ die Anfragen und Vorschläge der anderen Gruppen beantworten ... usw.

Zusatzinformationen und Denkanstöße

1. *Die ungarische Textilfabrik ist Euch zum Preis von 15 Millionen DM definitiv angeboten worden. Das ist ein relativ günstiger Preis, da die Produktionsanlagen ziemlich modern sind, qualifizierte Arbeitskräfte zur Verfügung stehen und die Produktionskapazität noch über der des Wollauer Werkes liegt.*
2. *Durch die Produktionsverlagerung nach Ungarn könntet Ihr bei gleichbleibender Produktion Kosten in Höhe von 2–2,5 Millionen DM pro Jahr sparen.*
3. *Falls der Betriebsrat einen Sozialplan will, so stellt ihm maximal 5 Mio. DM in Aussicht. Schon dieses Geld müßtet Ihr Euch bei Eurer Hausbank pumpen!*
4. *Die Fortführung des Werkes in Wollau um einige Jahre wäre eventuell möglich, wenn Ihr vom Staat (Bund, Land, Gemeinde) mindestens 3 Mio. DM an verlorenem Zuschuß sowie weitere 7 Mio. DM an zinsvergünstigten oder zinslosen Krediten bekommt (Jahreszins max. 2%!). Außerdem braucht Ihr dringend Bürgschaften in Höhe von 5 Mio. DM.*

R 2 Betriebsrat

Das ist Eure Rolle: Ihr vertretet die Interessen der Arbeitnehmer der Wollauer Strumpffabrik (vgl. M 10). Ihr seid natürlich entschieden gegen die geplante Produktionsverlagerung ins Ausland. Ihr setzt alles daran, soviel Arbeitsplätze wie möglich in Wollau zu halten. Ihr seid grundsätzlich bereit, sowohl bei den Löhnen und Lohnnebenkosten als auch bei der Arbeitszeit (Nachtarbeit, Sonntagsarbeit etc.) Zugeständnisse zu machen. Ihr entwickelt unternehmerische Ideen und macht Druck auf die Geschäftsleitung, den Stadtrat und das Amt für Wirtschaftsförderung.

Das könnt Ihr z.B. tun: ■ Gespräche mit der Geschäftsleitung und dem Stadtrat führen; ■ Briefe an die Kredit-AG und das Amt für Wirtschaftsförderung schreiben; ■ Protestplakate und Flugblätter entwerfen und veröffentlichen; ■ die Lokalpresse mobilisieren, informieren und z.B. Leserbriefe schreiben; ■ die Anfragen und Stellungnahmen der anderen Gruppen beantworten ... usw.

Zusatzinformationen und Denkanstöße

1. *Ein Marktforschungsunternehmen hat herausgefunden, daß für hochwertige Damen-, Herren- und Kinderpullover aus deutscher »Edelproduktion« gute Absatz- und Gewinnchancen bestehen, die sich in den nächsten Jahren noch verbessern dürften.*
2. *Der Standort Wollau wäre für das von der Strumpf-KG geplante Lager- und Vertriebszentrum aus geografischen und verkehrstechnischen Gründen wesentlich besser geeignet als das etwas abseits gelegene Stammwerk in Bergheim.*
3. *Falls ein Sozialplan zur Debatte stehen sollte, orientiert Euch an M 10 und fordert für Eure Arbeitnehmer eine Abfindungssumme von mindestens 10–12 Mio. DM.*
4. *Die Löhne im Wollauer Werk liegen um etwa ein Viertel unter dem, was in der deutschen Bekleidungsindustrie durchschnittlich gezahlt wird. Außerdem: Die Löhne in Ungarn und Polen werden – wie Wirtschaftsforscher bestätigen – in den nächsten Jahren sehr viel stärker steigen als in Deutschland. Das Lohngefälle wird kleiner!*

R 3 Stadtrat

Das ist Eure Rolle: Als gewählte Volksvertreter setzt Ihr natürlich alles daran, die Strumpffabrik als größten Arbeitgeber und Gewerbesteuerzahler in der Stadt zu halten. Ihr arbeitet eng mit dem Amt für Wirtschaftsförderung zusammen, einer Abteilung des Landeswirtschaftsministeriums. Ihr setzt Euch für Bürgschaften, zinsvergünstigte Darlehen und nicht zuletzt für verlorene Zuschüsse des Staates ein, die eventuell der Strumpffabrik über den Berg helfen könnten. Ihr stellt auch Vergünstigungen der Stadt in Aussicht (Gewerbesteuererlaß usw.). Allerdings verlangt Ihr klare Garantien!

Das könnt Ihr z.B. tun: ■ mit der Geschäftsführung und der Kredit-AG Informationsgespräche und Verhandlungen führen; ■ beim Amt für Wirtschaftsförderung wegen möglicher Fördermittel und Bürgschaften anfragen; ■ mit dem Betriebsrat vertrauliche Gespräche führen; ■ eine Pressekonferenz einberufen und die Presse gezielt informieren; ■ Anfragen und Stellungnahmen der anderen Gruppen beantworten ... usw.

Zusatzinformationen und Denkanstöße

1. *Laut Gemeindeordnung kann die Gewerbesteuer für eine gewisse Zeit gestundet oder auch ganz erlassen werden, wenn es einem Betrieb sehr schlechtgeht.*
2. *Eine süddeutsche Tageszeitung hat kürzlich unter Berufung auf einen Vertreter der Kredit-AG berichtet, daß die Strumpf-KG kurz vor dem Konkurs (Bankrott) stünde.*
3. *Es besteht die Gefahr, daß die Strumpf-KG schnell noch Geld von der Stadt und vom Land absahnen will, um dann doch ins Ausland zu gehen. Besteht also darauf, daß die Unternehmensleitung langfristige Bestandsgarantien für das Werk Wollau gibt, und laßt Euch etwaige Zusagen schriftlich bestätigen!*
4. *Die Gemeinde Wollau hat womöglich Anspruch auf Fördermittel aus dem Sonderprogramm der Europäischen Union zur »Verbesserung der regionalen Wirtschaftsstruktur«. Näheres müßte das Amt für Wirtschaftsförderung wissen. Dort könnt Ihr auch erfahren, ob und inwieweit das Land Subventionen für den Erhalt der Strumpffabrik gibt.*

R 4 Kredit-AG

Das ist Eure Rolle: Ihr seid der Vorstand der Kredit-AG und als solcher darauf bedacht, daß Ihr zahlungskräftige Kreditkunden habt. Der Strumpf-KG habt Ihr in der Vergangenheit immer wieder großzügig Kredit gewährt (derzeitige Kreditsumme 60 Mio. DM). Doch damit ist angesichts der Finanzschwäche der Strumpf-KG jetzt Schluß, es sei denn, das Unternehmen schafft es, seine beiden deutschen Werke »gesundzuschrumpfen« und die Produktion in gewinnträchtige Billiglohnländer wie Ungarn oder Polen zu verlagern. Dann laßt Ihr über weitere Kredite durchaus wieder mit Euch reden.

Das könnt Ihr z.B. tun: ■ mit der Geschäftsführung über die Unternehmenspolitik und mögliche zusätzliche Kredite verhandeln; ■ beim Stadtrat Kreditbürgschaften für das Werk in Wollau beantragen; ■ mit dem Amt für Wirtschaftsförderung über mögliche Finanzhilfen und Bürgschaften sprechen; ■ Pressemitteilungen zur Krise der Strumpffabrik verfassen; ■ Anfragen der anderen Gruppen beantworten ... usw.

Zusatzinformationen und Denkanstöße

1. *Ihr seid gegen die Fortführung der verlustreichen Produktion in Wollau. Für einen eventuell notwendig werdenden Sozialplan stellt Ihr unter Umständen bis zu 4 Millionen DM Kredit zur Verfügung.*
2. *Um die an die Strumpffabrik in Wollau geflossenen Kredite besser abzusichern, bemüht Ihr Euch um weitere Staatsbürgschaften in Höhe von mindestens 5 Mio. DM.*
3. *Falls die Strumpf-KG den ungarischen Textilbetrieb kaufen will, stellt Ihr maximal 12 Mio. DM an Krediten bereit. Günstiger erscheint Euch allerdings der Aufbau eines neuen Werkes in Ostrowa in Polen. Dafür würdet Ihr nötigenfalls 30–40 Mio. DM zur Verfügung stellen, denn dieser Betrag wäre im Rahmen des Polen-Hilfsprogramms der Bundesregierung wahrscheinlich durch staatliche Bürgschaften abzusichern.*
4. *In Anbetracht der hohen Verschuldung (80 Mio.) und der drohenden Zahlungsunfähigkeit der Strumpf-KG könntet Ihr beim Amtsgericht den Konkurs des Unternehmens beantragen.*

R 5 Amt für Wirtschaftsförderung

Das ist Eure Rolle: Ihr seid die Führungscrew des Amtes für Wirtschaftsförderung. Dieses Amt ist eine Abteilung des Wirtschaftsministers Eures Bundeslandes. Eure Aufgabe ist es, für den Erhalt und die Ansiedlung von Betrieben in wirtschaftlich rückständigen Regionen einzutreten und gezielte Subventionen zu vergeben. Zu diesen Subventionen gehören zinsvergünstigte/zinslose Darlehen und verlorene Zuschüsse. Ferner übernehmt Ihr Bürgschaften für Bankkredite, die an finanzschwache Betriebe gegeben werden. Vorher prüft Ihr jedoch gewissenhaft die Förderungswürdigkeit dieser Betriebe.

Das könnt Ihr z.B. tun: ■ Gespräche mit der Kredit-AG und der Betriebsleitung bezüglich der Weiterführung des Wollauer Werkes führen; ■ mit dem Stadtrat Kontakt aufnehmen und die Lage beraten; ■ die Presse über Euer Vorgehen und Eure finanziellen Möglichkeiten informieren; ■ bei der EU (Lehrer) wegen Zuschüssen für das Wollauer Werk anfragen; ■ Anfragen der anderen Gruppen beantworten ... usw.

Zusatzinformationen und Denkanstöße

1. *Für zinsvergünstigte Darlehen verlangt Ihr im allgemeinen zwischen 2% und 4% Jahreszins. In besonderen Fällen könnt Ihr auch zinslose Darlehen vergeben.*
2. *Für den Erhalt der Wollauer Strumpffabrik stellt Ihr maximal 5 Mio. DM an zinsvergünstigten Darlehen bereit. Mehr lassen die bestehenden Vorschriften nicht zu.*
3. *Nach den Förderrichtlinien des Landes könnt Ihr für das Wollauer Werk bis zu 2 Mio. DM an verlorenem Zuschuß gewähren. Ferner stellt die Europäische Union für Krisenregionen wie den Raum Wollau Zuschüsse in Millionenhöhe zur Verfügung.*
4. *Bürgschaften für bereits an das Wollauer Werk geflossene Bankkredite übernehmt Ihr möglichst nicht, und wenn, dann nur bis zu einer maximalen Höhe von 3 Mio. DM.*
5. *Finanzielle Hilfen und Bürgschaften dürft Ihr grundsätzlich nur dann gewähren, wenn im Werk Wollau längerfristig mindestens 300 Arbeitsplätze erhalten bleiben.*

R 6 Presse

Das ist Eure Rolle: Ihr seid Journalisten des Wollauer Anzeigers, einer angesehenen Regionalzeitung. Zu Euren Aufgaben gehört es, über das Geschehen bei der Strumpffabrik möglichst objektiv und umfassend zu berichten. Dazu nehmt Ihr Kontakt zu den verschiedensten Gruppen auf. Ihr recherchiert und besorgt Euch die nötigen Hintergrundinformationen. Ihr arbeitet eng mit dem Stadtrat und dem Betriebsrat zusammen. Ihr bemüht Euch um eine kritische, aber faire Berichterstattung. Eure Beiträge veröffentlicht Ihr als Wandzeitung oder stellt sie den Gruppen auch schon mal direkt zu.

Das könnt Ihr z.B. tun: ■ gezielte Interviews durchführen; ■ Hintergrundgespräche mit einzelnen Gruppen führen; ■ aufrüttelnde/informative Berichte schreiben; ■ passende Karikaturen zeichnen; ■ Leserbriefe diskutieren und veröffentlichen; ■ eine übersichtliche Wandzeitung gestalten; ■ Briefe schreiben; ■ kritische Kommentare verfassen; ■ Anfragen anderer Gruppen beantworten ... usw.

Zusatzinformationen und Denkanstöße

1. *Aus Bankenkreisen habt Ihr die Information, daß die Strumpf-KG wegen Überschuldung und drohender Zahlungsunfähigkeit kurz vor dem Konkurs steht. Geht diesem Gerücht nach, und verschafft Euch mehr Klarheit!*
2. *Am besten, Ihr bildet mehrere Reporterteams, damit Ihr arbeitsteilig vorgehen und mehr Gesprächskontakte wahrnehmen könnt.*
3. *Veröffentlichungswünschen einzelner Gruppen bzw. Personen könnt Ihr nachkommen; Ihr müßt das aber nicht! Schließlich seid Ihr eine unabhängige Zeitung.*
4. *Vorgesehenen Interviews müßt Ihr bei den Gruppen vorher anmelden. Bei den Interviews selbst könnt Ihr mitschreiben oder auch ein Kassettengerät mitlaufen lassen.*
5. *Denkt dran, daß Eure Anzeigenkunden überwiegend aus der Wollauer Geschäftswelt kommen. Seid daher vorsichtig mit Eurer wirtschaftskritischen Berichterstattung!*

M 1 Die Pläne der Strumpf-KG in Kurzform

Die Strumpf-KG muß als führendes Unternehmen der Beinbekleidungsbranche auf der Hut sein, daß die eigene Wettbewerbsfähigkeit nicht verlorengeht. Gewinne müssen sein, und was Verluste bringt, muß über kurz oder lang aufgegeben werden. Anläßlich einer Klausursitzung der Geschäftsleitung wurden die folgenden Maßnahmen angedacht, allerdings noch nicht abschließend beraten und schon gar nicht entschieden:

1. Die Produktion in Wollau sowie die lohnintensiven Fertigungsbereiche im Stammwerk in Bergheim werden baldmöglichst stillgelegt und nach Osteuropa verlagert, wo jährlich Lohn- und Lohnnebenkosten in Millionenhöhe eingespart werden können. Aus Schaschlika in Ungarn liegt bereits ein günstiges Angebot vor. Dort könnte eine bestehende Textilfabrik mit rund 700 gutqualifizierten Arbeitskräften zu einem Preis von ca. 15 Millionen DM übernommen werden. Eine Alternative dazu wäre der Bau einer neuen Fabrik in Ostrowa in Polen, wo der Strumpf-KG bereits ein großes komplett erschlossenes Grundstück zum Nulltarif in Aussicht gestellt wurde.

2. In einem der beiden deutschen Werke wird ein neu zu schaffendes Lager- und Vertriebscenter mit angeschlossener Marketingabteilung errichtet, das für ganz Westeuropa zuständig sein soll. Als Standort vorgesehen ist derzeit das Stammwerk in Bergheim. Dadurch könnten etwa 200 Arbeitsplätze geschaffen bzw. gesichert werden. Die zur Zeit existierenden Verkaufsbüros in 15 deutschen und europäischen Großstädten werden aufgelöst.

3. Die Produktpalette der Strumpf-KG wird über die Beinbekleidung hinaus in Richtung Oberbekleidung erweitert, wobei die am Markt gut eingeführten, hochwertigen, samtweichen Textilfasern der Strumpf-KG genutzt werden. Möglich wäre z.B. die Fertigung von Pullovern, Handschuhen, Mützen und Schals.

M 2 Die wirtschaftliche Lage des Unternehmens

Die Strumpf-KG hat sich vom Umsatz her am Markt in den letzten Jahren recht gut behauptet. Mit ihren weltweit 6000 Beschäftigten in Malaysia, Indien, Italien und Deutschland produzierte und verkaufte sie im letzten Jahr Strümpfe, Socken und Strumpfhosen im Gesamtwert von 453 Millionen DM. Gegenüber dem Vorjahr war das ein Umsatzplus von 10,8 Prozent. Wie die Unternehmensleitung verlauten ließ, setzt sich der positive Trend beim Umsatz auch im laufenden Jahr fort. Die Umsatzzuwächse der Strumpf-KG liegen nach wie vor deutlich über den Durchschnittswerten der deutschen Bekleidungsindustrie. Das gilt auch und nicht zuletzt für das Zweigwerk in Wollau. Die Wollauer Strumpffabrik erzielte z.B. letztes Jahr bei der neueingeführten Damenfeinstrumpfhose »Top-Star« ein Umsatzplus von 26,3 Prozent. Aufgrund dieser und anderer Erfolge wuchs die Beschäftigtenzahl im Wollauer Werk in den beiden letzten Jahren von 480 auf 520. Gleichzeitig wurden jährlich rund 2,5 Millionen DM in die Modernisierung und Rationalisierung der Produktionsabläufe investiert. So gesehen hat sich das Wollauer Werk in den letzten Jahren durchaus im Aufwind befunden.

Bergab ging es jedoch bei den Gewinnen. Sinkende Preise und weiter steigende Kosten haben dazu geführt, daß die Jahresgewinne beträchtlich zusammengeschmolzen sind. Im vorletzten Jahr erzielte die Strumpf-KG weltweit lediglich noch einen Gewinn von 5 Millionen DM; im letzten Jahr waren es sogar nur noch 2,5 Millionen DM – Tendenz sinkend. Das ist für ein Unternehmen mit 6.000 Beschäftigten und nahezu 500 Millionen DM Jahresumsatz viel zuwenig. Damit können nicht einmal die dringlichsten Ersatzinvestitionen finanziert werden. Auslöser dieses Gewinneinbruchs waren und sind insbesondere die beiden deutschen Werke, die seit drei Jahren mit erheblichen Verlusten arbeiten und dadurch die Gewinnmarge der Strumpf-KG kräftig in den Keller drücken. Im vorletzten Jahr schlossen die beiden deutschen Werke mit einem Gesamtverlust von 4 Millionen DM ab (Wollau: 2,5 Mio.), im letzten Jahr sogar mit einem solchen von 7,5 Millionen DM (Wollau: 4,1 Mio.). Wesentlich gewinnträchtiger ist demgegenüber die Produktion in den beiden Zweigwerken in Malaysia und in Indien. In Italien liegt der Gewinn zwar auch niedrig, aber es werden wenigstens keine Verluste gemacht. Durch die geplante Verlagerung der deutschen Produktion nach Osteuropa könnte die Gewinnsituation der Strumpf-KG entscheidend verbessert werden.

M 3 *Kostendruck zwingt zur Produktionsverlagerung ins Ausland*

Arbeitskräfte sind in Deutschland ausgesprochen teuer. Wie die abgebildete Grafik zeigt, liegen die Löhne und Lohnnebenkosten in der deutschen Industrie bei rund 43 DM je Stunde (im Durchschnitt aller Industriezweige). Natürlich fließt dieser Betrag nicht dem einzelnen Arbeitnehmer zu, sondern knapp die Hälfte davon entfällt auf die sogenannten Personalzusatzkosten, die den Beschäftigten zugerechnet werden (Weihnachtsgeld, Urlaubsgeld, bezahlte Feiertage, Lohnfortzahlung im Krankheitsfall, vermögenswirksame Leistungen, Sozialversicherungsbeiträge des Arbeitgebers usw.). Zwar liegen die Arbeitskosten in der Bekleidungsindustrie mit rund 33 DM je Stunde deutlich unter dem oben angeführten Durchschnittswert von 43 DM. Gleichwohl sind auch sie im internationalen Vergleich ausgesprochen hoch.

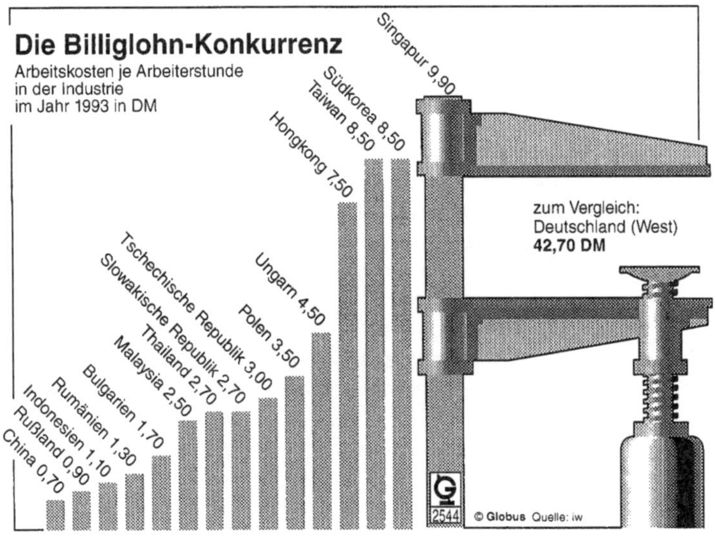

Kein Wunder also, daß immer mehr deutsche Unternehmen mit lohnintensiver Produktion ins Ausland abwandern. Denn die Löhne und Lohnnebenkosten machen in Asien oder in Osteuropa nur einen Bruchteil der deutschen Arbeitskosten aus (s. Grafik). Von daher erscheint es auch der Führungscrew der Strumpf-KG ratsam, im Interesse des langfristigen Unternehmenserfolgs weitere Teile der bundesdeutschen Produktion nach Osteuropa zu verlagern. Die beiden Produktionsstätten in Fernost sorgen bereits jetzt dafür, daß die Unternehmensgruppe befriedigend floriert.

M 4 *Die Stadt Wollau braucht die Strumpf-KG*

Die Strumpffabrik ist für Wollau ein zentraler Wirtschaftsfaktor. Das beginnt bei der Gewerbesteuer und reicht über das breite Angebot an Arbeitsplätzen bis hin zur Kaufkraft der Beschäftigten, die letztlich zu großen Teilen der Wollauer Geschäftswelt zufließt und dort für Brot und Arbeit sorgt. Die Strumpffabrik zahlte in den letzten Jahren wegen der ausgebliebenen Gewinne zwar nicht mehr allzuviel Gewerbesteuern. Dennoch kommt nach wie vor ein ansehnlicher Betrag zusammen, der noch immer weit über dem liegt, was andere Betriebe des Ortes zahlen. In den 80er Jahren überwies die Strumpf-KG Jahr für Jahr zwischen 1,2 und 2,6 Millionen DM an die Stadtkasse. Und selbst in den letzten verlustreichen Jahren zahlte sie noch immer rund 400.000 DM an die Stadt. Hinzu kommt, daß die Strumpffabrik als größter Arbeitgeber des Ortes auch indirekt eine ganze Menge Geld in die Kassen der Stadt spült. Indem nämlich die Firma rund 400 Wollauer Bürgern Beschäftigung bietet, trägt sie maßgeblich dazu bei, daß diese in Wollau wohnen bleiben, ihr Geld der heimischen Geschäftswelt zufließen lassen und selbstverständlich auch einen Teil ihrer Einkommensteuer indirekt an die Stadtkasse abführen.

In Anbetracht dieser Tatsachen heißt es in einer Resolution des Wollauer Stadtrats:

»Die Schließung der Strumpffabrik hätte für die Stadt Wollau und ihre Bewohner katastrophale Folgen. Ganze Familien würden in die Arbeitslosigkeit getrieben. Die Struktur der Stadt würde erheblich verändert werden. Viele langjährige Arbeitnehmer, die ihre ganze Zukunftsplanung auf einen sicher geglaubten Arbeitsplatz bei der Strumpf-KG aufgebaut haben, müßten bitter enttäuscht sein. Dies alles sollte den Verantwortlichen des Unternehmens Anlaß sein, die bestehenden Pläne zu den Akten zu legen und den Standort Wollau auch weiterhin zu erhalten«.

M 5 *Lohnfertigung in Osteuropa ist in Mode*

Wenn deutsche Unternehmer nach neuen Standorten für neue Produktionsstätten gefragt werden, kommt immer öfter als Antwort: Osteuropa! Löhne und Personalzusatzkosten machen dort nur einen Bruchteil der deutschen Arbeitskosten aus – in Ungarn etwa ein Siebtel, in Polen gerade mal ein Zehntel. Hinzu kommt die meist recht gute Ausbildung der dortigen Arbeitskräfte sowie die Nähe dieser Länder zu Deutschland. Wie die abgebildete Grafik zeigt, werden diese Standortvorteile von der Textil- und Bekleidungsindustrie zielstrebig ausgenutzt. In Deutschland selbst verbleiben nur noch jene Arbeiten, die besondere Qualifikationen und besonderes Know-how erfordern. Für die Bekleidungsindustrie – dort ist die sogenannte Lohnveredelung weit verbreitet – sind die wichtigsten Zielländer Polen, Tschechien, die Slowakische Republik sowie Ungarn.

M 6 Eine Betriebsschließung träfe vor allem Frauen

Würde die Strumpffabrik tatsächlich zugemacht, so hätte das für die Belegschaft des Werkes ziemlich schlimme Folgen. Die Arbeitslosigkeit würde in der Stadt Wollau von derzeit 8 Prozent auf über 20 Prozent ansteigen. Viele der arbeitslos werdenden Arbeitnehmer/innen müßten damit rechnen, längerfristig ohne Arbeit zu sein, denn die Region Wollau gehört seit längerem zu den wirtschaftlichen Notstandsgebieten der Republik. Arbeitsplätze sind rar. Fachkräfte wie Elektriker oder Techniker hätten vielleicht noch relativ gute Chancen, im Großraum Wollau eine neue Arbeitsstelle zu finden. Aber für die vielen an- und ungelernten Frauen, die in der Strumpffabrik arbeiten, sähe es ausgesprochen düster aus. Fast 400 der 520 Beschäftigten sind Frauen. Die meisten von ihnen sind relativ alt, arbeiten schon seit vielen Jahren oder gar Jahrzehnten in der Strumpffabrik und wären daher nur schwer in einen neuen Job zu vermitteln. Sie haben in der Regel keinen Beruf gelernt und dürften sich deshalb im Falle einer Betriebsschließung schon bald als Langzeitarbeitslose beim Arbeitsamt wiederfinden. Ähnliches dürfte für die knapp 100 Teilzeitarbeitskräfte gelten, die wegen ihrer Kinder nur schwer auf eine volle Stelle irgendwo im Raum Wollau wechseln könnten. Teilzeitarbeitsplätze aber gibt es in Wollau und Umgebung nur wenige, und diese sind allesamt besetzt, wie das Arbeitsamt zu berichten weiß.

M 7 Leserbriefe zur geplanten Produktionsverlagerung

Wozu die ganze Aufregung: Das ist nun einmal Marktwirtschaft!
Die Aufregung, die die geplante Stillegung der Strumpffabrik auslöst, ist mir ziemlich unverständlich. Die Bürger hierzulande wollen doch freien Welthandel und freundschaftliche Beziehungen zu den jetzt marktwirtschaftlich orientierten Ländern Osteuropas. Sie wollen ferner niedrige Preise und einen Abbau staatlicher Subventionen für Betriebe, die nicht mehr konkurrenzfähig sind. Und nach allem, was bekannt ist, sind die beiden deutschen Werke der Strumpf-KG nicht mehr wettbewerbsfähig genug. Wenn daher jetzt über eine Stillegung nachgedacht wird, dann ist das doch nicht weiter verwunderlich. Das ist eben Marktwirtschaft. Wo nichts verdient wird, da gehen eben die Lichter aus!

Die Verantwortlichen der Strumpffabrik sollten sich schämen!
1949 hatte doch alles so hoffnungsvoll begonnen. Die Stadt stellte Gelände kostenlos zur Verfügung und verzichtete lange Jahre auf jegliche Gewerbesteuer. Das Land unterstützte den Firmenauf- und -ausbau mit vielfältigen Finanzhilfen. Und die Arbeitskräfte trugen mit ihren niedrigen Löhnen und ihrer Einsatzbereitschaft wesentlich dazu bei, daß die Strumpffabrik über mehr als vier Jahrzehnte prächtig verdiente und in Asien und anderswo Fabriken und Verkaufsstellen mit deutschem Geld errichten konnte. Und nun wollen die Herrschaften nach zwei oder drei eher mageren Jahren einfach dichtmachen, als sei nichts gewesen. Die Geschäftsleitung der Strumpf-KG sollte sich schämen!

In den letzten Jahren gab es doch nur Erfolgsmeldungen!
In den Geschäftsberichten und Presseerklärungen der Strumpf-KG war in den letzten Jahren stets von florierenden Geschäften die Rede. Noch im Herbst des letzten Jahres wurde von einer erfreulichen Aufwärtsentwicklung berichtet. Von roten Zahlen keine Rede! Die neue Marke »Top-Star«, die in Wollau gefertigt wird, sei bestens eingeschlagen. Die Strumpf-KG verbuche zweistellige Zuwächse beim Umsatz, und auch die Gewinne seien zufriedenstellend. Ferner solle ein neues Vertriebscenter für Westeuropa an einem der beiden deutschen Standorte errichtet werden. Für Modernisierung und Rationalisierung wurden allein im Werk Wollau im letzten Jahr über 2 Millionen DM ausgegeben. Von daher ist unverständlich, daß nun plötzlich das Unternehmen durch Billiglöhne in Osteuropa gerettet werden muß. Wenn sich der Trend zur Ansiedlung in Billiglohnländern fortsetzt, muß die Industrie sich fragen lassen, wer denn die Produktion am Ende kaufen soll. Deshalb: Schluß mit der kurzsichtigen Unternehmenspolitik! Knüpft an die bisherigen Erfolge an, und erhaltet das Werk in Wollau!

M 8 Strumpf-KG: Die Banken haben das Sagen

Die Strumpf-KG steht, wie aus Bankenkreisen verlautet, bei verschiedenen Kreditinstituten mit insgesamt 80–100 Millionen DM in der Kreide. Die betreffenden Banken haben nach und nach Kredite in dieser Höhe bereitgestellt und beginnen nun allmählich daran zu zweifeln, ob die Ertragskraft der Strumpf-KG hinreicht, die gewährten Kredite ausreichend abzusichern und die fälligen Zinsen termingerecht zu zahlen. Mit der Zahlung der Zinsen gab es im letzten Jahr bereits erhebliche Schwierigkeiten. Hauptgläubiger ist mit rund 60 Millionen DM Kreditsumme die Kredit-AG. Zwar sind die gewährten Kredite durch Vermögenswerte der Strumpf-KG und durch spezielle Bürgschaften von staatlicher Seite weitgehend abgesichert, aber die kräftigen Verluste, die die Strumpf-KG in den letzten Jahren in Deutschland eingefahren hat, haben die Verantwortlichen der Kredit-AG doch sehr zurückhaltend werden lassen, wenn es um die Gewährung weiterer Kredite geht. Gleiches gilt für die beiden anderen Banken, bei denen die Strumpf-KG in der Kreide steht.

»Die Banken haben sich alles, was dem Unternehmen gehört, mittlerweile übertragen lassen«, berichtete unlängst ein Sprecher der Strumpf-KG. Das reicht von Grundstücken und Gebäuden bis hin zu Produktnamen, Patenten und den ausländischen Rechten. Deshalb müßten die Banken unbedingt bedient werden, damit sie den Kredithahn nicht plötzlich ganz abdrehen und die Strumpf-KG in den Konkurs manövrieren. Wie der Firmensprecher weiterhin mitteilte, könne die gegenwärtige finanzielle Schieflage nur mit Hilfe der Banken überwunden werden. Zu dieser Schieflage gehöre u.a., daß allein das Werk in Wollau in den letzten drei Jahren Verluste in Höhe von rund 9 Millionen DM verursacht habe, die durch zusätzliche Kredite ausgeglichen werden mußten. Deshalb poche insbesondere die Kredit-AG darauf, daß diese Verlustquelle schnellstens beseitigt werde, damit die Gewinne wieder kräftiger sprudeln können.

M 9 Staatliche Hilfen für das Werk Wollau sind ungewiß

Immer dann, wenn Arbeitsplätze in Gefahr sind, ertönt der Ruf nach staatlichen Subventionen und Bürgschaften. So auch im Falle der Strumpffabrik in Wollau. Bürgermeister Klein hat in einem internen Gespräch bereits anklingen lassen, daß die Gemeinde unter Umständen für einige Jahre auf die Gewerbesteuer seitens der Strumpf-KG verzichten könne, wenn diese den Betrieb in Wollau weiterführe. Für etwaige Kredite des Unternehmens Bürgschaften zu übernehmen sei der Stadt derzeit allerdings wohl kaum möglich, da sie selbst hoch verschuldet sei. Für derartige Bürgschaften ist eher das Land zuständig bzw. das vom Land eingerichtete Amt für Wirtschaftsförderung. Von dieser Seite können unter bestimmten Bedingungen auch beträchtliche Finanzhilfen gewährt werden. Angefangen bei zinsvergünstigten Darlehen bis hin zu verlorenen Zuschüssen im Rahmen der regionalen Wirtschaftsförderung.

Falls Wollau in das Förderprogramm der Europäischen Union (EU) für besonders rückständige Regionen aufgenommen wird, sind von dieser Seite zusätzliche Fördermittel in Millionenhöhe zu erwarten. Die Entscheidung darüber fällt in Kürze. Ob und wieweit derartige Finanzhilfen für den Erhalt der Strumpffabrik allerdings tatsächlich bereitgestellt werden, hängt entscheidend davon ab, ob die Strumpf-KG ein überzeugendes Konzept vorlegen kann, wie das Werk Wollau längerfristig gesichert und weiterentwickelt werden soll. Andernfalls wäre es unverantwortlich, Fördermittel bereitzustellen, die dann womöglich nur abgesahnt und für andere Zwecke verwandt werden (z.B. für die Kredittilgung oder für den Erwerb ausländischer Produktionsstätten).

M 10 Rechte des Betriebsrates bei Betriebsänderungen

Der Betriebsrat ist die Interessenvertretung der Arbeitnehmer. In Betrieben mit 300 bis 600 Beschäftigten gehören dem Betriebsrat laut Betriebsverfassungsgesetz (BVG) insgesamt 9 Mitglieder an. Die Mitbestimmungsrechte des Betriebsrates sind im Falle der Stillegung und/oder Verlagerung eines Betriebes nur sehr eingeschränkt gegeben. Das zeigen die nachfolgenden Rechtsvorschriften des BVG. Letztlich reduziert sich der Einfluß des Betriebsrates in der Praxis meist auf das Aushandeln eines Sozialplanes, der den von Entlassung betroffenen Arbeitnehmern wenigstens eine gewisse finanzielle Entschädigung gewährt.

Bestimmungen des Betriebsverfassungsgesetzes (BVG)

- **Mitwirkung bei Betriebsänderungen** (vgl. § 111 BVG): Der Unternehmer hat in Betrieben mit in der Regel mehr als zwanzig wahlberechtigten Arbeitnehmern den Betriebsrat über geplante Betriebsänderungen rechtzeitig und umfassend zu unterrichten sowie die damit verbundenen Maßnahmen und sozialen Folgen zusammen mit dem Betriebsrat zu beraten. Betriebsänderungen in diesem Sinne sind u.a. (a) die Einschränkung oder Stillegung eines Betriebes, (b) die Verlegung eines Betriebes oder wesentlicher Betriebsteile an einen anderen Ort.
- **Wirtschaftsausschuß** (vgl. § 106 BVG): In allen Unternehmen mit in der Regel mehr als einhundert ständig beschäftigten Arbeitnehmern ist ein Wirtschaftsausschuß zu bilden. Der Wirtschaftsausschuß hat die Aufgabe, wirtschaftliche Angelegenheiten wie die Einschränkung, Stillegung oder Verlegung von Betrieben oder Betriebsteilen mit dem Unternehmer zu beraten und den Betriebsrat zu unterrichten.
- **Interessenausgleich/Sozialplan** (vgl. § 112 BVG): Zur Milderung der wirtschaftlichen Nachteile, die den Arbeitnehmern durch eine Betriebsstillegung und/oder -verlegung entstehen, wird in aller Regel ein Sozialplan ausgehandelt. Verhandlungspartner sind der Betriebsrat und die Unternehmensleitung. Der Sozialplan hat die Wirkung einer Betriebsvereinbarung. Kommt eine Einigung nicht zustande, so wird zunächst der Präsident des Landesarbeitsamtes um Vermittlung ersucht. Ist auch dieses erfolglos, so entscheidet die Einigungsstelle über die Aufstellung eines Sozialplans. Der Spruch der Einigungsstelle ersetzt die Einigung zwischen Arbeitgeber und Betriebsrat.

Möglicher Sozialplan

Die Gewerkschaft Textil und Bekleidung hat in einem Mustersozialplan, der als Minimalregelung bezeichnet wird, folgende Bestimmungen vorgeschlagen:

(a) Die grundsätzliche Formel für die Abfindung der Mitarbeiter lautet: Lebensalter mal Beschäftigungsjahre mal 30 in DM.
(b) Arbeitnehmer, die 55 Jahre und älter sind, erhalten eine Abfindung, die bis zum 60. Lebensjahr berechnet wird, wobei monatlich 1.000 DM angesetzt werden. Beispiel: Ein 58jähriger erhielte 24 × 1.000 DM = 24.000 DM Abfindung.
(c) Arbeitnehmer, die 60 Jahre und älter sind, erhalten wegen des nahenden Rentenbezugs pauschal 5.000 DM.
(d) Schwerbehinderten wird ein einmaliger Zuschlag von 3.000 DM gewährt.

Ein derartiger Sozialplan beliefe sich im Falle der Stillegung der Wollauer Strumpffabrik auf einen Gesamtbetrag von ca. 12,5 Millionen DM. Eine derartige Abfindungssumme müßte die Strumpf-KG an die Wollauer Arbeitnehmer zahlen. Allerdings ist der obige Mustersozialplan nur ein Vorschlag. Über die Einzelheiten müßte selbstverständlich zwischen Betriebsrat und Geschäftsleitung verhandelt werden.

3.2 Konflikt in der Metallfabrik

Das vorliegende Planspiel gibt den Schüler/innen Gelegenheit, sich aus unterschiedlichen Perspektiven mit dem Thema »Arbeitsschutz/Arbeitsrecht/Mitbestimmung« auseinanderzusetzen. Im Zentrum steht hierbei die Frage, wie die in der Sommer-KG bestehenden Probleme und Konflikte gelöst und die unterschiedlichen ökonomischen und sozialen Interessen der Arbeitgeber- und der Arbeitnehmerseite unter einen Hut gebracht werden können. Daß dieses im konkreten Fall nicht leicht ist, wird der Spielprozeß zeigen. Die einzelnen Interessengruppen bzw. Rollen, die die Schüler/innen im angedeuteten Problemkontext zu spielen haben:

a) die Geschäftsleitung der Sommer-KG,
b) der Betriebsrat der Sommer-KG,
c) die Vertrauensleute aus der Gießerei,
d) die Vertrauensleute aus der Abteilung Ofenbau,
e) das zuständige Amt für Arbeitsschutz sowie
f) die Redaktion der Gewerkschaftszeitung »Stimme der Arbeit«.

Nähere Hinweise zu diesen Rollen finden sich in der nachfolgenden Fallstudie sowie in den einzelnen Rollenkarten. Darüber hinaus stehen den Schüler/innen zur Fundierung ihrer Spielhandlungen einschlägige Informationsmaterialien zur Verfügung (M 1–M 9). Einen Überblick über die dokumentierten Spielunterlagen gibt der Kasten unten auf dieser Seite.

Die Grundstruktur des Planspiels sieht wie folgt aus: In der Gießerei- und Ofenbaufirma »Sommer-KG« gibt es einige interne Probleme und Konflikte, die der Lösung bedürfen. Der Hauptkonflikt betrifft den Arbeitsschutz in der Gießerei, der nach Ansicht der dort Beschäftigten völlig unzureichend ist (Hitze, Lärm, Staub, Abgase). Hinzu kommt die unvermittelte Kündigung von 9 Gießereiarbeitern, die innerhalb der Gießerei für viel Unmut gesorgt hat. Aber auch in der zweiten Abteilung des Betriebes – der Ofenherstellung – gibt es beträchtlichen Ärger. Die Ofenarbeiter kritisieren die überharten Akkordbelastungen und fordern höhere Zulagen und/oder

Spielunterlagen

1. Beschreibung der Problemsituation in der Sommer-KG (Fallstudie)
2. Arbeitskarte: Überblick über die einzelnen Spieletappen (für alle Gruppen gleich)
3. Rollenkarten: Spezifische Hinweise zu den einzelnen Rollen (für alle Gruppen verschieden)
4. Informationszeitung: Vertiefende Sach- und Fachinformationen
   - *M 1: Die wirtschaftliche Lage der Sommer-KG*
   - *M 2: Schreiben des Betriebsrates an das Amt für Arbeitsschutz*
   - *M 3: TÜV-Gutachten zur Lärm- und Luftbelastung in der Gießerei*
   - *M 4: Ein Akkordarbeiter aus der Ofenherstellung berichtet*
   - *M 5: Gesundheitsrisiken in der Gießereiwirtschaft*
   - *M 6: Die Lärmbelastung kann die Betriebe teuer zu stehen kommen*
   - *M 7: Roboter in der Gießerei – Gefahr oder Chance?*
   - *M 8: Mitwirkungs- und Mitbestimmungsrechte des Betriebsrats*
   - *M 9: Auszüge aus Gesetzen und Verordnungen zum Arbeitsschutz*
5. Ereigniskarten: Impulskarten für die Hand des Lehrers (für den gelegentlichen Einsatz)
6. Arbeitsformulare: Protokollvordrucke und Briefformulare (s. S. 42–44)

höhere Stundenlöhne. Die Arbeitnehmerseite ist also nicht per se ein homogener Interessenblock, sondern weist – wie in der Realität auch – durchaus konkurrierende Anliegen und Sichtweisen auf. Die Ofenhersteller sind zuallererst an höheren Löhnen und zukunftssichernden Investitionen (Modernisierung, Bau einer neuen Halle) interessiert, die Gießereiarbeiter pochen demgegenüber vorrangig auf verbesserten Arbeits- und Gesundheitsschutz sowie auf die Rücknahme der vorgesehenen Kündigungen. Zwischen beiden Gruppen steht der Betriebsrat, der einerseits vermitteln und die angezeigten Arbeitnehmerinteressen vertreten muß, der andererseits aber auch pfleglich mit der Geschäftsleitung umgehen muß, damit diese nicht einfach die Gießerei oder womöglich sogar den ganzen Betrieb dichtmacht. Darüber hinaus gibt es als fünfte Spielgruppe das Amt für Arbeitsschutz (Berufsgenossenschaft), das von außen mit Forderungen, Auflagen und unter Umständen auch mit Strafandrohungen an die Sommer-KG herantritt. Für einen spannungsgeladenen Planungs- und Verhandlungsprozeß ist also gesorgt. Im Mittelpunkt der Spielaktivitäten stehen dabei die folgenden Leitfragen:

- Soll/Kann die Kündigung der 9 Gießereiarbeiter zurückgenommen werden? Wenn ja, welche Schritte sind möglich und nötig?
- Soll/Kann der Lärm- und Gesundheitsschutz in der Gießerei verbessert werden? Welche der angeführten Möglichkeiten (s. Fallstudie) kommt in Frage?
- Sollen/Können die beiden Sicherheitsingenieure eingestellt werden? Was würden Sie den Betrieb pro Jahr kosten, wenn für jeden monatlich 10.800 DM zu kalkulieren sind?
- Soll/Kann die von den Ofenherstellern geforderte Lohnerhöhung von 1 bis 2 DM je Stunde gewährt werden? Was würde das den Betrieb pro Jahr in etwa kosten?
- Soll/Kann die geplante Erweiterung und Modernisierung der Ofenherstellung durchgeführt werden?
- Soll/Kann den Gießereiarbeitern unter Umständen eine Erschwerniszulage von z.B. 1 DM pro Stunde gewährt werden? Was würde das den Betrieb pro Jahr in etwa kosten?
- Welche Abstriche sind bei den einzelnen Forderungen denkbar? Welche Kompromisse sind notfalls möglich?

Diese Leitfragen deuten an, in welche Richtung das inhaltlich-fachliche Lernen im Rahmen des Planspiels geht. Die Schüler/innen lernen eine ganze Menge über Arbeitsschutz und Arbeitssicherheit, über Gewinnstreben und betriebswirtschaftliche Logik, über innerbetriebliche Mitbestimmung und leistungsgerechte Entlohnung, über Kündigungsschutz und Arbeitsrecht, über Macht und Ohnmacht, über politische Strategien und politische Prozesse. Doch nicht nur das. Sie üben sich auch und zugleich darin, bestehende Sachverhalte und Meinungen zu problematisieren und kritisch Stellung zu beziehen, die eigene Urteilsbildung voranzubringen und insgesamt sensibler zu werden für die Möglichkeiten und Grenzen einer wirksamen Mitbestimmung und einer menschengerechten Arbeitsgestaltung. Sie versuchen sich darüber hinaus im konstruktiven Denken und kreativen Handeln. Sie entwickeln strategische Alternativen und trainieren ihre mündliche und schriftliche Ausdrucksfähigkeit. Sie lernen zu argumentieren und zu taktieren, relativ umfangreiche Informationen zu erfassen und zu analysieren, zu planen und zu entscheiden, zu agieren und zu reagieren. Kurzum, sie lernen in ebenso vielschichtiger wie intensiver Weise inhaltlich-fachliche, methodisch-strategische und sozial-kommunikative Fähigkeiten und Fertigkeiten.

Zum Ablauf des Planspiels: Detailliertere Hinweise zu den einzelnen Phasen des Planspiels finden sich auf den Seiten 23ff. dieses Buches. Diese sollten vor Spielbeginn auf jeden Fall gelesen werden. Die Einführung der Schüler/innen sieht generell so aus, daß die Lehrkraft zunächst einige orientierende und motivierende Vorbemerkungen zum anstehenden Planspiel macht (vgl. S. 47). Daran anschließend erhalten die Schüler/innen zuerst die Fallstudie und dann die Arbeitskarte zur vertiefenden Einarbeitung in den Aufbau und das Prozedere des Planspiels. Alsdann werden die Gruppen gebildet, die Rollenkarten gelesen und schließlich die Informationszeitungen verteilt und kursorisch durchgearbeitet. Erst jetzt beginnt die gezielte Diskussion und Meinungsbildung in den einzelnen Spielgruppen. Für diese Vorbereitungs- wie für die anschließende Verhandlungsphase sind je 2 Unterrichtsstunden anzusetzen (zur zeitlichen Segmentierung des Planspielverlauf s. S. 23ff.). Nähere Hinweise zur Verhandlungsphase finden die Schüler/innen auf ihren Arbeits- und Rollenkarten. Einige Ereigniskarten, die der Lehrer im Zuge dieses Verhandlungsprozesses wahlweise eingeben kann, sind zudem auf Seite 140 dokumentiert. Abgeschlossen wird das Planspiel in einer dritten Doppelstunde mit einer Konferenz und einem gezielten Feedback zum Spielverlauf und zu den mehr oder weniger tragfähigen Spielergebnissen. Die Leitung der Konferenz liegt beim Seniorchef der Sommer-KG (Lehrer) namens Gußmann, der alle beteiligten Gruppen zu einem »Schlichtungsgespräch«

eingeladen hat. Zu Anfang der Konferenz tragen die Gruppensprecher in der Reihenfolge: Amt für Arbeitsschutz → Vertrauensleute Gießerei → Vertrauensleute Ofenherstellung → Betriebsrat → Geschäftsleitung ihre Eingangsstatements vor (vgl. dazu den Protokollvordruck S. 44). Dann folgt eine offene Diskussion, die nach Ablauf der vereinbarten Zeit nötigenfalls abgebrochen wird. Alsdann kommentieren die Vertreter der Gewerkschaftszeitung »Stimme der Arbeit« den Konferenzverlauf, und im letzten Teil der Doppelstunde schließt sich das Feedback der Schüler/innen zum Spielprozeß an.

Nachbereitet werden kann das Planspiel u.a. dadurch, daß der Planspielverlauf gezielt rekonstruiert sowie das methodische und das interaktive Vorgehen der Schüler/innen eingehender analysiert und problematisiert werden. Weiterhin bietet sich zur fachlichen Vertiefung z.B. an, ein Gießereiunternehmen im Nahbereich zu erkunden, Experten von der regional zuständigen Gewerbeaufsicht bzw. von der Berufsgenossenschaft zu befragen, die Arbeit eines Betriebsrats in einem örtlichen Betrieb zu erforschen und/oder vertiefende Materialien und Medien zum angeschnittenen Problemkreis erarbeiten zu lassen.

Schlußbemerkung: Das vorliegende Planspiel erfordert einiges an Improvisation und Kreativität – von Schülern wie von Lehrern. Aber gerade darin liegen sein Reiz und sein Realitätsbezug, denn politische Konfliktregelungsprozesse sind nun einmal relativ offene Prozesse, die von den Betroffenen im Wege des »trial and error« auszugestalten sind.

Ereigniskarten

Aktuelle Mitteilung des Werksarztes: Letzte Woche sind bei 6 Arbeitern (Gußputzern) der Sommer-KG akute Atemwegserkrankungen festgestellt worden. Als Ursache wird eine Überreizung der Atemwege durch Abgase und chemische Dämpfe vermutet.

An: Gießereivertreter/Betriebsrat/ Amt für Arbeitsschutz/Presse

In der Ofenherstellung zeichnet sich fürs laufende Jahr ein Rückgang des Gewinns auf rund 1,1 Mio. DM ab, nachdem der Gewinn etztes Jahr noch bei 1,8 Mio. DM gelegen hat. Die Umsätze (Verkäufe) sind allerdings weiterhin leicht gestiegen. Der Grund für den Gewinnrückgang: Sinkende Preise infolge der verschärften Konkurrenz sowie ein Anstieg der Lohnkosten um 3 Prozent.

An: Geschäftsleitung/Ofenhersteller/Betriebsrat/ Gießereivertreter

Die geplante Modernisierung und Erweiterung der Ofenherstellung kostet voraussichtlich nicht 10 Mio. DM, sondern 12 bis 13 Mio. DM. Allerdings ist auch eine kleinere Lösung für rund 7 Mio. DM denkbar (kleinere Halle, weniger Maschinen). Sie bringt jedoch nur 40 Prozent der geplanten Kapazitätserweiterung und ist in einigen Jahren vielleicht schon wieder zu klein.

An: Geschäftsleitung/Betriebsrat

Die Geschäfte in der Gießerei sind im laufenden Jahr besser als erwartet gelaufen. Bei leicht angestiegenem Umsatz wird sich der Jahresgewinn von 0,4 Mio. DM auf voraussichtlich 0,8 Mio. DM erhöhen. Ein Grund dafür: Ein größeres Maschinenbauunternehmen konnte als neuer Kunde für die Zahnradrohlinge gewonnen werden.

An: Geschäftsleitung/Gießereivertreter

Ein Großhandelsunternehmen, das bisher einen beträchtlichen Teil der Ofenproduktion abgenommen hat, ist in Konkurs gegangen. Die Sommer-KG muß daher fürs kommende Jahr mit einem Verkaufsrückgang von rund 10 Prozent rechnen, wenn nicht kurzfristig neue Abnehmer gefunden werden. Das aber ist beim bestehenden Konkurrenzdruck zur Zeit sehr schwierig.

An: Geschäftsleitung/Ofenherstellung/Betriebsrat

Das Amt für Arbeitsschutz im Kreis Überall in einem benachbarten Bundesland hat gegen ein dort ansässiges Unternehmen ein Bußgeld von 40.000 DM verhängt, weil trotz mehrfacher Abmahnung weder die drei vorgeschriebenen Sicherheitsingenieure eingestellt noch bestehende Gesundheitsgefährdungen behoben wurden. Das zuständige Gericht hat das Bußgeld bestätigt. Falls der betreffende Betrieb im nächsten Halbjahr nichts tut, folgen härtere Strafen!

An: Amt für Arbeitsschutz/Presse

Hinweis: Wenn die Ergeigniskarten eingesetzt werden, bitte die Adressatenhinweise löschen, damit die einzelnen Spielgruppen die ins Auge gefaßten Adressaten nicht kennen. Außerdem: Die Adressatenhinweise sind nur Vorschläge!

✎ Planspiel: Konflikt in der Metallfabrik

Beschreibung der Problemsituation (Fallstudie)

Bei der Firma Sommer-KG, einer Gießerei- und Ofenbaufirma, gibt es seit einiger Zeit erheblichen Ärger. Viele Mitarbeiter sind unzufrieden. Die Gießereiarbeiter, weil die Arbeitsbedingungen schlecht und die gesundheitlichen Belastungen groß sind, die Arbeiter der Ofenherstellung, weil der Akkorddruck ständig steigt und die Löhne vergleichsweise niedrig sind. Zumindest meinen das die betroffenen Arbeitnehmer. Der Betriebsrat ist eingeschaltet worden, ebenso die Vertrauensleute aus den beiden Abteilungen. Des weiteren ist mit dem schwelenden Konflikt natürlich auch die Geschäftsleitung der Sommer-KG befaßt und außerdem das Amt für Arbeitsschutz, das als Aufsichtsbehörde u.a. für die Sommer-KG zuständig ist (s. die nachfolgende Spielübersicht).

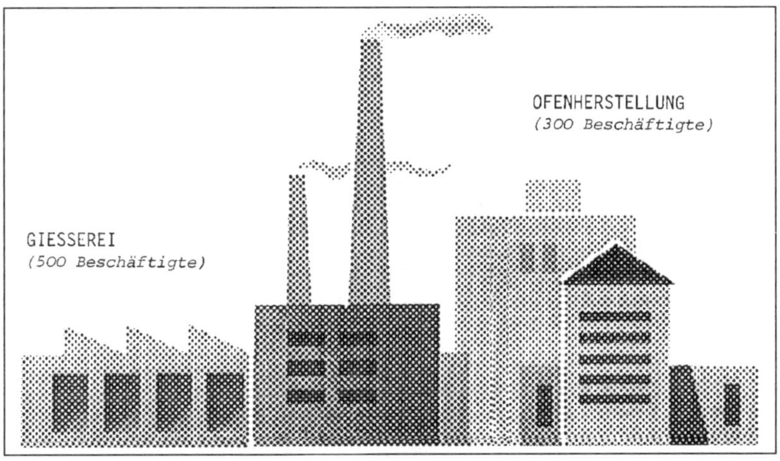

Wie ist es zu dem Konflikt gekommen, und was wird konkret beanstandet? Ausgelöst wurde der Konflikt durch die Ankündigung der Geschäftsleitung, 9 Gießereiarbeitern wegen relativ hoher Krankheitshäufigkeit und unterdurchschnittlicher Arbeitsleistung zu kündigen. Allerdings hat der Betriebsrat bisher noch nicht zugestimmt! Betroffen von der Kündigung wären Franz K., Kurt W., Dieter S. und sechs weitere Kollegen, die allesamt seit mehr als zehn Jahren in der »Putzerei« arbeiten, einer Abteilung, in der Gußrohlinge entgratet und saubergemacht werden – eine ziemlich dreckige und belastende Arbeit. Die 9 Arbeitskräfte sind mit der drohenden Kündigung keinesfalls einverstanden. Sie sehen ihren schlechten Gesundheitszustand als Folge der ungünstigen Arbeitsbedingungen in der Gießerei. Und dafür, so meinen sie, sei die Geschäftsleitung verantwortlich. Die Lärmbelastung erreicht nach den inoffiziellen Messungen eines Betriebsratsmitglieds Werte bis zu 100 Phon (dBA) und liegt damit deutlich über dem gesetzlich zulässigen Höchstwert von 90 Phon. Der TÜV hat diese Meßergebnisse im wesentlichen bestätigt (vgl. M 3). Hinzu kommt eine beträchtliche Belastung durch Stäube und sonstige chemische Schadstoffe (Kohlenmonoxyd, Phosphor, Ammoniak usw.). Nicht zuletzt ist die Lufttemperatur in der Gießerei wegen der dortigen Schmelzöfen sehr hoch und erreicht Werte bis 60 Grad Celcius.

Franz K. und seine acht Kollegen schalten deshalb die *Vertrauensleute der Gießerei* ein. Sie wollen, daß die Kündigungen zurückgenommen werden. Außerdem wollen sie, daß wirksame Maßnahmen zur Verbesserung der Arbeitsbedingungen in der Gießerei ergriffen werden. Dazu haben sie sich bereits einige Forderungen überlegt: besseren Lärmschutz (Trennwände, Dämmstoffe, leisere Maschinen usw.), neue Filteranlagen zur Abluftreinigung (weniger Staub, weniger Abgase), Einstellung der beiden gesetzlich vorgeschriebenen Sicherheitsingenieure zur Überwachung des Arbeitsschutzes. Die *Geschäftsleitung* steht diesen Forderungen zurückhaltend bis ablehnend gegenüber. Ihre Warnung: Wenn der Betrieb dies alles verwirklichen soll, geht er schon bald pleite. Zu den finanziellen und sonstigen Auswirkungen der ins Auge gefaßten Maßnahmen werden folgende Angaben gemacht:

(a) **Umfassende Maßnahmen:** Kosten ca. 4 Mio. DM; Rückgang der Phonzahl von ca. 100 auf ca. 80 Phon; Verringerung der Luftverschmutzung um ca. 30 Prozent.

(b) **Einfachere Maßnahmen:** Kosten ca. 2 Mio. DM; Rückgang der Phonzahl von ca. 100 auf etwa 90 Phon; Verringerung der Luftverschmutzung um ca. 30 Prozent.

(c) **Nur neue Luftfilter:** Kosten ca. 1,5 Mio. DM; Verringerung der Luftverschmutzung um ca. 20–25 Prozent.

Die Geschäftsleitung verweist ferner darauf, daß sie ihre Ausgaben für den Arbeits- und Gesundheitsschutz in den letzten beiden Jahren von 200.000 DM auf 400.000 DM gesteigert habe und diesen Betrag zu halten gedenke. Des weiteren hebt sie hervor, daß im letzten Jahr ein zusätzlicher Betriebsarzt eingestellt wurde.

Noch zusätzlich kompliziert wird die Situation dadurch, daß es auch in der Ofenherstellung seit geraumer Zeit gärt. Die *Vertrauensleute der Ofenherstellung* kritisieren vor allem den wachsenden Zeit- und Arbeitsdruck sowie die im Verhältnis dazu eher bescheidene Bezahlung der Mitarbeiter. Der durchschnittliche Stundenlohn von rund 19 DM liege kaum höher als in der Gießerei, obwohl in der Gießerei vorwiegend Hilfsarbeiter, in der Ofenherstellung hingegen fast ausschließlich gut qualifizierte Facharbeiter tätig seien. Außerdem seien die Leistungs- bzw. Akkordnormen im Ofenbau wesentlich schärfer als in der Gießerei. Von daher fordern die Vertrauensleute der Ofenherstellung für ihre Abteilung eine Anhebung des Stundenlohnes um 1 bis 2 DM.

Der *Betriebsrat* sieht diese Konfliktsituation mit einem lachenden und einem weinenden Auge. Auf der einen Seite freut er sich, daß die Mitarbeiter aktiv werden. Auf der anderen Seite sieht er natürlich auch das Problem, daß zwischen den beiden Abteilungen Gräben aufgerissen und Forderungen aufgestellt werden, die sich zum Teil gar nicht realisieren lassen, da die Sommer-KG finanziell keineswegs aus dem vollen schöpfen kann. Vor allem die Gießerei wirft kaum noch Gewinn ab, und in der Ofenherstellung müßte eigentlich dringend modernisiert und eine weitere Halle gebaut werden. Ob und inwieweit dennoch in der Gießerei investiert wird, das hängt u.a. vom *Amt für Arbeitsschutz* ab, das als Aufsichtsbehörde darüber wacht, daß die geltenden Rechtsvorschriften zum Arbeits- und Gesundheitsschutz eingehalten werden. Freilich kann auch das Amt für Arbeitsschutz nicht rigoros seine Paragraphen durchziehen, sondern muß stets sorgfältig ausloten, wie es um die wirtschaftliche Situation eines Betriebes bestellt ist und was ihm von daher an Arbeitsschutzmaßnahmen zugemutet werden kann. Für diese Möglichkeiten und Grenzen des Arbeitsschutzes und des innerbetrieblichen Interessenausgleichs interessiert sich ferner die *Gewerkschaftszeitung* »Stimme der Arbeit«, die über die Sommer-KG im Sinne einer Fallstudie berichten will.

Wie es in der Sommer-KG weitergeht, das muß das Planspiel zeigen. Wie das Spiel aufgebaut ist, wie es abläuft und welche Rollen zu übernehmen sind, das könnt Ihr aus dem abgebildeten Schema sowie aus den Arbeits- und Rollenkarten ersehen, die Euch alsbald ausgeteilt werden. Viel Glück und Erfolg beim Planen und Verhandeln!

Spielübersicht

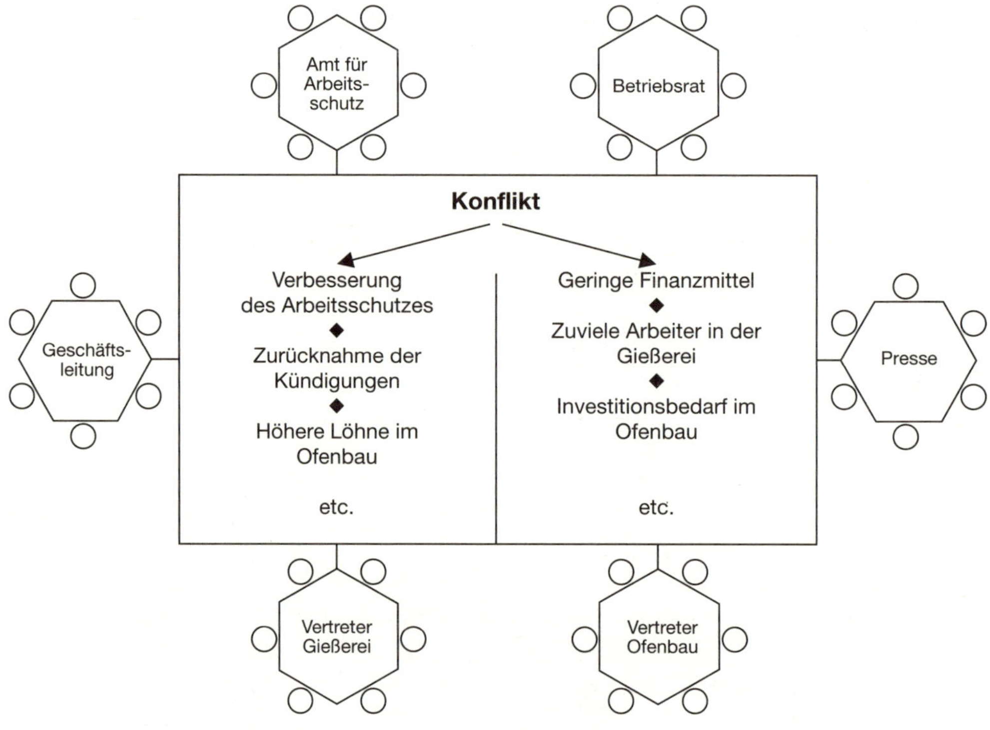

Arbeitskarte

Hinweise zum Spielverlauf

1. Lest die Spielunterlagen durch, unterstreicht wichtige Stellen (vor allem die, die Euch als Gruppe betreffen), klärt etwaige Verständnisfragen, und macht Euch klar, wie das Planspiel aufgebaut ist, welche Interessengruppen es gibt und wie das Spiel abläuft!
2. Versetzt Euch in Eure Rolle hinein! Diskutiert Eure Situation, klärt Eure Ziele und Interessen, und überlegt, wie die anstehenden Probleme und Fragen gelöst werden können (Fragen siehe unten). Welche Argumente und Vorschläge wollt Ihr vorbringen? Mit welchen Gruppen wollt Ihr verhandeln? Gibt es Bündnispartner, die Ihr für Eure Vorstellungen und Vorschläge gewinnen könnt?
3. Überlegt auch: In welcher Lage befinden sich die anderen Gruppen? Was werden sie vermutlich tun? Welche Argumente könnten sie Euch entgegenhalten? Wie könnt/wollt Ihr darauf reagieren?
4. Setzt Euch nach dieser Vorbereitungsphase mit der einen oder anderen Gruppe in Verbindung, die Euch als Gesprächspartner wichtig erscheint! Schreibt Briefe! Führt mündliche Verhandlungen! Informiert Euch! Trefft Absprachen!
5. Teilt Eure Gruppe bei Bedarf in Zweier- oder Dreierteams auf und geht die ins Auge gefaßten Aufgaben und Gespräche arbeitsteilig an! Dadurch könnt Ihr mehr Kontakte pflegen, mehr Informationen einholen und insgesamt vielseitiger verhandeln.
6. Beantwortet die schriftlichen und mündlichen Anfragen und/oder Stellungnahmen, die die anderen Gruppen an Euch richten! Schreibt Antwortbriefe, und entsendet gegebenenfalls Verhandlungsdelegationen!
7. Bereitet Euch am Ende dieser Verhandlungsphase gut auf die anschließende Konferenz vor, an der alle Gruppen teilnehmen und ihre Problemlösungsvorschläge einbringen werden! Überlegt Euch gut, wie Ihr im Rahmen der Konferenz argumentieren und taktisch vorgehen wollt! Schreibt Euch stichwortartig auf, was Ihr in Eurer Stellungnahme zu Beginn der Konferenz sagen und vorschlagen wollt! Bestimmt einen Gruppensprecher, der diese Stellungnahme abgibt!
8. Die Konferenz selbst läuft so ab, daß zunächst jeder Gruppensprecher in einer 3- bis 5minütigen Stellungnahme den bisherigen Verhandlungsverlauf kommentiert und die aktuellen Problemlösungsvorschläge seiner Gruppe vorstellt und erläutert. Dann folgt die Diskussion dieser Vorschläge. Ziel dieser Diskussion ist es, die unterschiedlichen Meinungen und Problemlösungsvorschläge einander anzunähern und möglicherweise auch zu einem Kompromiß zu kommen.

Planungs- und Entscheidungsfragen, die im Spielverlauf zu verhandeln sind
● Soll/Kann die Kündigung der 9 Gießereiarbeiter zurückgenommen werden? Wenn ja, welche Schritte sind möglich und nötig?
● Soll/Kann der Lärm- und Gesundheitsschutz in der Gießerei verbessert werden? Welche der angeführten Möglichkeiten (s. Fallstudie) kommt in Frage?
● Sollen/Können die beiden Sicherheitsingenieure eingestellt werden? Wenn einer monatlich 10.800 DM kostet, wie teuer kämen beide den Betrieb pro Jahr?
● Soll/Kann die von den Ofenbauern geforderte Lohnerhöhung von 1–2 DM je Stunde gewährt werden? Was würde das den Betrieb pro Jahr in etwa kosten?
● Soll/Kann die geplante Erweiterung und Modernisierung der Ofenherstellung durchgeführt werden?
● Soll/Kann den Gießereiarbeitern eine Erschwerniszulage von z.B. 1 DM je Stunde gewährt werden? Was würde das den Betrieb pro Jahr in etwa kosten?
usw.

R 1 Geschäftsleitung

Das ist Eure Rolle: Ihr seid die Geschäftsleitung der Sommer-KG. Ihr wollt Gewinne erzielen und den Betrieb erfolgreich weiterentwickeln. Deshalb seht Ihr es als dringend erforderlich an, daß die Ofenherstellung modernisiert und ausgebaut wird. Dafür stehen Euch gewisse Rücklagen zur Verfügung (s. unten), aber die reichen nicht einmal für den geplanten Neubau. Von daher findet Ihr die Forderungen der Gießerei- und der Ofenbauvertreter ziemlich unverschämt. Ihr arbeitet eng mit dem Betriebsrat zusammen. Ferner versucht Ihr beim Amt für Arbeitsschutz kulante Regelungen zu erwirken.

Das könnt Ihr z.B. tun: ■ die Vertrauensleute der beiden Abteilungen anhören und befragen; die bestehenden Probleme und Pläne mit dem Betriebsrat beraten; ■ ein Rundschreiben an die Mitarbeiter verfassen und an alle verteilen; ■ dem Amt für Arbeitsschutz die Situation schildern und eine Ausnahmegenehmigung beantragen; ■ die Journalisten zum Pressegespräch einladen; ■ eingehende Anfragen beantworten ... usw.

Zusatzinformationen und Denkanstöße

1. *Ihr habt den Gießereiarbeitern Ohrstöpsel und Atemschutzgeräte zur Verfügung gestellt, die aber von den meisten gar nicht genutzt werden.*
2. *Das Amt für Arbeitsschutz kann Ausnahmegenehmigungen erteilen, wenn dies die wirtschaftliche Situation eines Betriebes erfordert. Nötig ist ein schriftlicher Antrag.*
3. *Wegen der schlechten Geschäfte in der Gießerei müßt Ihr demnächst wahrscheinlich 20–30 Gießereiarbeiter entlassen. Eine Chance, diese Arbeiter zu halten, besteht wohl nur, wenn die Ofenherstellung ausgebaut und modernisiert wird.*
4. *Eine Schließung der Gießerei kommt ernsthaft wohl kaum in Frage, weil Ihr rund 50% der Gießereiprodukte in der Ofenbauabteilung weiterverarbeitet.*
5. *Ihr habt 7 Mio. DM an Rücklagen. Was Ihr darüber hinaus an Geld braucht, müßt Ihr als Kredit aufnehmen (Zinssatz: 10%) oder aus dem laufenden Gewinn abzweigen.*

R 2 Betriebsrat

Das ist Eure Rolle: Eure Aufgabe ist es, die Interessen der Arbeitnehmer gegenüber der Geschäftsleitung zu vertreten und den sozialen Frieden im Betrieb zu sichern. Ihr stützt Euch bei Eurer Arbeit u.a. auf das Betriebsverfassungsgesetz (vgl. M 8) sowie auf die geltenden Rechtsvorschriften zum Arbeitsschutz (vgl. M 9). Ihr müßt immer auch die wirtschaftliche Situation des Betriebes im Auge haben und darauf bedacht sein, daß der Betrieb langfristig erhalten bleibt. Die Forderungen der Vertrauensleute haltet Ihr für ziemlich überzogen. Die ausgesprochenen Kündigungen weist Ihr zurück.

Das könnt Ihr z.B. tun: ■ Gespräche mit den Vertrauensleute der beiden Abteilungen führen; ■ die Problemlage mit dem Amt für Arbeitsschutz beraten; ■ mit der Geschäftsleitung über mögliche Maßnahmen verhandeln; ■ ein Konzept zur »Rettung« der Gießerei entwickeln; ■ die Vertreter der Gewerkschaftszeitung gezielt informieren; ■ eingehende Anfragen und Stellungnahmen anderer Gruppen beantworten ... usw.

Zusatzinformationen und Denkanstöße

1. *Die Geschäftsleitung hat schon vor geraumer Zeit Gehör- und Atemschutzmittel bereitgestellt, die von den meisten Arbeitern jedoch nicht benutzt werden.*
2. *Im Betrieb wird gemunkelt, daß in der Gießerei demnächst weitere Entlassungen bevorstehen. Erkundigt Euch diesbezüglich bei der Geschäftsleitung.*
3. *Alle Forderungen – 10 Mio. DM für den Ofenbau, verbesserter Arbeitsschutz, höhere Löhne, spezielle Zulagen usw. – sind wohl kaum zu verwirklichen.*
4. *Die Arbeitslosigkeit in der Region, in der die Sommer-KG liegt, ist mit 16 Prozent sehr hoch. Arbeitslose finden dort nur schwer wieder einen Arbeitsplatz.*
5. *Die Konkurrenz auf dem Ofenmarkt ist gewachsen. Die Sommer-KG wird deshalb aufpassen müssen, daß sie beim Preis und bei der Qualität konkurrenzfähig bleibt.*
6. *Eine Schließung der Gießerei kommt wohl kaum in Frage, da rund 50% der Gießereiproduktion im Ofenbau weiterverarbeitet werden.*

R 3 Vertrauensleute Gießerei

Das ist Eure Rolle: Ihr seid selbst Arbeiter der Gießerei und als Vertrauensleute gewählt worden. Ihr vertretet die Belange der in Eurer Abteilung tätigen Arbeitnehmer. Euer eigentlicher Ansprechpartner ist der Betriebsrat, der die Interessen der Gesamtbelegschaft gegenüber der Geschäftsleitung vertritt. Ihr arbeitet deshalb eng mit dem Betriebsrat zusammen. Der Betriebsrat ist allerdings auch den Ofenbauern verpflichtet. Ihr müßt deshalb aufpassen, daß Eure Forderungen nach verbessertem Arbeitsschutz nicht hintenrunterfallen. Notfalls geht Ihr auch direkt zur Geschäftsleitung.

Das könnt Ihr z.B. tun: ■ Brief an das Amt für Arbeitsschutz schreiben; ■ mit dem Betriebsrat verhandeln, was sinnvollerweise zu tun ist; ■ mit den Kollegen in der Ofenherstellung über gemeinsame Schritte reden; ■ Flugblätter und Protestplakate anfertigen und veröffentlichen; ■ die Gewerkschaftspresse gezielt informieren; ■ Informationsgespräch mit der Geschäftsleitung führen; ■ eingehende Anfragen beantworten ... usw.

Zusatzinformationen und Denkanstöße

1. *Die Geschäftsleitung hat den Gießereiarbeitern Ohrstöpsel und Atemschutzgeräte bereitgestellt, die jedoch kaum benutzt werden.*
2. *Im Betrieb wird gemunkelt, daß in der Gießerei demnächst weitere Entlassungen anstehen. Von bis zu 50 Leuten ist die Rede.*
3. *Die Arbeitslosigkeit in Eurer Region ist mit 16% zur Zeit sehr hoch. Von daher ist es schwer, einen neuen Arbeitsplatz zu finden.*
4. *Daß die Gießerei womöglich ganz geschlossen wird, ist eher unwahrscheinlich, da rund 50% der Gießereiprodukte im Ofenbau weiterverarbeitet werden.*
5. *Ihr besteht zunächst auf den »umfassenden Arbeitsschutzmaßnahmen« für 4 Mio. DM (vgl. Fallstudie) sowie auf der Einstellung von 2 Sicherheitsingenieuren. Auch eine Erschwerniszulage von z.B. 1 DM pro Stunde wäre möglich. Gegen die Kündigungen müßt Ihr was tun! Überlegt, was zu tun ist, wenn sich die andere Seite stur stellt.*

R 4 Vertrauensleute Ofenbau

Das ist Eure Rolle: Ihr seid selbst Arbeiter der Ofenherstellung und als Vertrauensleute gewählt worden. Ihr vertretet die Belange der in Eurer Abteilung tätigen Arbeitnehmer. Euer eigentlicher Ansprechpartner ist der Betriebsrat, der die Interessen der Gesamtbelegschaft gegenüber der Geschäftsleitung vertritt. Ihr arbeitet deshalb eng mit dem Betriebsrat zusammen. Der Betriebsrat ist allerdings auch den Gießereiarbeitern verpflichtet. Ihr müßt deshalb aufpassen, daß Eure Forderungen und Anliegen nicht zu kurz kommen. Notfalls geht Ihr auch direkt zur Geschäftsleitung.

Das könnt Ihr z.B. tun: ■ mit dem Betriebsrat über Eure Situation und Eure Forderungen sprechen und verhandeln; ■ mit der Geschäftsleitung über die Zukunft der Ofenherstellung beraten und eine Lohnerhöhung von 1 bis 2 DM pro Stunde fordern; ■ mit den Kollegen von der Gießerei über deren und Eure Probleme sprechen; ■ Protestplakate gestalten und veröffentlichen; ■ die Presse gezielt informieren ... usw.

Zusatzinformationen und Denkanstöße

1. *Ihr habt innerhalb der Sommer-KG eine relativ starke Stellung, weil in Eurer Abteilung die Geschäfte recht gutgehen und die Aussichten für die Zukunft auch recht positiv sind. Darin unterscheidet Ihr Euch von der Gießerei.*
2. *In Eurer Abteilung sind vorwiegend Facharbeiter tätig, die jedoch nicht mehr Stundenlohn erhalten als die ungelernten Gießereiarbeiter. Ist das gerecht?*
3. *Im Falle einer Erweiterung und Modernisierung der Ofenherstellung könnten ca. 50 zusätzliche Stellen für überzählige Gießereiarbeiter geschaffen werden.*
4. *Facharbeiter mit Eurer Qualifikation erhalten in anderen, vergleichbaren Betrieben 3–4 DM mehr pro Stunde als bei der Sommer-KG.*
5. *Die Konkurrenz auf dem Ofenmarkt ist schärfer geworden. Die Sommer-KG wird deshalb aufpassen müssen, daß sie beim Preis wie bei der Qualität konkurrenzfähig bleibt.*

R 5 Amt für Arbeitsschutz

Das ist Eure Rolle: Ihr seid Vertreter des Gewerbeaufsichtsamtes. Als Aufsichtsbehörde ist es Eure Aufgabe, die Einhaltung der Arbeitsschutzvorschriften durch die Betriebe zu überwachen und sicherzustellen. Die Basis Eurer Arbeit sind die Arbeitsschutzgesetze (s. M 9) sowie die speziellen Vorschriften, die für bestimmte Branchen gelten (s. unten). Ihr könnt Maßnahmen anordnen, aber auch Ausnahmegenehmigungen erteilen. Im Notfall könnt Ihr auch Bußgelder verhängen. Allerdings dürft Ihr dabei die wirtschaftliche/finanzielle Situation des jeweiligen Betriebes nicht außer acht lassen!

Das könnt Ihr z.B. tun: ■ das TÜV-Gutachten (s. M 3) auswerten und mögliche Maßnahmen überlegen; ■ Informationsgespräche mit dem Betriebsrat und den Vertrauensleuten der Gießerei führen; ■ mit der Geschäftsleitung die wirtschaftliche Situation des Betriebes beraten; ■ Maßnahmen anordnen und unter Umständen auch Bußgeld androhen; ■ die Presse zum Gespräch einladen; ■ eingehende Anfragen beantworten ... usw.

Zusatzinformationen und Denkanstöße

1. *Bei einem Geräuschpegel von 90 Phon und andauernder Einwirkung besteht für viele Betroffene die Gefahr einer ernsthaften Hörschädigung.*
2. *Der Arbeits- und Lärmschutz muß den jeweiligen technischen Möglichkeiten angepaßt werden. Also kämen die »umfassenden Maßnahmen« für 4 Mio. DM (s. Fallstudie) in Frage.*
3. *Bei einem Geräuschpegel über 85 Phon muß der Unternehmer Gehörschutzmittel (Ohrstöpsel, Ohrklappen usw.) bereitstellen. Bei Werten über 90 Phon sind diese von den Arbeitnehmern auch zu benutzen. Ausnahmen kann das Amt für Arbeitsschutz erteilen.*
4. *In wirtschaftlichen besonders schwierigen Fällen könnt Ihr von bestimmten Arbeitsschutzauflagen absehen, sofern die Gesundheit der Arbeiter nicht akut bedroht ist.*
5. *Für jeweils 50 Arbeitskräfte ist ein Sicherheitsbeauftragter zu stellen. Hinzu kommen die Sicherheitsingenieure. Aufgrund der Größe der Sommer-KG haltet Ihr 2 Sicherheitsingenieure für angemessen (s. M 9).*

R 6 Presse

Das ist Eure Rolle: Ihr seid Journalisten der Gewerkschaftszeitung »Stimme der Arbeit«. Zu Euren Aufgaben gehört es, über Vorkommnisse und Konflikte in bestimmten Betrieben zu berichten. Die Sommer-KG bietet sich nach Eurer Ansicht als interessantes Studienobjekt an. Eure Berichterstattung ist von allen beteiligten Gruppen akzeptiert. Ihr nehmt Kontakt zu den verschiedensten Gruppen auf. Ihr recherchiert und bemüht Euch um eine kritische, aber faire Berichterstattung. Eure Beiträge veröffentlicht Ihr als Wandzeitung oder stellt sie den Gruppen auch schon mal direkt zu.

Das könnt Ihr z.B. tun: ■ gezielte Interviews durchführen; ■ Hintergrundgespräche mit einzelnen Gruppen führen; ■ aufrüttelnde/informative Berichte schreiben; ■ passende Karikaturen zeichnen; ■ kritische Kommentare verfassen; ■ Leserbriefe diskutieren und veröffentlichen; ■ eine übersichtliche Wandzeitung gestalten; ■ Briefe schreiben; ■ Anfragen anderer Gruppen beantworten ... usw.

Zusatzinformationen und Denkanstöße

1. *Wenn Euch die Geschäftsleitung abweisen oder in sonstiger Weise blockieren sollte, dann verweist darauf, daß Ihr bereits vor einem viertel Jahr um Genehmigung gebeten und diese vom Seniorchef auch schriftlich bekommen habt!*
2. *Zum Vorgehen: Am besten, Ihr bildet mehrere Reporterteams, damit Ihr arbeitsteilig recherchieren und mehr Gesprächskontakte wahrnehmen könnt.*
3. *Veröffentlichungswünsche einzelner Gruppen bzw. Personen könnt Ihr erfüllen; Ihr müßt das aber nicht. Überlegt Euch also gut, was Ihr in Eure Zeitung hineinnehmt.*
4. *Vorgesehene Interviews müßt Ihr bei den betreffenden Gruppen anmelden. Bei den Interviews könnt Ihr mitschreiben oder auch ein Kassettengerät mitlaufen lassen.*
5. *Denkt dran, daß Eure Leser gewerkschaftlich orientiert sind und deshalb in ihrer Zeitschrift entsprechende Artikel und Kommentare erwarten.*

M 1 Die wirtschaftliche Lage der Sommer-KG

Die Sommer-KG beschäftigt heute in der Gießerei 500 und in der Ofenherstellung 300 Mitarbeiter. Das war allerdings nicht immer so. Bis Anfang der siebziger Jahre gab es nur die Gießerei, in der vorwiegend gußeiserne Zahnräder und kleinere Motorgehäuse hergestellt wurden. Diese wurden als »Rohlinge« an fremde Abnehmer aus dem Maschinenbau und aus der Fahrzeugindustrie verkauft. Erst 1975 hat die Sommer-KG mit der Ofenproduktion angefangen, die seither stetig ausgebaut werden konnte. Die Geschäfte gehen gut, wie die nachfolgende Tabelle zeigt.

	Gießerei				**Ofenherstellung**			
	vor 4 Jahren	vor 3 Jahren	vor 2 Jahren	vor 1 Jahr	vor 4 Jahren	vor 3 Jahren	vor 2 Jahren	vor 1Jahr
Umsatz (in DM)	50 Mio.	48 Mio.	45 Mio.	45 Mio.	30 Mio.	35 Mio.	40 Mio.	40 Mio.
Reingewinn (in DM)	1,1 Mio.	0,9 Mio.	0,5 Mio.	0,4 Mio.	0,9 Mio.	1,4 Mio.	1,8 Mio.	1,8 Mio.

Etwa die Hälfte der Gießereierzeugnisse wird in der Ofenherstellung weiterverarbeitet vor allem zu gußeisernen Verbrennungsöfen für Kohle und Holz. Die andere Hälfte besteht aus Zahnradrohlingen und wird an verschiedene Maschinenbauunternehmen verkauft. Allerdings sind die Aufträge dieser auswärtigen Unternehmen in den letzten Jahren erheblich zurückgegangen, so daß die Gießerei vor allem von der Ofenherstellung gestützt wird. Ohne die Ofenherstellung wäre die Gießerei wahrscheinlich schon längst pleite. Von daher scheint es der Geschäftsleitung der Sommer-KG wichtig, daß die Ofenherstellung weiter ausgebaut wird, denn die Nachfrage nach den »schmucken« Öfen der Sommer-KG nimmt immer noch zu (s. Tabelle). Mit den vorhandenen Maschinen und Fabrikationshallen ist dieser Bedarf nicht mehr zu decken. Deshalb erwägt die Geschäftsleitung, eine zusätzliche Produktionshalle und eine moderne Fertigungsstraße mit den entsprechenden Maschinen und Geräten zu bauen. Die voraussichtlichen Investitionskosten werden auf *10 Millionen DM* veranschlagt (ca. 1 Jahr Bauzeit). Falls dieses Vorhaben verwirklicht wird, könnten in der Ofenherstellung etwa 50 neue Arbeitsplätze entstehen! Auf der anderen Seite ist in der Gießerei mit weiteren Entlassungen zu rechnen!

M 2 Schreiben des Betriebsrates an das Amt für Arbeitsschutz

Sehr geehrte Damen und Herren,

als Betriebsrat der Sommer-KG möchten wir Sie darauf hinweisen, daß in unserer Gießereiabteilung offenbar gegen Vorschriften des Arbeitsschutzes verstoßen wird. Die Klagen der Mitarbeiter über ungenügende Arbeitsbedingungen nehmen zu. Die Fälle von Lärmschwerhörigkeit und Atemwegsbeschwerden (Staublunge usw.) häufen sich in den letzten Jahren. Nach einer betriebsinternen Krankenstatistik sind die Krankmeldungen aufgrund derartiger Beschwerden innerhalb der letzten beiden Jahre um nahezu 30% angestiegen. Das kann Zufall sein. Vieles spricht jedoch dafür, daß die Lärm- und Luftschutzmaßnahmen in unserem Gießereibetrieb unzureichend sind. Unser Betriebsratsmitglied Frieder Saubermann, zugleich unser Spezialist für Arbeitsschutz, hat Lärmmessungen durchgeführt und dabei wiederholt Spitzenbelastungen von bis zu 100 Phon – vor allem in der Putzerei! – gemessen. 90 Phon sind aber nur gesetzlich zulässig. Der TÜV hat diese Meßergebnisse im wesentlichen bestätigt (vgl. M 3). Da unsere Geschäftsleitung die Klagen der Arbeiter und die Einwände des Betriebsrates bisher nicht so recht ernst nimmt, möchten wir Sie bitten, geeignete Schritte gegenüber der Geschäftsleitung zu unternehmen, damit die Arbeitsbedingungen in unserem Betrieb endlich humaner und erträglicher werden.

Mit freundlichen Grüßen

DER BETRIEBSRATVORSITZENDE

M 3 TÜV-Gutachten zur Lärm- und Luftbelastung in der Gießerei

1. Bei der Lärmeinwirkung wurden Spitzenwerte von 100 dB (A) gemessen, teilweise sogar deutlich darüber. Allerdings treten diese Belastungen nicht ständig auf. Jedoch lag der Geräuschpegel in einigen Arbeitsbereichen (z.B. in der Putzerei) während der gesamten Arbeitszeit zwischen 95 und 105 dB (A).
2. Durch konsequentes Tragen von Gehörschützern (Stöpseln usw.) könnte die Lärmeinwirkung unter die gesundheitsgefährdende Schwelle von 85 dB (A) gedrückt werden. Allerdings trugen die meisten Arbeiter keinerlei Gehörschutz.
3. Die Temperaturen im Umkreis der Schmelzöfen lagen im Meßzeitraum zwischen 50 und 60 Grad Celcius. Da die Abdichtung mehrerer Öfen unzureichend ist, könnte durch entsprechende Isoliermaßnahmen eine erhebliche Besserung erreicht werden. Ein älterer Ofen müßte auf jeden Fall ganz erneuert werden (geschätzte Kosten: ca. 500.000 DM).
4. Die Abluftreinigung ist teilweise unzureichend. Das gilt besonders für Phenol- und Ammoniakdämpfe. Auch die Staubkonzentration in der Luft ist sehr hoch. Zwar liegen die gemessenen Werte größtenteils noch gerade innerhalb der zulässigen Höchstgrenzen. Jedoch sind Maßnahmen zur verbesserten Abluftreinigung dringend zu empfehlen!

Dr. Reiniger

Dr. Reiniger

M 4 Ein Akkordarbeiter aus der Ofenherstellung berichtet

Bei uns im Betrieb wird's von Tag zu Tag schlimmer. Die hohen Herren in der Geschäftsleitung reden ständig davon, daß es wirtschaftlich bergab geht und daß wir Kosten sparen müssen, weil sonst der ganze Betrieb dichtgemacht werden muß. Die Folge ist, daß wir Arbeiter ständig schneller und mehr arbeiten müssen. Ich bin Dreher und drehe Gußteile aus. Das läuft im Akkord. Bis letzte Woche habe ich noch 4 Minuten Vorgabezeit für ein Werkstück erhalten. Mit großem Einsatz konnte ich die Vorgabezeit gerade so unterbieten, daß ich auf einen durchschnittlichen Akkordzuschlag von 10 bis 15 Prozent gekommen bin. Das hat sich seit letzten Donnerstag geändert. Der REFA-Mann hat eine neue Zeitaufnahme gemacht, weil sich an dem zu drehenden Teil eine Kleinigkeit geändert hat. Er meinte, aufgrund seiner Zeittabellen und seiner ganzen Rechnereien müßte ich pro Werkstück mit einer Vorgabezeit von dreieinhalb Minuten auskommen anstatt wie bisher mit 4 Minuten. Ich habe zwar protestiert und den Betriebsrat eingeschaltet, aber es war am Ende doch nichts zu machen. Seither schaffe ich wie ein Verrückter und komme vielleicht noch auf eine Akkordzulage von 5 bis 10 Prozent. So geht das schon seit langem: Die Vorgabezeiten werden immer kürzer, der Arbeitsdruck nimmt zu, und trotzdem verdienst Du pro Stunde relativ wenig. In der Metallindustrie liegen die durchschnittlichen Bruttostundenlöhne mittlerweile zwar weit über zwanzig DM, allerdings nicht bei uns im Betrieb. Wir sind froh, wenn wir 20 DM kriegen; die meisten von uns verdienen deutlich weniger. Also, wenn ich ehrlich bin: Wenn die hohe Arbeitslosigkeit nicht wäre, ich würde glatt aufhören und mir in einem anderen Betrieb was Besseres suchen.

M 5 Gesundheitsrisiken in der Gießereiwirtschaft

Gehörschäden

Gießereiarbeiter leben gefährlich. Das zumindest zeigen verschiedene Untersuchungen zur Lärmbelastung in Gießereiunternehmen. Viele Gießereibeschäftigte beklagen den hohen Lärmpegel in ihren Arbeitsbereichen und weisen darüber hinaus mehr oder weniger ausgeprägte Gehörschädigungen auf. Diese Schädigungen sind um so größer, je länger ein Arbeitnehmer in lärmintensiven Abteilungen tätig ist (z.B. in der Putzerei). Schlimm sind die auftretenden Gehörschäden deshalb, weil Gehörverluste zumeist auch Kontaktverluste sind, d.h., sie erschweren das Zusammenleben mit anderen Menschen. Außerdem sind Gehörverluste für die Betroffenen wie für die Betriebe immer auch Sicherheitsverluste, da die Wahrnehmungs- und Reaktionsfähigkeit der geschädigten Arbeitnehmer ebenso abnimmt wie ihre Zuverlässigkeit beim Erledigen der anstehenden Arbeiten.

22%
aller Werktätigen nennen Lärm als größten Belastung an ihrem Arbeitsplatz. Mehr als zwei Millionen ertragen täglich Geräuschpegel von 90 dB(A) und mehr!

Staublunge

28%
aller Gießereiarbeiter leiden unter den Staubbelastungen am Arbeitsplatz. Das sind rund 200% mehr als im Bundesdurchschnitt an allen Arbeitsplätzen.

Auch die Staub- und Schadstoffbelastung ist für viele Gießereiarbeiter ein ernstes Problem, das nicht selten einschneidende gesundheitliche Beeinträchtigungen nach sich zieht. Die Gießereiwirtschaft belegt in puncto Staubbelastung nach wie vor einen Spitzenplatz in der deutschen Industrie. Obwohl die Durchschnittsbelastung in den letzten Jahren aufgrund verbesserter Absauganlagen abgenommen hat, ist die Staubbelastung insbesondere bei den Formbauern, den Gießern und den Putzern auch heute noch sehr hoch und damit auch die Gefahr, daß irgendwelche Atemwegskrankungen zurückbleiben. Die sogenannte »Staublunge« ist seit vielen Jahren als spezifische Berufskrankheit anerkannt und führt immer wieder dazu, daß bewährte Mitarbeiter ausscheiden müssen, weil ihnen im wahrsten Sinne des Wortes »die Luft ausgeht«. Darüber hinaus deuten ältere und neuere Untersuchungen darauf hin, daß es einen signifikanten Zusammenhang zwischen Staub- und Schadstoffbelastung auf der einen und vermehrten Krebsbefunden auf der anderen Seite gibt. Wie gesagt: Gießereiarbeiter leben gefährlich!

M 6 Die Lärmbelastung kann die Betriebe teuer zu stehen kommen

Nach einer vom Bundesministerium für Forschung und Technologie veröffentlichten Untersuchung kostet die Lärmbelastung in der Gießereiwirtschaft einen Betrieb unter Umständen sehr viel Geld. Das untenstehende Rechenbeispiel bezieht sich auf die »Putzerei« und geht davon aus, daß der betreffende Betrieb wenig für den Lärmschutz seiner Mitarbeiter getan hat. Für diesen Fall könnten sich die dadurch hervorgerufenen betrieblichen Zusatzkosten infolge von Krankheit, Fehlzeiten, allgemeiner Leistungsminderung etc. auf durchaus mehr als 6000 DM pro Gußputzer und Jahr belaufen. Das sollte den Betriebsleitungen eigentlich zu denken geben. Investitionen in den Lärmschutz können sich betriebswirtschaftlich sehr wohl »rechnen«!

Soviel kostet die Lärmbelastung des Gußputzers (bei unzureichendem Lärmschutz)		
Zulagen	Anteil »Lärm« an der Erschwerniszulage	690 DM
Krankheit	Lohnfortzahlung aufgrund von Krankheit	450 DM
	Fehlzeiten, Arbeitsplatz unbesetzt, Krankheit	480 DM
Unfall	Lohnfortzahlung bei Verletzung	90 DM
	Fehlzeiten, Arbeitsplatz unbesetzt, Unfall	96 DM
Arbeitswechsel	Einstellungskosten, Einarbeitungskosten	93 DM
Leistungsminderung	Leistungsminderung zu Lasten des Betriebes	4500 DM
Betriebswirtschaftliche Kosten pro Jahr und Gußputzer		6399 DM

M 7 Roboter in der Gießerei – Gefahr oder Chance?

Für die Gießereiwirtschaft gibt es seit vielen Jahren leistungsfähige Industrieroboter, die sowohl betriebswirtschaftlich einiges für sich haben (niedrigere Kosten, perfektere Arbeit) als auch Entlastung für die Arbeitnehmer bringen können. Gerade an Arbeitsplätzen mit starker Gesundheitsgefährdung sind sie nützlich: bei Hitze und Staub, bei Gasen, Lärm und sonstigen schweren und/oder gesundheitsschädlichen Arbeitsabläufen. Das gilt insbesondere für die Gußputzer (dazu gehören die 9 gekündigten Gießereiarbeiter!). In der Putzerei ist die Belastung durch Staub, Lärm und Vibration sehr groß. Auch hoher Kraftaufwand und Verletzungsgefahr gehören zu den Schattenseiten der Putzerei. Die Lärmbelastung liegt zeitweise über 100 Phon. Von daher müßte es eigentlich auch im Interesse der Arbeitnehmer liegen, daß Industrieroboter eingesetzt werden, oder? Für die Betriebsleitung muß sich ein Roboter in erster Linie kostensenkend auswirken. Ob das in der Sommer-KG allerdings der Fall sein wird, darüber sind sich die Verantwortlichen noch nicht einig. Denn immerhin kostet ein moderner Industrieroboter, wie ihn die Sommer-KG bräuchte, rund 100.000 DM. Und außerdem ersetzt er 3 bis 4 Arbeitskräfte, was wiederum die Arbeitnehmerseite stört.

Ein Roboter entgratet ein Gußgehäuse.

M 8 Mitwirkungs- und Mitbestimmungsrechte des Betriebsrats

§ 2: (1) Arbeitgeber und Betriebsrat arbeiten unter Beachtung der geltenden Tarifverträge vertrauensvoll ... zum Wohl der Arbeitnehmer und des Betriebs zusammen.

§ 87 Mitbestimmungsrechte: (1) Der Betriebsrat hat ... in folgenden Angelegenheiten mitzubestimmen: ... 7. Regelungen über die Verhütung von Arbeitsunfällen und Berufskrankheiten sowie über den Gesundheitsschutz im Rahmen der gesetzlichen Vorschriften oder der Unfallverhütungsvorschriften; ... 11. Festsetzung der Akkord- und Prämiensätze und vergleichbarer leistungsbezogener Entgelte ...

§ 89 Arbeitsschutz: (1) Der Betriebsrat hat bei der Bekämpfung von Unfall- und Gesundheitsgefahren die für den Arbeitsschutz zuständigen Behörden ... durch Anregung, Beratung und Auskunft zu unterstützen sowie sich für die Durchführung der Vorschriften über den Arbeitsschutz und die Unfallverhütung im Betrieb einzusetzen ...

§ 102 Kündigungen: (1) Der Betriebsrat ist vor jeder Kündigung zu hören. Der Arbeitgeber hat ihm die Gründe für die Kündigung mitzuteilen. Eine ohne Anhörung des Betriebsrates ausgesprochene Kündigung ist unwirksam ... (3) Der Betriebsrat kann ... der ordentlichen Kündigung widersprechen, wenn 1. der Arbeitgeber bei der Auswahl des zu kündigenden Arbeitnehmers soziale Gesichtspunkte nicht oder nicht ausreichend berücksichtigt hat, ... 3. der zu kündigende Arbeitnehmer an einem anderen Arbeitsplatz im selben Betrieb oder in einem anderen Betrieb des Unternehmens weiterbeschäftigt werden kann, 4. die Weiterbeschäftigung des Arbeitnehmers nach zumutbaren Umschulungs- oder Fortbildungsmaßnahmen möglich ist ...

Auszüge aus dem Betriebsverfassungsgesetz (BVG)

§

M 9 Auszüge aus Gesetzen und Verordnungen zum Arbeitsschutz

Arbeitssicherheitsgesetz

(Gesetz über Betriebsärzte, Sicherheitsingenieure u.a. Fachkräfte für Arbeitssicherheit)

§ 1 *Grundsatz:*
Der Arbeitgeber hat nach Maßgabe dieses Gesetzes Betriebsärzte und Fachkräfte für Arbeitssicherheit zu bestellen. Diese sollen ihn beim Arbeitsschutz und bei der Unfallverhütung unterstützen. Damit soll erreicht werden, daß ... die dem Arbeitsschutz und der Unfallverhütung dienenden Vorschriften den besonderen Betriebsverhältnissen entsprechend angewandt werden ...

§ 9 *Zusammenarbeit mit dem Betriebsrat:*
1) Die Betriebsärzte und die Fachkräfte für Arbeitssicherheit haben bei der Erfüllung ihrer Aufgaben mit dem Betriebsrat zusammenzuarbeiten ...

§ 20 *Ordnungswidrigkeiten:*
(2) Eine Ordnungswidrigkeit (im Sinne dieses Gesetzes) ... kann mit einer Geldbuße bis zu 50.000 Deutsche Mark ... geahndet werden.

Gewerberordnung

(Allgemeine Rechtsvorschriften zum Arbeitsschutz und Arbeitsrecht)

§ 120a: (1) Die Gewerbeunternehmer sind verpflichtet, die Arbeitsräume, Betriebsvorrichtungen, Maschinen und Gerätschaften so einzurichten und zu unterhalten und den Betrieb so zu regeln, daß die Arbeiter gegen Gefahren für Leben und Gesundheit soweit wie möglich geschützt sind, wie es die Natur des Betriebes gestattet. (2) Insbesondere ist für genügendes Licht, ausreichenden Luftraum und Luftwechsel, Beseitigung des bei dem Betrieb entstehenden Staubes, der dabei entwickelten Dünste und Gase sowie der dabei entstehenden Abfälle Sorge zu tragen ...

§ 120d: (1) Die zuständigen Behörden sind befugt, ... Maßnahmen anzuordnen ... (2) Soweit die angeordneten Maßregeln nicht die Beseitigung einer dringenden, das Leben oder die Gesundheit bedrohenden Gefahr bezwecken, muß für die Ausführung eine *angemessene Frist* gelassen werden. (3) Den ... bereits bestehenden Anlagen gegenüber können ... nur Anforderungen gestellt werden, welche zur Beseitigung erheblicher, das Leben, die Gesundheit oder die Sittlichkeit der Arbeiter gefährdender Mißstände erforderlich oder ohne unverhältnismäßige Aufwendungen ausführbar erscheinen.

§ 147: (1) Ordnungswidrig handelt, wer vorsätzlich oder fahrlässig ... einer vollziehbaren Anordnung ... zuwiderhandelt ... (4) Die *Ordnungswidrigkeit* kann ... mit einer Geldbuße bis zu zehntausend Mark ... geahndet werden.

Arbeitsstättenverordnung

(Rechtsvorschriften zum Unfall- und Gesundheitsschutz am Arbeitsplatz)

§ 14 *Schutz gegen Gase, Dämpfe, Nebel, Stäube:*
Soweit in Arbeitsräumen das Auftreten von Gasen, Dämpfen, Nebeln oder Stäuben in unzuträglicher Menge oder Konzentration nicht verhindert werden kann, sind diese an ihrer Entstehungsstelle abzusaugen und zu beseitigen ...

§ 15 *Schutz gegen Lärm:*
(1) In Arbeitsräumen ist der Schallpegel so niedrig zu halten, wie es nach der Art des Betriebes möglich ist. Der Beurteilungspegel am Arbeitsplatz in Arbeitsräumen darf auch unter Berücksichtigung der von außen einwirkenden Geräusche höchstens betragen:

1. Bei überwiegend geistigen Tätigkeiten 55 dB (A) (= Phon),
2. Bei einfachen oder überwiegend mechanisierten Bürotätigkeiten und vergleichbaren Tätigkeiten 70 dB (A),
3. Bei allen sonstigen Tätigkeiten 85 dB (A); soweit dieser Beurteilungspegel nach der betrieblich möglichen Lärmminderung zumutbarerweise nicht einzuhalten ist, darf er bis zu 5 dB (A) überschritten werden.

3.3 Roboter für die Agro-KG?

Das vorliegende Planspiel gibt den Schüler/innen Gelegenheit, sich aus unterschiedlichen Perspektiven mit dem Thema »Rationalisierung/Mitbestimmung/Arbeitsplatzsicherung« auseinanderzusetzen. Im Zentrum steht hierbei die Frage, ob und inwieweit die Agro-KG Roboter für die Schweißerei und möglicherweise auch für andere Abteilungen anschaffen soll und was gegebenenfalls getan werden kann, um die für die betroffenen Arbeitnehmer sich ergebenden finanziellen und sonstigen Probleme sozialverträglich abzufedern. Die Grundfrage ist also die nach einem möglichen Interessenausgleich zwischen den Betreibern und den Opfern der Rationalisierung. Die einzelnen Interessengruppen bzw. Rollen, die die Schüler/innen im angedeuteten Problemkontext zu spielen haben, sind:

a) die Geschäftsleitung der Agro-KG,
b) der Betriebsrat der Agro-KG,
c) die Sprechergruppe der Schweißereiarbeiter,
d) die Vertreter des Roboterherstellers ASEAN sowie
e) die Redaktion der Fachzeitschrift »Arbeit und Technik«.

Nähere Hinweise zu diesen Rollen finden sich in der nachfolgenden Fallstudie sowie in den einzelnen Rollenkarten. Darüber hinaus stehen den Schüler/innen zur Fundierung ihrer Spielhandlungen einschlägige Informationsmaterialien zur Verfügung (M 1–M 8). Einen Überblick über die dokumentierten Spielunterlagen gibt der Kasten unten auf dieser Seite.

Die Grundstruktur des Planspiels sieht wie folgt aus: In der Landmaschinenfirma Agro-KG stehen wieder einmal Rationalisierungsmaßnahmen an, nachdem die Firma auch in der Vergangenheit immer wieder führend war bei der Einführung neuer Technologien. Das Management der Agro-KG plant die Anschaffung und den Einsatz von 10 Robotern in der zentralen Schweißereiabteilung des Unternehmens. Zwar laufen die Geschäfte der Firma in den letzten Jahren auch ohne Roboter recht gut und haben steigende Gewinne beschert; die Geschäftsleitung ist jedoch der Auffassung, daß dieser Erfolg nur dann fortgesetzt werden kann, wenn die Agro-KG ihre bisher schon recht modernen Produktionsanlagen zielstrebig weiter modernisiert und durch den Einsatz moderner Industrieroboter ihre Kosten

Spielunterlagen

1. Beschreibung der Problemsituation in der Agro-KG (Fallstudie)
2. Arbeitskarte: Überblick über die einzelnen Spieletappen (für alle Gruppen gleich)
3. Rollenkarten: Spezifische Hinweise zu den einzelnen Rollen (für alle Gruppen verschieden)
4. Informationszeitung: Vertiefende Sach- und Fachinformationen
   - *M 1: Die Rationalisierungspläne der Agro-KG*
   - *M 2: Industrieroboter setzen sich immer stärker durch*
   - *M 3: Schweißroboter haben für die Betriebe viele Vorzüge*
   - *M 4: Rundschreiben der Geschäftsleitung an alle Mitarbeiter*
   - *M 5: Die Vorzüge des Schweißroboters »Futur II« (Werbeprospekt)*
   - *M 6: Risiken und Schattenseiten des Robotereinsatzes*
   - *M 7: Mitbestimmung des Betriebsrats bei neuen Fertigungsverfahren*
   - *M 8: Rationalisierungsvereinbarungen in der Metallindustrie*
5. Ereigniskarten: Impulskarten für die Hand des Lehrers (für den gelegentlichen Einsatz)
6. Arbeitsformulare: Protokollvordrucke und Briefformulare (s. S. 42–44)

und Preise so im Zaum hält, daß die Kundschaft zufriedengestellt und möglichst noch erweitert werden kann. Engagierten Zuspruch erhält die Geschäftsleitung bei diesen Überlegungen von den Vertretern des Roboterherstellers ASEAN, die die Vorzüge ihrer Roboter selbstverständlich hervorheben, Zweifel zu zerstreuen versuchen und nicht zuletzt am Ende einen guten Verkaufsabschluß haben wollen. Entschieden ist allerdings noch gar nichts, denn auch der Geschäftsleitung bleiben gewisse Zweifel, ob sich der Robotereinsatz im Endeffekt wirklich rechnen wird und ob nicht der Betriebsfrieden dadurch unter Umständen über Gebühr gestört werden könnte. Nahrung erhalten diese letzteren Bedenken durch den sich abzeichnenden Widerstand, den der Betriebsrat und die Schweißer in Aussicht gestellt haben. Sie betonen in besonderer Weise die Risiken, Gefahren und Belastungen, die der geplante Robotereinsatz mit sich bringen würde, und tragen entsprechende Argumente vor. Begleitet wird diese ganze Auseinandersetzung von den Journalisten der Fachzeitschrift »Arbeit und Technik«, die am Beispiel der Agro-KG über die Chancen und Probleme eines konsequenten Robotereinsatzes berichten möchten. Für einen spannungsgeladenen Planungs- und Verhandlungsprozeß ist also gesorgt. Im Mittelpunkt der Spielaktivitäten stehen dabei die folgenden Leitfragen:

- Müssen/Sollen die geplanten Schweißroboter überhaupt angeschafft werden? Werden sie wirklich zu niedrigeren Kosten und höheren Gewinnen führen?
- Wenn Roboter angeschafft werden, wie viele sollen gekauft werden? Müssen es wirklich 10 sein oder reichen nicht auch 5 oder 6 Schweißroboter?
- Was geschieht mit den dadurch »freigesetzten« Schweißern? Werden sie anderweitig im Betrieb beschäftigt? Erhalten sie Ausgleichzahlungen? Muß der Betrieb im Falle der Entlassung Abfindungszahlungen leisten (Sozialplan)?
- Sollen künftig weitere Industrieroboter in der Stanzerei und/oder in der Lackiererei eingesetzt werden?
- Ist es für den Fall des Roboterkaufs unbedingt nötig, Industrieroboter anzuschaffen, die im fernen Japan hergestellt werden, obwohl es doch auch bei uns bzw. in der Partnerländern der europäischen Union gute Angebote gibt?

Diese Leitfragen deuten an, in welche Richtung das inhaltlich-fachliche Lernen im Rahmen des Planspiels geht. Die Schüler/innen lernen eine ganze Menge über Industrieroboter und Rationalisierung, über betriebswirtschaftliches Denken und betriebliche Zusammenhänge, über die Vorzüge von Robotern und die mit ihnen verbundenen Risiken und Gefahren, über Arbeitsrecht und Mitbestimmung, über Kündigungsschutz und Rationalisierungsschutzabkommen, über ökonomische Macht und ökonomische Ohnmacht, über politische Strategien und politische Prozesse. Doch nicht nur das. Sie üben sich auch und zugleich darin, bestehende Sachverhalte und Meinungen zu problematisieren und kritisch Stellung zu beziehen, die eigene Urteilsbildung voranzubringen und insgesamt sensibler zu werden für den bestehenden Grundkonflikt zwischen Rationalisierung und Technisierung auf der einen und Humanisierung und Arbeitsplatzsicherung auf der anderen Seite. Sie versuchen sich darüber hinaus im konstruktiven Denken und kreativen Handeln. Sie entwickeln strategische Alternativen und trainieren ihre mündliche und schriftliche Ausdrucksfähigkeit. Sie lernen zu argumentieren und zu taktieren, relativ umfangreiche Informationen zu erfassen und zu analysieren, zu planen und zu entscheiden, zu agieren und zu reagieren. Kurzum, sie lernen in ebenso vielschichtiger wie intensiver Weise inhaltlich-fachliche, methodisch-strategische und sozial-kommunikative Fähigkeiten und Fertigkeiten.

Zum Ablauf des Planspiels: Detailliertere Hinweise zu den einzelnen Phasen des Planspiels finden sich auf den Seiten 23ff. dieses Buches. Diese sollten vor Spielbeginn auf jeden Fall gelesen werden. Die Einführung der Schüler/innen sieht generell so aus, daß die Lehrkraft zunächst einige orientierende und motivierende Vorbemerkungen zum anstehenden Planspiel macht (vgl. S. 47). Daran anschließend erhalten die Schüler/innen zuerst die Fallstudie und dann die Arbeitskarte zur vertiefenden Einarbeitung in den Aufbau und das Prozedere des Planspiels. Alsdann werden die Gruppen gebildet, die Rollenkarten gelesen und schließlich die Informationszeitungen verteilt und kursorisch durchgearbeitet. Erst jetzt beginnt die gezielte Diskussion und Meinungsbildung in den einzelnen Spielgruppen. Für diese Vorbereitungs- wie für die anschließende Verhandlungsphase sind je 2 Unterrichtsstunden anzusetzen (zur zeitlichen Segmentierung des Planspielverlaufs vgl. S. 23ff.). Nähere Hinweise zur Verhandlungsphase finden die Schüler/innen auf ihren Arbeits- und Rollenkarten. Einige Ereigniskarten, die der Lehrer im Zuge dieses Verhandlungsprozesses wahlweise eingeben kann, sind zudem auf Seite 155 dokumentiert. Abgeschlossen wird das Planspiel in einer 3. Doppelstunde mit einer Konferenz und einem gezielten Feedback zum Spielverlauf und zu den mehr oder weniger tragfähigen Spielergebnissen.

Die Leitung der Konferenz liegt beim Seniorchef der Agro-KG (Lehrer) namens Bauernfänger, der alle beteiligten Gruppen zu einer offenen Aussprache eingeladen hat. Zu Anfang der Konferenz tragen die Gruppensprecher in der Reihenfolge: ASEAN → Schweißer → Betriebsrat → Geschäftsleitung ihre Eingangsstatements vor (vgl. dazu den Protokollvordruck S. 42). Dann folgt eine offene Diskussion, die nach Ablauf der vereinbarten Zeit nötigenfalls abgebrochen wird. Alsdann kommentieren die anwesenden Pressevertreter den Konferenzverlauf, und im letzten Teil der Doppelstunde schließt sich das besagte Feedback der Schüler/innen zum Spielprozeß an.

Nachbereitet werden kann das Planspiel u.a. dadurch, daß der Planspielverlauf gezielt rekonstruiert sowie das methodische und das interaktive Vorgehen der Schüler/innen eingehender analysiert und problematisiert werden. Weiterhin bietet sich zur fachlichen Vertiefung z.B. an, einen nahe gelegenen Industriebetrieb aufzusuchen und zu erkunden, in dem Roboter zum Einsatz gelangen, die zuständigen Fachleute zu befragen, Expertengespräche mit Gewerkschaftern und Betriebsratsvertretern zu führen und/oder vertiefende Materialien und Medien zum angeschnittenen Problemkreis erarbeiten zu lassen.

Schlußbemerkung: Das vorliegende Planspiel erfordert einiges an Improvisation und Kreativität – von Schülern wie von Lehrern. Aber gerade darin liegen sein Reiz und sein Realitätsbezug, denn politische Konfliktregelungsprozesse sind nun einmal relativ offene Prozesse, die von den Betroffenen im Wege des »trial and error« auszugestalten sind.

Ereigniskarten

Der deutsche Roboterhersteller TECHNO-AG bietet einen neuen Schweißroboter an, der dem »Futur II« in Technik und Leistung gleichkommt. Bei verschiedenen Tests und Probeläufen hat er gut bis sehr gut abgeschnitten. Sein Preis soll bei 130.000 DM liegen. *An: Betriebsrat/Geschäftsleitung/Presse*	Der japanische Yen ist gegenüber der DM um rund 8 Prozent abgewertet worden. Dadurch verringert sich der Richtpreis für den »Futur II« von 130.000 DM auf 120.000 DM. Die Provision der ASEAN-Verkäufer verringert sich entsprechend. *An: ASEAN-Vertreter*
Eine größere landwirtschaftliche Einkaufsgenossenschaft, die seit langem Kunde bei der Agro-KG war, ist zum belgischen Konkurrenten RENTOS übergewechselt, weil dessen Maschinen und Geräte um durchschnittlich zwei Prozent billiger sind als die der Agro-KG. *An: Geschäftsleitung/ASEAN/Presse*	Der belgische Hauptkonkurrent RENTOS hat 10 weitere Industrieroboter bestellt: 5 für die Schweißerei und 5 für die Stanzerei. Den Auftrag hat der japanische Roboterhersteller ASEAN erhalten. *An: Geschäftsleitung/Betriebsrat/ASEAN/Presse*
Im nächsten viertel Jahr werden am Montageband 11 Arbeitsplätze und in der Lackiererei 3 Arbeitsplätze frei. Dort könnten eventuell freiwerdende Schweißer eingesetzt werden. Bei guter Leistung (Akkord) kann etwa das gleiche verdient werden wie in der Schweißerei. *An: Geschäftsleitung/Schweißer/Presse*	Zwei Rationalisierungsexperten der Agro-KG haben ermittelt, daß in der Schweißerei zur Zeit höchstens 6 Roboter »voll beschäftigt« werden können. Die Stückzahlen der zu schweißenden Teile sind oft so gering, daß sich das Einrichten und Programmieren der Roboteranlage nicht lohnt. *An: Betriebsrat/Schweißer/Presse*
Die japanische ASEAN-Zentrale teilt mit: Durch eine weitere technische Verbesserung am »Futur II« werden die durchschnittlichen Schweißzeiten des Roboters nochmals um 3 Prozent gesenkt. Das verringert beim Kunden die Kosten und erhöht die Produktivität. *An: ASEAN-Vertreter*	Die Arbeitsleistung der Schweißer hat sich im letzten Halbjahr um durchschnittlich 5 Prozent erhöht. Die Reklamationen sind deutlich zurückgegangen. Gleichzeitig hat die Zahl der Arbeitsunfälle um ein Drittel zugenommen. Zwei Schweißer mußten mit ernsten Magen- bzw. Herzerkrankungen ins Krankenhaus eingeliefert werden. *An: Betriebsrat/Schweißer/Presse*

Hinweis: Wenn die Ereigniskarten eingesetzt werden, bitte die Adressatenhinweise löschen, damit die einzelnen Spielgruppen die ins Auge gefaßten Adressaten nicht kennen. Außerdem: Die Adressatenhinweise sind nur Vorschläge!

✎ Planspiel: Roboter für die Agro-KG?

Beschreibung der Problemsituation (Fallstudie)

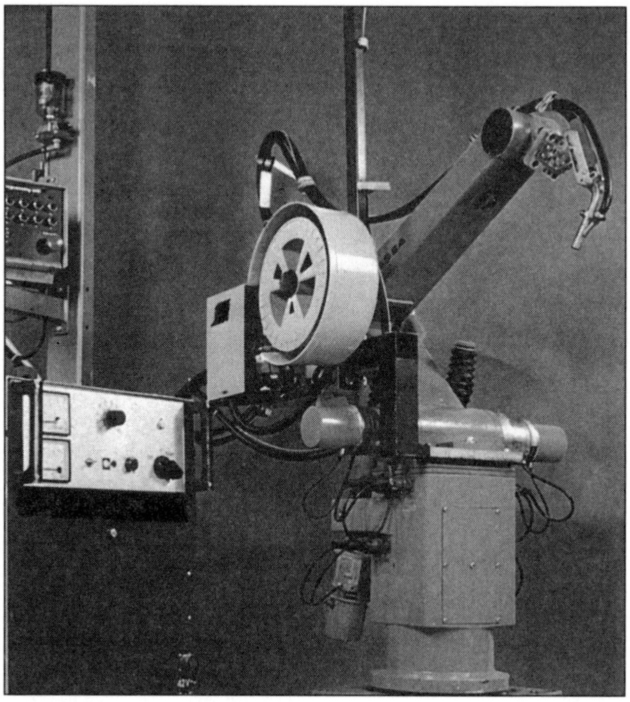

Die Geschäftsleitung der Agro-KG, eines Herstellers landwirtschaftlicher Maschinen, plant den Kauf und den Einsatz mehrerer Roboter für die zentrale Schweißereiabteilung. In dieser Abteilung arbeiten 80 qualifizierte Schweißer. Hinzu kommen weitere 90 Schweißfacharbeiter, die über die ganze Firma verteilt tätig sind. Insgesamt beschäftigt die Agro-KG derzeit rund 1.500 Arbeiter und Angestellte. Die Geschäftsleitung der Agro-KG hat sich zwecks näherer Information und Beratung an den japanischen Roboterhersteller ASEAN gewandt, der für seine fortschrittliche Technik und seine relativ günstigen Preise bekannt ist. Die Rede ist von 10 Schweißrobotern, die unter Umständen angeschafft werden sollen. Weitere Roboterkäufe könnten folgen, wenn sich ihr Einsatz als rentabel erweisen sollte. Allerdings ist die Robotertechnologie nach wie vor sehr im Fluß. Sowohl vom Einsatzbereich her als auch von der Leistung und Vielseitigkeit her werden ständig weitere Verbesserungen erzielt – und dies bei tendenziell sinkenden Preisen. Dennoch ist die Geschäftsleitung der Agro-KG gewillt, den Einstieg in die Robotertechnologie zu wagen, vorausgesetzt, die wirtschaftlichen Vorteile sind überzeugend.

Die Kehrseite der Medaille jedoch: Durch den Einsatz von 10 Schweißrobotern würden 30 bis 40 Schweißer überflüssig (in 2 Schichten). Einige könnten zwar zur Bedienung der Roboter herangezogen werden, was nur eine kurze Anlernzeit erfordert. Allerdings würde das für die betreffenden Arbeitskräfte beträchtliche Verdiensteinbußen bedeuten, da die üblichen Akkord- und Erschwerniszulagen wegfielen. Unter dem Strich jedoch würden durch den Einsatz der Roboter mindestens 20 bis 25 Schweißer ihren Arbeitsplatz verlieren. Ob und inwieweit sie im Betrieb anderweitig unterkommen bzw. umgeschult werden könnten, ist unklar. Eine Rationalisierungsschutzvereinbarung (vgl. M 8), die den betroffenen Arbeitskräften Arbeitsplatz- und Verdienstsicherung gewährleistet, gibt es bei der Agro-KG auf jeden Fall nicht.

Der abgebildete Schweißroboter kostet ca. 130.000 DM. Wie alle Industrieroboter, ist er eine vielseitig verwendbare »Bewegungsmaschine«, die relativ komplizierte Bewegungsverläufe des Menschen nachahmen kann. Dazu muß er entsprechend programmiert werden. Das geschieht dadurch, daß die vorgesehenen Schweißnähte von Hand abgefahren werden. Das dadurch entstehende »Schweißprogramm« wird auf eine Bandkassette aufgenommen und aufbewahrt. Das ermöglicht einen schnellen Wechsel von einer Schweißaufgabe zur anderen, da nur die Kassette gewechselt werden muß. Das Austüfteln der Schweißprogramme übernimmt ein eigens dafür ausgebildeter Spezialist (Schweißingenieur). Die weitere Bedienung des Roboters hingegen ist von leicht auswechselbaren Arbeitskräften zu leisten. Ihre Aufgabe beschränkt sich im wesentlichen darauf, die zu schweißenden Teile in spezielle Vorrichtungen einzubauen, Knöpfe zu drücken, die geschweißten Teile wieder auszubauen und bei Störungen die zuständige Fachkraft zu benachrichtigen.

Die *Geschäftsleitung* der Agro-KG läßt ihrerseits wenig Zweifel daran, daß es ihr mit der Einführung der Schweißroboter ernst ist. Sie setzt damit ihre bisherige Linie fort, zu der es gehört, durch eine möglichst rasche Einführung moderner, kostensparender

Technologien der Konkurrenz immer eine Nasenlänge voraus zu sein. Das ist bisher auch recht erfolgreich gelungen, wie die zurückliegende Umsatz- und Gewinnentwicklung des Unternehmens zeigt (vgl. M 1). »Ein zu langes Zögern«, so der Firmenchef, »kann sehr schnell bedeuten, daß einem die Konkurrenz zuvorkommt und durch niedrigere Produktionskosten die Kunden wegschnappt.« Daß dieses nicht passiert, dazu wollen die Vertreter des *Roboter-Herstellers ASEAN* beitragen. Die zuständigen Verkäufer sind von den Vorzügen ihrer Industrieroboter selbstverständlich überzeugt (vgl. M 3 und M 5) und wollen in näheren Beratungs- und Verkaufsgesprächen mit der Geschäftsleitung der Agro-KG natürlich auch diese überzeugen. Anders und schwieriger stellt sich die Situation hingegen für die von einem möglichen Roboterkauf betroffenen *Schweißereiarbeiter* dar. Viele von ihnen äußern Unbehagen oder auch recht deutliche Kritik an den Plänen der Geschäftsleitung. Die meisten Schweißer sind älter als 40 Jahre, haben finanzielle Verpflichtungen und können sich weder eine Rückstufung beim Lohn noch gar einen Arbeitsplatzverlust leisten. »Wo sollen wir denn hin bei einer Arbeitslosigkeit von mehr als 15 Prozent in unserem Gebiet«, so fragt ein besorgter Schweißer. Die Stimmung unter den Schweißern ist mittlerweile so, daß mit erheblichen Widerständen gegen die Einführung der Schweißroboter gerechnet werden muß. Dem *Betriebsrat* ist diese Stimmung natürlich nicht entgangen. Er sieht auf der einen Seite zwar auch, daß die Geschäftsleitung im Interesse der Unternehmenssicherung die Modernisierung und Rationalisierung des Betriebes nicht verschlafen darf. Aber sind deshalb gleich mehrere Roboter nötig? Die Gewinne der Agro-KG liegen doch auch ohne Roboter seit Jahren deutlich über denen der Konkurrenz, nicht zuletzt wegen der relativ niedrigen Löhne von durchschnittlich 20 DM pro Stunde, die von der Agro-KG gezahlt werden. Mit diesem Stundensatz liegt die Agro-KG rund 20 Prozent unter dem, was in der bundesdeutschen Metallbranche durchschnittlich bezahlt wird. Ist es also nicht genug, wenn die Arbeiter durch ihre niedrigen Löhne und ihre hohe Leistungsbereitschaft zur Gesunderhaltung des Betriebes beitragen? Außerdem: Wer garantiert, daß es mit den 10 Robotern in der Schweißerei getan ist? Auch die Stanzerei oder die Rohrbiegeabteilung würden sich für einen Robotereinsatz eignen. Für diese Fragen und die bevorstehende Auseinandersetzung interessiert sich des weiteren die Redaktion der *Fachzeitschrift* »Arbeit und Technik«, die über das Geschehen bei der Agro-KG im Sinne einer Fallstudie ausführlich zu berichten beabsichtigt.

Wie es bei der Agro-KG weitergeht, das muß das Planspiel zeigen. Wie das Spiel aufgebaut ist, wie es abläuft und welche Rollen zu übernehmen sind, das könnt Ihr aus dem abgebildeten Schema sowie aus den Arbeits- und Rollenkarten ersehen, die Euch alsbald ausgeteilt werden. Viel Glück und Erfolg beim Planen und Verhandeln!

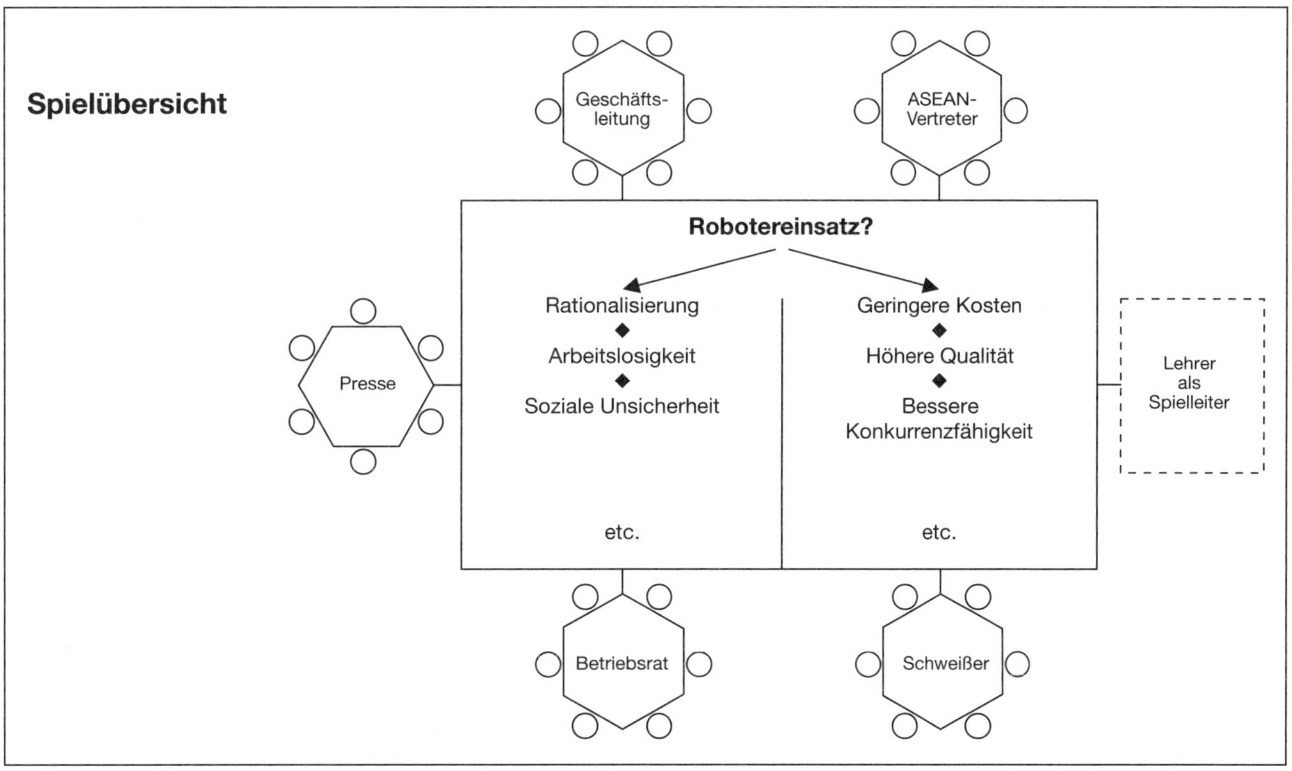

Arbeitskarte

Hinweise zum Spielverlauf

1. Lest die Spielunterlagen durch, unterstreicht wichtige Stellen (vor allem die, die Euch als Gruppe betreffen), klärt etwaige Verständnisfragen, und macht Euch klar, wie das Planspiel aufgebaut ist, welche Interessengruppen es gibt und wie das Spiel abläuft!
2. Versetzt Euch in Eure Rolle hinein! Diskutiert Eure Situation, klärt Eure Ziele und Interessen, und überlegt, wie die anstehenden Probleme und Fragen gelöst werden können (Fragen siehe unten). Welche Argumente und Vorschläge wollt Ihr vorbringen? Mit welchen Gruppen wollt Ihr verhandeln? Gibt es Bündnispartner, die Ihr für Eure Vorstellungen und Vorschläge gewinnen könnt?
3. Überlegt auch: In welcher Lage befinden sich die anderen Gruppen? Was werden sie vermutlich tun? Welche Argumente werden sie Euch womöglich entgegenhalten? Wie könnt/wollt Ihr darauf reagieren?
4. Setzt Euch nach dieser Vorbereitungsphase mit der einen oder anderen Gruppe in Verbindung, die Euch als Gesprächspartner wichtig erscheint. Schreibt Briefe! Führt mündliche Verhandlungen! Informiert Euch! Trefft Absprachen!
5. Teilt Eure Gruppe bei Bedarf in Zweier- oder Dreierteams auf, und geht die ins Auge gefaßten Aufgaben und Gespräche arbeitsteilig an! Dadurch könnt Ihr mehr Kontakte pflegen, mehr Informationen einholen und insgesamt vielseitiger verhandeln.
6. Beantwortet die schriftlichen und mündlichen Anfragen und/oder Stellungnahmen, die die anderen Gruppen an Euch richten! Schreibt Antwortbriefe und entsendet gegebenenfalls Verhandlungsdelegationen!
7. Bereitet Euch am Ende dieser Verhandlungsphase gut auf die anschließende Konferenz vor, an der alle Gruppen teilnehmen und ihre Problemlösungsvorschläge einbringen werden! Überlegt Euch gut, wie Ihr im Rahmen der Konferenz argumentieren und taktisch vorgehen wollt! Schreibt Euch stichwortartig auf, was Ihr in Eurer Stellungnahme zu Beginn der Konferenz sagen und vorschlagen wollt! Bestimmt einen Gruppensprecher, der diese Stellungnahme abgibt!
8. Die Konferenz selbst läuft so ab, daß zunächst jeder Gruppensprecher in einer 3- bis 5minütigen Stellungnahme den bisherigen Verhandlungsverlauf kommentiert und die aktuellen Problemlösungsvorschläge seiner Gruppe vorstellt und erläutert. Dann folgt die Diskussion dieser Vorschläge. Ziel dieser Diskussion ist es, die unterschiedlichen Meinungen und Problemlösungsvorschläge aneinander anzunähern und möglicherweise auch zu einem Kompromiß zu kommen.

Planungs- und Entscheidungsfragen, die im Spielverlauf zu verhandeln sind

- Müssen/Sollen die Schweißroboter überhaupt angeschafft werden? Werden sie wirklich zu niedrigeren Kosten und höheren Gewinnen führen?
- Wenn Roboter angeschafft werden, wie viele sollen gekauft werden? Müssen es wirklich 10 sein, oder reichen nicht auch 5 oder 6 Schweißroboter?
- Was geschieht mit den »freigesetzten« Schweißern? Werden sie anderweitig im Betrieb beschäftigt? Erhalten sie Ausgleichszahlungen? Muß der Betrieb im Falle der Entlassung Abfindungszahlungen leisten? (Sozialplan?)
- Sollen künftig weitere Industrieroboter in der Stanzerei und/oder in der Lackiererei eingesetzt werden?
- Ist es für den Fall des Roboterkaufs unbedingt nötig, Industrieroboter anzuschaffen, die im fernen Japan hergestellt werden, obwohl es auch bei uns gute Angebote gibt?

usw.

R 1 Geschäftsleitung

Das ist Eure Rolle: Ihr seid das Management der Agro-KG. Euer Ziel ist es, Gewinne zu erzielen und den Unternehmenserfolg möglichst langfristig zu sichern. Ihr seid grundsätzlich für den Einsatz modernster Technologien. Ob und in welchem Umfang sich die vorgesehenen Schweißroboter allerdings lohnen, das müßt Ihr in gezielten Gesprächen erst noch klären. Ihr versucht den Preis pro Roboter kräftig zu drücken. Euch liegt aber auch an einem guten Betriebsklima. Zu finanziellen Zugeständnissen und Rationalisierungsschutzmaßnahmen seid Ihr jedoch nur im äußersten Notfall bereit.

Das könnt Ihr z.B. tun: ■ Informationsgespräche und Verhandlungen mit den ASEAN-Leuten führen; ■ mit dem Betriebsrat die Situation des Betriebes und die geplanten Rationalisierungsmaßnahmen beraten; ■ die Schweißer eingehend informieren und anhören; ■ der Presse Rede und Antwort stehen; ■ ein Informationsplakat für die Mitarbeiter entwickeln und aushängen; ■ eingehende Anfragen und Stellungnahmen beantworten ... usw.

Zusatzinformationen und Denkanstöße

1. *Von gutunterrichteter Seite habt Ihr gehört, daß der holländische Roboterhersteller »Robotron« demnächst einen Spitzenroboter für voraussichtlich 125.000–130.000 DM auf den Markt bringen wird.*
2. *Wenn Euch die ASEAN-Leute vom Nutzen der Roboter endgültig überzeugen sollten, dann plant Ihr ernsthaft auch den Kauf von 10 weiteren Robotern für die Stanzerei und für die Rohrbiegeabteilung.*
3. *Für den Kauf der 10 Schweißroboter wollt Ihr auf keinen Fall mehr als 1,1 Mio. DM ausgeben! Also kräftig verhandeln und gute Argumente überlegen!*
4. *Im letzten Monat sind mehrere Reklamationen wegen unsauberen Schweißens eingegangen. Zwei Kunden haben ihre Verärgerung schriftlich mitgeteilt.*
5. *Für den Fall der Anschaffung von 10 Schweißrobotern plant Ihr die Entlassung von 15 bis 20 Schweißern, für die im Betrieb kein Platz mehr ist.*

R 2 Betriebsrat

Das ist Eure Rolle: Eure Aufgabe ist es, die Interessen der Arbeitnehmer im Betrieb so gut wie möglich zu vertreten. Ihr setzt Euch für gute Arbeitsbedingungen, für gerechte Bezahlung und für Arbeitsschutz und Arbeitsplatzsicherung ein. Allerdings müßt Ihr bei Euren Forderungen die finanziellen Möglichkeiten und Spielräume des Managements berücksichtigen. Ihr arbeitet eng mit der Geschäftsleitung zusammen, seid in vielen Fragen aber anderer Ansicht als diese. Ihr seid gegen die vorschnelle Anschaffung von zehn Schweißrobotern. Ihr zeigt die Risiken auf und sucht nach Kompromissen.

Das könnt Ihr z.B. tun: ■ mit den Schweißern die aktuelle Problemlage beraten und das weitere Vorgehen abstimmen; ■ der Geschäftsleitung die Risiken und Gefahren des Robotereinsatzes vor Augen führen; ■ bei den ASEAN-Leuten Informationen einholen; ■ mit der Geschäftsleitung über Rationalisierungsschutz verhandeln; ■ die Presse gezielt informieren; ■ eingehende Anfragen und Stellungnahmen beantworten ... usw.

Zusatzinformationen und Denkanstöße

1. *Ihr schlagt der Geschäftsleitung z.B. vor, statt der 10 Roboter zunächst 1 bis 2 Roboter für einen einjährigen Probelauf anzuschaffen.*
2. *In der Region, in der die Agro-KG ihren Sitz hat, liegt die Arbeitslosenquote derzeit bei 17%. Von daher ist es sehr schwierig, einen neuen Arbeitsplatz zu finden.*
3. *Der zuständige Meister in der Gießerei schätzt, daß 10 Schweißroboter zur Zeit höchstens zu 60–70% ausgelastet werden könnten (vgl. auch M 1).*
4. *Ihr seid grundsätzlich gegen den Kauf japanischer Roboter, wenn es gleichwertige deutsche oder europäische Angebote zu vergleichbaren Preisen gibt.*
5. *Wenn Entlassungen notwendig werden sollten, dann fordert Ihr für die Betroffenen Abfindungszahlungen von z.B. 2000 DM je Jahr der Betriebszugehörigkeit (die Betriebszugehörigkeitsdauer der Schweißer liegt bei durchschnittlich 20 Jahren).*

R 3 Schweißer

Das ist Eure Rolle: Ihr seid die Sprecher der Schweißereiarbeiter. Ihr arbeitet zwar eng mit dem Betriebsrat zusammen, vertretet aber ganz speziell die Belange der Schweißer. Ihr seid entschieden gegen die Einführung von Schweißrobotern. Ihr verweist auf die zurückliegenden Erfolge ohne Roboter (vgl. M 1) und macht deutlich, welche verheerenden Folgen der Robotereinsatz für die betroffenen Schweißer haben müßte. Ihr macht Druck auf den Betriebsrat und – so gut es geht – auch auf die Geschäftsleitung. Ihr bereitet für den Fall des Falles eine Demonstration vor.

Das könnt Ihr z.B. tun: ■ mit dem Betriebsrat die aktuelle Problemlage beraten und das weitere Vorgehen abstimmen; ■ bei der Geschäftsleitung Beschwerde einlegen; ■ Flugblätter und Demonstrationsplakate entwickeln und veröffentlichen; ■ die Presse zum Gespräch einladen und gezielt informieren/Leserbriefe schreiben; ■ die ASEAN-Leute zwecks Information ansprechen; ■ Anfragen anderer Gruppen beantworten ... usw.

Zusatzinformationen und Denkanstöße

1. *In der Region, in der die Agro-KG ihren Sitz hat, liegt die Arbeitslosenquote derzeit bei 17%. Daher ist es sehr schwer, einen neuen Arbeitsplatz zu finden.*
2. *In den letzten drei Jahren wurden rund 800.000 DM in die Modernisierung der Schweißerei gesteckt. Die Produktionsleistung der Schweißer stieg in diesem Zeitraum um 20%.*
3. *Die meisten Schweißer sind seit Beginn ihrer Berufstätigkeit bei der Agro-KG tätig. Rund 60% von ihnen arbeiten seit mehr als 20 Jahren im Schweißerberuf.*
4. *Wenn wirklich Roboter kommen sollten, dann besteht Ihr darauf, daß alle »freigesetzten« Arbeitskräfte im Betrieb umgeschult und bei gleicher Bezahlung an anderer Stelle in der Produktion eingesetzt werden.*
5. *Für den Fall von Entlassungen fordert Ihr den Betriebsrat auf, daß dieser bei der Geschäftsleitung für jeden Entlassenen eine Abfindungszahlung von 3000 DM pro Jahr der Betriebszugehörigkeit erwirkt. Verhandelt mit dem Betriebsrat.*

R 4 Presse

Das ist Eure Rolle: Ihr seid Journalisten der Fachzeitschrift »Arbeit und Technik«. Zu Euren Aufgaben gehört es, über die Chancen und Gefahren der neuen Produktionstechnologien zu berichten. Die Agro-KG bietet sich nach Eurer Ansicht als interessantes Studienobjekt an. Eure Berichterstattung ist von allen Beteiligten akzeptiert. Ihr nehmt Kontakt zu den verschiedensten Gruppen auf. Ihr recherchiert und bemüht Euch um eine kritische, aber faire Berichterstattung. Eure Beiträge veröffentlicht Ihr als Wandzeitung oder stellt sie den Gruppen auch schon mal direkt zu.

Das könnt Ihr z.B. tun: ■ gezielte Interviews durchführen; ■ Hintergrundgespräche mit einzelnen Gruppen führen; ■ aufrüttelnde/informative Berichte schreiben; ■ passende Karikaturen zeichnen; ■ kritische Kommentare verfassen; ■ Leserbriefe diskutieren und veröffentlichen; ■ eine übersichtliche Wandzeitung gestalten; ■ Briefe schreiben; ■ Anfragen anderer Gruppen beantworten ... usw.

Zusatzinformationen und Denkanstöße

1. *Wenn Euch die Geschäftsleitung unfreundlich begegnen oder in sonstiger Weise blockieren sollte, dann verweist darauf, daß Ihr bereits vor einem viertel Jahr um Genehmigung gebeten und diese vom Seniorchef auch schriftlich bekommen habt!*
2. *Zum Vorgehen: Am besten, Ihr bildet mehrere Reporterteams, damit Ihr arbeitsteilig recherchieren und mehr Gesprächskontakte wahrnehmen könnt.*
3. *Veröffentlichungswünsche einzelner Gruppen bzw. Personen könnt Ihr erfüllen; Ihr müßt das aber nicht. Schließlich seid Ihr eine seriöse Fachzeitschrift.*
4. *Vorgesehene Interviews müßt Ihr bei den betreffenden Gruppen anmelden. Bei den Interviews könnt Ihr mitschreiben oder auch ein Kassettengerät mitlaufen lassen.*
5. *Denkt dran, daß Eure Leser vorwiegend technisch ausgerichtete Leute sind, die von ihrer Zeitschrift keine technikfeindlichen Darstellungen wünschen.*

R 5 ASEAN-Vertreter

Das ist Eure Rolle: Ihr seid Angestellte des ASEAN-Konzerns und als solche für den Verkauf und Vertrieb der Roboter in Deutschland verantwortlich. Eure japanische »Muttergesellschaft« läßt Euch bei Euren Verhandlungen relativ freie Hand. Allerdings verlangt man von Euch, daß Ihr Jahr für Jahr mehr verkauft, sonst droht Euch über kurz oder lang die Entlassung. Den Verkaufspreis für den »Futur II« könnt Ihr derzeit zwischen 130.000 und 110.000 DM flexibel festlegen, je nachdem, wie hartnäckig ein Kunde ist. Allerdings erhaltet Ihr um so weniger Verkaufsprovision, je niedriger der Preis liegt (s. unten).

Das könnt Ihr z.B. tun: ■ die fehlenden Werte in der nachfolgenden Tabelle berechnen; ■ Beratungs- und Verkaufsgespräche mit der Geschäftsleitung führen; ■ ein Info-Plakat zum »Futur II« mit wenigen Slogans entwickeln und aushängen; ■ den Betriebsrat und die Schweißer zu Informationsgesprächen einladen; ■ die Presse gezielt informieren und als »Werbeträger« benutzen; ■ eingehende Anfragen und Stellungnahmen beantworten … usw.

Zusatzinformationen und Denkanstöße

1. *Berechnet anhand der nachfolgenden Tabelle die Kosteneinsparungen, die sich für die Agro-KG bei den zu schweißenden Teilen ergeben!*
2. *Eure Verkaufsprovision richtet sich nach dem Verkaufspreis. Liegt dieser z.B. bei 130.000 DM, so verdient Ihr 8.000 DM je Stück, liegt er bei 120.000 DM, so sind es nur noch 4.000 DM, bei 110.000 DM verdient Ihr gar nichts mehr!*
3. *Im Falle des Verkaufs von mindestens 10 Robotern an einen Kunden erhaltet Ihr eine Sondervergütung von 2.000 DM je Roboter, sofern der Preis über 110.000 DM liegt.*
4. *Ein Kunde aus Schweden schreibt: »Der ›Futur II‹ ist Spitze! Er arbeitet zuverlässig, kann von unseren Mitarbeitern problemlos bedient und gewartet werden und hat uns im letzten Jahr eine effektive Kostenersparnis gegenüber dem Handschweißen von rund 10.000 DM je Arbeitsplatz gebracht.«*
5. *Euren Kunden bietet Ihr einen dreitägigen Programmier- und Bedienungslehrgang für die betreffenden Mitarbeiter an – und zwar kostenlos!*

Kostenvergleich: Handschweißen – Roboterschweißen

Bei der AGRO-KG zu schweißende Teile					
Teil-Nr.	Schweißart	Minuten pro 100 Teile	Kosten pro Minute*	Gesamtkosten für 100 Teile?	Ersparnis?
RX 320	von Hand	680 Min.	0,93 DM		
	mit Roboter	405 Min.	1,20 DM		
PX 17	von Hand	310 Min.	0,91 DM		
	mit Roboter	160 Min.	1,70 DM		
SX 98	von Hand	580 Min.	0,87 DM		
	mit Roboter	210 Min.	1,70 DM		
VX37	von Hand	265 Min.	1,11 DM		
	mit Roboter	130 Min.	1,70 DM		

* Die Kosten pro Minute schließen beim Roboterschweißen lediglich die Bedienungskosten (Lohnkosten) und die Maschinenkosten infolge der Abnutzung und Entwertung der Roboter ein. Hinzu kommen beträchtliche Programmier-, Wartungs- und Reparaturkosten. Lohnend sind die Roboter in aller Regel dann, wenn ihr Leistungsvermögen zu mindestens 80% ausgeschöpft ist (Kapazitätsauslastung > 80%).

M 1 Die Rationalisierungspläne der Agro-KG

Die Agro-KG gehört zu den führenden Herstellern landwirtschaftlicher Maschinen in Deutschland, ja sogar in ganz Europa. Die Konkurrenz auf dem Markt ist groß und hat sich in den letzten Jahren noch deutlich verschärft. Deshalb ist es wichtig, daß bei der Modernisierung der Produkte wie der Produktionsverfahren nicht nachgelassen wird. Denn nur wer technisch ausgereifte, leistungsfähige und dazu noch preisgünstige Maschinen liefern kann, wird sich langfristig am Markt behaupten können. Daß die Geschäfte der Agro-KG in den letzten Jahren recht erfolgreich gelaufen sind, zeigt die abgebildete Tabelle. Dazu hat vor allem die erfolgreiche Forschungs-und Entwicklungsarbeit beigetragen, die zu einer Reihe technischer Verbesserungen, zu neuen Maschinen sowie zu günstigen Produktionskosten geführt hat. Das Management der Agro-KG will diesen Modernisierungs- und Rationalisierungsprozeß konsequent fortführen.

Kennziffern	vor 5 Jahren	vor 4 Jahren	vor 3 Jahren	vor 2 Jahren	vor 1 Jahr
Umsatz (in DM)	300 Mio.	310 Mio.	320 Mio.	335 Mio.	350 Mio.
Gewinn (in DM)	3 Mio.	4 Mio.	4 Mio.	5 Mio.	8 Mio.
Beschäftigte	1600	1580	1540	1510	1490

Der nächste Schritt ist der verstärkte Einsatz von Robotern. Die Frage ist nur, ob sich die vorgesehenen 10 Schweißroboter wirklich bezahlt machen werden. Vorausgesetzt, es können durch den Einsatz der Roboter 20 Schweißer effektiv eingespart werden, dürfte sich die jährliche Kostenersparnis für den Betrieb auf insgesamt 300.000 DM belaufen, sofern die Auslastung der Schweißroboter mindestens 80% beträgt. Bei einem Anschaffungspreis von rund 1,3 Mio. DM für die 10 Schweißroboter würde es also mehr als vier Jahre dauern, bis sie sich endgültig bezahlt gemacht haben. Da die Technik rasch voranschreitet und in vier Jahren womöglich ganz andere Roboter auf dem Markt sind und deshalb wesentlich höhere Qualitätsanforderungen gestellt werden, ist der Vierjahreszeitraum ein gewisses Risiko. Noch größer wird dieses Risiko, wenn für die zu entlassenden Arbeiter kostspielige Abfindungen gezahlt werden müssen und/oder die geplante Auslastung der Roboter von 80% nicht erreicht wird.

M 2 Industrieroboter setzen sich immer stärker durch

Die Roboter in den Fabriken der Bundesrepublik Deutschland sind weiter auf dem Vormarsch. Lag die Zahl der eingesetzten Industrieroboter 1980 noch bei 1.300, so sind es seither sprunghaft mehr geworden, wie die abgebildete Grafik zeigt. 1995 kamen in den bundesdeutschen Fabrikanlagen nahezu 55.000 Industrieroboter zum Einsatz – ein Anstieg gegenüber 1980 um mehr als das Vierzigfache! Diese wundersame Vermehrung der Roboter setzt sich seither kontinuierlich fort.

Aus den modernen Fabrikhallen ist der »Kollege Roboter« kaum mehr wegzudenken. Schweißen, schrauben, montieren – das sind die typischen Arbeiten der computergesteuerten Maschinen. Weltweit waren 1995 rund 650.000 Industrieroboter im Einsatz. Die Hälfte von ihnen stand in japanischen Fabriken. Bezogen auf 10.000 Industriearbeiter waren dort 338 Roboter im Einsatz. Deutschland kam 1995 hingegen erst auf 69 Roboter je 10.000 Industriearbeiter.

Der Siegeszug der Roboter geht weltweit weiter. Fürs Jahr 2000 rechnen Fachleute mit rund einer Million Industrieroboter, die irgendwo auf der Welt ihren Dienst tun. Eines der Haupteinsatzgebiete der Industrieroboter sind metallverbindende Schweißarbeiten, insbesondere im Rahmen der Schweißstraßen der Automobilindustrie.

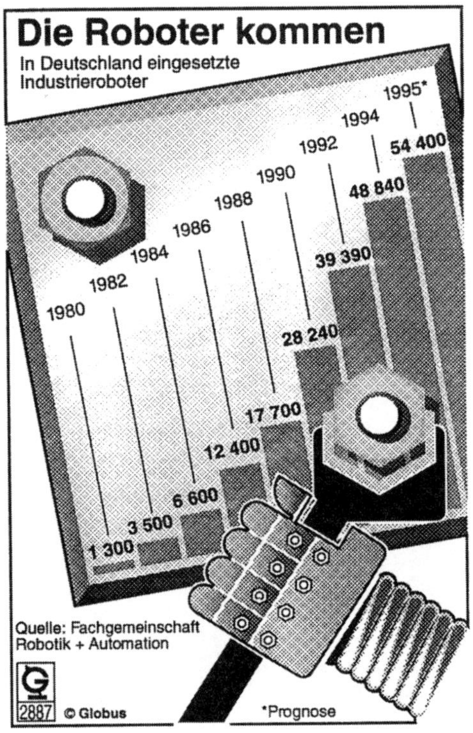

M 3 Schweißroboter haben für die Betriebe viele Vorzüge

Niedrigere Stückkosten
Im Regelfall ist die Produktivität des Roboterteams zwei- bis dreimal höher als diejenige eines einzelnen Handschweißers, oft noch höher. Die Stückkosten der von einem Roboter mit Bedienungsmann geschweißten Teile liegen deshalb niedriger als beim Handschweißer, trotz der nicht unbeträchtlichen Investition. Bezieht man in die geschätzten Stückkosten noch die geringere Ausschußquote, den schnelleren Durchsatz und die verbesserten Arbeitsplatzbedingungen mit ein, sinken die Kosten noch weiter.

Verbesserte Arbeitsplatzbedingungen
Dem Roboter ist keine Arbeit zu eintönig. Schweißrauch und Lichtbogen können ihm nichts anhaben. Schweißen in schwer zugänglichen Positionen bereitet ihm keine Rükkenschmerzen. Ein Schutzschild schirmt den Bedienungsmann gegen den Lichtbogen ab und schützt ihn vor Blendung, Schweißspritzern und Rauch. Die Arbeitsplatzbedingungen für den Bedienungsmann des Roboters sind also angenehmer und sicherer als die des Handschweißers. Alle diese Faktoren fördern die Produktivität und senken die Belastungen und Krankheitsraten der Arbeitnehmer.

Gleichbleibend hohe Schweißqualität
Ein erfahrener Schweißer kann eine, zwei, drei oder auch vielleicht zehn Schweißungen in Roboterqualität herstellen. Hundert perfekte Schweißungen nacheinander aber bestimmt nicht. Der Roboter aber schafft diese und noch viel mehr. Ist er einmal programmiert, liefert er perfekte Arbeit ab, immer und immer wieder. So werden Ausschuß und Reklamationen reduziert. Die Kunden wissen solche Qualitätsarbeit zu schätzen.

Erhöhte Produktionsleistung
Die hohe Produktivität des Roboterteams hilft dem Betrieb, große Aufträge in kurzer Zeit auszuführen. Es wird nämlich immer schwieriger, erfahrene Schweißer für ermüdende und langweilige Großserien zu finden. Für den Roboter genau die richtige Aufgabe. Der Roboter verrichtet perfekte Arbeit rund um die Uhr, wenn es sein muß.

M 4 Rundschreiben der Geschäftsleitung an alle Mitarbeiter

Sehr geehrte Mitarbeiter,

wie Sie vielleicht schon vernommen haben, plant die Geschäftsleitung den Einsatz mehrerer Schweißroboter, um den Anschluß an die neue Technologie nicht zu verpassen. Noch ist zwar nichts entschieden; aber wir sehen uns durch zwei aktuelle Vorgänge in unserer Planung bestärkt: Zum einen haben wir erfahren, daß unser Hauptkonkurrent RENTOS schon seit einiger Zeit Roboter in der Schweißerei und der Stanzerei einsetzt und damit beträchtliche Kosteneinsparungen erzielt hat. Zum zweiten hat uns die jüngste Lohnerhöhung und Arbeitszeitverkürzung erneut deutlich gemacht, daß wir um weitere Rationalisierungsmaßnahmen nicht herumkommen. Ansonsten laufen wir Gefahr, unsere gute Marktposition zu verlieren. Und daran kann ja wohl niemand ein Interesse haben. Neue Technologien mögen zwar einige Arbeitsplätze kosten, aber letztlich tragen sie dazu bei, daß unser Unternehmen als Ganzes konkurrenzfähig bleibt. Im übrigen haben wir uns bisher stets bemüht, den Personalabbau so zu gestalten, daß keine Entlassungen nötig waren. Das werden wir auch weiterhin tun. Ob die ins Auge gefaßte Einführung von Schweißrobotern allerdings ohne Entlassungen abgehen wird, muß sich erst noch zeigen. Für nächste Woche haben wir erste Informationsgespräche mit dem japanischen Roboterhersteller ASEAN angesetzt, der führend auf diesem Markt ist und sich durch relativ günstige Preise auszeichnet. Sollten sich danach konkretere Pläne ergeben, so werden wir uns mit dem Betriebsrat und den Betroffenen in der Schweißerei umgehend ins Benehmen setzen.

Mit freundlichen Grüßen

Dr. Ackermann

M 5 Die Vorzüge des Schweißroboters »Futur II« (Werbeprospekt)

Der neue Schweißroboter »Futur II« des Herstellers ASEAN ist im letzten Jahr auf den Markt gekommen und hat auf verschiedenen Industriemessen in Europa und Übersee sofort großes Aufsehen erregt. Er fußt auf dem »Futur I«, einem vieltausendfach bewährten und weltweit am meisten kopierten Lichtbogen-Schweißroboter der ersten Generation. Der »Futur II« ist eine ungewöhnlich klug ausgedachte Maschine, die weltweit völlig neue Maßstäbe setzt und exzellente Erfolge verspricht.

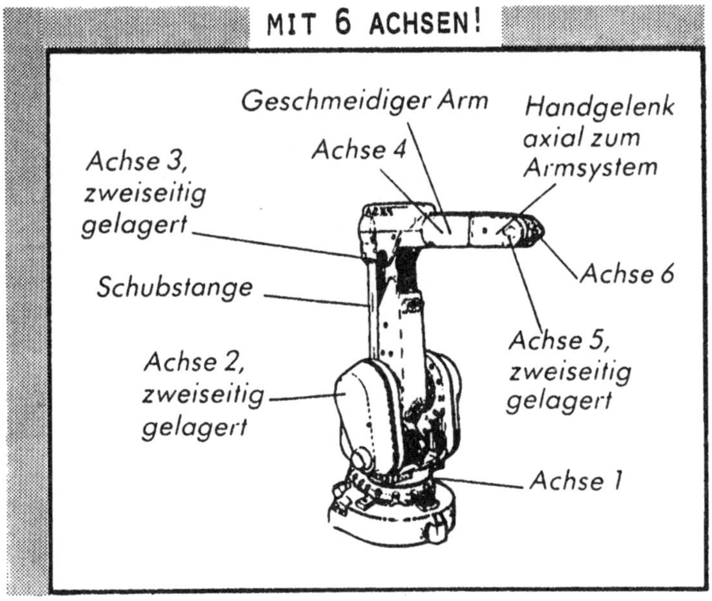

- **Überragende Manövrierfähigkeit:**
  Der Futur II ist ein Bewegungswunder. Er ist der erste Lichtbogen-Schweißroboter mit 6 Achsen (Abb.) und extremer Geschmeidigkeit. Er kann sich in alle Richtungen sehr schnell und sehr präzise bewegen. Da können gelernte Schweißer nur staunen. Ermöglicht wird die Wendigkeit unter anderem durch das stark reduzierte Gewicht des Oberarms.

- **Spitzengeschwindigkeit:**
  Der Futur II besitzt überragende dynamische Eigenschaften hinsichtlich Geschwindigkeit und Beschleunigung. Er kann sich mit einer Geschwindigkeit von 2 Metern pro Sekunde bewegen. Und weil das Handgelenk um 300 Grad pro Sekunde dreht, verliert er keine Zeit, wenn der Schweißbrenner neu in Position gebracht werden muß. Durch die hohe Beschleunigung und Geschwindigkeit spart der Futur II gegenüber anderen Robotern etwa 5–10 Prozent Bearbeitungszeit. Das Schubstangenprinzip (s. Skizze) erlaubt dem Futur II außerdem, in jeder Richtung mit Höchstgeschwindigkeit zu fahren, selbst bei voll ausgefahrenem Arm.

- **Geringer Platzbedarf:**
  Der Futur II kann stehend und hängend arbeiten. Das erweitert seine Vielseitigkeit und das Spektrum der Schweißaufgaben. Im Stehen beträgt die Reichweite (mit Brenner) 1,90 Meter, der praktische Arbeitsbereich 1,50 Meter. Bei hängender Montage beträgt der nutzbare Arbeitsbereich sogar über 3 Meter! Anlagen mit hängendem Roboter werden vor allem zum Schweißen großer Teile eingesetzt. Und hängende Roboter sparen kostbare Bodenfläche und erleichtern den Materialfluß!

- **Zuverlässig und wartungsfreundlich:**
  Schon das Vergängermodell »Futur I« war extrem zuverlässig. Wie wir aus Kundenberichten wissen, ist es keine Seltenheit, daß Futur I noch nach 70.000 Stunden harter Arbeit fehlerfrei arbeitet wie eh und je. Der Futur II setzt diese Tradition fort. Er ist mit robusten Wechselstrommotoren ausgerüstet, die vor Überlastung geschützt sind. Sensoren überwachen ständig die Arbeitstemperatur. Die Getriebe sind geräuscharm und selbstschmierend. Hochelastische Spiralkabel stellen sicher, daß es zu keinen Kabelbrüchen kommt. Aus diesen und anderen Gründen ist der Futur II ausgesprochen wartungsfreundlich und zuverlässig.

- **Leicht zu Programmieren:**
  Zum Programmieren werden nur wenige Knöpfe und ein Steuerknüppel benötigt. Alles ist auf einem tragbaren, handlichen Programmiergerät angeordnet. Damit lassen sich auch die anderen Zusatzgeräte (Positionierer usw.) programmieren, so daß die Programmiertätigkeit am Steuerschrank entfällt. Das Programmieren selbst ist so einfach, daß es der Bediener schon nach wenigen Übungstagen perfekt beherrscht.

- **Leistungsstarker Positionierer:**
  Zu jedem Roboter gehört ein flexibles Gerät, das die zu schweißenden Teile schnell und präzise in Position bringt (Positionierer). Mit dem Positionierer »ORBIT« bietet ASEAN ein ausgesprochen leistungsfähiges Zusatzgerät an, das sich synchron zum Roboter bewegt. Futur II und ORBIT arbeiten zusammen etwa 20% schneller als herkömmliche Roboteranlagen!

M 6 Risiken und Schattenseiten des Robotereinsatzes

Der Robotereinsatz hat keineswegs nur Vorzüge und positive Folgen, wie das die Technik- und Roboterfans behaupten. Er ist durchaus auch mit beträchtlichen betriebswirtschaftlichen Risiken verbunden und hat natürlich auch einige recht fragwürdige Konsequenzen für die betroffenen Arbeitnehmer. Dazu einige knappe Hinweise:

- **Betriebswirtschaftliche Risiken:** Diese ergeben sich daraus, daß Industrieroboter in der Anschaffung recht teuer sind. Ein durchschnittlicher Roboter kostet heutzutage um die hunderttausend Mark. Hinzu kommt die Entwicklung seiner Software, die oftmals ein Vielfaches dieser Anschaffungskosten schluckt. Deshalb halten sich viele Unternehmen ziemlich zurück, denn ein Roboter lohnt sich im Vergleich zu menschlichen Fachkräften nur dann, wenn er hochgradig ausgelastet werden kann und nicht zu schnell veraltet. Menschen kann man bei einer Absatzflaute an einen anderen Arbeitsplatz schicken, zur Kurzarbeit verpflichten oder notfalls auch ganz entlassen. Mit Robotern geht das nicht. Sie sind da und kosten Tag für Tag eine Menge Geld, egal, ob sie gebraucht werden oder nicht. Hinzu kommt, daß sich die Robotertechnologie sehr rasch entwickelt und von daher bestehende Anlagen unter Umständen sehr schnell veralten und ihren Wert verlieren. Wenn sie aber nicht mindestens einige Jahre im Dauereinsatz sind (vgl. M 1), dann rentieren sie sich nicht. Deshalb ist eine gewisse Vorsicht bei der Anschaffung neuer Roboter geboten. Vorsicht ist des weiteren auch deshalb vonnöten, weil sich die Produkte und die Produktionsabläufe, für die Roboter vorgesehen sind, ständig verändern, die Roboter in der Regel aber nur recht begrenzt umgesetzt, umgebaut und/oder umprogrammiert werden können. Und wenn es denn geht, dann ist es meist eine recht kostspielige Angelegenheit. Von daher können teuer beschaffte Industrieroboter unter Umständen sehr schnell zu verlustbringenden »Ruinen« werden.

- **Neue Arbeitsbelastungen:** In der Umgebung von Industrierobotern entstehen häufig »Restarbeitsplätze«, die durch belastende Tätigkeiten gekennzeichnet sind. Das heißt z.B. für das Lichtbogenschweißen: Der Roboter übernimmt das Schweißen, und für die Arbeiter bleiben nur noch simple Restarbeiten und Handreichungen, die unter erhöhtem Zeitdruck und bei schlechterer Bezahlung erledigt werden müssen. Zu diesen Restarbeiten gehört z.B. das Säubern der Schweißnähte sowie das Wechseln der Schweißdrahtrollen. Weil für diese Tätigkeiten jeweils nur wenig Zeit bleibt, kommt es zu Streß und sonstigen Belastungen körperlicher oder psychischer Art. Mußte der Schweißer früher sehr präzise arbeiten können, geschickt sein und sich mit den eingesetzten Werkzeugen, Materialien und Geräten gut auskennen, so erfährt er infolge der Roboterisierung nicht nur eine deutliche Dequalifizierung, sondern wird auch noch zusätzlich gehetzt, was wiederum die Unfallgefahr erhöht.

- **Zerstörung von Arbeitsplätzen:** Roboter vernichten Arbeitsplätze. Das ist unstrittig. Strittig ist nur, in welchem Ausmaß. Einige Experten schätzen, daß ein Roboter durchschnittlich etwa 4–5 Arbeitskräfte freisetzt (im 2-Schicht-Betrieb). Andere Fachleute meinen sogar, daß Roboter der jüngsten Generation im Extremfall bis zu 10 Arbeitskräfte überflüssig machen. Zwar begünstigt der technische Fortschritt auf der anderen Seite ganz sicher auch den Erhalt und das Entstehen von Arbeitsplätzen, da neue und/oder bessere Produkte erst durch modernste Technologie möglich werden, aber die von Robotern eingenommenen Arbeitsplätze sind erst mal weg. In der Vergangenheit ist es zwar meist gelungen – vor allem in den Großbetrieben –, die betroffenen Arbeiter auf andere Arbeitsplätze umzusetzen. In den letzten Jahren ist dieses jedoch zunehmend schwieriger geworden, wie die verbreitete Entlassung von Arbeitskräften zeigt. Die Betriebsräte und Gewerkschaften können in aller Regel nur wenig dagegen tun. »Wenn der Arbeitgeber rationalisieren will«, so meinte kürzlich ein Betriebsrat, »dann bleibt den Betriebsratsvertretern meist nichts anderes übrig, als mit dem Kopf zu nicken.« Die Betriebsräte beschränken sich daher häufig auf die Absicherung der Stammbelegschaften sowie auf das Aushandeln gewisser Abfindungszahlungen für die Entlassenen.

M 7 Betriebsrat: Mitbestimmung bei neuen Fertigungsverfahren

§ 74 BVG: Einigungsgebot für Betriebsrat und Arbeitgeber: Arbeitgeber und Betriebsrat haben über strittige Fragen mit dem ernsten Willen zur Einigung zu verhandeln und Vorschläge für die Beilegung von Meinungsverschiedenheiten zu machen.

§ 90 BVG: Veränderung des Arbeitsplatzes: Der Arbeitgeber hat den Betriebsrat über die Planung von Neu-, Um- und Erweiterungsbauten von technischen Anlagen, von Arbeitsverfahren und Arbeitsabläufen oder der Arbeitsplätze rechtzeitig zu unterrichten und die vorgesehenen Maßnahmen mit dem Betriebsrat zu beraten, und zwar insbesondere bezüglich ihrer Auswirkungen auf die Art der Arbeit und die neuen Anforderungen an die Arbeitnehmer.

§ 102 BVG: Mitbestimmung bei Kündigungen: Der Betriebsrat ist vor jeder Kündigung zu hören. Der Arbeitgeber hat ihm die Gründe für die Kündigung mitzuteilen. Hat der Betriebsrat gegen eine vorgesehene Kündigung Bedenken, so hat er diese unter Angabe der Gründe dem Arbeitgeber spätestens innerhalb einer Woche schriftlich mitzuteilen. Mögliche Gründe können sein: soziale Gesichtspunkte, Weiterbeschäftigungsmöglichkeiten im Betrieb – eventuell nach erfolgter Umschulung oder Fortbildung. Eine Weiterbeschäftigung unter geänderten Vertragsbedingungen ist nur möglich, wenn der Arbeitnehmer damit einverstanden ist.

§ 111 BVG: Betriebsänderungen: Der Unternehmer hat den Betriebsrat über geplante Betriebsänderungen, die wesentliche Nachteile für die Belegschaft oder erhebliche Teile dieser Belegschaft zur Folge haben können, rechtzeitig und umfassend zu unterrichten und die geplanten Betriebsänderungen mit dem Betriebsrat zu beraten. Als Betriebsänderung gilt z.B. die Einführung neuer Betriebsanlagen oder grundlegend neuer Arbeitsmethoden und Fertigungsverfahren.

§ 112 BVG: Sozialplan/Abfindungszahlungen: Führen die besagten Betriebsänderungen zur Entlassung von Arbeitskräften, so besteht für die Arbeitnehmerseite das Anrecht, einen Sozialplan zu erwirken, der für die Entlassenen bestimmte Abfindungszahlungen vorsieht. Die Höhe dieser Abfindungszahlungen ist in Verhandlungen zwischen Betriebsrat und Arbeitgeber zu klären. Bei Nichteinigung wird ein Schlichter bestellt oder die Einigungsstelle angerufen. Der so entstehende Sozialplan hat die Wirkung einer Betriebsvereinbarung.

(BVG = Betriebsverfassungsgesetz)

M 8 Rationalisierungsschutzvereinbarungen in der Metallindustrie

In der Vergangenheit wurden in mehreren Bezirken der Metallindustrie Tarifverträge zum Schutz der Arbeitnehmer vor Rationalisierung geschlossen. In Anlehnung an diese Regelungen können betriebsinterne »Rationalisierungsschutzvereinbarungen« getroffen werden. Die wichtigsten Bestimmungen in den erwähnten Tarifverträgen sind:

- Wenn aufgrund von Maßnahmen Arbeitsplätze entfallen oder Anforderungen sich ändern, hat der Arbeitgeber – soweit möglich – den betroffenen Arbeitnehmern einen gleichwertigen und zumutbaren Arbeitsplatz mit der bisherigen Eingruppierung (Entlohnung) bzw. eine Umschulung anzubieten. Während der Umschulung ist der bisherige Lohn fortzuzahlen.

- Eine Abgruppierung (Lohnrückstufung) eines Arbeitnehmers ist nur zulässig, wenn eine Umsetzung bzw. Umschulung nicht möglich ist. Der Arbeitnehmer erhält bei Abgruppierung einen Verdienstausgleich für mindestens 18 Monate.

4. Lernfeld: Dritte Welt – Entwicklungspolitik

Die beiden Planspiele, die in diesem Kapitel dokumentiert werden, führen den Schüler/innen einige grundlegende Probleme vor Augen, vor denen die meisten Entwicklungsländer in Afrika wie in Südamerika, in Asien wie in Osteuropa stehen. Die Kernfrage lautet: Soll exportorientiert modernisiert und industrialisiert werden, wie das die westlichen Industrieländer vorgemacht und einige asiatische Schwellenländer nachgemacht haben, oder empfiehlt es sich nicht viel eher, eine dezidiert binnenzentrierte, auf Selbstversorgung zielende »Low-Tech-Policy« zu betreiben? Diese Leitfrage steht im Zentrum des ersten Planspiels, bei dem sich alles um den geplanten Aufbau einer exportorientierten Sojaproduktion in der Region Condora in dem fiktiven südamerikanischen Land Latinien dreht.

Das zweite Planspiel führt die Schüler/innen nach Afrika, wo sie als Vertreter verschiedener Ministerien in dem ebenfalls fiktiven Land Translawi verhandeln und entscheiden müssen, welche entwicklungspolitischen Prioritäten gesetzt und welche der vorgeschlagenen Projekte in der nächsten Legislaturperiode konkret in Angriff genommen werden sollen.

4.1 Soja, Kaffee oder Schwarze Bohnen?

Das vorliegende Planspiel gibt den Schüler/innen Gelegenheit, sich aus unterschiedlichen Perspektiven mit dem Thema »Entwicklungspolitk/Agrarpolitik« auseinanderzusetzen. Im Zentrum steht hierbei die Frage, ob und inwieweit es sinnvoll und vertretbar ist, fruchtbare landwirtschaftliche Nutzflächen für die exportorientierte Sojaproduktion bereitzustellen, wenn dadurch der auf Selbstversorgung ausgerichtete Bohnenanbau vieler Kleinbauern in Gefahr gerät, ohne daß durch die hochtechnisierte Sojaproduktion angemessene Ersatzarbeitsplätze entstehen. Die Grundfrage ist also die nach der Vereinbarkeit von Grundbedarfsorientierung und Exportorientierung, von Traditionalismus und Modernismus. Die einzelnen Interessengruppen bzw. Rollen, die die Schüler/innen im angedeuteten Problemkontext zu spielen haben, sind:

a) der Nahrungsmittelkonzern Fruit-Company,
b) die Plantagenbesitzerfamilie Selos,
c) die Regierung des Landes Latinien,
d) die Sprecher der Kleinbauern,
e) die Sprecher der Plantagenarbeiter sowie
f) die Redaktion der Zeitschrift »Agronomia«.

Nähere Hinweise zu diesen Rollen finden sich in der nachfolgenden Fallstudie sowie in den einzelnen Rollenkarten. Darüber hinaus stehen den Schüler/innen zur Fundierung ihrer Spielhandlungen einschlägige Informationsmaterialien (M 1–M 9) zur Verfügung. Einen Überblick über die dokumentierten Spielunterlagen gibt der Kasten unten auf dieser Seite.

Die Grundstruktur des Planspiels sieht wie folgt aus: In der Region Condora im südamerikanischen Land Latinien (Pate gestanden hat Brasilien) steht der Umbau einer großen Kaffeeplantage zu einer Sojaplantage mit angeschlossener Sojaverarbeitungsfabrik an, da sich Kaffee auf dem Weltmarkt immer schlechter vermarkten läßt. Initiator dieses Plans ist die Fruit-Company, ein nordamerikanischer Nahrungsmittelkonzern, der sich seit einigen Jahren sehr stark im internationalen Sojageschäft engagiert. Die Fruit-Company plant die Übernahme eines Teils der

Spielunterlagen

1. Beschreibung der Problemsituation in der Region Condora (Fallstudie)
2. Arbeitskarte: Überblick über die einzelnen Spieletappen (für alle Gruppen gleich)
3. Rollenkarten: Spezifische Hinweise zu den einzelnen Rollen (für alle Gruppen verschieden)
4. Informationszeitung: Vertiefende Sach- und Fachinformationen
   - *M 1: Vom Leben der Kleinbauern und Plantagenarbeiter*
   - *M 2: In der Hauptstadt Grandoria ist das Elend groß!*
   - *M 3: Latiniens Wirtschaft steckt in der Krise*
   - *M 4: Die Pläne der Fruit-Company (Sojaanbau)*
   - *M 5: Soja, Kaffee oder Bohnen – das ist die Frage!*
   - *M 6: Die Machtstellung von Großgrundbesitzern und Konzernen*
   - *M 7: Sind hochtechnisierte Großplantagen überhaupt sinnvoll?*
   - *M 8: Brief der Regierung an die Kleinbauern (Pächter)*
   - *M 9: Gutachten der latinischen Landwirtschaftskammer*
5. Ereigniskarten: Impulskarten für die Hand des Lehrers (für den gelegentlichen Einsatz)
6. Arbeitsformulare: Protokollvordrucke und Briefformulare (s. S. 42–44)

Kaffeeplantage von Familie Selos sowie die Nutzung weiterer 10.000 Hektar fruchtbaren Bodens, der bisher von Kleinbauern bewirtschaftet und vorwiegend zum Anbau schwarzer Bohnen genutzt wird, die in Latinien ein wichtiges Grundnahrungsmittel sind. Die Regierung Latiniens sieht die Pläne der Fruit-Company mit viel Wohlwollen, da sie steigende Exporte und Deviseneinnahmen versprechen. Auch Familie Selos kann den Plänen durchaus einiges abgewinnen, obwohl sie sich auch noch andere Optionen offenhält. Mit Entrüstung und harscher Kritik reagieren dagegen die von Enteignung bedrohten Kleinbauern sowie die um ihre Arbeitsplätze fürchtenden Planatagenarbeiter. Sie betonen in besonderer Weise die Nachteile und Risiken, die eine Bereitstellung der Ländereien für die exportorientierte Sojaproduktion mit sich bringen müßte. Begleitet wird die ganze Auseinandersetzung der genannten Interessengruppen von einigen Journalisten der Zeitschrift »Agronomia«, die am Beispiel des geplanten Sojaprojekts über die unterschiedlichen Perspektiven und Probleme der ländlichen Entwicklung berichten möchten. Für einen spannungsgeladenen Planungs- und Verhandlungsprozeß ist also gesorgt. Im Mittelpunkt der Spielaktivitäten stehen dabei die folgenden Leitfragen:

- Ist es grundsätzlich sinnvoll und vertretbar, die geplante Sojaplantage aufzubauen und dafür kostbares Land zu opfern?
- Wenn der Sojaanbau befürwortet wird, sollen die Nutzflächen der Kleinbauern in das Sojaprojekt mit einbezogen werden?
- Stellt Familie Selos auf Soja um, oder übernimmt die Fruit-Company mit ihren Plänen und Interessen das Kommando?
- Gewährt die Regierung Zuschüsse bzw. Subventionen? Wenn ja, an wen und in welcher Höhe werden Gelder vergeben?
- Was wird aus den Plantagenarbeitern, und was geschieht mit den Kleinbauern? Erhalten sie neue Arbeitsplätze und/oder Abfindungszahlungen?
- Wird den Kleinbauern Ersatzland für ihre Subsistenzwirtschaft angeboten? Wenn ja, wo können/sollen sie ihre schwarzen Bohnen anbauen?

Diese Leitfragen deuten an, in welche Richtung das inhaltlich-fachliche Lernen im Rahmen des Planspiels geht. Die Schüler/innen lernen eine ganze Menge über Entwicklungspolitik und Agrarpolitik, über Kaffeeanbau und Sojaanbau, über Großplantagen und Subsistenzwirtschaft, über High-Tech und angepaßte Technologie, über Exportorientierung und Subventionierung, über Macht und Ohnmacht, über Armut und Verelendung, über Gewinnstreben und Korruption, über politische Strategien und politische Prozesse. Doch nicht nur das. Sie üben sich auch und zugleich darin, bestehende Sachverhalte und Meinungen zu problematisieren und kritisch Stellung zu beziehen, die eigene Urteilsbildung voranzubringen und insgesamt sensibler zu werden für die Belange und Nöte der an den Rand gedrängten Menschen in der Dritten Welt. Sie versuchen sich darüber hinaus im konstruktiven Denken und kreativen Handeln. Sie entwickeln strategische Alternativen und trainieren ihre mündliche und schriftliche Ausdrucksfähigkeit. Sie lernen zu argumentieren und zu taktieren, relativ umfangreiche Informationen auszuwerten und zu analysieren, zu planen und zu entscheiden, zu agieren und zu reagieren. Kurzum, sie lernen in ebenso vielschichtiger wie intensiver Weise inhaltlich-fachliche, methodisch-strategische und sozial-kommunikative Fähigkeiten und Fertigkeiten.

Zum Ablauf des Planspiels: Detailliertere Hinweise zu den einzelnen Phasen des Planspiels finden sich auf den Seiten 23ff. dieses Buches. Diese sollten vor Spielbeginn auf jeden Fall gelesen werden. Die Einführung der Schüler/innen sieht generell so aus, daß die Lehrkraft zunächst einige orientierende und motivierende Vorbemerkungen zum anstehenden Planspiel macht (vgl. S. 47). Daran anschließend erhalten die Schüler/innen zuerst die Fallstudie und dann die Arbeitskarte zur vertiefenden Einarbeitung in den Aufbau und das Prozedere des Planspiels. Alsdann werden die Gruppen gebildet, die Rollenkarten gelesen und schließlich die Informationszeitungen verteilt und kursorisch durchgearbeitet. Erst jetzt beginnt die gezielte Diskussion und Meinungsbildung in den einzelnen Spielgruppen. Für diese Vorbereitungs- wie für die anschließende Verhandlungsphase sind je 2 Unterrichtsstunden anzusetzen (zur zeitlichen Segmentierung des Planspielverlaufs vgl. S. 23ff.). Nähere Hinweise zur Verhandlungsphase finden die Schüler/innen auf ihre Arbeits- und Rollenkarten. Einige Ereigniskarten, die der Lehrer im Zuge dieses Verhandlungsprozesses wahlweise eingeben kann, sind zudem auf Seite 171 dokumentiert. Abgeschlossen wird das Planspiel in einer 3. Doppelstunde mit einer Konferenz und einem gezielten Feedback zum Spielverlauf und zu den mehr oder weniger tragfähigen Spielergebnissen. Die Leitung der Konferenz liegt beim Landwirtschaftsminister (Lehrer) namens Bilbao, der alle beteiligten Gruppen zu einem Schlichtungsgespräch ins Herrenhaus der Selos-Plantage eingeladen hat. Zu Anfang der Konferenz tragen die Gruppensprecher in der

Reihenfolge: Fruit-Company → Kleinbauern → Familie Selos → Plantagenarbeiter → Regierung ihre Eingangsstatements vor (vgl. dazu den Protokollvordruck S. 44). Dann folgt eine offene Diskussion, die nach Ablauf der vereinbarten Zeit nötigenfalls abgebrochen wird. Alsdann kommentieren die anwesenden Pressevertreter den Konferenzverlauf, und im letzten Teil der Doppelstunde schließt sich das Feedback der Schüler/innen zum Spielprozeß an.

Nachbereitet werden kann das Planspiel u.a. dadurch, daß der Planspielverlauf gezielt rekonstruiert sowie das methodische und das interaktive Vorgehen der Schüler/innen eingehender analysiert und problematisiert wird. Weiterhin bietet sich zur fachlichen Vertiefung z.B. an, einen Dritte-Welt-Laden aufzusuchen und dort in Sachen Sojaanbau, Kaffeeanbau und Multis zu recherchieren, ehemalige Entwicklungshelfer zu befragen, an »Brot für die Welt«, »Misereor« und/oder das »BMZ« zu schreiben und Informationen einzuholen, dem Sojaverbrauch in der deutschen Landwirtschaft nachzugehen, ein Schwarze-Bohnen-Gericht zu kochen und/oder vertiefende Materialien und Medien zum angeschnittenen Problemkreis erarbeiten zu lassen.

Schlußbemerkung: Das vorliegende Planspiel erfordert einiges an Improvisation und Kreativität – von Schülern wie von Lehrern. Aber gerade darin liegen sein Reiz und sein Realitätsbezug, denn politische Konfliktregelungsprozesse sind nun einmal relativ offene Prozesse, die von den Betroffenen im Wege des »trial and error« auszugestalten sind.

Ereigniskarten

Der Internationale Währungsfonds (IWF) hat der Regierung Latiniens zur Auflage gemacht, den Export zu steigern, um mehr Devisen für den Abbau des Schuldenbergs zu haben. Ansonsten muß mit der Sperrung weiterer Kredite gerechnet werden, die aber dringend für die Einfuhr wichtiger Industriegüter und Nahrungsmittel gebraucht werden. *An: Regierung/Presse/Fruit-Company*	In der Hauptstadt Grandoria und in anderen Industriezentren des Landes nimmt das soziale Elend rasch zu. Rund 30 bis 40 Prozent der Bevölkerung leben in absoluter Armut. Die Arbeitslosigkeit hat katastrophale Ausmaße angenommen; die Slums quellen über; es herrschen menschenunwürdige Zustände; viele Menschen sind ohne Hoffnung und Perspektive. *An: Kleinbauern/Plantagenarbeiter/Presse*
Im Hochland des »Matario-Distrikts«, ca. 800 km von der Selos-Plantage entfernt, sollen Bauern bzw. Landarbeiter zur Nutzbarmachung der kargen Landflächen angesiedelt werden. Billige Kredite stehen zur Verfügung. Das Land wird zunächst verpachtet, kann nach 5–10 Jahren aber auch als Eigentum erworben werden. Niedrige Kaufpreise sind in Aussicht gestellt und werden von der Regierung garantiert. *An: Regierung/Presse/Kleinbauern/ Plantagenarbeiter*	Bei einem Verkauf der Plantage muß die Familie Selos 40 Prozent des Verkaufserlöses als Steuern an den Staat abführen. Allerdings kann dieser Steuersatz in Verhandlungen mit der Regierung unter Umständen gedrückt werden. *An: Familie Selos/Regierung*
Der Kaffeepreis ist auf dem Weltmarkt überraschend um ca. 20 Prozent angestiegen, da die Kaffeeproduktion in Afrika witterungsbedingt zurückgegangen ist und der Kaffeekonsum insbesondere in Europa nochmals zugenommen hat. *An: Familie Selos/Plantagenarbeiter/Presse*	Der Sojapreis ist auf dem Weltmarkt überraschend eingebrochen und im Vergleich zum Vorjahr um durchschnittlich 15 Prozent zurückgegangen. Ursache ist eine großanlegte Anti-Sojakampagne in Europa, die insbesondere die verschwenderische Sojaverfütterung in der Landwirtschaft anprangert. *An: Fruit-Company/Regierung/Kleinbauern/ Presse*
Die internationale »Vereinigung für Frieden und Gerechtigkeit« hat die drohende Enteignung der Kleinbauern zum Anlaß genommen, um in Nordamerika in Talk-Shows und via Presseanzeigen die Machenschaften der Fruit-Company anzuprangern und auf einen Boykott der Konsumenten hinzuwirken. *An: Fruit-Company/Presse/Regierung*	Der Kaffeeröster »Eurofrost« hat Familie Selos das Angebot unterbreitet, ihren sehr aromatischen und hochwertigen Kaffee zu Preisen von etwa 20 Prozent über Weltmarktniveau abzunehmen und in Europa zu vermarkten. Dadurch käme die Selos-Plantage wahrscheinlich wieder in die Gewinnzone. *An: Familie Selos/Plantagenarbeiter/Presse*

Hinweis: Wenn die Ereigniskarten eingesetzt werden, bitte die Adressatenhinweise löschen, damit die einzelnen Spielgruppen die ins Auge gefaßten Adressaten nicht kennen. Außerdem: Die Adressatenhinweise sind nur Vorschläge!

✎ Planspiel: Soja, Kaffee oder schwarze Bohnen?

Beschreibung der Problemsituation (Fallstudie)

In Latinien, einem Land irgendwo in Südamerika, wird im landwirtschaftlichen Bereich vieles verändert und modernisiert, was zum Teil sehr zu Lasten der Plantagenarbeiter und der Kleinbauern geht. So auch in der Region Condora, in der die Familie Selos ihre Kaffeeplantage hat, auf der mehr als 1000 Arbeiter teils ständig, größtenteils jedoch nur zu bestimmten Saisonzeiten (z.B. die Kaffeepflücker) beschäftigt sind und nicht nur hart arbeiten müssen, sondern dazu auch noch miserabel bezahlt werden (vgl. M 1). Diese Kaffeeplantage läuft in den letzten Jahren aufgrund der sinkenden Weltmarktpreise für Kaffee zunehmend schlechter, so daß sich Familie Selos mit dem Gedanken trägt, möglicherweise auf Sojaanbau umzustellen. In diese Umgestaltungspläne sind auch die an die Selos-Plantage angrenzenden Kleinbauern einbezogen (s. Lageplan), deren Felder unter Umständen für den Sojaanbau gebraucht werden. Von der drohenden Enteignung betroffen wäre dann unter anderem Mr. Rodriguez, der als Kleinbauer eine Nutzfläche von 6 Hektar bewirtschaftet. Mr. Rodriguez hält einiges Kleinvieh für den Eigenverbrauch. Vor allem aber baut er schwarze Bohnen an, die in Latinien ein wichtiges Grundnahrungsmittel sind. Der Ertrag aus dem Bohnenanbau ist so groß, daß Mr. Rodriguez einiges davon verkaufen und von dem Geld die nötigsten Mittel für die Landwirtschaft und den Lebensunterhalt seiner Großfamilie (Frau, 7 Kinder, 2 Brüder, Großeltern) kaufen kann. Familie Rodriguez ist zwar arm, aber sie hat ihr Auskommen und kann dafür auch selbst sorgen. Ähnlich geht es den meisten Kleinbauern in der Nachbarschaft der Familie Rodriguez, die allesamt den Bohnenanbau besonders pflegen, und zwar von alters her.

Daß sich daran etwas ändert, das liegt nicht nur im Interesse der Familie Selos, sondern vor allem auch im Interesse des nordamerikanischen Nahrungsmittelkonzerns »Fruit-Company«. Die Fruit Company hat unlängst sowohl Familie Selos als auch der latinischen Regierung das Angebot gemacht, die Selos-Plantage zur Hälfte (9000 ha) und die Äcker und Anwesen der Kleinbauern voll zu übernehmen, um darauf eine moderne Sojabohnenplantage zu errichten (vgl. M 4). »Modern« heißt hierbei, daß technisch hochentwickelte Maschinen – Traktoren, Erntemaschinen, Hubschrauber zur Düngung und Schädlingsbekämpfung etc. – zum Einsatz gelangen und die Feldarbeiten von relativ wenigen Arbeitskräften verrichtet werden können. Außerdem will die Fruit-Company eine Verarbeitungsfabrik bauen, die aus den Sojabohnen Sojaöl und Sojamehl für den Export herstellt. Für die lati-

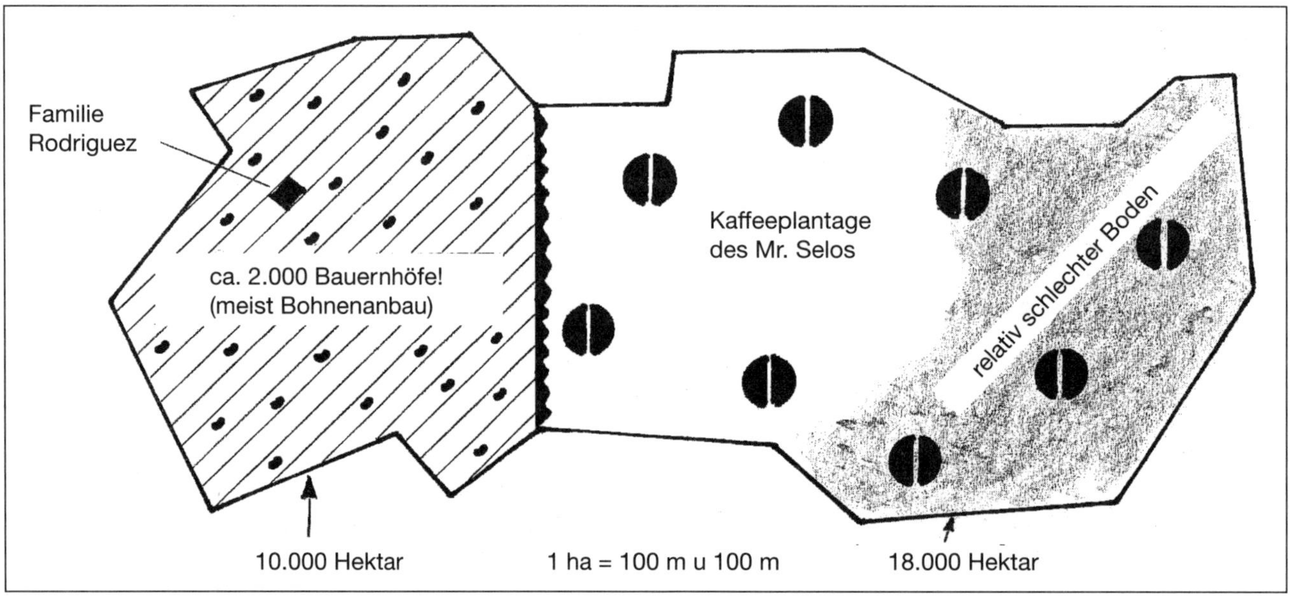

nische Regierung ist das Angebot der Fruit-Company verlockend. Sojaprodukte sind in den letzten Jahren zu einem Exportschlager geworden und lassen sich auf dem Weltmarkt erheblich günstiger verkaufen als Kaffee (vgl. M 5). Hinzu kommt, daß die Regierung dringend Devisen (Dollar, DM) braucht, um ihre Auslandsschulden abbauen zu können und um ferner zu gewährleisten, daß dringend benötigte Importgüter wie Maschinen, Industrieausrüstungen und verschiedene Nahrungsmittel im Ausland eingekauft werden können, denn derartige Importgüter erhält man nur, wenn man mit international anerkannten Währungen wie Dollar, DM oder Franc bezahlen kann.

Selbstverständlich stoßen die Pläne der Fruit-Company nicht überall auf Zustimmung. Entschiedene Ablehnung haben bereits die *Kleinbauern* angekündigt, deren Existenz ganz wesentlich davon abhängt, ob sie ihr Land weiterbewirtschaften dürfen oder nicht. Die Kleinbauern haben nach Erhalt des Regierungsschreibens (vgl. M 8) eine Versammlung einberufen und eine Sprechergruppe gewählt, die sich mit allem Nachdruck für den Schutz des Kleinbauerntums und des Bohnenanbaus stark machen soll. In ihrem Widerstand gegen die Pläne der Fruit-Company werden die Kleinbauern grundsätzlich unterstützt von den *Plantagenarbeitern*. Auch sie haben eine Sprechergruppe gebildet, weil sie um ihre Arbeitsplätze fürchten, die im Falle eines hochtechnisierten Sojaanbaus verlorengehen würden. Wo soll man Arbeit finden, so lautet die bange Frage sowohl der Plantagenarbeiter als auch der Kleinbauern. Die *Familie Selos* steht den Plänen der Fruit-Company zwar aufgeschlossener gegenüber, ist sich andererseits aber noch recht unschlüssig, ob sie den Sojaanbau nicht selbst in die Hand nehmen sollte. Sie setzt deshalb auf Abwarten und rechnet für den Ernstfall zumindest mit einer stolzen Entschädigungszahlung seitens der Fruit-Company. Die *Regierung* Latiniens steht der Ausweitung des Sojaanbaus prinzipiell positiv gegenüber. Sie zahlt sogar Prämien, wenn Kaffeegebiete zugunsten von Soja, Weizen oder Baumwolle gerodet werden, da sich diese Produkte im Ausland relativ gut vermarkten lassen und Devisen bringen. Andererseits sieht die Regierung die Zerstörung von Bohnenanpflanzungen mit einem ziemlichen Unbehagen, da die schwarzen Bohnen in Latinien inzwischen zur Mangelware geworden sind und mehr und mehr aus dem Ausland eingeführt werden müssen. Auch die Frage, wo die freiwerdenden Arbeitskräfte untergebracht werden sollen, bereitet der Regierung einiges Kopfzerbrechen. In der nahe gelegenen Hauptstadt Grandoria (s. M 2) sind die Arbeitslosenzahlen schon jetzt extrem hoch und werden aufgrund der anhaltenden Landflucht noch weiter ansteigen. Die sozialen Probleme nehmen in erschreckendem Maße zu, und die Elendsviertel (Slums) werden immer größer. Die Geschäftsleitung der *Fruit-Company* wird von solchen Sorgen weniger geplagt. Sie sieht ihr Angebot als großartige Chance, in Latinien den ertragsstarken und devisenbringenden Sojaanbau voranzutreiben.

Spielübersicht

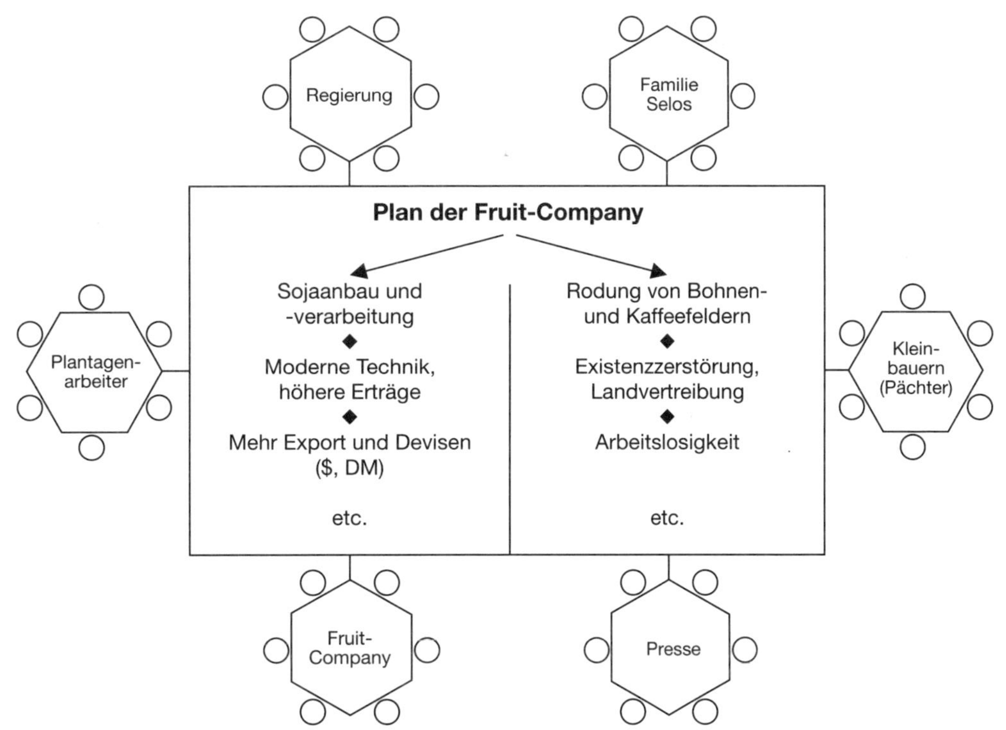

Vorgesehen ist, daß Familie Selos und in geringem Umfang auch die Kleinbauern Entschädigungsleistungen erhalten. Außerdem besteht die Absicht, der Sojaplantage eine große Sojaverarbeitungsfabrik mit etwa 1000 Beschäftigen anzugliedern. Die so entstehenden Arbeitsplätze könnten unter den 5000 Kleinbauern und den 1500 Plantagenarbeitern verteilt werden. Auf das Land der Kleinbauern zu verzichten, das kommt für die Fruit-Company im Prinzip nicht in Frage, denn die eine Hälfte der Selos-Plantage, die für den Sojaanbau geeignet wäre, umfaßt nur 9000 Hektar. Lohnend wird das Sojaprojekt aber erst dann, wenn mindestens 18.000 Hektar für den Sojaanbau zur Verfügung stehen.

Was also kann und soll geschehen? Für diese Frage interessiert sich auch die Redaktion der *Zeitschrift »Agronomia«*, die in einer ganzen Serie von Beiträgen über das besagte Sojaprojekt berichten möchte und dazu auch bereits die Genehmigung der Regierung erhalten hat.

Wie es mit dem Sojaprojekt weitergeht, das muß das Planspiel zeigen. Wie das Spiel aufgebaut ist, wie es abläuft und welche Rollen zu übernehmen sind, das könnt Ihr aus dem abgebildeten Schema sowie aus den Arbeits- und Rollenkarte ersehen, die Euch alsbald ausgeteilt werden. Viel Glück und Erfolg beim Planen und Verhandeln!

Arbeitskarte

Hinweise zum Spielverlauf

1. Lest die Spielunterlagen durch, unterstreicht wichtige Stellen (vor allem die, die Euch als Gruppe betreffen), klärt etwaige Verständnisfragen, und macht Euch klar, wie das Planspiel aufgebaut ist, welche Interessengruppen es gibt und wie das Spiel abläuft!
2. Versetzt Euch in Eure Rolle hinein! Diskutiert Eure Situation, klärt Eure Ziele und Interessen, und überlegt, wie die anstehenden Probleme und Fragen gelöst werden können (Fragen siehe unten). Welche Argumente und Vorschläge wollt Ihr vorbringen? Mit welchen Gruppen wollt Ihr verhandeln? Gibt es Bündnispartner, die Ihr für Eure Vorstellungen und Vorschläge gewinnen könnt?
3. Überlegt auch: In welcher Lage befinden sich die anderen Gruppen? Was werden sie vermutlich tun? Welche Argumente werden sie Euch womöglich entgegenhalten? Wie könnt/wollt Ihr darauf reagieren?
4. Setzt Euch nach dieser Vorbereitungsphase mit der einen oder anderen Gruppe in Verbindung, die Euch als Gesprächspartner wichtig erscheint! Schreibt Briefe! Führt mündliche Verhandlungen! Informiert Euch! Trefft Absprachen!
5. Teilt Eure Gruppe bei Bedarf in Zweier- oder Dreierteams auf, und geht die ins Auge gefaßten Aufgaben und Gespräche arbeitsteilig an! Dadurch könnt Ihr mehr Kontakte pflegen, mehr Informationen einholen und insgesamt vielseitiger verhandeln.
6. Beantwortet die schriftlichen und mündlichen Anfragen und/oder Stellungnahmen, die die anderen Gruppen an Euch richten! Schreibt Antwortbriefe, und entsendet gegebenenfalls Verhandlungsdelegationen!
7. Bereitet Euch am Ende dieser Verhandlungsphase gut auf die anschließende Konferenz vor, an der alle Gruppen teilnehmen und ihre Problemlösungsvorschläge einbringen werden! Überlegt Euch gut, wie Ihr im Rahmen der Konferenz argumentieren und taktisch vorgehen wollt! Schreibt Euch stichwortartig auf, was Ihr in Eurer Stellungnahme zu Beginn der Konferenz sagen und vorschlagen wollt! Bestimmt einen Gruppensprecher, der diese Stellungnahme abgibt!
8. Die Konferenz selbst läuft so ab, daß zunächst jeder Gruppensprecher in einer 3- bis 5minütigen Stellungnahme den bisherigen Verhandlungsverlauf kommentiert und die aktuellen Problemlösungsvorschläge seiner Gruppe vorstellt und erläutert. Dann folgt die Diskussion dieser Vorschläge. Ziel dieser Diskussion ist es, die unterschiedlichen Meinungen und Problemlösungsvorschläge einander anzunähern und möglicherweise auch zu einem Kompromiß zu kommen.

Planungs- und Entscheidungsfragen, die im Spielverlauf zu verhandeln sind

- Ist es grundsätzlich sinnvoll und vertretbar, die geplante Sojaplantage aufzubauen und dafür kostbares Land zu opfern?
- Wenn der Sojaanbau befürwortet wird, sollen dafür die Ländereien der Kleinbauern oder ausschließlich die der Selos-Plantage bereitgestellt werden?
- Stellt Familie Selos in eigener Regie auf Soja um, oder übernimmt die Fruit-Company mit ihren Plänen und Interessen das Kommando?
- Gewährt die Regierung Zuschüsse bzw. Subventionen? Wenn ja, an wen und in welcher Höhe?
- Was wird aus den Plantagenarbeitern und aus den Kleinbauern? Erhalten sie neue Arbeitsplätze und/oder Abfindungszahlungen?
- Wird den Kleinbauern nötigenfalls Ersatzland angeboten? Wenn ja, wo können/sollen sie ihre schwarzen Bohnen anbauen?

usw.

R1 Familie Selos

Das ist Eure Rolle: Ihr seid Mitglieder der Familie Selos. Eure Familie ist bereits seit mehreren Generationen im Besitz der Kaffeeplantage. Sorge macht Euch der Preisverfall bei Kaffee, der Euch im letzten Jahr leichte Verluste beschert hat. Ihr überlegt deshalb, ob es nicht besser wäre, den Kaffeeanbau aufzugeben und auf andere Pflanzen umzustellen (z.B. auf Soja). Verkaufen würdet Ihr die Plantage nur im äußersten Notfall, und dann keinesfalls unter 2000 DM je Hektar. Ein Teilverkauf Eurer Plantage kommt für Euch nicht in Frage.

Das könnt Ihr z.B. tun: ■ mit der Fruit-Company Gespräche und Verhandlungen führen; ■ die Regierung wegen Subventionen/Zuschüssen ansprechen; ■ mit Euren Plantagenarbeitern die Situation beraten; ■ die Kleinbauern ermuntern, ihr Land zu verteidigen; ■ ein Konzept zur Rettung der Plantage entwickeln; ■ der Presse Rede und Antwort stehen; ■ Anfragen und Stellungnahmen anderer Gruppen beantworten ... usw.

Zusatzinformationen und Denkanstöße

1. *Eure Plantage hat Euch und Eure Vorfahren stets prächtig ernährt. Die nachwachsende Generation hat ebenfalls Interesse am Erhalt der Plantage.*
2. *Eine Umstellung von Kaffee auf Soja würde Euch rund 50 Mio. DM an Investitionen kosten. Wenn die Regierung 20–25 Mio. DM gäbe, ließe sich darüber durchaus reden.*
3. *Um Kosten zu sparen, könntet Ihr natürlich auch die Löhne der Plantagenarbeiter nochmals kürzen oder einen Teil von ihnen ganz entlassen.*
4. *Da Mr. Selos Abgeordneter der Regierungspartei ist, habt Ihr einen guten Draht zur Regierung. Nutzt diesen, und drängt auf Subventionen!*
5. *Wenn sich wirklich ein Verkauf der Plantage anbieten sollte, dann wollt Ihr natürlich die ganze Plantage verkaufen, um anderswo eine neue Existenz aufzubauen.*
6. *So wie es in den letzten Jahren mit dem Kaffee bergab gegangen ist, kann es zukünftig natürlich auch mit den Sojapreisen und -verkäufen bergab gehen.*

R2 Regierung

Das ist Eure Rolle: Ihr seid Vertreter des Landwirtschaftsministeriums. Euer Ziel ist ein doppeltes: Zum ersten wollt Ihr die Ertragskraft der Landwirtschaft durch rasche Modernisierung mit Hilfe von Maschinen, Düngemitteln und Spritzmitteln steigern. Zum zweiten ist Euch brennend daran gelegen, daß der Export landwirtschaftlicher Erzeugnisse zunimmt, damit mehr Devisen ins Land kommen, die die Regierung für den Schuldenabbau braucht. Andererseits muß es natürlich auch Euer Bestreben sein, die Ernährungslage der Bevölkerung durch den verstärkten Anbau von Bohnen, Mais, Weizen etc. zu verbessern.

Das könnt Ihr z.B. tun: ■ mit der Fruit-Company über ihre Pläne sprechen und das weitere Vorgehen beraten; ■ die verschiedenen Wege diskutieren, die in M 9 dargelegt sind; ■ Informationsgespräche und Verhandlungen mit Familie Selos führen; ■ mit den Kleinbauern und den Landarbeitern die bestehende Problemlage erörtern; ■ die Presse gezielt informieren; ■ Anfragen und Stellungnahmen anderer Gruppen beantworten ... usw.

Zusatzinformationen und Denkanstöße

1. *Der Sojaverkauf Eures Landes läuft in letzter Zeit nicht mehr so gut wie früher. Daher müßt Ihr Euch mit der Fruit-Company gut stellen, damit diese den Absatz Eurer Sojabohnen weltweit ankurbelt.*
2. *Die von der Fruit-Company angebotene Beteiligung von 50% (vgl. M 4) würde Euch rund 80 Mio. DM kosten. Ihr könntet aber günstigstenfalls 40 Mio. DM lockermachen. Außerdem wäre Euch wichtig, daß Ihr auf die Leitung der Plantage/Firma Einfluß habt.*
3. *Die Fruit-Company bietet zwar moderne Einrichtungen und eine relativ gute Bezahlung an; sie zerstört aber auch viele Arbeitsplätze und verstärkt dadurch die Landflucht.*
4. *Falls Familie Selos auf Soja umstellen will, könnt Ihr bis zu 20 Mio. DM an staatlichen Zuschüssen in Aussicht stellen.*
5. *Für den Fall der Vertragskündigung zahlt Ihr den Pächtern/Bauern eine Abfindung von max. 300 DM je Hektar. Familie Selos erhält als Kaufpreis max. 2.000 DM je Hektar.*

R3 Kleinbauern

Das ist Eure Rolle: Ihr seid die gewählten Sprecher der Kleinbauern. Euer Auftrag und Euer Ziel ist es, die geplante Vertreibung der Kleinbauern und die Zerstörung des Bohnenanbaus zu verhindern. Ihr habt Euch eine bescheidene Existenz aufgebaut und einiges Geld in Eure Bauernhöfe gesteckt. Ihr empfindet es deshalb als eine Unverschämtheit, daß man Euch nun plötzlich nach Grandoria oder in die Steppe des Matario-Hochlandes abschieben will. Mit einer Abfindung von lächerlichen 300 DM pro Hektar laßt Ihr Euch nicht abspeisen. Ihr arbeitet eng mit den Plantagenarbeitern zusammen.

Das könnt Ihr z.B. tun: ■ einen Protestbrief an die Regierung schreiben; ■ mit der Regierung über die Zukunft der Kleinbauern verhandeln; ■ der Fruit-Company eine kritische Stellungnahme schicken; ■ mit den Plantagenarbeitern die Situation und das weitere Vorgehen beraten; ■ Flugblätter und Protestplakate entwickeln und veröffentlichen; ■ die Presse einschalten/Leserbriefe schreiben; ■ Anfragen beantworten usw.

Zusatzinformationen und Denkanstöße

1. *Eure 2000 Bauernhöfe haben bisher rund 15.000 Menschen bescheiden ernährt. Die von Euch angebauten schwarzen Bohnen werden das »Brot der armen Leute« genannt.*
2. *Die Fruit-Company will die geplanten 1000 neuen Arbeitsplätze vorrangig den Kleinbauern anbieten. Damit wäre aber höchstens die Existenz von 8000 Menschen zu sichern.*
3. *Familienbetriebe, die mit einfacher Technik und viel Handarbeit arbeiten, erzielen oft höhere Erträge pro Hektar als Großplantagen.*
4. *Als Pächter seid Ihr ziemlich rechtlos und davon abhängig, daß sich die Regierung gnädig erweist. Versucht daher die Regierung zu gewinnen!*
5. *Ausländische Konzerne wie die Fruit-Company sind in erster Linie daran interessiert, gute Geschäfte und satte Gewinne zu machen. Niedrige Löhne, rationelle Arbeit, intensive Bodennutzung und staatliche Subventionen sind Voraussetzungen dafür.*

R4 Plantagenarbeiter

Das ist Eure Rolle: Ihr seid die gewählten Sprecher der Plantagenarbeiter. Euer Auftrag ist es, in Verhandlungen mit Familie Selos für bessere Löhne und Arbeitsbedingungen einzutreten sowie – in Anbetracht der Pläne der Fruit-Company – auf die Sicherung der bestehenden Arbeitsplätze zu drängen. Das macht Ihr auch der Regierung gegenüber deutlich. Zwar habt Ihr auf der Selos-Plantage gewiß kein gutes Leben, aber in den Slums der Großstädte wäre das Elend noch schlimmer. Ihr arbeitet eng mit den Kleinbauern zusammen, deren Existenz ebenfalls stark bedroht ist.

Das könnt Ihr z.B. tun: ■ in Gesprächen mit Familie Selos auf eine Ablehnung der Pläne der Fruit-Company drängen; ■ eine kritische Stellungnahme an die Regierung schreiben; ■ der Fruit-Company einen kritischen Brief schicken; ■ mit den Kleinbauern die Situation und das weitere Vorgehen beraten; ■ Protestplakate gestalten und aushängen; ■ die Presse einschalten/Leserbriefe schreiben; ■ Anfragen beantworten ... usw.

Zusatzinformationen und Denkanstöße

1. *Eure Arbeit ist zwar hart, aber sie ist immer noch besser als das triste Leben in den Slums von Grandoria oder anderen Industriezentren Latiniens.*
2. *Die neuen Arbeitsplätze, die die Fruit-Company zu schaffen beabsichtigt, sollen vorrangig den Kleinbauern und nicht den Plantagenarbeitern zur Verfügung gestellt werden.*
3. *Ihr müßt damit rechnen, daß Familie Selos ein gutes Geschäft wittert und die Kaffeeplantage nach einigem Hin und Her dann doch verkauft.*
4. *Als einfache Plantagenarbeiter seid Ihr dem Selos-Clan und der Regierung ziemlich hilflos ausgeliefert. Dennoch kämpft Ihr um Eure Rechte und Eure Würde.*
5. *Die Selos-Plantage hat in den letzten Jahren steigende Ernteerträge erzielt. Von daher kann es um die Zukunft der Plantage gar nicht so schlecht bestellt sein.*
6. *So wie es in den letzten Jahren mit den Kaffeepreisen bergab gegangen ist, kann es zukünftig natürlich auch mit den Sojapreisen und -verkäufen bergab gehen!*

R5 Fruit-Company

Das ist Eure Rolle: Ihr seid die Geschäftsleitung der Fruit-Company. Euer Spezialgebiet ist der weltweite Handel mit landwirtschaftlichen Erzeugnissen aus den Entwicklungsländern. Latiniens Agrarexporte laufen größtenteils über Euch, so daß Ihr eine ziemlich starke Stellung gegenüber der latinischen Regierung habt. Ihr wollt das geplante Sojaprojekt unbedingt durchziehen, da Produktion und Vermarktung hohe Gewinne versprechen. Ihr besteht darauf, daß Ihr die 10.000 Hektar der Kleinbauern bekommt. Ihr macht Druck und zahlt auch schon mal Schmiergelder.

Das könnt Ihr z.B. tun: ■ mit der Regierung über Euer Vorhaben verhandeln; ■ in einem Informationsschreiben an alle Gruppen Euer Projekt erläutern und begründen; ■ mit Familie Selos über die Aufteilung der Plantage reden; ■ vertrauensbildende Gespräche mit den Kleinbauern führen; ■ die Presse zum Gespräch einladen und gezielt informieren; ■ Anfragen und Stellungnahmen anderer Gruppen beantworten ... usw.

Zusatzinformationen und Denkanstöße

1. *Latiniens Sojaanbau ist für Euch deshalb so interessant, weil die Ernte auf den Markt kommt, wenn Amerikas Sojaproduzenten gerade Winter haben.*
2. *Latiniens Sojaabsatz ist zuletzt ziemlich ins Stocken geraten. Mit Euren Geschäftsbeziehungen könnt Ihr neue Absatzwege erschließen.*
3. *Von der Regierung erwartet Ihr, daß sie von Familie Selos und den Kleinbauern das benötigte Land erwirbt und Euch kostenlos zur Verfügung stellt.*
4. *Die zweite Hälfte der Selos-Plantage könnte ja den Kleinbauern und den Plantagenarbeitern zur Bewirtschaftung angeboten werden. Für Eure Zwecke taugt sie nicht!*
5. *Die 10.000 Hektar der Kleinbauern sind für Euch wichtig, weil die Böden gut sind und weil Ihr insgesamt mindestens 18.000 Hektar für Euer Sojaprojekt braucht.*
6. *Sollte die Regierung eine Beteiligung an der Geschäftsführung der neuen Plantage/Fabrik fordern, so lehnt Ihr ab, denn Ihr möchtet keine Kontrolleure.*

R6 Presse

Das ist Eure Rolle: Ihr seid Journalisten der angesehenen Zeitschrift »Agronomia«. Zu Euren Aufgaben gehört es, über die Chancen und Gefahren des geplanten Sojaprojekts zu berichten. Das Vorhaben der Fruit-Company bietet sich nach Eurer Auffassung als interessantes Studienobjekt an, das bei vielen Lesern auf Interesse stoßen dürfte. Ihr nehmt Kontakt zu den verschiedensten Gruppen auf. Ihr recherchiert und bemüht Euch um eine kritische, aber faire Berichterstattung. Eure Beiträge veröffentlicht Ihr als Wandzeitung oder stellt sie den Gruppen auch schon mal direkt zu.

Das könnt Ihr z.B. tun: ■ gezielte Interviews durchführen; ■ Hintergrundgespräche mit einzelnen Gruppen führen; ■ aufrüttelnde/informative Berichte schreiben; ■ kritische Kommentare verfassen; ■ passende Karikaturen zeichnen; ■ Leserbriefe diskutieren und veröffentlichen; ■ eine übersichtliche Wandzeitung gestalten; ■ Briefe schreiben; ■ Anfragen anderer Gruppen beantworten ... usw.

Zusatzinformationen und Denkanstöße

1. *Wenn Euch einzelne Gruppen unfreundlich begegnen oder in sonstiger Weise blockieren sollten, dann verweist darauf, daß Ihr den amtierenden Ministerpräsidenten persönlich um eine Rechercheerlaubnis gebeten und diese auch schriftlich erhalten habt.*
2. *Zum Vorgehen: Am besten, Ihr bildet mehrere Reporterteams, damit Ihr arbeitsteilig recherchieren und mehr Gesprächskontakte wahrnehmen könnt.*
3. *Veröffentlichungswünsche einzelner Gruppen bzw. Personen könnt Ihr erfüllen; Ihr müßt das aber nicht. Schließlich seid Ihr eine seriöse Zeitschrift.*
4. *Vorgesehene Interviews müßt Ihr bei den betreffenden Gruppen anmelden. Bei den Interviews könnt Ihr mitschreiben oder auch ein Kassettengerät mitlaufen lassen.*
5. *Denkt dran, daß Eure Leser vorwiegend aus der Oberschicht Eures Landes kommen und daher kein überzogenes Mitgefühl mit Bauern und Landarbeitern wünschen.*

M 1 Vom Leben der Kleinbauern und Plantagenarbeiter

Die Kleinbauern in der Nachbarschaft der Familie Rodriguez sind – wie diese auch – allesamt Pächter ihres Landes. Eigentümer ist der Staat Latinien, der den Bauern langfristige Pachtverträge gegeben hat, die erst in 15 Jahren wieder auslaufen. Allerdings können diese Verträge in dringenden Fällen, in denen der Staat das Land für andere Zwecke unbedingt braucht, auch gekündigt werden. Zwar muß der Staat dann gewisse Entschädigungszahlungen leisten; diese sind aber sehr niedrig (derzeit wären das 300 DM je Hektar).

Die Bauernfamilien leben größtenteils schon seit Generationen hier. Ihr Tagwerk war und ist hart. Für Traktoren und sonstige arbeitserleichternde Maschinen fehlt ihnen das Geld. Nur wenige Pächter haben es riskiert, einen Kredit aufzunehmen, um sich einen kleinen Traktor zu kaufen. Einige sind denn auch gescheitert, weil sie die Zinsen und Kredittilgung nicht mehr aufbringen konnten. Die Regel ist nach wie vor, daß mit einfachsten Mitteln (Hacke, Pflug, ein bis zwei Zugtieren usw.) gearbeitet wird. Es gibt sogar einige Pächter, die nicht einmal Zugtiere haben. In allen Fällen jedoch ist die menschliche Arbeitskraft das Wichtigste. Sämtliche Familienangehörigen – soweit sie nicht krank oder im Kleinkindalter sind – müssen kräftig zupacken.

Die Arbeit selbst ist hart! Immer wieder muß der Boden aufgehackt, das Unkraut gejätet und die Ernte gepflegt und eingebracht werden. Geld für Düngemittel und sonstige Chemikalien (Spritzmittel usw.) steht nur wenig oder gar nicht zur Verfügung. Die Arbeitstage sind lang, das Einkommen hingegen ist bescheiden. Wenn es für das Leben so eben reicht, dann sind die meisten Bauern schon zufrieden. Manchmal ist nicht einmal dieses gesichert, weil ungünstige Witterungsbedingungen (Trockenperioden usw.) die Ernteerträge schmälern. Dennoch hört man von seiten der Bauernfamilien kaum Klagen. Ihre Felder mit »schwarzen Bohnen« sichern ihnen die Ernährungsgrundlage, und für einige Zutaten wie Reis und hin und wieder auch Fleisch reicht es im allgemeinen schon. Es könnte schlimmer sein, so hört man immer wieder. Das mag daher rühren, daß einige Bauernsöhne nach Grandoria, der Hauptstadt des Landes, gezogen sind, um dort ihr Glück zu suchen, hernach aber nur Schlimmes zu berichten hatten.

Latinisches Bohnengericht
(das Brot der armen Leute)

1. Eine Tasse schwarze, weiße oder rote Bohnen über Nacht einweichen,
2. mit etwas Suppengrün und einem Lorbeerblatt garen (ca. 1–2 Std. »köcheln«),
3. 1–2 große, gehackte Zwiebeln und 2 feingehackte Knoblauchzehen braun dämpfen,
4. Petersilie zugeben; die Bohnen teilweise zerdrücken, die restlichen Bohnen und eventuell noch etwas Wasser zugeben,
5. Salz, Oregano, scharfen Paprika und Tomate zugeben, abschmecken und noch kurz ziehen lassen.

Zu Naturreis und Salat servieren!

Die Arbeiter auf den Kaffeeplantagen haben ein noch schlimmeres Los. Sie sind in hohem Maße von den Plantagenbesitzern abhängig. Diese sind ihrerseits bemüht, den Lohn für die Plantagenarbeiter (Kaffeepflücker usw.) so niedrig wie möglich zu halten. Je niedriger nämlich der Lohn je Stunde, um so größer der Gewinn, den der Plantagenbesitzer bei den jeweiligen Kaffeepreisen erzielen kann. Infolge der schwankenden und sinkenden Kaffeepreise und einiger Mißernten in den letzten Jahren ist die Existenz der Plantagenarbeiter noch unsicherer geworden. Die Arbeitslosigkeit auf den Kaffeeplantagen ist gewachsen. Die Bezahlung liegt häufig noch unter dem gesetzlich festgelegten Mindestlohn von derzeit ca. 200 DM pro Monat. Eine Bezahlung erfolgt in vielen Fällen nur während der Saison (Erntezeit usw.). Die soziale Absicherung schließlich, die den Plantagenarbeitern im Krankheitsfall und im Alter hilft, gibt es von seiten der Plantagenbesitzer meist nicht. In diesem Sinne leben die Plantagenarbeiter – vor allem die Kaffeepflückerinnen und -pflücker – unter den ärmlichsten Umständen.

M 2 In der Hauptstadt Grandoria ist das Elend groß!

- Die Einwohnerzahl von Grandoria ist in den letzten 10 Jahren von 8,1 Mio. auf ca. 12,5 Mio. angewachsen.
- Der Bevölkerungszuwachs ist wesentlich durch die »Landflucht« bedingt. Diese führt zu steigender Verelendung in den städtischen Slumgebieten, aber auch die Dörfer werden geschädigt. Es sind nämlich meist junge, aktive Leute, die wegziehen; zurück bleiben die Alten, und die Dorfgemeinschaften zerfallen.
- Etwa zwei Drittel aller Erwerbstätigen Latiniens erhalten derzeit die gesetzlich festgelegten Mindestlöhne. Diese liegen im Raum Grandoria bei ca. 200 DM pro Monat. Allerdings ist etwa die Hälfte der latinischen Bevölkerung überhaupt ohne Arbeit oder nur gelegentlich beschäftigt und damit fast ganz ohne Einkommen.
- Diejenigen allerdings, die in Grandorias Industrie und Gewerbe eine Anstellung finden, verdienen durchschnittlich das Vier- bis Sechsfache des gesetzlichen Mindestlohnes. Ihnen geht es also verhältnismäßig gut.
- In den endlosen Slums der Großstädte fehlt es meist an den einfachsten Einrichtungen. Dort gibt es weder Wasserleitungen – bestenfalls gemeinsame Zapfhähne für ganze Straßenzeilen – noch eine Abwasserentsorgung und schon gar kein elektrisches Licht. Kein Wunder also, daß in den Slums der Großstädte Epidemien brüten, daß hier die durchschnittliche Lebenserwartung weit unter und die Säuglingssterblichkeit weit über dem Durchschnitt liegen.

So sehen die Elendsviertel (Favelas) in Grandoria aus, aber nicht nur dort! Es sind riesige Ansammlungen von Hütten und Baracken rund um die großen Städte in den meisten Ländern der Dritten Welt. In den Elendsvierteln leben viele Millionen Menschen, weil sie keinen festen Arbeitsplatz finden können und deswegen kein Geld haben, um sich eine menschenwürdige Behausung leisten zu können.

M 3 Latiniens Wirtschaft steckt in der Krise

- **Verschuldung:** Die latinische Regierung hat in der Vergangenheit darauf gesetzt, den Entwicklungsrückstand des Landes durch bedingungslose Industrialisierung aufzuholen. Da man dazu Kapital und Devisen (Dollar, DM usw.) braucht, wurden im Ausland bei Banken und Regierungen riesige Kredite aufgenommen. Allein in den letzten zehn Jahren hat sich die Auslandsverschuldung Latiniens in etwa verzehnfacht! Heute beträgt sie rund 90 Milliarden Dollar, das sind ca. 150 Mrd. DM – eine unvorstellbare Summe für ein so armes Land wie Latinien. Mehr als die Hälfte seiner Exporteinnahmen muß Latinien allein für seinen Schuldendienst (Zinsen, Kreditrückzahlungen) aufwenden!

- **Mangel an Nahrungsmitteln:** Latinien ist zwar ein Agrarland, jedoch sind Regierung und Großgrundbesitzer mehr am Export von Soja, Kaffee, Zucker, Kakao und Fleisch interessiert als an der Verbesserung der Ernährung der Bevölkerung. Die hohe Auslandsverschuldung ist eine wesentliche Ursache dafür. Fleisch, Weizen, Reis und andere Grundnahrungsmittel müssen in beträchtlichen Mengen eingeführt werden. Sogar »schwarze Bohnen« und Zwiebeln müssen gelegentlich aus dem Ausland geholt werden. Das Angebot an Konsumgütern (Elektrogeräte, Autos usw.) ist auf die Kaufkraft einer gehobenen Mittelschicht ausgerichtet. Seit einigen Jahren fließen Nahrungsmittel wie Zucker und Maniok sogar in die Tanks von Kraftfahrzeugen, indem sie zu Alkohol (Benzinersatz) destilliert werden. Dadurch wird die Versorgung der Bevölkerung mit Nahrungsmitteln noch unzureichender und unsicherer.

- **Arbeitslosigkeit:** Die Arbeitslosigkeit in Latinien ist sehr hoch. Die schlechte Wirtschaftslage der latinischen Wirtschaft führt in den letzten Jahren überdies dazu, daß sich die Massenentlassungen häufen, vor allem in den Industrierevieren der Großstädte. Die Arbeitslosigkeit wächst und wächst. Die Folge ist: Ungefähr ein Drittel der latinischen Bevölkerung befindet sich auf einer ständigen Wanderschaft – von Stadt zu Stadt, vom Land in die Stadt oder auch zurück in die Dörfer. Zwischen 35 und 40 Millionen Menschen sind ständig unterwegs auf der Suche nach Arbeit, Land und Sicherheit, weil die rasante Modernisierung der Industrie und der Landwirtschaft Millionen Arbeitskräfte freisetzt.

M 4 *Die Pläne der Fruit-Company (Sojaanbau)*

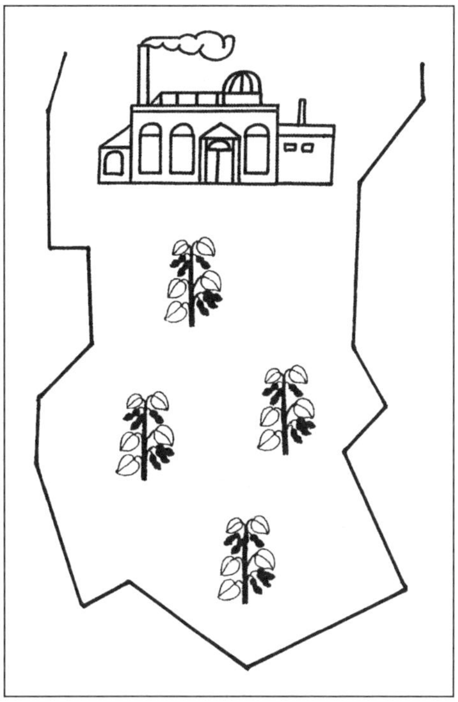

- Die geplante Sojaplantage soll mit den modernsten landwirtschaftlichen Methoden bewirtschaftet werden (große Traktoren, Erntemaschinen, Transportfahrzeuge, Güterzüge, Intensivdüngung usw.).
- Die Anschaffungskosten für Maschinen, Transportmittel, Gebäude usw. werden auf rund 100 Millionen DM geschätzt. Hinzu kommen weitere 60 Mio. DM für die geplante Verarbeitungsfabrik.
- Die Fruit-Company hat der latinischen Regierung angeboten, Regierung und Konzern sollten je die Hälfte der Investitionskosten übernehmen und auch je die Hälfte der Gewinne erhalten. Nur die Geschäftsleitung der Plantage und der Fabrik soll in den Händen der Fruit-Company bleiben, da deren Manager mehr Erfahrungen und auch bessere Kontakte zu den Geschäftspartnern in Amerika und Europa haben.
- Die Arbeitsplätze, die zukünftig angeboten würden, betragen im Bereich der Sojaplantage 300 (vorwiegend Maschinenarbeiter) und in der neuen Fabrik etwa 700 (vorwiegend angelernte Kräfte). Das schließt ein, daß in der Fabrik auch Sojabohnen von den Kleinplantagen aus der Umgebung verarbeitet werden.
- Die Löhne der Plantagen- und der Fabrikarbeiter werden voraussichtlich über dem gesetzlichen Mindestlohn liegen (die Rede war vom Doppelten).
- Die Sojabohnen und -erzeugnisse (Sojaöl, Sojamehl usw.) sollen ausschließlich in den Export gehen. Abnehmerländer sind vor allem Amerika und Europa. Sojamehl wird dabei vorwiegend zur Tiermast (Hühner, Schweine usw.) eingesetzt.

M 5 *Soja, Kaffee oder Bohnen – das ist die Frage!*

- Vor zwanzig Jahren war die Sojabohnenerzeugung Latiniens noch unbedeutend. Vor zehn Jahren überflügelte sie wertmäßig bereits den Kaffee als wichtigstes Anbauprodukt. Heute entfallen etwa 20% der landwirtschaftlichen Anbaufläche auf Soja.
- Die Gründe für den sprunghaften Anstieg des Sojaanbaus liegen vor allem im steigenden Preis für Soja, in den wachsenden Absatzschwierigkeiten bei Kaffee, im steigenden Devisenbedarf der latinischen Wirtschaft (Exporte!) und in den Mechanisierungs- und Modernisierungsmöglichkeiten des Sojaanbaus.

Was ist Soja?

Die Sojabohne gehört zur Familie der Hülsenfrüchte (wie Bohne, Erbse usw.). Sie gedeiht in allen Gebieten, in denen Weizen und Mais angebaut werden können. Die Samen (Bohnen) enthalten 15–20% Öl, ca. 40% Eiweiß, mehr Kalzium als Milch und mehr Lezithin als ein Hühnerei. Von daher ist Soja ein sehr nahrhaftes landwirtschaftliches Erzeugnis.

- Soja wird in Latinien mit modernsten Maschinen angebaut und geerntet. Hochgezüchtete Sorten bringen beachtliche Erträge, die z.T. über denen in den USA liegen. Jedoch bleibt nur ein kleiner Teil der hochwertigen Sojaprodukte in Latinien selbst. Das meiste geht ins Ausland. Das eiweißhaltige Sojaschrot z.B. wird in Geflügel- und Schweinefarmen amerikanischer Nahrungsmittelkonzerne verfüttert, die Fleisch für den Export produzieren. Auch nach Europa wird eine ganze Menge Sojaschrot exportiert.
- Die latinische Regierung fördert den Sojaanbau sehr stark. Zuschüsse und günstige Kredite sind in den letzten Jahren in hohem Maße vergeben worden. Die Absicht der latinischen Regierung war und ist es, durch die Förderung des Sojaanbaus die starke Abhängigkeit Latiniens vom Kaffee-Export zu verringern. Beträchtliche Kaffeekulturen wurden gerodet und dafür Soja angebaut. Die gerodeten Kaffeekulturen reichen aber für den gesteigerten Sojaanbau nicht mehr aus. Soja wird daher auch auf Feldern angebaut, wo früher Latiniens Bauern Bohnen und andere Produkte für die Ernährung ihrer Familien angepflanzt haben.

M 6 Die Machtstellung von Großgrundbesitzern und Konzernen

- Der Landbesitz ist in Latinien – wie in den meisten Ländern der Dritten Welt – äußerst ungleich verteilt. Kennzeichnend ist der Großgrundbesitz. 1% der Betriebe bewirtschaftet rund 43% der landwirtschaftlichen Nutzfläche. Zu diesem 1% der Betriebe gehören ausschließlich Plantagen mit Bodenflächen über 1000 Hektar. Rund 2000 Betriebe bewirtschaften Flächen von mehr als 10.000 Hektar.
- In vielen Entwicklungsländern wird vorrangig auf Großfarmen gesetzt, die mit industriellen Methoden, d.h. mit großen Maschinen, Düngemitteln und Chemikalien, arbeiten und einen sehr hohen Kapitaleinsatz erfordern, der nur von finanzstarken Investoren aus dem Inland und aus dem Ausland aufgebracht werden kann. Auf diese Weise werden wenig neue Arbeitsplätze geschaffen, aber viele einfache, traditionelle Arbeitsplätze vernichtet. Für Experten steht fest: Der Sojaanbau in Latinien hat durch seine kapitalintensive Produktion maßgeblich dazu beigetragen, daß das Heer der Arbeitslosen und der Hungernden noch um einiges größer geworden ist.
- Die Weiterverarbeitung der Sojabohnen und der Handel werden von einigen wenigen – meist amerikanischen – multinationalen Konzernen beherrscht: Die zehn größten Firmen kontrollieren 71% des latinischen Sojaexports. Sie bestimmen die Preise, kontrollieren den Absatz und haben damit gegenüber den Sojaanbauern (Regierung wie Bauern) eine herausragende Machtstellung!
- Japanische Unternehmen planen in Mittellatinien ein landwirtschaftliches Großprojekt auf einer Fläche von 50 Millionen Hektar. Hier sollen vorwiegend zum Export bestimmte landwirtschaftliche Produkte angebaut werden. Die Gegend wird bislang noch von Kleinbauern, Pächtern und Bauern ohne »Besitztitel« bewohnt.

Mit modernsten Maschinen wird den Menschen zu Leibe gerückt und ihre Arbeit vernichtet!

M 7 Sind hochtechnisierte Großplantagen überhaupt sinnvoll?

- Moderne Großplantagen brauchen Traktoren, Sä- und Erntemaschinen, Transportmittel, Düngemittel, Unkraut- und Insektenvernichter usw. Das alles kostet viel Geld, erhöht den Energiebedarf (Öl, Benzin), vernichtet Arbeitsplätze und steigert oft genug nicht einmal den Ertrag der landwirtschaftlichen Nutzflächen. Für Klaus Lampe, einen deutschen Experten für landwirtschaftliche Entwicklung in der Dritten Welt, heißt dieses: Die Landwirtschaft muß so energieunabhängig wie möglich gemacht werden. Westliche Traktoren sind oft fehl am Platze. Dasselbe gilt für Saatgut und Dünger. Langfristig, so meint K. Lampe, geht es weniger um höchstmögliche Ertragssteigerungen, sondern darum, die Ertragskraft der Landwirtschaft bei minimaler Abhängigkeit von Chemie und Landmaschinenindustrie zu sichern. Das hilft den Bauern und ihren Arbeitern letztlich mehr als die forsche Modernisierung.
- Die modernen Methoden haben in vielen Entwicklungsländern zur Zerstörung einst fruchtbarer Böden beigetragen. Das Tiefpflügen z.B. setzt tropische Böden der Verdunstung viel mehr aus als der Hackfeldbau oder der Hakenpflug. Dies noch mehr, wenn die Unkrautbekämpfung dazu führt, daß die Bodenbedeckung fehlt. Kein Wunder also, daß die Böden austrocknen und unfruchtbar werden.
- Auf den ersten Blick mögen kleine Familienhöfe – verglichen mit großen Bauernhöfen und Plantagen, die Lohnarbeiter und Maschinen einsetzen – unwirtschaftlicher erscheinen. Dies stimmt jedoch mit den Tatsachen nicht überein. Forschungsarbeiten zeigen, daß in Gebieten, in denen kleine und große Bauernhöfe nebeneinander existieren, wie in Südasien und Lateinamerika, die Kleinbauern selbst unter Berücksichtigung der Bodenqualität in der Regel je Hektar Land mehr produzieren als die Großbauern.

Hoher Kapitalbedarf

Spezialisierung

Düngemittel, Pflanzenschutzm.

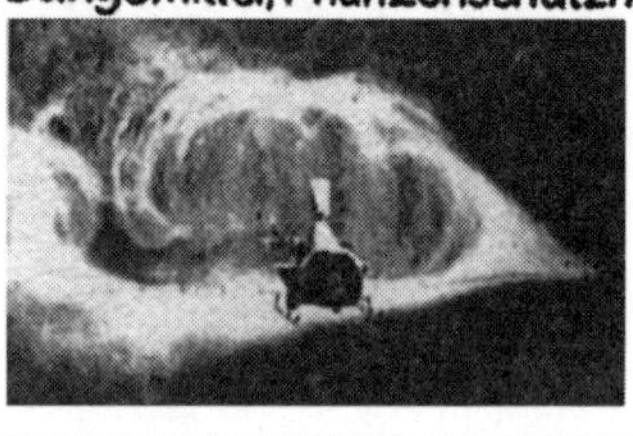

M 8 Brief der Regierung an die Kleinbauern (Pächter)

An die Pächter
der staatl. Ländereien

Sehr geehrte Herren!

Die Regierung erwägt, die von Ihnen gepachteten Ländereien vorzeitig zu kündigen. Wie Sie wissen, ermöglicht der Pachtvertrag eine solche außerordentliche Kündigung für den Fall, daß die Regierung ein herausragendes Interesse an einer anderweitigen Nutzung des Landes geltend machen kann. Das uns vorliegende Angebot eines amerikanischen Unternehmens zur Errichtung einer Sojagroßplantage deckt sich mit dem Bestreben der Regierung, den Sojaanbau zum Zweck der Exportausweitung zu fördern. Wir versichern Ihnen allerdings, daß wir das ganze Projekt sorgfältig prüfen und dabei auch Ihre Belange mitbedenken werden. Natürlich werden wir gegebenenfalls auch zu unserer vertraglichen Zusage stehen, eine gewisse Entschädigung zu zahlen (ca. 300 DM je Hektar).

Sollte es tatsächlich zu einer Kündigung kommen, so wird voraussichtlich nur ein Teil von Ihnen als Land- bzw. Fabrikarbeiter in den Dienst der neuen Großplantage eintreten können. Die anderen werden – so bedauerlich das ist – eine anderweitige Beschäftigung suchen müssen. Grandoria als großes Industrierevier bietet vielfältige Arbeitsmöglichkeiten. Außerdem werden wir Ihnen gegebenenfalls die Möglichkeit eröffnen, im Mittelwesten unerschlossenes Land zu erwerben oder zu pachten. Für die Erschließung (Rodung, Bodenpflege usw.) werden unter Umständen billige Kredite bereitgestellt werden können.

(Landwirtschaftsminister)

M 9 Gutachten der latinischen Landwirtschaftskammer

Als Gutachter der Landwirtschaftskammer betrachten wir die Ausweitung des Sojaanbaus als eine grundsätzlich förderungswürdige Sache. Wir möchten jedoch davor warnen, dies zu Lasten des Bohnenanbaus zu tun, weil Grundnahrungsmittel schon jetzt in immer größerem Umfang eingeführt werden müssen. Auch möchten wir warnen vor einer vorschnellen Übereignung wichtiger landwirtschaftlicher Nutzflächen an ausländische Konzerne. Es besteht die Gefahr, daß unser Boden als unersetzbare Nahrungsquelle von fragwürdigen Konzernen ausgebeutet wird und unsere latinischen Kleinbauern und Landarbeiter vertrieben werden.
Da es der Kommission nicht möglich war, eine eindeutige Empfehlung auszusprechen, beschränken wir uns darauf, verschiedene Wege aufzuzeigen, die von der Regierung und den anderen Beteiligten gegangen werden können.

Mögliche Maßnahmen

1. Die Regierung lehnt die Pläne der Fruit-Company ab und läßt alles beim alten.
2. Die Regierung lehnt die Pläne der Fruit-Company ab, fördert jedoch den Sojaanbau durch die ansässigen Bauern (Geld für Saatgut, Maschinen usw.)
3. Die Regierung fördert statt des Sojaanbaus den An- und Ausbau »schwarzer Bohnen«, indem sie Geld für landwirtschaftliche Geräte, Düngemittel usw. bereitstellt.
4. Die Regierung kündigt die Ländereien und baut selbst eine auf Soja spezialisierte »Staatsplantage« auf (mit modernsten, kapitalintensiven Methoden oder mit einfacheren, arbeitsintensiven Verfahren?).
5. Die Regierung unterstützt das Vorhaben der Fruit-Company, allerdings mit der Auflage, daß der Sojaanbau auf die Kaffeeplantage des Mr. Selos beschränkt bleibt.
6. Das Vorhaben der Fruit-Company wird wie vorgesehen verwirklicht. Die Regierung leistet die nötigen Entschädigungszahlungen und bietet den Kleinbauern landwirtschaftlich noch unerschlossenes »Ersatzland« im Mittelwesten an (sehr trockenes Klima!).

(Vors. der Gutachterkommission)

4.2 Projektplanung in Translawi

Das vorliegende Planspiel gibt den Schüler/innen Gelegenheit, sich aus unterschiedlichen Perspektiven mit dem Thema »Entwicklungshilfe/Entwicklungsplanung« auseinanderzusetzen. Im Zentrum steht hierbei die Frage, welche entwicklungspolitischen Prioritäten in Translawi, einem Land irgendwo in Afrika (Pate gestanden hat Tansania), gesetzt werden sollen, damit es mit der Entwicklung und dem Wohlstand des Landes vorwärtsgeht. Entscheidungsträger sind dabei fünf Ministerien, die sich trotz unterschiedlicher Optionen auf einige wenige zukunftsträchtige Projekte verständigen sollen, die im Rahmen eines bescheidenen UN-Sonderprogramms in Höhe von rund 100 Mio. DM finanziert werden können. Die einzelnen Interessengruppen bzw. Rollen, die die Schüler/innen im angedeuteten Problemkontext zu spielen haben, sind:

a) die Vertreter des Industrieministeriums,
b) die Vertreter des Handelsministeriums,
c) die Vertreter des Landwirtschaftsministeriums,
d) die Vertreter des Bildungsministeriums,
e) die Vertreter des Sozialministeriums sowie
f) die Redaktion der Zeitschrift »Political Review«.

Nähere Hinweise zu diesen Rollen finden sich in der nachfolgenden Fallstudie sowie in den einzelnen Rollenkarten. Darüber hinaus stehen den Schüler/innen zur Fundierung ihrer Spielhandlungen einschlägige Informationsmaterialien (M 1–M 8) zur Verfügung. Einen Überblick über die dokumentierten Spielunterlagen gibt der Kasten unten auf dieser Seite.

Die Grundstruktur des Planspiels sieht wie folgt aus: Dem afrikanischen Land Translawi sind von der UN-Entwicklungsbank Zuschüsse und Darlehen in Höhe von 5 Milliarden Translawi-Shilling (TSh) gewährt worden, die für die Modernisierung des Landes eingesetzt werden sollen, die UN-Banker favorisieren dabei eindeutig die Förderung der Industrie, der wirtschaftlichen Infrastruktur und des Exports, damit Translawi seine Auslandsverschuldung besser in den Griff bekommt. Das Industrieministerium und das Handelsministerium stehen diesen Vorstellungen und Empfehlungen der UN-Banker durchaus aufgeschlossen gegenüber und haben in ihren Projektsammlungen auch mehr als genug konkrete Projekte, für die die 5 Mrd. TSh äußerst mühelos ausgegeben werden können. Doch die beiden

Spielunterlagen

1. Beschreibung der Problemsituation im Land Translawi (Fallstudie)
2. Arbeitskarte: Überblick über die einzelnen Spieletappen (für alle Gruppen gleich)
3. Rollenkarten: Spezifische Hinweise zu den einzelnen Rollen (für alle Gruppen verschieden)
4. Informationszeitung: Vertiefende Sach- und Fachinformationen
   - *M 1: Zur Situation der Land- und Forstwirtschaft*
   - *M 2: Die Modernisierung ist eine zwiespältige Angelegenheit*
   - *M 3: Statt moderner Traktoren wieder lahme Ochsen?*
   - *M 4: Dorfgemeinschaften wirken der Landflucht entgegen*
   - *M 5: Bildung und Gesundheit liegen im argen*
   - *M 6: Vernachlässigter Natur- und Umweltschutz*
   - *M 7: Wie hilfreich ist der Tourismus?*
   - *M 8: Bescheidene Ansätze und Erfolge in der Industrie*
5. Ereigniskarten: Impulskarten für die Hand des Lehrers (für den gelegentlichen Einsatz)
6. Arbeitsformulare: Protokollvordrucke und Briefformulare (s. S. 42–44)

Ministerien sind keinesfalls allein bestimmend. Drei weitere Ministerien, nämlich das Landwirtschafts-, das Bildungs- und das Sozialministerium, vertreten mehr oder weniger differente Entwicklungsoptionen und beanspruchen ebenfalls große Teile des erwähnten Finanzvolumens von 5 Mrd. TSh. Auch sie haben zahlreiche konkrete Projekte in der Schublade, die der Umsetzung bedürfen. Da alle Ministerien also mehr oder weniger unterschiedliche Projekte im Auge haben, ist ein zähes Ringen und Verhandeln angesagt. Begleitet wird dieser Verhandlungsprozeß von einigen Journalisten der angesehenen Zeitschrift »Political Review«, die über die zu erwartenden Kontroversen und Richtungsentscheidungen (kritisch) zu berichten gedenkt. Für einen spannungsgeladenen Planungs- und Verhandlungsprozeß ist von daher gesorgt. Im Mittelpunkt der Spielaktivitäten stehen dabei die folgenden Leitfragen:

- Sollen die Empfehlungen der UN-Banker ernsthaft verfolgt werden, oder müssen sie angesichts der Bedingungen in Translawi nicht doch verändert werden?
- Wie soll/kann die hohe Auslandsverschuldung des Landes Translawi abgebaut werden, ohne daß die Wirtschaft völlig ausblutet?
- Wie soll/kann eine »angepaßte Modernisierung« im industriellen und im landwirtschaftlichen Bereich eventuell aussehen?
- Welche konkreten Projekte sollten aus der Sicht der einzelnen Ministerien Vorrang haben? (Siehe die Projektvorschläge auf den Rollenkarten.)
- Welcher Stellenwert sollte den Bereichen Bildung und Soziales in einer zukunftsorientierten Entwicklungsplanung zukommen?
- Wie könnte eine mögliche Kompromißformel aller Ministerien am Ende der Verhandlungen aussehen? Wofür sollten die 5 Mrd. TSh konkret ausgegeben werden?

Diese Leitfragen deuten an, in welche Richtung das inhaltlich-fachliche Lernen im Rahmen des Planspiels geht. Die Schüler/innen lernen eine ganze Menge über Entwicklungspolitik und Entwicklungsplanung, über Mittelknappheit und Prioritätensetzungen, über konkrete Projekte und deren finanzielle Größenordnungen, über landwirtschaftliche Entwicklung und industriellen Fortschritt, über Exporte und Tourismus, über Bildung und Soziales, über High-Tech und angepaßte Technologien, über Armut und Unterentwicklung, über politische Strategien und politische Prozesse. Doch nicht nur das. Sie üben sich auch und zugleich darin, bestehende Sachverhalte und Meinungen zu problematisieren und kritisch Stellung zu beziehen, die eigene Urteilsbildung voranzubringen und insgesamt sensibler zu werden für die Fragwürdigkeit einer Politik, die die ökonomischen Leitmaximen der Industrieländer unkritisch auf die Entwicklungsländer überträgt. Sie versuchen sich darüber hinaus im konstruktiven Denken und kreativen Handeln. Sie entwickeln strategische Alternativen und trainieren ihre mündliche und schriftliche Ausdrucksfähigkeit. Sie lernen zu argumentieren und zu taktieren, relativ umfangreiche Informationen auszuwerten und zu analysieren, zu planen und zu entscheiden, zu agieren und zu reagieren. Kurzum, sie lernen in ebenso vielschichtiger wie intensiver Weise inhaltlich-fachliche, methodisch-strategische und sozial-kommunikative Fähigkeiten und Fertigkeiten.

Zum Ablauf des Planspiels: Detailliertere Hinweise zu den einzelnen Phasen des Planspiels finden sich auf den Seiten 23ff. dieses Buches. Diese sollten vor Spielbeginn auf jeden Fall gelesen werden. Die Einführung der Schüler/innen sieht generell so aus, daß die Lehrkraft zunächst einige orientierende und motivierende Vorbemerkungen zum anstehenden Planspiel macht (vgl. S. 47). Daran anschließend erhalten die Schüler/innen zuerst die Fallstudie und dann die Arbeitskarte zur vertiefenden Einarbeitung in den Aufbau und das Prozedere des Planspiels. Alsdann werden die Gruppen gebildet, die Rollenkarten gelesen und schließlich die Informationszeitungen verteilt und kursorisch durchgearbeitet. Erst jetzt beginnt die gezielte Diskussion und Meinungsbildung in den einzelnen Spielgruppen. Für diese Vorbereitungs- wie für die anschließende Verhandlungsphase sind je 2 Unterrichtsstunden anzusetzen (zur zeitlichen Segmentierung des Planspielverlaufs vgl. S. 23ff.). Nähere Hinweise zur Verhandlungsphase finden die Schüler/innen auf ihren Arbeits- und Rollenkarten. Einige Ereigniskarten, die der Lehrer im Zuge dieses Verhandlungsprozesses wahlweise eingeben kann, sind zudem auf Seite 187 dokumentiert. Abgeschlossen wird das Planspiel in einer 3. Doppelstunde mit einer Konferenz und einem gezielten Feedback zum Spielverlauf und zu den mehr oder weniger tragfähigen Spielergebnissen. Die Leitung der Konferenz liegt beim Premierminister des Landes Translawi (Lehrer) namens Fortuna, der zu einer Ministerratssitzung eingeladen hat, auf der die Verwendung der 5 Mrd. TSh möglichst einvernehmlich geregelt werden soll. Zu Anfang der Konferenz tragen die Gruppensprecher in der Reihenfolge: Industrieministerium → Handelsministerium → Landwirtschaftsministerium → Bildungsministerium → Sozialministerium ihre Eingangstatements vor (vgl. dazu den Protokollvordruck S. 44).

Dann folgt eine offene Diskussion, die nach Ablauf der vereinbarten Zeit nötigenfalls abgebrochen wird. Alsdann kommentieren die anwesenden Pressevertreter den Konferenzverlauf, und im letzten Teil der Doppelstunde schließt sich das besagte Feedback der Schüler/innen zum Spielprozeß an.

Nachbereitet werden kann das Planspiel u.a. dadurch, daß der Planspielverlauf gezielt rekonstruiert sowie das methodische und interaktive Vorgehen der Schüler/innen eingehender analysiert und problematisiert werden. Weiterhin bietet sich zur fachlichen Vertiefung z.B. das Gespräch bzw. die Korrespondenz mit einem Entwicklungspolitiker, einem Entwicklungshelfer, einem Vertreter der kirchlichen Entwicklungsdienste oder auch mit einem am Ort lebenden Schwarzafrikaner an, der die Lebensverhältnisse und die wirtschaftlich-politischen Probleme in seinem Land anschaulich schildern kann. Ferner bietet sich die Erarbeitung vertiefender Materialien und Medien zum angeschnittenen Problemkreis an.

Schlußbemerkung: Das vorliegende Planspiel erfordert einiges an Improvisation und Kreativität – von Schülern wie von Lehrern. Aber gerade darin liegen sein Reiz und sein Realitätsbezug, denn politische Konfliktregelungsprozesse sind nun einmal relativ offene Prozesse, die von den Betroffenen bzw. von ihren Vertretern im Wege des »trial and error« auszugestalten sind.

Ereigniskarten

Die UN-Banker haben mitgeteilt, daß mindestens die Hälfte der bereitgestellten Finanzmittel der Exportförderung und der Devisenerwirtschaftung dienen müssen. *An: alle Spielgruppen*	In der Hauptstadt Mimbasi hat es massive Streiks und politische Unruhen gegeben, als deren Anlöser die hohe Arbeitslosigkeit und die ausweglose Lebenssituation vieler Menschen in den Slumgebieten der Hauptstadt gelten. *An: Industrieministerium/Sozialministerium/ Bildungsministerium/Presse*
Die Ärztedichte in Translawi ist aufgrund der Abwanderung vieler Mediziner auf 1:20.000 abgerutscht. Das heißt, auf 20.000 Menschen kommt laut Statistik noch ein Arzt. Vor fünf Jahren hat die Ärztedichte noch bei 1:10.000 gelegen. *An: Sozialministerium/Bildungsministerium/ Presse*	Im Norden des Landes hat es einen Bauernaufstand mit zahlreichen Toten und Verletzten gegeben. Ausgelöst wurde dieser Aufstand durch die Ankündigung der Distriktregierung, daß etwa 10.000 Bauern ihre Dörfer und Ländereien verlassen sollten, um einer großflächigen Erweiterung der bestehenden Baumwollplantagen Platz zu machen. *An: Landwirtschaftsministerium/ Handelsministerium/Presse*
Die Analphabetenrate in der Altersgruppe der 10- bis 20jährigen ist seit der letzten Erhebung vor fünf Jahren von 6% auf 9% angestiegen. Immer mehr Eltern schicken ihre Kinder offenbar gar nicht mehr zur Schule, da diese betteln oder sonstwie zum Lebensunterhalt der Familie beitragen müssen. *An: Bildungsministerium/Sozialministerium/ Presse*	In der aufkeimenden Industrie Translawis gibt es einen ausgeprägten Mangel an gutausgebildeten Fachkräften. Deshalb müssen Facharbeiter in anderen Ländern angeworben werden, um die anstehenden Wartungs-, Installations- und Reparaturarbeiten in den Betrieben zu erledigen. *An: Bildungsministerium/Industrieministerium/ Presse*
Die Weltmarktpreise für Baumwolle und Kaffee sind im letzten Jahr um gut 10% gefallen und werden voraussichtlich noch weiter sinken, da es weltweit ein Überangebot an diesen Produkten gibt. Translawis Deviseneinnahmen werden sich entsprechend verringern. *An: Landwirtschaftsministerium/ Handelsministerium/Presse*	Die Weltbank hat in Aussicht gestellt, daß sie für ein zweites großes Wasserkraftwerk in der Westregion des Landes Kredite bis zu einer Höhe von 10 Mrd. TSh (ca. 200 Mio. DM) zur Verfügung stellen würde, wenn der Strom vorrangig zur industriellen Aufrüstung der Westregion verwandt würde. *An: Industrieministerium/Handelsministerium/ Landwirtschaftsministerium/Presse*

Hinweis: Wenn die Ereigniskarten eingesetzt werden, bitte die Adressatenhinweise löschen, damit die einzelnen Spielgruppen die ins Auge gefaßten Adressaten nicht kennen. Außerdem: Die Adressatenhinweise sind nur Vorschläge!

✎ Planspiel: Projektplanung in Translawi

Beschreibung der Problemsituation (Fallstudie)

Translawi ist ein armes Land irgendwo in Afrika. Translawi hat zur Zeit rund 19 Millionen Einwohner, die mehr als 100 verschiedenen Stämmen angehören. Rund 35 Prozent der Bevölkerung sind absolute Analphabeten, d.h., sie können weder schreiben noch lesen. Der Bildungsstand der Bewohner ist insgesamt sehr niedrig. Etwa 60 Prozent der translawischen Bevölkerung ist in der Landwirtschaft tätig. Zumeist sind sie Selbstversorger und produzieren nur für den Eigenbedarf ihrer Familien. Die Überschußproduktion für den Verkauf auf den heimischen und ausländischen Märkten ist gering. Hauptprodukte sind Baumwolle, Mais, Zuckerrohr, Sisal, Kaffee, Gewürznelken und Reis. Der Umfang der Industrie ist bislang relativ gering. Nur in der Hauptstadt Mimbasi sowie in zwei weiteren Ballungszentren ist der Industrialisierungsgrad höher. An Bodenschätzen mangelt es in Translawi nicht. Entdeckt wurden beachtliche Vorkommen an Zinn, Edel- und Halbedelsteinen, Magnesit, Eisen, Steinkohle, Gips und Phosphat z.B. für die Düngemittelherstellung. Die Förderung dieser Bodenschätze liegt bisher allerdings ziemlich im argen. Dazu bedarf es großer Investitionen, die bestenfalls mit Hilfe ausländischer Konzerne aufzubringen sind, denn die Regierung Translawis ist hoch verschuldet.

Die Einkommen der translawischen Bevölkerung sind sehr gering. Translawi gehört zu den 30 ärmsten Ländern der Welt. Im letzten Jahr verdiente z.B. ein Arbeitnehmer in der Landwirtschaft im ganzen Jahr umgerechnet knapp 1000 DM. Im Bergbau und in der Industrie lagen die Einkommen etwa doppelt so hoch. Die Not ist groß. Hunger gehört zum Alltag. Translawi ist mittlerweile nicht mehr in der Lage, seine Bevölkerung hinreichend mit Grundnahrungsmitteln wie Mais, Reis und Maniok zu versorgen. Dürreperioden und die Vernachlässigung des Mais- und Getreideanbaus im eigenen Land haben dazu geführt, daß Jahr für Jahr erhebliche Mengen Getreide für teures Geld eingeführt werden müssen. Auf dem besten Land werden Exportprodukte wie Kaffee und Baumwolle angebaut, die die so dringend benötigten Devisen (DM, Dollar usw.) bringen sollen. »Es könnte nicht schlimmer sein«, so klagt ein schwarzer Kraftfahrer, der mit einem Monatseinkommen von rund 120 DM Frau, vier Kinder und ein Großelternpaar zu versorgen hat. »Reis, Zucker und Milch«, so fährt er fort, »sind kaum noch zu kriegen. Fleisch wird unerschwinglich.« Die Ursachen für die wirtschaftliche Misere sind vielschichtig. Zum Teil liegen sie im Land selbst begründet. Zum Teil sind sie aber auch darauf zurückzuführen, das Translawi als rohstoffarmes, wenig industrialisiertes Land in hohem Maße von Importen von Öl, Maschinen, Geräten usw. abhängig ist, die sich in den letzten Jahren stark verteuert haben, während gleichzeitig die Preise für Exportgüter wie Baumwolle, Kaffee und Sisal gesunken sind.

Aus diesen und anderen Gründen hat sich die Krisensituation Translawis in den letzten Jahren gefährlich zugespitzt. Einige Anzeichen dieser Krise: Die Tankstellen sind nur an drei Tagen in der Woche geöffnet. Die Tageszeitungen müssen mangels Papier ihre Auflagen zurücknehmen. Die meisten Fabriken sind nur noch zu 30 Prozent ausgelastet, weil es an Rohstoffen und Ersatzteilen für die Maschinen fehlt. Die Staatskassen sind leer. Die Weltbank weigert sich, weitere Kredite zu geben.

Doch nun ein kleiner Hoffnungsschimmer: Die Entwicklungsbank der Vereinten Nationen hat Translawi Zuschüsse und zinslose Darlehen in Höhe von 5 Milliarden Translawi-Shilling (TSh) – das sind umgerechnet rund 100 Millionen DM – gewährt, die nach den Vorstellungen der UN-Banker gezielt in den Aufbau moderner Industrieparks, landwirtschaftlicher Plantagen und zugkräftiger Tourismusanlagen investiert werden sollten. Die dahinter stehende Erwartung der Banker: Auf diese Weise könnte Translawi seine Exporte steigern, seine Deviseneinnahmen vergrößern, seinen Schuldenberg ein Stück weit abbauen und die Einkommens- und Lebensverhältnisse seiner Bürger längerfristig verbessern. Allerdings müssen diese Vorschläge erst noch von den verschiedenen Ministerien des Landes diskutiert und verhandelt werden. Das *Industrieministerium* ist mit den Vorstellungen der UN-Banker sehr einverstanden, da in den letzten Jahren zahlreiche Modernisierungsprojekte geplant und teilweise auch angefangen wurden, die wegen der fehlenden Finanzen des Staates aber nicht abschließend realisiert werden konnten. Infolgedessen sind die Perspektiven der Industriearbeiter und die sozialen Probleme in den Ballungszentren nur noch größer geworden. Auch das *Handelsministerium*, das vorrangig für die Förderung des Exports und des Tourismus zuständig ist, hat die Anregungen der UN-Banker mit großer Zustimmung und Freude aufgenommen, denn dieser Weg ist der Schlüssel zur Steigerung der Deviseneinnahmen und zur Modernisierung und Zivilisierung des gesamten Landes. Das *Landwirtschaftsministerium* steht diesen Einschätzungen eher skeptisch gegenüber, da Translawi geprägt ist von einer sehr traditionellen Landwirtschaft, die es aufgrund extrem niedriger Erzeugerpreise und unzureichender Lager- und Transportsysteme immer weniger schafft, die einheimische Bevölkerung ausreichend zu ernähren. Von daher wäre es hier sicher sinnvoll, zusätzliche finanzieller Anreize für die Bauern zu bieten sowie mehr Geld für die Verbesserung der Lagerhaltung und der Vermarktung im Inland aufzuwenden. Das *Bildungsministerium* lehnt die Vorschläge der UN-Banker ziemlich entschieden ab, da nach seiner Auffassung das Grundproblem der Unterentwicklung Translawis im miserablen Bildungsstand der Bevölkerung zu sehen ist. Deshalb wird es als unerläßlich erachtet, daß vorrangig in die Bildung und Qualifizierung der Menschen investiert wird. Das *Sozialministerium* stimmt dieser letzteren Argumentation zwar grundsätzlich zu, will die verfügbaren Gelder aber stärker in das Sozial- und Gesundheitswesen stecken, um die Gesundheit der Menschen und ihren sozialen Zusammenhalt in den Dörfern und Städten konsequenter als bisher zu fördern. Begleitet werden die anstehenden Auseinandersetzungen und Verhandlungen zwischen den fünf Ministerien von der Redaktion der *Zeitschrift »Political Review«*, die unter dem Thema »Entwicklung – wohin? Entwicklungshilfe – wofür?« umfassend zu berichten beabsichtigt.

Wie es mit den Etatverhandlungen weitergeht, das muß das Planspiel zeigen. Wie das Spiel aufgebaut ist, wie es abläuft und welche Rollen zu übernehmen sind, das könnt Ihr aus dem abgebildeten Schema sowie aus den Arbeits- und Rollenkarten ersehen, die Euch alsbald ausgeteilt werden. Viel Glück und Erfolg beim Planen und Verhandeln!

Spielübersicht

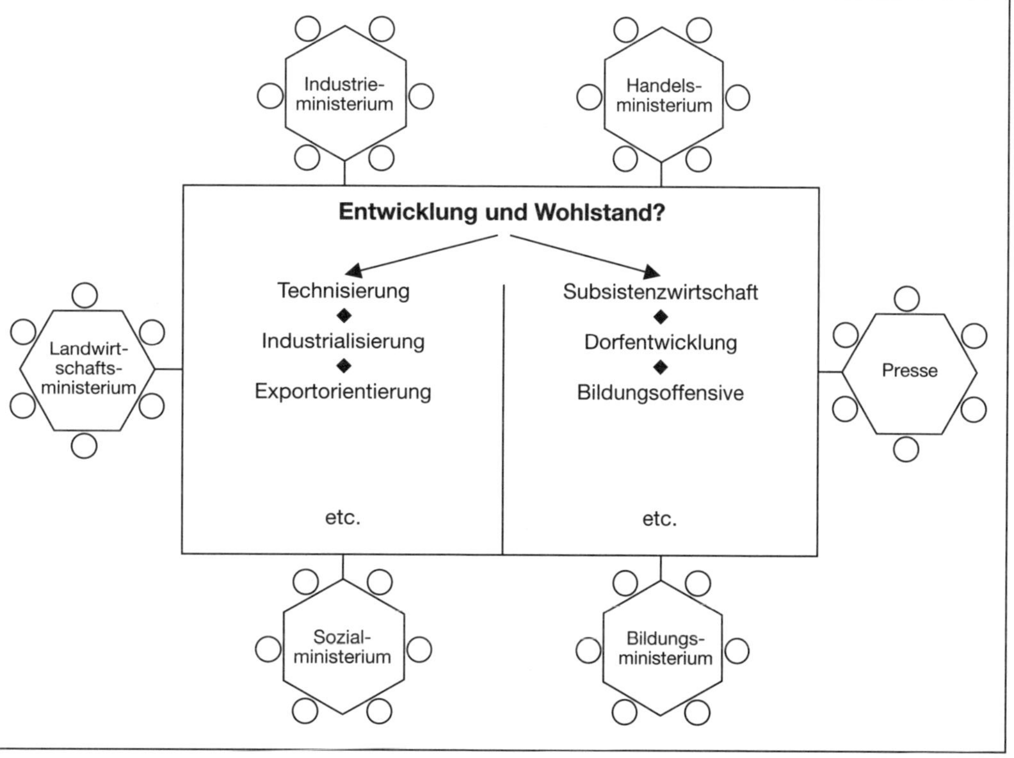

Arbeitskarte

Hinweise zum Spielverlauf

1. Lest die Spielunterlagen durch, unterstreicht wichtige Stellen (vor allem die, die Euch als Gruppe betreffen), klärt etwaige Verständnisfragen, und macht Euch klar, wie das Planspiel aufgebaut ist, welche Interessengruppen es gibt und wie das Spiel abläuft!
2. Versetzt Euch in Eure Rolle hinein! Diskutiert Eure Situation, klärt Eure Ziele und Interessen, und überlegt, wie die anstehenden Probleme und Fragen gelöst werden können (Fragen siehe unten). Welche Argumente und Vorschläge wollt Ihr vorbringen? Mit welchen Gruppen wollt Ihr verhandeln? Gibt es Bündnispartner, die Ihr für Eure Vorstellungen und Vorschläge gewinnen könnt?
3. Überlegt auch: In welcher Lage befinden sich die anderen Gruppen? Was werden sie vermutlich tun? Welche Argumente werden sie Euch womöglich entgegenhalten? Wie könnt/wollt Ihr darauf reagieren?
4. Setzt Euch nach dieser Vorbereitungsphase mit der einen oder anderen Gruppe in Verbindung, die Euch als Gesprächspartner wichtig erscheint! Schreibt Briefe! Führt mündliche Verhandlungen! Informiert Euch! Trefft Absprachen!
5. Teilt Eure Gruppe bei Bedarf in Zweier- oder Dreierteams auf, und geht die ins Auge gefaßten Aufgaben und Gespräche arbeitsteilig an! Dadurch könnt Ihr mehr Kontakte pflegen, mehr Informationen einholen und insgesamt vielseitiger verhandeln.
6. Beantwortet die schriftlichen und mündlichen Anfragen und/oder Stellungnahmen, die die anderen Gruppen an Euch richten! Schreibt Antwortbriefe, und entsendet gegebenenfalls Verhandlungsdelegationen!
7. Bereitet Euch am Ende dieser Verhandlungsphase gut auf die anschließende Konferenz vor, an der alle Gruppen teilnehmen und ihre Problemlösungsvorschläge einbringen werden! Überlegt Euch gut, wie Ihr im Rahmen der Konferenz argumentieren und taktisch vorgehen wollt! Schreibt Euch stichwortartig auf, was Ihr in Eurer Stellungnahme zu Beginn der Konferenz sagen und vorschlagen wollt! Bestimmt einen Gruppensprecher, der diese Stellungnahme abgibt!
8. Die Konferenz selbst läuft so ab, daß zunächst jeder Gruppensprecher in einer 3- bis 5minütigen Stellungnahme den bisherigen Verhandlungsverlauf kommentiert und die aktuellen Problemlösungsvorschläge seiner Gruppe vorstellt und erläutert. Dann folgt die Diskussion dieser Vorschläge. Ziel dieser Diskussion ist es, die unterschiedlichen Meinungen und Problemlösungsvorschläge einander anzunähern und möglicherweise auch zu einem Kompromiß zu kommen.

Planungs- und Entscheidungsfragen, die im Spielverlauf zu verhandeln sind

- Sollen die Empfehlungen der UN-Banker ernsthaft verfolgt werden, oder müssen sie angesichts der Bedingungen in Translawi nicht doch verändert werden?
- Wie soll/kann die hohe Auslandsverschuldung des Landes Translawi abgebaut werden, ohne daß die Wirtschaft zu sehr ausblutet?
- Wie soll/kann eine »angepaßte Modernisierung« im industriellen und im landwirtschaftlichen Bereich eventuell aussehen?
- Welche konkreten Projekte sollten aus der Sicht der einzelnen Ministerien Vorrang haben? (Siehe die Projektvorschläge auf den Rollenkarten.)
- Welcher Stellenwert sollte den Bereichen Bildung und Soziales in einer zukunftsorientierten Entwicklungsplanung zukommen?
- Wie könnte eine mögliche Kompromißformel aller Ministerien am Ende der Verhandlungen aussehen? Wofür sollten die 5 Mrd. TSh konkret ausgegeben werden?

usw.

R1 Landwirtschaftsministerium

Das ist Eure Rolle: Ihr seid die Verantwortlichen des Ministeriums. Ihr seid der Ansicht, daß im Bereich der Landwirtschaft besonders dringlich investiert werden muß, damit die Grundversorgung der Bevölkerung gesichert wird und außerdem die Exportchancen verbessert werden. Ihr wollt angepaßte Technologien, Anreize für die Bauern und eine Verbesserung der Transport- und Vermarktungsmöglichkeiten. Ferner seid Ihr dafür, daß die Rohstoffe und die landwirtschaftlichen Erzeugnisse verstärkt im eigenen Land veredelt, verkauft und eingesetzt werden.

Das könnt Ihr z.B. tun: ■ Eure politische Linie klären und konkrete Projekte überlegen und festhalten (Ihr könnt auch noch andere als die genannten Projekte vorschlagen). ■ Informationsgespräche mit den anderen Ministerien führen; ■ Briefe schreiben und Briefe beantworten; ■ die Presse gezielt informieren/Leserbriefe schreiben; ■ mit ausgewählten Ministerien gezielt verhandeln und das weitere Vorgehen abstimmen ... usw.

Mögliche Maßnahmen und Projekte (einige Beispiele)		geschätzte Kosten (Tsh)
1.	Bau eines Stausees und eines Kanalsystems zur Bewässerung landwirtschaftlicher Nutzflächen	1,2 Mrd.
2.	Zuschüsse an die Landgemeinden zur Anschaffung kleiner Viehbestände (Ochsen, Kühe, Schweine, Hühner, Schafe, Ziegen usw.)	400 Mio.
3.	Zuschüsse an die Landgemeinden zum Kauf bzw. zur Herstellung einfacher landwirtschaftlicher Geräte und Werkzeuge	500 Mio.
4.	Aufbau von drei großen Farmen zur Fleischgewinnung (Geflügel, Schweine)	900 Mio.
5.	Höhere Preise für Bauern, die Grundnahrungsmittel (Reis usw.) anbauen	800 Mio.
6.	Verbesserung des Transport- und des Lagerwesens durch Anschaffung von 20 Lkw und Errichtung von 20 Lagerhäusern	400 Mio.
7.	Anschaffung von 800 Traktoren für die 8000 Unitaa-Dörfer (mit Geräten)	1,4 Mrd.

R2 Industrieministerium

Das ist Eure Rolle: Ihr seid die Verantwortlichen des Ministeriums. Ihr seid der Auffassung, daß im industriellen Sektor besonders dringlich investiert werden muß, damit die betreffenden Betriebe die Schätze des Landes besser fördern, verarbeiten und vermarkten können. Ihr seid der Ansicht, daß das sowohl der Versorgung der inländischen Bevölkerung als auch dem Export zugute kommt. Ihr seid für die massive Förderung moderner Industrieparks, den Ausbau des Bergbaus und die Modernisierung der Infrastruktur (Straßen, Eisenbahnen, Seehäfen, Strom, Telefon usw.).

Das könnt Ihr z.B. tun: ■ Eure politische Linie klären und konkrete Projekte überlegen und festhalten (Ihr könnt auch noch andere als die genannten Projekte vorschlagen). ■ Informationsgespräche mit den anderen Ministerien führen; ■ Briefe schreiben und Briefe beantworten; ■ die Presse gezielt informieren/Leserbriefe schreiben; ■ mit ausgewählten Ministerien gezielt verhandeln und das weitere Vorgehen abstimmen ... usw.

Mögliche Maßnahmen und Projekte (einige Beispiele)		geschätzte Kosten (Tsh)
1.	Zuschüsse für die Gründung und Erweiterung von Handwerksbetrieben	700 Mio.
2.	Bau einer modernen Zellstoff- und Papierfabrik mit 1600 Beschäftigten	1,1 Mrd.
3.	Errichtung eines Industrieparks in Morena mit zahlreichen Klein- und Mittelbetrieben (Textilbetriebe, Sisalspinnereien usw.)	1,5 Mrd.
4.	Errichtung einer Fabrik zur Diamantveredelung und Schmuckherstellung	500 Mio.
5.	Installation von Hochspannungsleitungen zur Stromversorgung des Landes	300 Mio.
6.	Aufbau eines Stahlwerks zur Verarbeitung inländischer Eisenerze	1,1 Mrd.
7.	Aufbau einer Produktionsstätte für Lkw und andere Transportfahrzeuge	1,4 Mrd.
8.	Bau eines Chemiebetriebes zur Düngemittel- und Pestizidherstellung	1,2 Mrd.

R3 Handelsministerium

Das ist Eure Rolle: Ihr seid die Verantwortlichen des Ministeriums. Ihr seid der Auffassung, daß im Bereich der Exportindustrie und des Tourismus besonders dringlich investiert werden muß, damit mehr Devisen (DM, Dollar, Franc usw.) ins Land kommen, die einerseits dringend für den Schuldendienst gebraucht werden und andererseits für die Einfuhr wichtiger Maschinen, Geräte, Ersatzteile, Verbrauchsgüter und nicht zuletzt auch fehlender Nahrungsmittel. Ihr seid dafür, daß Großplantagen, Industrieparks und Tourismuszentren mit Nachdruck auf- und ausgebaut werden.

Das könnt Ihr z.B. tun: ■ Eure politische Linie klären und konkrete Projekte überlegen und festhalten (Ihr könnt auch noch andere als die genannten Projekte vorschlagen). ■ Informationsgespräche mit den anderen Ministerien führen; ■ Briefe schreiben und Briefe beantworten; ■ die Presse gezielt informieren/Leserbriefe schreiben; ■ mit ausgewählten Ministerien gezielt verhandeln und das weitere Vorgehen abstimmen ... usw.

Mögliche Maßnahmen und Projekte (einige Beispiele)		geschätzte Kosten (Tsh)
1.	Erweiterung und Modernisierung der Exportplantagen (insb. Baumwolle)	500 Mio.
2.	Zuschüsse auf Exportprodukte zur Preissenkung gegenüber dem Ausland	1,1 Mrd.
3.	Aufbau einer inländischen Gesellschaft zur Erforschung der Bodenschätze	600 Mio.
4.	Großauftrag an eine ausländische Gesellschaft zur Öl- und Gassuche	800 Mio.
5.	Bau von zwei neuen Hotels der gehobenen Klasse (je 70–120 Betten)	500 Mio.
6.	Bessere touristische Erschließung des Kirandara-Naturparks	200 Mio.
7.	Ausbau des Flugplatzes in Sekundi zum internationalen Verkehrsflughafen	1,2 Mrd.
8.	Kauf von 20 Autobussen für den Überlandverkehr und Touristentransport	300 Mio.
9.	Investitionsförderung von Betrieben, die erfolgreich exportieren	400 Mio.

R4 Bildungsministerium

Das ist Eure Rolle: Ihr seid die Verantwortlichen des Ministeriums. Ihr seid der Auffassung, daß im Bereich Bildung und Ausbildung besonders dringlich investiert werden muß, damit das Qualifikationsniveau der Bevölkerung angehoben und die Analphabetenrate abgesenkt wird. Andernfalls ist die Modernisierung und Industrialisierung des Landes – so meint Ihr – zum Scheitern verurteilt. Ihr seid für den Ausbau der schulischen Einrichtungen, für mehr und für besser qualifizierte Lehrer, für kostenlose Bildung für alle und für einen entschiedenen Ausbau der beruflichen Bildung.

Das könnt Ihr z.B. tun: ■ Eure politische Linie klären und konkrete Projekte überlegen und festhalten (Ihr könnt auch noch andere als die genannten Projekte vorschlagen). ■ Informationsgespräche mit den anderen Ministerien führen; ■ Briefe schreiben und Briefe beantworten; ■ die Presse gezielt informieren/Leserbriefe schreiben; ■ mit ausgewählten Ministerien gezielt verhandeln und das weitere Vorgehen abstimmen ... usw.

Mögliche Maßnahmen und Projekte (einige Beispiele)		geschätzte Kosten (Tsh)
1.	Ausbau der technischen Universität in der Hauptstadt Mimbasi	800 Mio.
2.	Ausbau der bestehenden Lehrerausbildungseinrichtungen	600 Mio.
3.	Errichtung von 20 neuen »Höheren Schulen« für die 14- bis 17jährigen	1,6 Mrd.
4.	Zuschüsse für die Grundschulen auf dem Lande zum Aufbau kleiner Schulfarmen für das »praktische Lernen«	100 Mio.
5.	Bau von 10 regionalen Berufsbildungszentren zur Förderung der beruflichen Qualifikation und zur Ausbildung von Facharbeitern	600 Mio.
6.	Mehr und höhere Stipendien für die Kinder armer Eltern	200 Mio.
7.	Provisorische Ausbildung und Einstellung von 5000 zusätzlichen Lehrkräften für die Grundschulen und für die praktischen Fächer	500 Mio.

R5 Sozialministerium

Das ist Eure Rolle: Ihr seid die Verantwortlichen des Ministeriums. Ihr seid der Auffassung, daß im Sozial-, Gesundheits- und Umweltbereich besonders dringlich investiert werden muß, da diese Bereiche in den zurückliegenden Jahren sehr vernachlässigt wurden. Ihr seid für den Ausbau und die Modernisierung der medizinischen Einrichtungen im Land, aber auch für die Förderung der Gemeinschaftsidee, wie sie in den Unitaa-Dörfern praktiziert wird. Ihr seid ferner für eine bessere soziale Absicherung der Menschen sowie für einen verstärkten Umwelt- und Naturschutz.

Das könnt Ihr z.B. tun: ■ Eure politische Linie klären und konkrete Projekte überlegen und festhalten (Ihr könnt auch noch andere als die genannten Projekte vorschlagen). ■ Informationsgespräche mit den anderen Ministerien führen; ■ Briefe schreiben und Briefe beantworten; ■ die Presse gezielt informieren/Leserbriefe schreiben; ■ mit ausgewählten Ministerien gezielt verhandeln und das weitere Vorgehen abstimmen ... usw.

	Mögliche Maßnahmen und Projekte (einige Beispiele)	geschätzte Kosten (Tsh)
1.	Kauf von zwei Sanitätshubschraubern für medizinische Ferntransporte	500 Mio.
2.	Ausbau des Universitätskrankenhauses in der Hauptstadt Mimbasi	600 Mio.
3.	Aufbau von 100 weiteren Sanitätsposten (Ärzte, Gebäude, Geräte usw.)	350 Mio.
4.	Zuschüsse an Landgemeinden zur Trinkwasserbeschaffung und -reinigung	300 Mio.
5.	Zuschüsse für die Errichtung von Biogasanlagen in den Unitaa-Dörfern	600 Mio.
6.	Kauf technischer Anlagen zur Nutzung der Sonnenenergie	800 Mio.
7.	Bau einfacher Sozialwohnungen für die Slumbewohner der Großstädte	350 Mio.
8.	Bau moderner Kläranlagen in den Großstädten für Industrieabwässer	400 Mio.
9.	Einführung einer staatlichen Sozialhilfe für die ärmsten der Armen	200 Mio.

R6 Presse

Das ist Eure Rolle: Ihr seid Journalisten der angesehenen Zeitschrift »Political Review«. Zu Euren Aufgaben gehört es, über die entwicklungspolitischen Vorstellungen und Verhandlungen der einzelnen Ministerien möglichst objektiv und umfassend zu berichten. Dazu nehmt Ihr Kontakt zu den verschiedensten Gruppen auf. Ihr recherchiert und besorgt Euch die nötigen Hintergrundinformationen. Ihr bemüht Euch um eine kritische, aber faire Berichterstattung. Eure Beiträge veröffentlicht Ihr als Wandzeitung oder stellt sie den Gruppen auch schon mal direkt zu.

Das könnt Ihr z.B. tun: ■ gezielte Interviews durchführen; ■ Hintergrundgespräche mit einzelnen Gruppen führen; ■ aufrüttelnde/informative Berichte schreiben; ■ kritische Kommentare verfassen; ■ passende Karikaturen zeichnen; ■ Leserbriefe diskutieren und veröffentlichen; ■ eine übersichtliche Wandzeitung gestalten; ■ Briefe schreiben; ■ Anfragen anderer Gruppen beantworten ... usw.

Zusatzinformationen und Denkanstöße

1. *Wenn Euch einzelne Gruppen unfreundlich begegnen oder in sonstiger Weise blockieren sollten, dann verweist darauf, daß Ihr vom Premierminister persönlich die Erlaubnis zur Berichterstattung über die Etatverhandlungen erhalten habt.*
2. *Zum Vorgehen: Am besten, Ihr bildet mehrere Reporterteams, damit Ihr arbeitsteilig recherchieren und mehr Gesprächskontakte wahrnehmen könnt.*
3. *Veröffentlichungswünsche/Leserbriefe einzelner Gruppen könnt Ihr berücksichtigen. Ihr müßt das aber nicht. Schließlich seid Ihr eine unabhängige Zeitung.*
4. *Vorgesehene Interviews müßt Ihr bei den betreffenden Gruppen anmelden. Bei den Interviews könnt Ihr mitschreiben oder auch ein Kassettengerät mitlaufen lassen.*
5. *Denkt dran, daß Eure Leser vorwiegend aus dem gebildeten Bürgertum kommen und daher keine überzogenen Berichte über das Elend der armen Leute wünschen.*

M 1 Zur Situation der Land- und Forstwirtschaft

Die Landwirtschaft ist Translawis wichtigster Wirtschaftszweig. Knapp 50 Prozent der Wirtschaftsleistung des Landes gehen auf ihr Konto. Ihr Beitrag zu den Exporterlösen beträgt 75–80 Prozent. Wichtigste Agrarexportgüter sind Kaffee, gefolgt von Baumwolle, Sisal (Agave-Fasern), Gewürznelken, Kaschunüsse und mit großem Abstand Tee, Tabak und Zucker. Die landwirtschaftliche Nutzfläche ist groß genug, um die Bevölkerung des Landes gut zu ernähren. Bis vor zehn Jahren war die Ernährung und Versorgung der Bevölkerung auch kein großes Problem. Doch im letzten Jahrzehnt ist es zunehmend schlechter geworden, so daß die erzeugten Grundnahrungsmittel vielfach nicht mehr ausreichen, um den Inlandsbedarf zu decken. Vor allem Weizen, Reis und Mais sowie verschiedene Molkereiprodukte müssen in erheblichen Mengen eingeführt werden. Demgegenüber nehmen die Agrarexporte ab. Witterungsbedingte Mißernten, Preisverfall bei landwirtschaftlichen Erzeugnissen, steigende Kosten für Saatgut, Dünge- und Spritzmittel, Landmaschinen usw. haben zur angedeuteten Krise in der Landwirtschaft geführt. Es fehlt an geeigneten Lagerhallen und Transportmöglichkeiten. Die Arbeitsleistung der Bauern nimmt aufgrund der niedrigen Preise ab. Immer mehr Bauern gehen vom marktorientierten Anbau wieder ab und beschränken sich auf die Deckung des Eigenbedarfs.

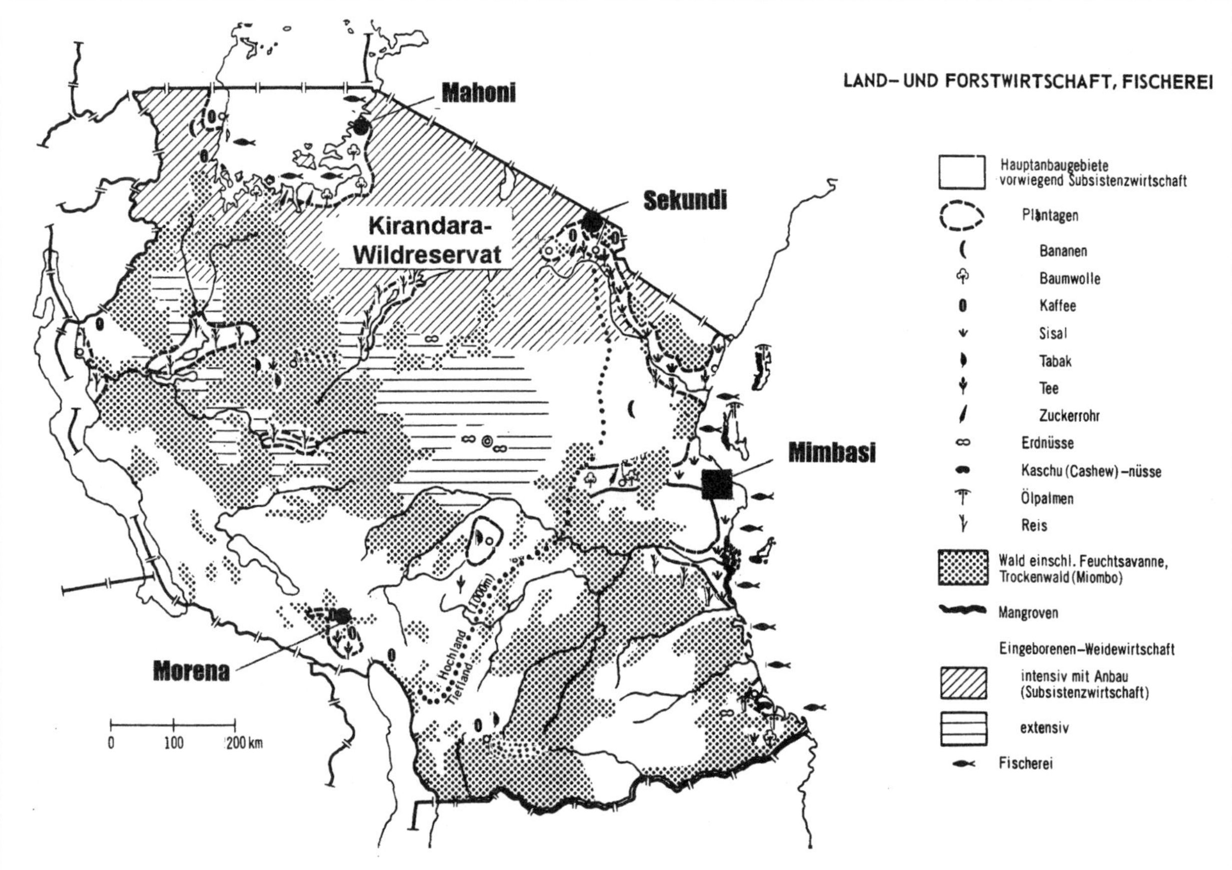

- Über ein Viertel der Landesfläche entfällt auf trockene, baumbestandene Grasflächen. Sie dienen umherziehenden Hirtenstämmen als Weideland für ihre Herden und werden darüber hinaus in mehrjährigen Abständen vom »Wanderfeldbau« erfaßt.
- Der Ackerbau besteht aus dem traditionellen »Hackbau« (reine Eigenbedarfswirtschaft) und der auf den Export ausgerichteten Plantagenwirtschaft von Großbetrieben. In der Regel sind Pflanzenanbau und Viehhaltung getrennt.
- Die Viehhaltung konzentriert sich auf das zentrale und nördliche Hochland, das nicht von der Tsetsefliege verseucht und wegen der Trockenheit der offenen Savannen- und Steppenlandschaft für den Ackerbau ungeeignet ist.
- Etwa ein Drittel des Landes ist waldbedeckt. Nur ein kleiner Teil davon ist nutzbare Forstfläche, die neben Brennholz auch wertvolle Harthölzer wie Mahagoni und Ebenholz für die Ausfuhr liefert.
- Die Binnenfischerei übertrifft die Meeresfischerei. An der Meeresküste fehlen Naturhäfen. Eine leistungsfähige Küsten- und Hochseefischerei gibt es bislang nicht.

M 2 Die Modernisierung ist eine zwiespältige Angelegenheit

- Die modernen Hochleistungspflanzungen benötigen große Mengen Düngemittel, Unkraut- und Insektenvernichter und ständig zu erneuerndes Hochleistungssaatgut. Das alles kostet eine Unmenge Devisen, weil diese Produkte meist aus dem Ausland eingeführt werden müssen. Devisen aber sind in den Entwicklungsländern durchweg rar. Außerdem sind die Hochleistungspflanzungen zumeist sehr empfindlich bei extremen Boden- und Witterungsbedingungen und kommen nur selten ohne regelmäßige Bewässerung aus.
- Eine moderne Düngemittelfabrik kostet rund 140 Millionen DM, muß weitgehend aus dem Ausland importiert werden und beschäftigt nach ihrer Fertigstellung gerade mal 1.000 Arbeitskräfte. Die Düngererzeugung erfordert außerdem riesige Mengen Energie in Form von Erdöl und Kohle. Die gleiche Menge Dünger kann aber auch sehr viel einfacher und billiger gewonnen werden, nämlich durch Biogasgeneratoren, wie sie z.B. in Indien hier und dort im Gebrauch sind. Das sind große Behälter (Silos), in denen unter Luftabschluß alle Dorfabfälle, Kuhmist, Laub, menschliche Exkremente usw. zur Gärung gebracht werden. Neben dem Dünger entsteht zudem noch Gas, das zu beliebigen Zeiten abgezapft und zum Kochen verwendet werden kann.
- Landmaschinen und -geräte, die in Afrika eingesetzt werden sollen, müssen so konstruiert sein, daß der einzelne Bauer/Landarbeiter sie bezahlen und mit der nötigen Energie versorgen kann. Außerdem müssen sie von den Dorfbewohnern verstanden und vom Dorfschmied ausreichend gepflegt und gewartet werden können.
- Die moderne Industrie zerstört häufig viele Arbeitsplätze im traditionellen Gewerbe, im Handwerk und in der Landwirtschaft. Zwei Plastik-Preßmaschinen z.B., zu deren Bedienung insgesamt 40 Arbeitskräfte nötig sind und die jährlich 1,5 Millionen Paar Plastiksandalen oder -schuhe herstellen, verdrängen in einem Entwicklungsland unter Umständen mehr als 5000 Handwerker des einheimischen Schuhgewerbes. Außerdem müssen die betreffenden Maschinen und die zu bearbeitenden Rohstoffe in der Regel importiert werden, während bei der traditionellen Produktionsweise fast alles aus dem Land kommt.
- Einfache, angepaßte Produktionstechniken sind vielfach sinnvoller als technisch ausgefeilte Maschinen und Anlagen. Statt großer Traktoren und Erntemaschinen können z.B. Hacke, Pflug, Sense und Ochsen eingesetzt werden, statt automatischer Webstühle Spinnräder und Handwebstühle, statt großer Maschinen menschliche Arbeit und einfache Werkzeuge usw. usw.

M 3 Statt moderner Traktoren wieder lahme Ochsen?

- Für K. Lampe, Landwirtschaftsexperte der Deutschen Gesellschaft für Technische Zusammenarbeit, muß die landwirtschaftliche Produktion so energieunabhängig wie möglich gemacht werden. Denn Öl, Gas und Strom sind für die meisten Bauern unerschwinglich. Auf der anderen Seite gibt es an die 500 Millionen Zuggespanne, vom indischen Elefanten bis zum afrikanischen Ochsen, die beste und billigste Energielieferanten sind. Außerdem brauchen sie keine Wartung.
- Studien der Weltbank in Indien und Brasilien haben gezeigt, daß kleinbäuerliche Familienbetriebe fünf- bis zehnmal so viele Arbeitskräfte pro Hektar beschäftigen wie Großplantagen und – infolge des weitgehenden Verzichts auf teure Maschinen – bei wesentlich geringerem Kapitaleinsatz viermal soviel Ertrag erwirtschaften als diese.
- Statt mit landverwüstenden Traktoren pflügen z.B. die Bewohner einer kleinen Versuchs- und Musterfarm in einem Entwicklungsland wieder mit Ochsen und transportieren ihre Ernte mit dem Eselskarren. Da es in jedem Dorf nur einen Eselskarren gibt, erhält nur derjenige das Nutzungsrecht, der seinen Nachbarn gegen eine mäßige Gebühr hilft. So wird Zusammenarbeit gefördert.

M 4 Dorfgemeinschaften wirken der Landflucht entgegen

»Unitaa« heißt das Zauberwort, das der frühere Präsident Famosa bereits vor drei Jahrzehnten eingeführt und als Losung für die Dorfentwicklung ausgegeben hat. Unitaa meint Zusammenwirken: zusammenleben und zusammen produzieren zum Wohle aller. Diese Idee vom translawischen Dorfsozialismus ist vom Ansatz her gar nicht schlecht, denn sie soll die Dorfbevölkerung zum Zusammenhalten bewegen und von der Landflucht abhalten, die in den Ballungszentren allenthalben zu riesigen Problemen führt. Unitaa besagt: Die ländlichen Gebiete sollten so entwickelt und gestärkt werden, daß niemand genötigt ist, aus purer Not in die Städte abzuwandern. Das schließt ein, daß den weitverstreut in Einzelgehöften und Weilern lebenden Menschen das Angebot gemacht wird, sich zu Dorfgemeinschaften zusammenzuschließen. Die Regierung gab und gibt für derartige Zusammenschlüsse gewisse Fördermittel. Durch die Zusammenschlüsse der Bevölkerung in Dorfgemeinschaften sollte und soll erreicht werden, daß den Menschen Schulen, Gesundheitseinrichtungen, Wasserversorgungsanlagen, Straßen, Kaufläden und anderes mehr zur Verfügung stehen. In den zurückliegenden 30 Jahren sind 8.000 solcher Unitaa-Dörfer gegründet worden. Eine ganze Reihe dieser Dörfer war jedoch nie lebensfähig. Viele Bewohner hat man überredet oder gar gezwungen, sich bestimmten Dorfgemeinschaften anzuschließen. Der Verdruß ist daher teilweise recht groß. Manche Dörfer freilich funktionieren gut. Die Menschen sind inzwischen dort verwurzelt. Auch die Gemeinschaftslandwirtschaft macht gewisse Fortschritte, obgleich die Bewohner Translawis den eigenen Acker nach wie vor sehr viel mehr schätzen als das Gemeinschaftsland und auf dem eigenen Acker, den jeder noch nebenher betreibt, auch besonders engagiert zu Werke gehen.

Das Unitaa-Dorf Mosoto

Die 97 Familien des Dorfes bebauen gemeinsam eine Maisfarm von 125 Hektar, ganz wie es dem Unitaa-Gedanken entspricht. Dazu betreibt das Dorf genossenschaftlich den Dorfladen, dessen Kapital auf immerhin 12.000 DM angewachsen ist, und eben die Seifenfabrik: Kleinindustrie auf dem Land. Zusätzlich hat freilich jede Familie ein eigenes Stück Land erhalten. Darauf wird vor allem Kaffee angebaut, was wesentlich ertragreicher ist als der Mais der Genossenschaftsfarm. Tatsächlich ist der finanzielle Anreiz für die Dorfbewohner nicht sehr groß. Aus der gemeinsamen Produktion erhält jede Familie im Jahr ganze 200 DM ausbezahlt. Wer würde für dieses Geld auf dem gemeinsamen Feld arbeiten wollen? Natürlich werden aus dem gemeinsamen Ertrag auch soziale Aufgaben wie die Schulhausbauten finanziert, die Traktoren werden bezahlt usw. Aber dieser gemeinschaftliche Nutzen ist so direkt nicht sichtbar.

M 5 Bildung und Gesundheit liegen im argen

Bildungswesen

Der Bildungsstand der translawischen Bevölkerung ist insgesamt sehr niedrig. Bei den über 30jährigen liegt die Analphabetenrate über 50 Prozent, d.h. mehr als die Hälfte dieser Altersgruppe können weder schreiben noch lesen. Bei den unter 20jährigen sieht es zwar deutlich besser aus, aber eine tragfähige Bildung und Ausbildung fehlt auch den meisten von ihnen. Das ist für ein Land wie Translawi, das sich als Demokratie versteht und mehr Modernisierung und Industrialisierung in der Wirtschaft anstrebt, eine denkbar schlechte Ausgangssituation.

Die Regierung hat dieses auch bereits vor längerem erkannt und vor rund zehn Jahren recht einschneidende Reformmaßnahmen im Bildungs- und Ausbildungsbereich verfügt, die in der Folgezeit jedoch nur recht halbherzig umgesetzt wurden. Schuld daran war vor allem die Finanzmisere des Staates, die die Bildungsinvestitionen immer weiter zusammenschmelzen ließ. Dennoch hat es im zurückliegenden Jahrzehnt spürbare Fortschritte gegeben. Laut offizieller Statistik besuchen mittlerweile 90 Prozent aller Kinder im Alter von fünf bis neun Jahren die Grundschule, die gebührenfrei ist. Danach sinkt der Schulbesuch allerdings rapide ab. Nur noch 4 Prozent der 14- bis 17jährigen erhalten eine intensivere Ausbildung. Es mangelt allenthalben an Schulräumen und Lehrkräften, an Arbeitsmitteln und Stipendien für die Armen.

Gesundheitswesen

Das Gesundheitswesen Translawis war bis vor wenigen Jahren als relativ fortschrittlich bekannt. Der Gesundheitsdienst war für alle Patienten weitgehend kostenfrei. In fast allen Distrikten des Landes gab es Hospitäler, Krankenstationen und/oder Sanitätsposten. Doch infolge der Finanzknappheit des Staates sind die Mittel für das Gesundheitswesen kräftig zusammengestrichen worden. Zahlreiche Ärzte sind ins Ausland abgewandert. In den Krankenhäusern und -stationen fehlt es immer häufiger am Nötigsten: Die Gebäude verrotten, die Geräte veralten, die Medikamente werden knapp.

M 6 Vernachlässigter Natur- und Umweltschutz

Die Armut der Menschen führt dazu, daß die kargen Waldbestände vielfach durch Abholzung und Brandrodung zerstört werden. Das wiederum fördert die Verkarstung des Bodens und nimmt den in den Wäldern lebenden Tieren mehr und mehr ihren Lebensraum. Hinzu kommt die massive Abholzung einiger wertvoller Urwälder, da das geschlagene Edelholz in Europa bestens abgenommen wird und dem translawischen Staat die dringend benötigten Devisen bringt. Besorgniserregend ist die Naturzerstörung überdies in der Nordregion des Landes, wo u.a. der Travolta-Staudamm für schlimme Eingriffe in die Natur gesorgt und die Umsiedlung von mehr als 10.000 Menschen nach sich gezogen hat. Da der Bau der Überlandleitungen wegen der fehlenden Finanzmittel des Staates mittlerweile eingestellt worden ist, werden derzeit nur 50 Prozent der Stromkapazität des Wasserkraftwerks genutzt. Die Bevölkerung in den Dörfern hat ohnehin kaum etwas von dem Strom. Verbraucht wird er fast ausschließlich in der Hauptstadt Mimbasi sowie in einem zweiten Industriezentrum in der Küstenregion.

In beiden Industrierevieren, in denen inzwischen rund 25 Prozent der Bevölkerung mehr schlecht als recht wohnen, sind die Umweltprobleme enorm. Die Industriebetriebe jagen ihre Schadstoffe größtenteils ungefiltert in die Luft oder in die Gewässer. Und der enorme Zuwachs an stinkenden Altautos tut ein übriges. Diese Probleme sind im ländlichen Bereich zwar nicht da, aber auch dort nimmt die Umweltverseuchung aufgrund des verstärkten Einsatzes von Düngemitteln und Chemikalien besorgniserregend zu, vor allem in der Region Mahoni, in der in den letzten Jahrzehnten zahlreiche Plantagen aus dem Boden gestampft wurden, die Nahrungsmittel der verschiedensten Art vorrangig für den europäischen Markt erzeugen. Natur- und Gewässerschutz ist hier (noch) ein Fremdwort. Das gilt im Prinzip nicht minder für den Kirandara-Park, ein riesiges Wildreservat mit exotischen Tierarten. Seit hier der Tourismus eingebrochen ist, haben nicht nur die Eingeborenen dieser Region immer weniger zu melden, sondern auch der Natur wird durch Straßen, Hotels und sonstige Ferienanlagen immer stärker zugesetzt.

M 7 Wie hilfreich ist der Tourismus?

Der Tourismus ist in Translawi erst im Aufbau. Er verspricht jedoch beste Geschäfte, da Translawi über eine faszinierende Natur, Vegetation, Tierwelt und Küstenregion verfügt. Hauptanziehungspunkte sind Strände am Indischen Ozean, der Kirandara-Nationalpark, arabisch geprägte Städte sowie die nördliche Seenplatte mit ihrer reizvollen Flora und Fauna. Seit Jahren fördert die Regierung den internationalen Reiseverkehr, vor allem durch den Bau mehrerer Hotels an der Küste und in anderen Touristikgebieten. Des weiteren wendet der Staat seit vielen Jahren erhebliche Mittel für die Unterhaltung und Erschließung des Kirandara-Nationalparks auf. Für die Zukunft wird dem Tourismus eine erhebliche Bedeutung beigemessen.

- Der Tourismus schafft Arbeitsplätze: im Tourismusbereich selbst, aber auch in angrenzenden Bereichen: bei Zulieferbetrieben, Händlern und Prostituierten.
- Der Tourismus bringt Devisen (DM, Dollar etc.). Doch davon profitieren nur wenige: der Staat, die Hotelgesellschaften, die Animateure und ein paar Eingeborene, die als Dienstboten oder Kellner unterkommen.
- Der Devisenabfluß ins Ausland beginnt bereits bei der Erstellung der Hotels. Sind die Baumaterialien meist noch im Land vorhanden, so müssen doch die meisten Maschinen und Anlagen wie Küchenmaschinen, Fahrstühle und Klimaanlagen eingeführt werden. Importiert wird in vielen Fällen auch das hochqualifizierte Personal.
- Begleiterscheinung des Tourismus ist, daß Straßen, Eisenbahnen, Flughäfen, Sanitär- und Freizeiteinrichtungen gebaut werden müssen. Das alles kostet sehr viel Geld und bringt der Bevölkerung letztlich doch relativ wenig.

M 8 Bescheidene Ansätze und Erfolge in der Industrie

Bisher ist in Translawi die Textilindustrie in Gestalt von Baumwollverarbeitungsfabriken und Sisalspinnereien am stärksten entwickelt. Die Industrieansiedlungen in der Nordregion des Landes gewinnen neben den industriellen Anlagen im Großraum Mimbasi ebenfalls mehr und mehr an Bedeutung. Wichtige Großbetriebe sind ferner eine Erdölraffinerie sowie die Zementfabrik in Mimbasi. Auf dem Nahrungs- und Genußmittelsektor tut sich in den letzten Jahren gleichfalls einiges. Hier sind kleinere oder größere Getreide- und Reismühlen, Zuckerfabriken, Nuß-Schälbetriebe, Brauereien, Kaffee-Schälanlagen und Teefabriken entstanden, die zusammengenommen einige zehntausend Arbeitskräfte beschäftigen. Für die Zukunft ist unter anderem ein größerer Industriepark in der Küstenregion bei Sekundi geplant, der die kleinindustriellen Aktivitäten der nordöstlichen Region zusammenfassen soll. Weitere Industrieparks sind in der Planung. Ferner ist in der Südwestregion in Morena eine Eisen- und Stahlindustrie vorgesehen sowie in der Nordregion in Mahoni der Bau einer großen Zellstoff- und Papierfabrik. Freilich, diese ganzen Pläne stehen und fallen damit, daß die nötigen Devisen da sind, mit denen im Ausland die entsprechenden Maschinen und industriellen Anlagen eingekauft werden können. Diese Gelder müssen größtenteils durch landwirtschaftliche Exporte aufgebracht werden – soweit sie nicht als Kredite aus dem Ausland kommen. Industrialisierung setzt also eine gutfunktionierende und ertragreiche Landwirtschaft voraus, die begehrte Produkte für den Export erzeugt. Diesbezüglich müssen in Translawi noch große Anstrengungen unternommen werden.

Industrialisierung und/oder Abhängigkeit
Viele Experten raten Translawi und anderen afrikanischen Entwicklungsländern zu verstärkter Industrialisierung und einer Ausweitung des Außenhandels. Industrialisierung heißt für sie moderne Fabriken, technisch ausgereifte Maschinen und rationelle Produktionsverfahren, ganz nach dem Vorbild der westlichen und fernöstlichen Industrienationen. Doch ist das der richtige und gangbare Weg? Fest steht, daß die Gefahr der Abhängigkeit der Entwicklungsländer von den technologisch und finanziell überlegenen Industrienationen zunimmt. Die extreme Verschuldung zahlreicher südamerikanischer und afrikanischer Entwicklungsländer, die auf eine rasche Industrialisierung mit ausländischer Kapitalhilfe gesetzt hatten, belegt diese Gefahr. Das bedeutet andererseits freilich nicht, daß die Entwicklungsländer auf Technisierung, Industrialisierung und exportorientierte Gütererzeugung völlig verzichten müssen. Nein, es geht darum, daß sie die kleinen Schritte den großen vorziehen. Und daß sie vor allem die Weiterverarbeitung heimischer Erzeugnisse und Rohstoffe im eigenen Land verstärken und dadurch eine größere Chance haben, faire Preise zu erzielen und mehr Devisen einzunehmen.

Kimala-Estates – eine industrielle Insel
Besuch bei den »Kimala-Estates« in der Nähe von Sekundi im Nordosten des Landes. Kimala ist die größte Privatfirma des Landes, mehrheitlich schweizerisches Kapital, schweizerisches Management, 83.300 Hektar Land, 4000 Arbeiter, ein gutes Drittel der translawischen Sisalproduktion. Kimala ist innerhalb Translawis eine hochentwickelte Insel, weitgehend isoliert, mehr mit dem Weltmarkt als mit der Wirtschaft des Landes selber verbunden. Weil für den Weltmarkt produziert wird, hat man auch die Devisen für die nötigen Importe. Kimala hat 40 Kilometer eigene Eisenbahn, um den Sisal zu den Entfaserungsmaschinen zu bringen, siebzig Lokomotiven, noch mehr Traktoren. Für deren Unterhalt braucht man moderne Werkstätten und ein Ersatzteillager, wie es wohl nur wenige gibt in Afrika. Der Kapitalbedarf ist enorm, ebenso der Bedarf an technischem Wissen. Wollte man mit denselben Methoden draußen in den Dörfern Nahrungsmittel produzieren und weiterverarbeiten, wie würde man dann den Import von Maschinen, Dieselöl, Dünger, Pflanzenschutzmitteln, Fabrik- und Verkehrsanlagen finanzieren? Wer mit modernen Methoden mehr produziert, muß auch mehr verkaufen. Und er braucht mehr Kapital und mehr technisches und verkäuferisches Know-how, damit dieses gelingen kann. Ob's letztlich dem Land und seiner Bevölkerung zugute kommt, das sei mal dahingestellt.

Literaturhinweise

Bruner, J.S.: Der Akt der Entdeckung. In: H. Neber (Hrsg.): Entdeckendes Lernen. 3. Auflage. Weinheim und Basel 1981, S. 15ff.

Buddensiek, W.: Pädagogische Simulationsspiele im sozio-ökonomischen Unterricht der Sekundarstufe I. Theoretische Grundlegung und Konsequenzen für die unterrichtliche Realisation. Bad Heilbrunn/Obb. 1979.

Büttner, Chr. (Hrsg.): Spielerfahrungen mit Schülern. Sinnvolles Lernen oder pädagogischer Trick? München 1981.

Flitner, A.: Das Kinderspiel. Texte, herausgegeben von A. Flitner. 4. Auflage. München 1978.

Freundenreich, D.: Das Planspiel in der sozialen und pädagogischen Praxis. Beispiele für den Umgang mit Organisationen, Gruppen und Personen. München 1979.

Giesecke, H.: Methodik des politischen Unterrichts. 3. Auflage. München 1975.

Heckhausen, H.: Entwurf einer Psychologie des Spielens. In: A. Flitner (Hrsg.): Das Kinderspiel. 4. Auflage. München 1978, S. 138ff.

Hering, W.: Spieltheorie und pädagogische Praxis. Zur Bedeutung des kindlichen Spiels. Düsseldorf 1979.

Kaiser, F. J.: Entscheidungstraining. Die Methoden der Entscheidungsfindung. 2. Auflage. Bad Heilbrunn/Obb. 1976.

Klippert, H.: Wirtschaft und Politik erleben. Planspiele für Schule und Lehrerbildung. Weinheim und Basel 1984.

Klippert, H.: Spielen und Lernen: In: arbeiten + lernen/Die Arbeitslehre. Heft 67/1990, S. 8ff.

Klippert, H.: Projektwochen. Arbeitshilfen für Lehrer und Schulkollegien. 3. Auflage. Weinheim und Basel 1994.

Klippert, H.: Methoden-Training. Übungsbausteine für den Unterricht. 4. Auflage. Weinheim und Basel 1995.

Klippert, H.: Kommunikations-Training. Übungsbausteine für den Unterricht II. 2. Auflage. Weinheim und Basel 1996

Kramer, M.: Das praktische Rollenspielbuch. Rollenspiele, Spielaktionen, Planspiele. 2. Auflage. Gelnhausen 1981.

Kube, K.: Spieldidaktik. Düsseldorf 1977.

Lehmann, J. (Hrsg.): Simulations- und Planspiele in der Schule. Band 3 der Reihe Forschen und Lernen. Bad Heilbrunn/Obb. 1977.

Rohn, W.: Methodik und Didaktik des Planspiels. Beiträge zur Gesellschafts- und Bildungspolitik. Band 50. Hrsg. vom Institut der deutschen Wirtschaft. Köln 1980.

Scheuerl, H.: Das Spiel. Untersuchungen über sein Wesen, seine pädagogischen Möglichkeiten und Grenzen. Weinheim und Basel 1954.

Schiffler, H.: Spielformen als Lernhilfen. Didaktischer Leitfaden mit vielen praktischen Anregungen. Freiburg u.a. 1982.

Tiemann, K.: Planspiele für die Schule. Frankfurt/M. 1969.

Vester, F.: Denken, Lernen, Vergessen. Was geht in unserem Kopf vor, wie lernt das Gehirn, und wann läßt es uns im Stich? München 1978.

Vester, F.: Kybernetien – das Parlament entscheidet. Ein Rollenspiel zu den Themenfeldern »Parlamentarisches Handeln – Ökologie – Ökonomie«. Ravensburg 1987.

Abbildungsnachweise

S. 30	imu-Bildinfo, Essen
S. 57	Globus-Kartendienst, Hamburg
S. 59	Globus-Kartendienst, Hamburg
S. 60	Grafik aus: Welzer, H. u.a.: Leben mit der Arbeitslosigkeit. In: Aus Politik und Zeitgeschichte 38/1988, S. 18
S. 73	Karikatur aus: taz-Journal »Die Deutschen und die Fremden«
S. 76	Karikatur aus: Deutsches Allgemeines Sonntagsblatt
S. 102	Aus: Biologie heute 2G. Ein Lehr- und Arbeitsbuch für das Gymnasium. Schroedel Schulbuchverlag. Hannover 1985, S. 258
S. 119	Globus-Kartendienst, Hamburg
S. 132	Globus-Kartendienst, Hamburg
S. 133	Globus-Kartendienst, Hamburg
S. 136	Karikatur aus: Welt der Arbeit v. 28.1.1977.
S. 162	Globus-Kartendienst, Hamburg
S. 165	Horst Rudolph, Berlin
S. 179	Foto aus: Unctad-Campagne, Heft 2/1979
S. 180	Heinemann/foto-present, Essen
S. 197	Karikatur aus: Entwicklungspolitische Korrespondenz 2/1971, S. 10.